JN337003

文化を生きる身体

文化を生きる身体

—— 間文化現象学試論 ——

山口一郎著

知泉書館

はじめに

現象学は、冒険に満ちた、未知の領域を切り開く哲学です。自分が日本人である、そのあり様が、他の文化に接触することを通して深く自覚されていく、その自覚と発見の道を開拓する原動力になるのが現象学です。それができるのは、現象学が具体的で歴史を体現している身体を哲学の基礎に置きつつ、道を求める探求だからです。仮に文化を「衣食住」とまとめてみればはっきりするように、身体を除いて文化が成立しないのは当然のことなのです。

身体を哲学の基礎とするとは、心と身体の繋がりの問題を真剣な問題として受け止め、自分の生き方を自覚するということです。他の人の痛みを私はどのように痛んでいるのか。その痛みを、あえて、心の痛みか、身体の痛みかと問い分けることが、そもそもできるのでしょうか。様々な個別的状況の中で、心と身体の繋がりは、他の人の表情に現れた痛みが、どうしようもなく、自分に伝わってきてしまっていることとか、どうしようもなく、自分に伝わらないこともあることとして、人が生きる上での問いとなり、自分に突きつけられるものです。

現象学は、他の人の心にどこまで近づけるか、という他者論という問いを通じて、いわゆる心身関係論を探求し、その探求の根底から、独我論（ないし独在論）の生成の源泉を開示し、独我論の夢幻性を露呈しえました。各自が担う文化の根は、覚めて〈たった一人〉に気づく反省の意識よりも、はるかに深く各自の身体性に根ざし、匿名的な身体と身体の「間」の領域である間身体性を豊潤な土壌としています。また、〈たった一人〉の意識は、真剣に人と世界に向き合うとき（フッサールは人格的態度とよび、ブーバーは、我汝関係と名づけ、仏教哲学では、無心といわれます)、抜け殻として、生き生きした〈本当の自分〉から剝がれ落ちていくものにすぎません。独我の存在の意識は、間身体性に根ざす間文化性から生まれる泡沫に喩えられ、人間の創造的な活動性の只中において、その泡沫は、解消してしまいます。

自分の生き方の自覚は、心身の分離することのできない深い繋がりの気づきとして発現します。「ふとなにかに気づくとき」また、「うすうすなにかを感じるとき」、気づかれるばかりになるなにかが準備されてきていること、感じられるばかりになるなにかが整ってきていること、このことを真理の明証性に照らし合わせ、厳密な学問としての哲学的考察において、その本質規則性を解明しえたのが、フッサール現象学です。「ふと片隅にある人形が目についた」とか、「今朝、奇妙な夢をみた」とか、「部屋の空気が冷え込んできたのに気づいた」というとき、人形の色と形をその特定の色と形に見させているなにか、夢を夢にさせているなにか、寒暖の気づきを気づくように仕向けているなにか、これらすべてを、そこに居合わせる事物のもつ偶然的な物質の特質に帰することはできません。感覚を物質的要因に還元することはできません。生命体と周囲世界との遭遇の仕方は、外の物と内なる物との因果関係に解消することはできません。そもそも物の世界には、元来、外と内の違いも立てられていません。内と外との違いが生じるのは、遭遇そのものからであり、初めから前提される外の物と内の物とが遭遇するのではありません。

フッサールのいう志向性とは、ここで遭遇といわれる関係性を意味します。AとBがあって、それが関係し合うのではなく、関係があって、その関係から関係項AとBが派生しているのです。この関係性に自我が関与している、つまり、自我の意識がともなうとき、それは、能動的志向性と呼ばれ、他方、自我が関与せず、自我の意識がともなわないとき、受動的志向性と呼ばれます。したがって、ここで受動というのは、誰かが受け取るといった誰かの自我の意識が働いていないのですから、自我が他から受ける受苦といった意味ではありません。色を色と見、音を音として聞く感覚野の形成は、幼児期に行われ、通常その形成の経過において、自我の意識は伴っていません。また、他方、成人において、生成しきった感覚野の境界性が越えられ、「色を聞き、音を見る」と東洋の文化を性格づける西田にあって、自我と他我の境界は、逆説的に乗り越えられています。

しかも、幼児期に形成される感覚野の意味のまとまりは、受動的志向性が働く受動的綜合を通して成立してくるだけでなく、自覚をともなうすべての活動の基盤として常に働いているものなのです。感覚野の形成に言語が加わり、知覚の世界が成立してくるとは、各自の身体性の具体化と歴史化が、それぞれの文化において実現してくることを意味しています。各自の身のこなしや話し方、人への接し方などが、自覚されることなく、身についてくる経過であり、各自の文化がその人の身体に根を張りはじめていく経過です。このいまだ匿名的な間身体的な具体化と歴史化の経過が重視されることなく、昨今の家庭内暴力や青少年犯罪、並びに精神病理の真の根源の解明は、不可能であること、このことを哲学的明証性にもたらしえるのが、フッサール現象学なのです。

他の文化に接するとは、このような身体性の具体化と歴史化の過程に目を向け、意識できなかった経過を気づきにもたらし、そこに隠れて働いている、人間が生きる上での方向性を予感し、自覚するよう仕向けることを意味します。私にとってこの予感は、その方向性が〈汝〉との〈出会い〉において実現されていることがその淵源となっています。

はからずしも、私にとって、自分の生き様の根っことして自覚されてきたものは、例えば剣道であったり、座禅であったり、自分の語る日本語であったり、遭遇してきた人々の思い出であったり、自分の他の人への接し方であったりしました。

その自覚を表現したこの本は、もともと、ボッフム大学に受理された教授資格論文 "Ki als leibhaftige Vernunft - Beitrag zur interkulturellen Phänomenologie der Leiblichkeit"(『身体理性としての気——身体性の間文化現象学への寄与——』)に多くの補足と変更を加えた日本語版です。自分の文化と他の文化との対比は、異国で生きる中で必然的な問いとして、生きる自分に迫りきたって自覚されたものであり、その問いを数え上げれば、「心身二元論」、「気づかい、雰囲気、元気、気に入る」といった言葉に表れている気という現象、武道における気と呼吸への集中、このような「気の集中」が実現していると解釈できる、ブーバーの対話哲学で主張される「我汝関係」、「本当に他の人に話しかけるとはどういうことか。身体が世界に開かれ向かっているとは、どういうことか」、仏教とキリスト教的思惟との遭遇、唯識の識の転変とフッサールの絶対的時間化、禅仏教における身体(自我中心化と身体中心化の脱構築)、ということになります。

これらの問いを考察する際、一貫して取られている考察方法は、フッサール現象学です。とりわけ、受動的綜合と発生的現象学が、立論の基盤にあります。現象学の原理的考察の道案内として二〇〇二年、『現象学ことはじめ』を公刊しました。本書で、難しい言葉にぶつかった場合、この入門書を参考にしてください。

私の問いの軌跡である『文化を生きる身体』が、読者一人一人の具体的歴史と生き方、そして生き方の方向づけの問いと自覚に繋がるきっかけとなることを深く願うものです。

目次

文化を生きる身体

――間文化現象学試論

序論　間文化哲学の問い

I　カルチャーショックからの出発

ある国に生まれ、その文化のなかで育ち、哲学に興味を持ち、認識論、論理学、存在論、人間論、宗教哲学などに関わる多くの問いに目覚めるとき、それらの問いそのものや問いの立て方そのものが、自国文化の制約の中で生まれてきていることに気づくのは稀です。このことに気づくのは、多くの場合、異国の文化に直接触れ、その国の生活世界に馴染んでいく中で、様々な、いわゆる「カルチャーショック」を通して生じてくるようです。ここに照準を合わせて、まずは、いわゆる間文化哲学の問いそのものが生じる現場に近づいてみましょう。その際、この問いの生成の経過を、筆者個人の経験を通して、次のように記述してみます。

a　不慣れということ

「違っている」と感じたり、思ったりする、ということは、そもそもどのようなことなのでしょうか。外国に限らず、日本国内であれ、「初めての風景」、「一風変わった服装や振舞い、また顔の表情や感情表現」、「不慣れなその国の言葉」などと受け取るとき、「まったく新しい」とか「何がなんだかわからない」といった表現は、実は、言葉の綾なのであり、それぞれ、かなり変わってはいても、「風景」はすくなくとも「風景」として、「振る舞い」は「振る舞い」として、また、「表情や言葉」は「表情や言葉」として知覚されていることに違いはありません。この「〜として知覚」されているという普通の言い方に含まれている「自分の意識にそのまま〈〜として〉与えられているものごと」から出発して、それを分析するのが現象学の方法です。不慣れな文化との出会いに際して、そのときの自分の思いを、自分の言葉による表現に引きずられることなく、「〜として」知覚されているそのありのままを、自分の意識の働き方として分析しようとするのが、現象学という哲学の考察方法なのです。

ところで、この「変わっているという感じ」の中には、ときとして同時に、「なんとなくそれに引き付けられる」という感じも含まれているのではないでしょうか。異なった文化から受けるこの複雑な感じと、それに馴染んでいく過程で生じてくる、その感じの展開を、どのように解明できるでしょうか。

例えば、ドイツ人同士の会話を外から見ているとき、「何でいつも口喧嘩してるんだろう」と思うときがあります。しかし、この思いは、アジア人だけがもつ思いではないらしく、ドイツに住む知り合いのアメリカ人も同様な感じを受けるそうです。そのうち、喧嘩ではなく、議論を楽しんでいるということをドイツ人に聞かされて、そんなものなのか、と思い初めます。しかし、そう言われても、始めの頃は、どう努力しても、「喧嘩」か「討論」かの区別はなかなかつきません。「討論」と思ってみているうちに、本当の「喧嘩」に発展して、急に相手が泣き出したりする場合もあり、なにがなんだかよくわかりません。

知覚にはすでに解釈が含まれている、とよく言いますが、何かを見た、あるいは、聞いた瞬間に解釈してしまっていることを意味していて、「喧嘩」として知覚するか、「議論」として知覚するか、解釈の能力にかかわるとすると、問題は、その解釈を行う知覚そのものの過程（プロセス）であることがわかります。しかも、その解釈する知覚能力が、その文化に馴染む時間とともに生成、変様していくのであり、問題となるのは、その変様の「移行」そのものなのです。なぜなら、森有正もいうように、「ノートルダム寺院が見えるようになるまで七年かかった」という感覚（知覚の根底としての感覚）の覚醒と変様が、実は問題であり、不慣れな文化では、自分は、その文化で生まれ育った人と同様には、「見えて、聞こえて、肌で感じて、味わえていない」からです。この知覚の土台を形成する感覚の生成という事実を踏まえずに、いかなる間文化哲学もありえないのではないのか、という視点を、ここで明記しておく必要があると思います。

b　身につく言葉

確かに「馴染む過程」というものがあります。その文化に独特な感覚の仕方に次第に慣れるということがあります。例えば、絵画のカレンダーを部屋に飾り、それが部屋に馴染んでくるということもあります。時々眺めいることで、自分にとって、とても身近なものになっていきます。それと比べるとき、異国での生活の、部分的には留まらない生活全体の変化の意味が明確になることでしょう。好みのカレンダーを買おうにも細かな話が通じず、やっと見つけて買ってきても、コンクリートの壁でつるせなかったり、あたり前のことで不自由する異国での不慣れの感じは、起きているときだけでなく、寝ているときまで付きまとい、夢に現れたりしながら、生活全体に浸透していくものです。

この感覚の慣れが生じつつあるとき、その国の言葉を使いこなせるようになることの意味は、計り知れないものです。階段につま先をぶつけたドイツの知人が「Au!（アウ！）」とか「Autsch!（アウチ！）」とか言うのを何回かみているうちに、自分がぶつけたとき、自覚してその言葉を真似たりする以前に、言葉そのままに出て来たりするとき、いわば言葉が次第に身に着いてくるといえるわけです。具体的状況の只中で、その国の言葉を通して、その状況そのものを生きるとき、例えば、ドイツ語特有の深い意味をもつといわれる「gemütlich（くつろいだ）」という言葉で表現される状況を生きることが繰り返されていきます。もちろん始めは、「angenehm（気持ちがいい）」とか、「heimlich（わが家のような）」とか「bequem（快適な）」とかいった似通った言葉との細かなニュアンスの違いはわかりません。ドイツ人の中でも、必ずしも同じパターンで同じ言葉を語るともいえません。しかし、次第に少しずつその細かな違いがわかってくるでしょう。そうでなければ、小説とか映画をみても、その表現したい内容の違いがわからずじまいに終わってしまいます。

　このような経過をめぐる中で、いわゆる「翻訳の限界」といわれるものが、はっきりしてきます。母国語で語るときの全体の状況とその状況に相応した話し方（とりわけ豊かな身体表現との結び付き）と、外国語の状況に即した話し方（それに特有の身体表現との結びつきにおいて）との違いを翻訳を通して、文章化することはほとんど不可能であることが、次第にはっきりとしてきます。次第に、その言葉の状況とその表現が身につくにつれ、その状況の翻訳語を通した表現との間にみられる身体表現とのズレが明確になってきます。吹き替えの映画をみて、どうしようもない違和感の由来を説明するのは大変難しいことです。

　しかし、それでも、その国の言語を習得することを通して、この感覚と言葉の相応関係がはっきりしてくるということを[1]、即座に過大評価することはできません。なぜなら、感覚と身体性は、時間と共に変様するものであり、感覚の育ちをまたずに、言語による意味の理解だけで、知覚そのものをコントロールすることは、いわば、感性の規則性を無視しようとするに等しいからです。例えば、音素である〈r〉と〈l〉の違いを文字の上で異なっていることを知り、その違いを語として知っていて正しく読み書きできることと、その二つの音が実際に異なった音として聞き分けられるということは、当然ながら、別ごとです。実際にその違いが聞こえてくるようになるには、よく注意して、音を音として聞く練習や訓練を通して、感じわける努力をする他にないからです。

c　感覚の変化

感覚が変様していき、異国の生活世界の生活様式に慣れてくるとき、当の本人は、ある種の抗争を自分の中に感じ始めます。新たに慣れはじめている異国の生活世界での振舞いと、その環境から長らく離れてはいても、いまだいつでも活性化されるように備わりつづけている、自分の身体と母国語によって表現される、母国での生活世界における振舞いとの間の相克です。例えば、ドイツでの、親愛の情を込めた軽く抱き合う挨拶の仕方に慣れてはきても、異国で知り合った日本人の異性と同じことをしてはならないことは、わかっています。しかし、ときどき、長く滞在して、なかばドイツ人になっている日本人の知り合いとは、ドイツ人と同じように振る舞うことはあります。まさに、相手は、日本人かドイツ人か、どのぐらいドイツに慣れた日本人なのか、といった知覚の場面での戸惑いに、両生活世界の間に生きる自分の抗争が表現されているわけです。

このような状況での具体的事例は、枚挙にいとまがありません。一例になると思いますが、姓と名を呼びかけのときどう使うかは、文化によって様々です。親によってしか「名を呼び捨て」にされなかった日本人が、次第に名で呼び合うのに慣れてくるといったことも挙げられるでしょう。呼びかけは、人間のコミュニケーションへの入り口ともいえます。入り口で躓くか、うまくコミュニケーションそのものに入れるか、といった根本的な人間関係の形成の始まりから、文化差に出くわす事になるのです。

次第にその国の生活世界に馴染んでいくにつれ、母国の生活世界は背景に退いていきますが、もちろん背景に退くだけで、ちょうど、母国語を話す能力と同じように、いつでも活性化されれば再び働きだせるようになっています。しかし、ちょうど慣れ始めの頃、その背景は様々な状況で表面にでてきて、当人を強く当惑させます。

例えば、知り合いの学生に「今日飲み会があるから、よかったらこない？」とさそわれて、そのドイツ語の表現にひっかかることがあります。ドイツ語で „Wenn Du Lust hast, kannst Du kommen." やっとドイツ語が聞こえるようになった耳には、字義どおり訳すと、「もし快いと思えば（「もしよかったら」と普通の日本語として聞こえるには時間がかかります）くることができる（「こない？」という意味）。」という意味になります。字義通りとると、「これ、本当の誘いなのか？」と思わざるをえないのは、まさに、字義通りにとるからいけないのでしょうか。「もし快いと思えば」ということは、自分が顔を出そうと出すまいと、誘う当人にはどうでもいい、要は、あなたが「快いと感じる（気が向く）かどうか」と聞こえませんか。もちろん、その誘い方をどう受け取るか、同じ日本人でも人によるでしょう。また、少し別の、より心のこもった誘い方がドイツ語にあること（例えば、„Komm! Unbedingt! Ich warte auf Dich"（「きっときてね。まってる！」）を知るにつれ、前の例は、「やっぱりどうでもよかったんだ」と思ったり、学生どうしでよく使われているのを聞いたり、また同じ文章も、「ものは言いよう」で、その文章で「きっときてね。まってる。」と言えたりするのを経験したりしながら、次第に自分自身の会話の仕方に距離をもつことができるようになり、どうして自分はそのときそう感じて、そう反応したのか、その原因を考えてみたりすることも増えてきます。

立食パーティーに招待されても、「壁の花（誰にも話し掛けられない女の人のこと）」でもありませんが、どうやって他の人に話しかけていいかわからず、話しかけられるのを持つといった自分に耐え切れず、「もうこんな場には顔をだすまい」と思ってしまうことも多々あります。話し掛け方がわかってくると、（多くの場合その国の人のやり方をそのまま真似るのですが）そんな思いを持っていた過去の自分を笑いながら思い出す、ということもあるでしょう。また、その頃の自分、つまり、誰か人が間に入って、他の人に紹介されるのが普通で、「知らない人に話し掛ける」などといった「気まずい」思いをしなくてもすんだ、日本での会合を懐かしく思い出していた自分に、気づくこともあるでしょう。

d　日本人からみた日本と外国人からみた日本

そのように、日本と他の国との違いを、その国の日常に感じるとき、自分の関心が向き出すのが、いわゆる、日本にいたときにも、少し目に入っていた「日本人論、日本文化論」です。異国での日常生活に戸惑う自分自身を知るために、外国で日本人論を読まねばならない必然的な切実さは、日本にいたときに「おもしろそうだ」と思って読んでみるのとは違っています。丸山真男の『日本の思想』、中根千枝の『タテ社会の人間関係』、土居建郎の『甘えの構造』は、すべて欧米語に訳されており、いわば日本人論の古典になっています。最近では、木村敏の『人と人との間』も独訳され、広範囲にわたって日本人論、日本文化が紹介されています。この古典的な見解に対する、オーストラリア在住の社会学者、杉本良夫の『日本人をやめる方法』といった書物も出版され、日本人論の層の厚さをうかがわせます。

異国での振舞いに悩んで、日本人論を読むとき、いわば、ノイローゼやストレスの原因を探り、その処方箋をそこに読み取ろうとするのに似た真剣さをもった読書になります。しかし、そこに描かれている日本人像に対応する自分をみつけることができる場合もあれば、「今どきこんな日本人どこを探したっていやしない」と世代のズレを感じることもあるでしょう。

そんなとき、視点を変えて、日本人が日本人についてではなく、欧米人が日本人を描く書物も、日本にいたときと異なった面白さを持ち始めます。この領域にも同様に古典的といわれる著作は、数多くあります。いわば、異国での生活が長期にわたり、半分その国の人になりかけるとき、欧米人の日本人と日本文化に対して持つ感想を、まるで自分の感想文として読んでいるかのような自分に気づきます。

また、そんなとき、いわゆる「逆カルチャーショック」が生じます。それは、しばらく異国に住んだ後、自国にもどって、自分の根っこにショックを覚える場合です。

留学して五年間たち、三週間ほど日本に滞在し、母校を訪ね、学生食堂にいました。同じクラブに属するらしい学生が数人座っていて、一人が、「ちょっとタバコ買ってきてくれる?」と別の学生に声をかけます。するとその学生は、隣の学生に「おい、タバコ!」といいます。いわれた学生は、一番初めの学生に「タバコ何にしますか」と聞き、「何でもいい」と答えがかえってきます。こんな、なんでもない会話に私は大きなショックを受けました。三人とも同じような普通の学生の服装をしています。年齢差をみることはできません。しかし、三人の間には、歴然とした「先輩後輩の違い」があって、その三人の行動と言葉遣いや振舞い方のパターンを三人、三様、格差にしたがってきっちりつけているのです。ドイツの大学でゼミに参加している学生は実に様々で、初めてゼミにでる若い学生から、二〇ゼメスター(一〇年生)になりそうな学生もいます。しかし、学生の間には、敬語を使っての言葉遣いや振舞いの違いはほとんどありません。それが当たり前ですごした五年間が、日本の日常を鮮明に映し出しました。母国語は簡単に忘れるものではありません。母校の学生の会話は痛いようによくわかります。五年前の自分（私は剣道部に属していました）をそこにはっきりみる思いです。日本のタテ社会を論じた「中根千枝の言う通り！」ということになるわけです。

e　なぜ、間文化現象学なのか

このように真剣に日本人論に向かっているとき、日本人論をめぐる様々な学問的視点、あるいは、個人の伝記や小説などを通して、日本人という言葉でくくれるらしい自分の根っこを明らかにしようとする営みが始まります。そのような営みとその国の哲学を研究することとは、いったい、どのような関係にあるのでしょうか。様々な文化を哲学することとどんな関係があるのでしょうか。

さて、ここで、フッサールの「生活世界」の現象学を取り上げようとするのは、いま述べた文化と哲学との関係の問題を明らかにするだけでなく、この現象学が、間文化の哲学を解明するのに最適な哲学である、と思えるからです。フッサールの「生活世界」の哲学は、『ヨーロッパ諸学の危機と超越論的現象学』で最も明瞭に問題として提起され、その解明が行われています。フッサールは、ここで、自然科学的真理観に基づくあらゆる個別科学の根源を、西洋哲学と自然科学の歴史をたどることによって明瞭にし、このような真理観が、実は、われわれの日常生活でもある「生活世界」にその生成の源、つまり、起源をもつことを、哲学的に最も厳密に解明できる、と主張しています。

ということは、異国での日常生活と母国での日常生活とのズレに、相互の相克に似た軋轢を個人の体験としてもつものにとって、生活世界の現象学は、強い関心を引きつけることになります。なぜなら、心理学や民族学、社会学などの精神科学は、その文化の一員としての自分の振舞いや、それにともなう感じや感情を、外からの観察による様々なパターンの比較を通して示してくれたとしても、まさに個人としての自分に直接与えられている、自分だけの過去に特有な歴史性と具体性に、どのようにそれらのパターンの一つをあてがえばいいのかは、示してくれないし、示すこともできないからです。それに対して、現象学は、次のような主要な特徴をもっています。

(1) 各個人に直接与えられている意識活動から出発することが、同時に、最も厳密な学としての現象学の哲学的考察の出発点であること(この節の記述そのものが、私という個別主観の具体的歴史をたどりながらの考察になっていることは、読者の皆さんがすでに了承済みです)。

(2) 時間、空間、衝動、感情、感覚、身体、知覚、他者、言語、判断、類推、人格、社会、宗教等々、より根底的な意識活動から、その深層を土台にする上層の意識活動へと、各自の意識生(Bewußtseinsleben)に即して意識分析を行いうること。これらすべての個々の意識分析は、現象学の明証性に根ざした客観性をもつだけでなく、個々人の具体性と歴史性をも、明証性に即して分析可能であること。

(3) 方法論的に、(2)で挙げられる意識分析は、すでに形成済みで、現に働いている意識活動の「意識作用と意識内容の相関関係」[2]の分析が主になるのに対して、発生的現象学では、自分の生活習慣そのものの生成、つまりどのようにして形成されてきたかが分析され、解明されます。その際、鍵になるのは、「含蓄的志向性」という習慣形成の可能性、歴史性を担いうる志向性という概念です[3]。

意味の生成を問う発生的現象学[4]について、ここで十分な論究は、控えますが、要点だけは、述べておかねばなりません。

フッサールは、時間論の分析と「受動的綜合」の分析——両分析の詳細は後ほど展開されます——を通して、現象学の志向性において、反省以前の、先反省的で、言語を介した述定以前の、先述定的な特別な志向性の次元が、含まれていることを示しています。この次元は、幼児期の志向性、つまり、本能や衝動の志向性、そして自己の世界と他者の世界を構成する志向性、人間の社会性や学習に関わる志向性等の分析として展開しているものです(5)。様々な生活世界のこのような次元は、いつも、そしてすでに私達自身の中で働き、作動しているにもかかわらず、普通、日常生活を生きる私達に直接、意識され、自覚されているわけではありません。このような意味で私達は、このような自分自身の生活の中で気づかれずに、すでに隠れて働いている疎遠なものを生きている、つまり、自分自身の中の自分で気づくことのない「異なるもの」をいつも生きてしまっているのです。譬えていえば、「癖（くせ）」とか、自分の「性格」（性格は三歳までに作られるともいいます）とは、そのようなものではないでしょうか。また、自分の顔の表情、母国語なども、そのようにして知らずに身についてしまっていて、それを毎日、それとして自覚せずに、生きているものなのです(6)。

そしてまさにこの次元にこそ、先に述べた様々に異なった生活習慣の間で生じるズレとか抗争の理由（根拠）が存続しているのです。というのも、自分で反省できる意識された判断や行為以前に、それらの先反省的で自覚されない意味連関が、すでに知覚の次元で形成され、その形成された知覚の仕方が現に働いているからです。したがって、言葉で語れる、ある特定の「文化の同一性」という概念は、異文化を探求する人々にとって出発点であったり、目標ではあっても、決して初めから、内容上、はっきりと、また、十分に確定できているはずはありません。なぜなら、そのような同一性が確証されるその現在には、確証が不十分な二つの方向が内に含まれているからです。一つの方向は、先に述べた含蓄的な志向性に含まれる、自分にさえ気づいていない過去の経験であり、他の方向は、自分に気づいていない、自分の感性の習慣性を通して未来を受け止めているという、気づかずに未来を特定の枠に狭めている、つまり、新たなものが自分の中に育つのを制限してしまっていることに気づかないという、可能な気づきの制限化です。気づきを可能にする最も根源的な開きとは、現在にもたらされる原印象の触発の持つ偶然性（何が触発にもたらされるか、まったく偶然であること）である以上、意味の生成は、その原初からしてこの触発の偶然性にさらされています[7]。この点については、第四章で詳細に展開しますので、まずは、ここで、課題として述べておくに留めます。

諸生活世界の発生的現象学における探求は、異なった文化との抗争や齟齬から出発して、あまりに自明で、当たり前に映っている自国の文化と、それと異なって体験される異なった文化の適切な理解へと導くことができます。しかし、異国に生活することが、異なった文化に触れ、それを理解する必要条件だというつもりはありません。ニューヨークで楽しく過ごしていた東京人が京都に住み始めて、カルチャーショックを受けたという話は、よく聞きます。関東／関西の文化差、職種の違い、男女差、一人子として育つか、多くの兄弟の中で育つか、といった違いは、育った国の違いとは別の視点です。また、異なる文化に接するとき、違和感より勝るのが、それに惹きつけられるということです。外国からくれた友達の絵葉書や外国の美術館の美術書、他の国の童話、テレビのドキュメンタリーフィルムに映る外国の自然、映画や音楽等々、様々な魅惑的違いに惹きつけられます。何が変わっていて、何に惹かれるのか、一概に口ではいえない、その何かが自分の中に発展してきて、それはいったい何なのかという問いに対する答えを、長年に渡って求めていく、それが他国の文化の理解と、それに並行して深まり行く自国の文化を理解するという営みではないでしょうか。「他国の文学を知らずに、自国の文学を知ることはできない」というゲーテの格言は、もちろん、文化のあらゆる分野で妥当する原則を表現しています。

f　「文化を生きる身体」の概観

ある特定の具体的な違い（差異）から出発する間文化哲学の枠組みの中で、それぞれの文化の具体的な差異は、その文化に接すれば接するほど、次第に、何が違いなのかが、はっきりしてくるものです。そのとき、知覚、合理的判断、社会性、宗教性など個別的なテーマが、それぞれの生活世界という錯綜した全体を背景にして、探求されていきます。

例えば、これからこの本の主要なテーマになる身体性の理解に関して、「心身関係」が、西洋と東洋の文化的差異を背景にして、どのように考察されていくのか、異文化理解の観点から概観してみましょう。

出発点に取られるのが、例えば、自分が体験した様々な人間関係をめぐる当惑の体験（例えば、相手を軽く抱く挨拶の仕方）としますが、そのような当惑の根源をさぐり、なぜ自分はそのとき当惑したのか、親しさの表現としてこのような挨拶をなぜ自分はしないのか、と問わざるをえなくなります。それぞれの文化での身体接触の仕方などは、民俗学での研究テーマになっていたりしますが、当惑しているのは、他でもない、当事者である自分本人です。外からの第三者的な観察に留まってはいられません。例えば、挨拶するとき、次の日も、同じような状況で、自分の感性を抑制しながら、その挨拶をすることになるのでしょうか。恐らく、そうしないと、相手の親しみを拒絶して、相手の気持ちを傷つけることになるかもしれない、と考えるでしょう。それとも、日本の習慣を説明してみようか、と考えるかもしれません。しかし、それでは、いったい、どう説明すればいいのか、自分の身体接触の仕方は、いったいどのように出来上がってきたのか、といった、それまでの人生で自分に問い掛けたことのないような問いに迫られてきます。

この問いを問題にし続ける中で、しばらくして、真剣な問いとなるのが、いわゆる、「日本人論」及び「日本文化論」との関連としても考察対象の一つである、現代の日本の哲学者が身体をいかに理解しているのか、という問題です。いわば、同じ現代を生きる日本の哲学者が、それぞれの哲学的立場を構築しながら、どんな問題として身体をとらえているのか、第一章で検討してみたいと思います。ここで取り上げる哲学者は、市川浩、湯浅泰雄、広松渉です。三者に共通している重要な論点は、心身二元論の克服が中心問題として取り扱われていることと、積極的であれ、批判的であれ、身体の現象学的考察に明確な立場表明をしていることです。この検討を通して、この本で理論的中心にすえたい、フッサール後期現象学の「受動的発生」という根本原理が、三者の身体論においてほとんど取り扱われていないことが明確になります。それぞれ、構造主義的思惟、東洋の心身一如、関係主義による二元論の克服とはいっても、意識の志向性の概念が、無意識の衝動をも含む受動性の領域から解明されていることを考慮にいれずには、現象学の鉄則とする明証性に至らない不徹底な議論であることが示されます。いわば、現象学の厳密な方法論の特性が確認されるわけです。

東洋哲学で展開されている気の概念を視点として身体論を展開するのが、第二章です。気の概念は、中国古代の自然哲学にその端を発しており、中国医学で中心的役割を果たし、朱子の哲学を経て、理気哲学の基礎原理として展開しています。身体論の関連上、重要な気の概念の根本的見解を取り出し、心身関係論として、現象学の志向性の概念との対応づけを試みるつもりです。「万物は気から生じている」という気一元論では、精神は、最も軽敏に動く気であり、身体は、気が留まって形態をなしたものとみなされ、その意味で原理的に心身二元論と対置する見解をなしています。このような見解において生きて働いている気と、現象学の、非志向的、ないし受動的志向性とされる「感覚」の概念と対比させると、大変興味深い接点を垣間見ることができます。また、「雰囲気」という言葉に表現されている、人と人の間を行き来している気と精神病理学との関係を問うことは、現象学で最も重要で解決困難な問題とされる、相互主観性の問題、つまり、「われ有り」の根源的明証性を他者と共有しているのか、この明証性は、究極的に独我論に陥らざるをえないのか、という問題に関して、フッサール独自の「受動的相互主観性」という領域を示唆しうることに繋がります。

第三章では、気が呼吸とつかず離れず、武道の修行において絶えず訓練され続けていることを取り上げます。また、呼吸への集中は、後にテーマとされる座禅において中核を形成しているものでもあります。新カント学派の研究者であったE・ヘリゲルの弓道の体験は、西洋の哲学的知性が東洋の「弓禅一致」に触れる過程を説得力をもってわれわれに語っています。彼の語る「心身一如」は、事態の哲学的解明の必要性を感じさせないほど充実したものであり、実体験と哲学的省察との位置関係を自覚するよう促すものとなっています。それにもかかわらず、この事態に接近する現象学的解明は可能です。何らかのことに気づくという心の働きが生じる以前に、すでに働いている、触発的な連合による感覚内容の受動的綜合が、特定の気づきの最も根本的な動機となっていること、このような事態の解明が、心と物への分岐の場面を確定できるのです。

第四章で、考察の舞台は、ブーバーの「我－汝－関係」における身体性へと一転します。第三章で問題とされた「相互主観性論」は、人間関係をどう生きるのかという、それぞれの文化において文化の根底を形成するものの定題化を意味します。西洋現代哲学における他者論の重要な位置を占めているのが、ブーバーの「我と汝」と「我とそれ」の関係論です。今日、他者論として比重を増してきているのがレヴィナスの説く「他者」ですが、レヴィナスは、ブーバーの「汝」を大変狭く、汝からすべての具体的内容を拒絶する形式主義を通して解釈しています。この解釈は実は、フッサールの志向性を、能動的志向性と受動的志向性に峻別することを怠ったことに起因していることが、この章で解明されることの一つです。汝にその世界性と具体性を取り戻しうるには、フッサールの主張する受動的綜合の領域がそれとして獲得されることが、必須の条件となっているのです。

竹内敏晴の「話しかけのレッスン」をここで検討するのは、彼が、ブーバーの我汝関係とメルロ＝ポンティの身体論を演劇活動の理論的基盤としているからです。「話しかけのレッスン」では、ブーバーの語る「出会い」が、フッサールの語る発生的現象学の脱構築の方法がそれとして自覚されずに実践されることを通して、生成する「生きた身体」への気づきが準備されています。メルロ＝ポンティの語る「生きた身体」が、「話しかけ」を通して、出会いの実現に臨在しているという事態は、身体の現象学的分析にとって、この上ない豊かな土壌に立つことを意味しています。こうして、「汝の光」の中に汝の具体性と歴史性、すなわち汝の身体性が躍動する領域が開示され、そこでは、フッサール後期時間論の「生き生きした現在」の只中でこそ、汝が生成しうることが確証されます。

第五章では、仏教哲学と西洋哲学との対比が、まずその大きな枠組みの中で、どのように対応しあうのか、しないのかが考察されます。キリスト教的思惟が仏教思想と日本において初めて遭遇したのは、F・ザビエルによるキリスト教の宣教を介してでした。この遭遇の際、創造主と絶対無という対立点が、はじめから鮮明化している点は、興味深いものです。デリダの否定神学への取り組みとレヴィナスの宗教哲学の重要概念である「痕跡」の概念、さらに、マイスター・エックハルトと仏教哲学をめぐる考察が、仏教哲学の特性を際立たせることになります。その最も重要と思える「法（ダルマ）」の概念は、まさに、「我空法空」という大乗仏教の根本原理の表現に至って、主観と客観の対立では捉えることのできない、法観の次元を明瞭に際立たせることになっています。

フッサール現象学と大乗仏教哲学の一つの頂点をなす唯識哲学との対照的考察が、第六章で展開されます。身体性の根底に働く本能と衝動という身体性の根源を解明するにあたって、フッサール現象学と唯識は、それぞれの哲学の伝統を代表した細緻で徹底した考察を提示しています。両者に共通であるのは、この無意識的な衝動の働く意識の流れが、時間の流れという事態の、別の表現であることです。フッサールの場合、絶対的時間流の自己構成という逆説は、衝動的志向性によって超越論的に条件づけられており、唯識の場合、「不連続の連続」を条件づけている「識の転変」が、アラヤ識と現行識との交互関係という逆説的事態に他なりません。二つながらの逆説的事態の解明は、伝統の違いにもかかわらず、驚くべき類似点と同時に、主客の対立の成立する源泉と、その対立が解消されていく境位を開示するものです。その解明の途上で、唯識は観念論であるという誤った見解は、完全に払拭され、「色即是空、空即是色」という大乗仏教の原理に即した、逆説的事態の徹底解明という立場が改めて確証されます。

第七章での、禅仏教で述べられている「心身一如」についての現象学的考察にあたって、ユダヤ神秘主義であるハシディズムと禅仏教についての対照考察を行うブーバーの禅仏教解釈を端緒にします。ブーバーの神秘主義批判に含まれる、手段としての瞑想という見解で座禅を批判するのは、座禅には妥当しません。我汝関係がそうであるように、歴史性と具体性と世界性から遊離したところで心身一如が成立しているのではありません。座禅は、空性を体現することに熱心のあまり、身体を動かすのを忘れる、つまり、運動感覚が自然に脱構築されることであったりします。それによって、運動感覚に結びついた自己中心性と身体中心性が次第に崩れていきます。フッサールの発生的現象学の脱構築が理論的考察に留まらず、身体活動の実際の脱構築が遂行されるのです。実践的脱構築と理論的脱構築との間に生起する豊穣な差異の現出は、さらなる現象学的考察を促して止まないものです。

第八章は、全体のまとめとなります。「文化を生きる身体」は、主観と客観の対立を基準に、それ以前に生成している間身体性の領域と、それ以後の我汝関係における心身一如の領域、というように、三段階に区別してまとめられます。これが、この本でなされる間文化現象学の基本構造の提示となります。

g　いわゆる客観的比較の限界

間文化現象の考察にあたって、当然のことですが、それらの個別テーマに関するできるだけ広範囲にわたる文献を、参照する必要があります。広範囲というのは、しかし、必ずしも文献の量にかかわるのではなく、様々に異なった見方や観点を幅広く取り入れるということが、重要であり、フッサールが「本質直観」に際してとる「自由変更」という方法が参考になります。見方や観点の違いは、単に、できるだけ多くの資料にあたり、一つの基準にそって量的規則性を定めようとする外からの観察や考察にとどまって、第三者的立場から文化的要因を比較することを通して明らかになるのではありません。それだけでは、自分の生活世界という地盤とかけ離れた、宙に浮いた考察になってしまいます。そうではなく、文献を読んで意味のあるのは、異なった生活世界の構造化とその生成に根拠を持つ、異文化に触れた際にもつ各自の戸惑いやカルチャーショックとして立ち現れる文化差の解明に役立つ文献であるからであり、その意味で読書の幅を広げるということに意味があるのです。(8) したがって、このような文献の探求は、それぞれの生活世界で、いったい「学問」とは何を意味しているのか、生きるという全体の中で学問のもつ真理性はいかなる位置づけをもつのか、そもそも言語にもたらされ、記述されることと、言語に表現できず、また記述もできないことがらが、文化全体の中でどんな位置をもつのか、ということをも含めた文献の研究ということになります。

このような文脈の中でこそ、いままで西洋哲学と東洋哲学について語られてきた様々な性格づけ、例えば、「人格神－非人格的神」、「存在－無」、「自然の克服－自然への順応」、「個人主義－集団主義」、「論理（言語）－超論理（沈黙）」、「分析的－総合的」といった性格づけのそれぞれの意味合いが次第に明確になっていきます。しかし、これらの性格づけに関して、どの一つの対比を取り上げても、それについて絶対的な言明は不可能であることも、同時に、明瞭になるはずです。ある特定の意味連関は、大変遠い過去からの意味の由来をもつだけでなく、これからの将来の発展の可能性に開かれています。自分を仏教徒であると自覚している人が、「匿名的キリスト教徒[9]」と名づけられてかまわないかもしれないのと同様に、欧米人でキリスト教を信じるという人が、「匿名的仏教徒」と名づけられてもかまわない、ということがありうるのではないでしょうか。名称を超えて求められているのは、人間の根源、様々な文化を生きる個々人の根源であると思われます。

II　間文化現象学の分析方法

以上、異文化間の接触という事例と、その接触が接触となる経過を描写してきて、間文化哲学の方法論について、次のようにまとめることができると思います。

（1）　間文化哲学の出発点は、哲学する一人一人がそれぞれの生活世界に生まれ育ってきているという事実に他なりません。ちょうど自分の子供時代は完全に過ぎさったり、それから完全に遊離することはありえないのと同様、生まれ育った生活世界を完全に後にしたり、分離したり、遊離することはありえません。哲学を学ぶことと、そこに生まれ育ったそれぞれの生活世界とは、大変密接に結びついています。そして、その結びつき方そのものも、それぞれの文化で様々に異なっています。そして、このことに気づくことさえ、異なった生活世界に慣れ親しむことと、その国の哲学を学んでいくことを通して、初めて少しずつ分かってくるものです。例えば、カントの文章について、「これはドイツ語じゃない」という普通のドイツ人のドイツ語感覚がすこし分かって、初めてカント哲学が平均的ドイツ人（仮にそう呼ぶだけです）の生活にとっての意味が少し分かってきます。ここで問題にされる「直接的接触」は、いわば、出会いに似ていて、その際、すべての出会いと同様、その出会いを外から眺める視点は二義的な視点でしかありません。そのような第三者の視点をもったまま、本当の接触、出会いは不可能です。カルチャーショックを身をもって体験するのは、それぞれその各自なのであり、それを外から描写する解説書の視点は、身をもってショックを生きぬこうとして、身体性の変容を経験することとは、次元を異にしているのです。

したがって、初めから第三者の外から観察する視点があり、それを通して様々な文化の特徴や違いの項目をあげ、表にして、観察した資料をその表とつき合わせ、量を測定し、対比することに終始することに留まるのであれば、異文化を理解し、その根底に至ることは難しいでしょう。なぜなら、自分の身体がそこに居合わせることにより、直接的な謎として迫ってくる、自分の身体性の無自覚的生成への問いは、まさに、個別的で具体的な、特定の文化に育った自分の身体性と異文化との接触の中からこそ生じてくるものだからです。

（2） 間文化哲学の研究は、学際的研究を土台にします。学際的研究が初めて、具体的な、様々な生活世界の領域に根を張る、特定の文化差の根拠とその生成の条件を明らかにすることができます。しかし、その研究は単なる諸学問の成果の取り集めやまとめではありません。諸学がそれぞれの生活世界でどのように構造化され、全体としての生活世界の内部でどのような位置づけを持つかが、批判的に考察されなければなりません。批判的にというのは、それらの意味連関がどのように、まずは先学問的な意味として、生活の中で生きられ、それがどのように抽象的な言葉で語られ、記述されて学問の成果として報告されているのかということを、徹底して考える、という意味です。それをメルロ＝ポンティは、「反省の反省」である「徹底した反省」[10]とよびます。

(3) 間文化哲学の体系化という構想は、文化理解というあり方にそぐわない方向づけだと思います。むしろ、ある特定の文化は、たえず変化し、生成している開かれた地平なのであり、様々な他の文化の直接的、間接的な影響の只中にあります。具体的で錯綜する文化的差異が少しずつ明らかになってくるとき、あまりに早急に形式的普遍性や普遍的規則性を求めて、それを体系化することは、文化差に垣間みえてくるその文化の本質に一般的形式を無理強いしてしまうことになるでしょう。なぜなら、例えば、東洋の学問の核になる本質的な意味連関は、階層的な秩序を持つ、普遍的とみなされる西洋の学問の歴史に容易に還元できないからであり、むしろ、多様な文化地平との「潜在的つながり」[11]の中にあるといえるからです。

第一章　現代日本の哲学で理解される身体

身体を哲学の問題として考えるとき、そこには、多くの他の哲学の諸問題が含まれていることが分かります。その中でもとりわけ重要な問題が、いわゆる「心身関係」、心と身体がどのように影響しあっているのかという、両者の関係の問題です。他に、身体と言語の関係や身体と社会制度の関係なども様々に取り扱われてきています。それだけに限られず、身体性と芸術や宗教などは、広大な文化の深層にまで及ぶ探求を必要とするものです。したがって、まずは、この本で取り上げる問題を、他の多くの問題から限定することから始めなければなりません。その際、今日の日本の哲学が身体をどうとらえているのかを始めに考察し、これまでの日本の伝統において育まれてきた身体についての考えを浮き彫りにするよう努力してみましょう。そこで、三人の現在の日本の哲学者を選んでみます。なぜこの三人なのか、というその理由は、これから展開される考察の中で、自ずから明らかになってくるでしょう。

I　市川浩の身体論

今日、哲学の領域で、身体論を取り上げるとき、フッサールやメルロ＝ポンティといった現象学の考察が広範に論議され、中心的役割を果たしています。その理由は、日本では、従来、身体から発する雰囲気や情感が細やかに感じ分けられていて、日本の文化的体質がフッサール現象学の主張する「生活世界の復権」、つまり、感性的具体性において生きられる身体性の強調に共感するところが強いからだ、と思われます。日本人の生きかたや考え方は、身体性の見地からして、直観的な知覚の世界や、人間関係を支配する情感の世界に大変敏感に対応していることによって特徴づけられると思うのです(1)。

市川浩にとって、身体の問題は、近現代社会にみられる個我の孤立、すなわち、独我論の問題を哲学的に解明することと密接な関係があります。市川は、その問題を解決できる鍵概念を身体に求めました。つまり、身体と周囲世界とが根源的なつながりをもつという視点を通して、そのような身体が独我論を克服できるのではないか、という問題関心なのです(2)。この独我論の問題は、時代を少し遡れば、開国まもない日本において深刻な問題となったものです。というのも、西欧の文化との接触を通して、日本人にとって疎遠なものであった近代社会組織の形成に即して、その形成の基盤になる個我の確立と孤立という問題が生じたからです。そして、西田が一九一一年、『善の研究』の序文において「独我論は克服された」と表現していることからしても、この問いが、その当時からいかに深刻な哲学上の問題であったかを雄弁に語るものです。

a　現象学の考察

西田は独我論の問題を、いわば根こそぎ、人間存在の全体をもって、根底から克服しようとしました。その克服は、主観と客観に分岐する以前の「主客未分」とされる「純粋経験」から出発することによって可能になるような解決の道であるとされました。この解決が伝統的な禅の修行と密接な関係にあることは疑いなく、この論点に関しては、直接、後続の章で取り組むことにします。しかし、市川のとった方法は、西田のとった方法とは異なり、独我論の淵源をデカルトの二元論に見定め、まずもって、具体的な生きた身体の現象学的分析を通して、徹底的に解明し、二元論の哲学的位置づけを明確にし、検証しようとする方法でした。

彼は、『精神としての身体』において、三つの観点から身体を分析します。それは、「現象としての身体」、「構造としての身体」、「行動の構造としての身体」とされます。第一の観点から考察される第一部において、最も重要な現象とされるのが、身体の二重感覚という現象です。この現象が最もはっきり現れるのは、触覚においてであり、左手に触れる、自分の意図どおりに動かせる右手が、すぐさま、いままで触れられる対象だった左手によって触れられる対象としての右手になり、両手が即座に、そして交互に、その主観と客観の役割を入れ替えることができる、という現象です。この現象は、もともと、フッサールが『イデーンII』で呈示し、メルロ＝ポンティが、『知覚の現象学』で印象深く描写しているものです。市川は、この現象を取り上げ、この現象の主観的側面に「自我の働き」が見出され、自我はそこで、自分が何かに触れていることを自覚できるのであり、また、この現象の客観的側面からは、触れられる身体の対象化が生じているとみなします。二重感覚の現象は、いわば、このようにして「外化された反省」ともいえ、「二重感覚はさわる私とさわられる私とを分離することによって、胎児期の原始的な一体性のうちにまどろんでいた身体に分裂をみちびき入れる。二重感覚は、いわば外面化された反省である。[3]」とします。

この指摘そのものは、先に言及されたように、身体の現象学にとって、特に新しいものではありません。われわれにとって、より興味深いのは、この現象に加えて、市川が指摘する、祈りの場合のような合わせられた両手の場合です。彼は、この現象を指摘して、メルロ＝ポンティの場合の、触る手であるか、触られる手であるかのどちらかであるという両立しえない選択という立場を、必ずしも必然的な選択とみなしません。その選択以前に、先にもあげられている、胎児期にその起源をもつ、あいまいに広がった一つになっているような原始的感覚が感じられているとし[4]、メルロ＝ポンティの二者択一的選択に対して、より根源的な両手の触れ合う一体感を対置させます。

このような身体の原始的一体感とは、いったい、何を意味し、さらにそれを現象学的に分析することはできるでしょうか。また、もしそのような根源的な身体意識の構成層があるとして、それは、他の身体機能や諸感覚の意味の統一機能とどのような関係にあるといえるのでしょうか。これらの興味深い問題の解明は、ここではまずは、保留の形にしておきたいと思います。

市川は、主観としての身体と客観としての身体、また、複数の身体相互の関係等について、さらに考察を重ね、精神障害の事例やナルチシズムの分析を通して、自然科学の考察対象としての身体がいかに一面的な抽象の産物であるかを、鮮明に叙述しています。しかし、彼の叙述の中での不足をいえば、それは、現象学的考察方法と自然科学的方法との、方法論上の厳密な対比が不十分であることです。この不足が、現象学的考察から構造主義的考察への移行の際、その方法論上の必然性が明確に示されないままである、という弱点として現れています。現象学的考察の限界がどこにあるのか、明らかにされないまま、無意識の領域が問題にされていること、無意識の考察は、現象学的考察の限界であるのかないのか、明確な方法論上の規定に欠けている、といわなければなりません。

現象学の基本概念である志向性をどう理解するのか、ということは、身体の現象学的考察にとって、決定的に重要な論点です。フッサールとメルロ＝ポンティ等の現象学者は、志向性を狭い意味で理解する、能動的志向性の概念による現象学的分析の限界を、絶えず指摘してきています。いかなる概念をどのように使用しているのか、その方法論の厳密さに関して、おそらくフッサール以上であるような哲学者は今日において皆無といえましょう。能動的志向性としての反省概念の限界という問題は、フッサールによって探求された時間意識の構成の問題を通して、その最も根源的な探求領域に達していました。K・ヘルトは、「生き生きした現在の謎」という問題領域を指摘し、反省による方法論の問題を明らかにし、日本では、それが新田義弘により紹介され、反省概念の限界の問題として一層深められてゆきました。(5)また、この問題は、現在も現象学の重要な探求領域として、その研究がさらに進展しているものです。

市川は、現象学的考察の限界を、P・ヴァレリーの「第四の身体としての錯綜体」に対比させながら示唆しています。この第四の身体は、潜在的な統合可能性を含む錯綜体としての身体であるが、精神的認識によっては認識不可能とされ、その意味で、「もはや現象としての身体の記述をこえて」(6)いて、精神障害などを通して間接的に認識されるだけであるとされます。しかし、市川は、時代の制約かもしれませんが、フッサールの後期の発生的現象学において、受動的綜合の分析をへて、「無意識の現象学」の領域が開示されていることにまでは、その考察が及んでいません。発生的現象学の方法論も「潜在的な統合可能性」をさらに現象学的に解明しうる枠組みを提供しており、市川の方法論的考察の進展を促しえたはずなのです。(7)また、現象そのものに含蓄されている習慣性をになう含蓄的志向性の概念だけでなく、現象することが同時に他の意味連関を抑圧したり、隠したりしあう、つまり、現象は隠れと錯綜しあっていることは、現象学にとって詳細な分析を通してすでに獲得されている一つの重要な見解なのです。[8] そこで問題になるのは、まさに、現象することと現象しないことが、いかなるあり方で生じているのか、その「如何に（Wie）」なのです。

b 構造主義の考察

市川の構造主義的考察の特徴として、メルロ＝ポンティにならった「身体図式」と「形態」の両概念の活用をあげることができます。両概念は、現象学的記述を超えた概念とされますが、残念ながら、志向性の概念との正確な規定づけと限界づけはなされていません。身体図式は、主観としての身体に属するのではなく、また、客観的な身体に属するのでもありません。むしろ、両極の間の領域に位置し、両者を統合しているといえます。この「間」という特性は、形態の概念にも妥当し、構造としての身体を記述する理論的枠組みにとって決定的な、生体と周囲世界との関係の規定にとって重要な役割を果たします。その際、この「間」の方法論的記述は容易ではないが、実はこの不可欠な考察が欠けると、知らず知らず、旧来の「主観－客観－図式」に立ち戻って考察することになってしまうのです。

市川は、生体を「環境＝内＝存在」と規定し、環境と生体との間に意味が発生するとみます。この発生する意味連関において生体は周囲世界を規定し、同時に、周囲世界から規定されています。[9] この関係は、さらに、「はたらく身体の両義性」と名づけられ、この両義性は、触覚の二重感覚の現象に端的に現れているとされます。

この「間」ないし、「環境＝内＝存在」としての身体の規定づけが、二重感覚という現象学的記述でのみ根拠づけられるのであれば、現象学的考察から構造主義的考察への移行は、単に経験地平の拡大しか意味しえないでしょう。深層心理学や生物学や神経生理学での生体の探求を通しての経験地平の拡大は、現象学的考察である本質直観における事例化という方法によって、十分統合可能であり、ことさら、構造主義的立場への変換は必要とされなくなるのではないでしょうか。

市川が、超越論的主観性の立場を超えるというとき、その基準となるのは、ベルグソンに即して、意識を「妨げられた状況における生体の選択の能力」と規定することによります。[10] かくして、自己意識そのものも、生体の生存に還元されることになります。[11] ここでいわれる意識の構造は、実はヴァルデンフェルスのいう、ある種の客観主義に属する危険が見受けられます。というのも、ここで、意識の構造は、「われわれの体験と行為が、その中で活動し、それに向かって運動するような」[12]次元として捉えられてはいますが、なお、客体としての生体を強調する一種の生物学主義によって、一面的に把握されているからです。というのも、ベルグソンの生の哲学における意識の規定は、市川の方法論的精密さを欠く論述のままでは、やはり、生体としての人間を客体偏重においてみる客観主義に陥る危険からまぬがれていないからなのです。

身体の構造に関して市川は、向性的構造と志向的構造を区別します。向性的構造とは、生体の無意識的な構造であり、構造化の結果（成果）は意識されても、構造化の経過そのものは、決して意識されえません。ワロンによれば、この構造は、外部作用的（exterofective）側面と自己作用的（propriofective）側面とに区別されます。[13] このとき、向性的構造と志向的構造との関係は、大変重要な意味を持つことになります。一方では、向性的構造は、下部構造として志向的構造に対して、それを基づける基盤の役割を果たし、肯定的ないし否定的影響を与えます。例えば、ある特定の姿勢は、ある行動へのかまえとして、きたるべき身体行動の準備態勢となり、注意力としての意識の度合いを高めることになります。このような事態と連関は、あらゆる文化において隈なく知られており、いろいろな実践的知恵として活用されています。[14] この向性的構造の志向的構造への影響については、市川は、ゴールドシュタインの報告する、志向的構造と身体運動の二つの型（屈曲や内転、そして伸張と外転、広い意味で先ほど述べた姿勢を意味する）を例証としてとりあげます。[15] このように、確かに向性的構造の志向的構造への影響は疑いえないものですが、市川は、志向性の概念を通常の能動的志向性として狭く理解しているため、向性的構造そのものが、受動的志向性の観点からさらに現象学的に分析可能な点には、その考察が及んでいません。

逆に、志向的構造が向性的構造に影響を及ぼすことについては、ここでは、一般的に文化の及ぼす身体への影響が語られるのみで、原理的にどのようにしてその影響が働きうるのかについては、詳しい解明はなされないままに留まっています。つまり、下部構造が上部構造を基づける関係が中心に述べられ、ライプニッツの共可能性（compossibilite）、ルビンの地化（Grundierung）と図化（Figurierung）やケーラーとヴェルトハイマーの構造変換（Umstrukturierung）、フロイトの位層変換（Konversion）、ピアジェの中心化（centration）と脱中心化（decentration）というように、下部から上部へわたって、諸構造が論述され、最後には、道具の使用能力に対応する「組み込み」の構造が述べられているのです。[16]

c 「エゴ　コギト」と心身関係の問題

市川は、「エゴ　コギト」の心身二元論の問題を次のようにまとめています。デカルトの「エゴ　コギト」の明証性は、カントに即せば、「「われ思う」はすべての私の表象に伴いうるのでなければならない」と表現されます。しかし、このときの「われ」は、常に「自己意識」の内に与えられているという必然性はなく、むしろ、志向的構造の自己把握として与えられており、この志向的構造は、向性的構造である前意識ないし、無意識の構造の中で、地化や図化を通して基づけられています。したがって、われわれは、どこからか、考察をはじめなければならない以上、「われ思う」の明証性は、出発点として欠くことはできなくても、到達点としては不十分である、「われわれは明証性を一歩一歩相対化し、より高い明証性にそれを深めてゆかねばならない」[17]とされるのです。

このように具体的全体としての身体は、多層に渡る諸構造の全体的関連として理解されるが、その際、基本原理として活用されているのが、ベルグソンの状況内の選択能力としての意識、フッサールの「基づけ」、メルロ＝ポンティの構造化や構造変換であり、最終的にチャン・デュク・タオの行動の弁証法に上記の基本原理が統合されるような全体的理論が、呈示されています[18]。

このような身体の全体性の把握において、精神と身体の関係は、生体の諸構造層の統合する綜合の度合いに応じて規定されます。ということは、生体は、綜合の統合の度合いが高まればそれだけ、環境への依存度が低下し、自由な選択の可能性が高まるというのです。そして、この度合いはたえず、相対的であり、この意味で、精神と身体という概念は、極限概念であり、生体の生成的構造の統合という現実にあてられた別名に他ならない、とされます。したがって、従来の二元論は、ここでは拒否されます。なぜなら、精神と物体としての身体との実体的区別は、抽象的な構築に他ならず、現実に相応してはいないからです[19]。

ここで、まとめにあたって、フッサールの現象学の立場から、これまでまとめられた市川の立論に対して、次のような批判を加えなければならないでしょう。

まず第一に、市川の現象学的考察において、メルロ＝ポンティの分析にも妥当することですが、後期フッサールの受動的志向性と受動的綜合の分析の成果が生かされていないことです。これは、フッサールの後期の発生的現象学における受動性の分析がいまだ十分に紹介されていなかったことに起因するといえます。市川の問題とする向性的構造と志向的構造との関係は、無意識の現象学の解明を可能にしている受動的綜合という基本原理の導入なしには、周到な現象学的探求は望めません。そればかりか、構造主義的考察によって呈示される向性的構造は、諸自然科学の成果を取りまとめることによって獲得されていることは自明であり、成果を取りまとめることだけで、それが同時に哲学的考察になるといえるのでしょうか。同じく、自然科学の諸成果に開かれている現象学は、静態的現象学での本質直観と発生的現象学における脱構築の方法によって貫かれた超越論的現象学として、身体の哲学を展開しています。

このことは、自然科学で問われることのない、客観的時間と空間の、相互主観的構成という、現象学の根本的立論と対峙することなく、構造主義に則った哲学的考察の方法論が吟味されずじまいになっていることを、示唆するに他なりません。

II　湯浅泰雄の東洋的身体論

東洋的身体論というテーマで、武道や中国医学や禅仏教などの伝統に基づく身体論が頻繁に論ぜられています。まず、このような主題化は、今日の日本の思想動向全体という、特定の文脈の中で出てきたテーマであることが注意されなければならないでしょう。特に六〇年代後半、近代合理主義への批判の一端として、このテーマへの関心が高まり、疎外された社会体制への批判に関連して、民族学や社会学、心理学、哲学などの分野を背景にしつつ、主題化されてきたものです。その際、市川の仕事に見られるような、西洋の心身二元論の批判を、西洋哲学そのものの探求を通して進める方向もあれば、東洋的伝統から、メルロ＝ポンティによる新たな身体論や心身医学の方向に新たな視点をさぐる動きも出てきました。

湯浅泰雄の研究は、この方向に属するものです[20]。伝統の異なった考え方を対話にもたらそうとする研究は、それに特有な困難さを伴います。まず、共有する対話の場を確保するための準備をしなければなりません。その際、考え方の違いは大変根の深いものであり、そもそも考えるということが、生活の中でいかなる意味と価値をもつのか、改めて反省する必要がでてくるものです。湯浅も、彼の研究を通して、そのような困難にぶつかっています。

彼の身体論への関心は、近現代の日本の哲学の研究、西田、田辺、三木、和辻の研究を通してはっきりしてきた、という特徴を持ちます。日本の哲学者達の身体論は、西洋哲学で考えられた身体についての考察と異なるものであり、日本の哲学者に共通して見えてくる身体への取り組み方が見出されていきました。湯浅は、日本には、伝統的に、心と身体のつながりを、「心身一如」というように、統一的に把握する考え方がある、といいます[21]。その伝統は、仏教的思惟を代表する空海や道元に、そして、仏教による影響を受けている日本文化全体にみられるというのです。

仏教の基本教理である「戒、定、慧」は、究極の境位を求めて修行する仏教の実践の中から生じたものであり、その境位においては、生と死、善と悪、絶対と相対、主観と客観、心と身体といったあらゆる対立がその根底から解消される、とされます。真善美への問いである哲学の問いも、この最終的境位を求める修行の実践と目標という見地から考察されています。この目標に至るためには、当然ながら、定、すなわち、仏教の瞑想による修行が特に重視されます。仏教の瞑想にあって重要なことは、キリスト教的瞑想において強調される、霊と肉との対立を背景にした身体性の否定と克服は、決して中心課題とはされていないことです。身体はむしろ、積極的に修行に活用され、身体を通して修行の形態が形成されています。湯浅は、この瞑想の修行の経過を哲学的に解明しつつ、この経過を背景にして、身体性を理解しようとします。

湯浅はこの考察にあたって、ユングやボスといった、東洋の知恵と西洋の精神医学を結びつけようとする人々の研究を積極的に取り上げます。精神医学の領域で、心は「明るい判別的意識」と「暗い原始的意識」の二つの層を生きているとされ[22]、彼はこの二重構造を生理心理学的研究の成果と結びつけて、宗教的修行の経過において重要な意味をもつ、心身の相互の関係の場を、そこに見定めようとします[23]。仏教の修行や、演劇、文芸、美術、武道などの具体的な文化形態での練習において興味深いのは、それらの修行や練習では、単に身体をコントロールする技術が目標とされているのではなく、その経過において、修行する人間の全体をかけた、完全な没頭が要求される段階が必ずある、ということです。修行とは、したがって、身体を道具と見たてて、完全なコントロールをめざす機械的練習なのではなく、また、身体を退ける純粋な精神の浄化なのでもありません。そうではなく、このような対立にかかわずらうことなく、個の全体がその修行と一つに成ることが修行の目標なのです[24]。また、修行で重要なのは呼吸です。湯浅によれば、呼吸は情動の領域に影響力を持ち、リビドーと密接につながる感情のエネルギーを、昇華を通して高次の精神的エネルギーへと変容させるのであるというのです[25]。

湯浅の呼吸の指摘は重要であり、正鵠をいているのですが、ここで疑問とされるのは、呼吸の訓練による成果を一面的に、フロイドのリビドー論によって解釈しようとする点です。呼吸を通して修行の到達する境位については、すでに、禅仏教を世界に広めるにあたって画期的な仕事をなした鈴木大拙[26]や、最近の禅仏教の哲学的解明の研究で署名な井筒俊彦[27]などによって、西洋でもよく知られるようになっています。したがって、ここでとりわけ、期待されるのは、これらの記述の本質をなすものの哲学的分析にあります。その点に関して、湯浅の哲学的解明の一面性を指摘しなければならないでしょう[28]。この一面性が、修行のプロセスの考察を狭める結果になっていることが、後に明らかにされます。

呼吸の練習において、湯浅は、東洋での身体性の考察において欠くことのできない鍵概念としての「気」を重視します。気は、すでに古代中国の自然哲学に見られる概念であり、儒教の重要概念である「理」とともに、儒教の理気二元論として、中国哲学の中核を形成しています。気は普遍的な原理として、宇宙の生成や社会制度や政治秩序において働いている原理とみなされ、気一元論と理気二元論の理論的緊張関係が問題にされてきているのです[29]。

この気の自然哲学的側面、つまり、個人を超えた意味合いが病理学上の議論に導入されたのは、精神病理学者である木村敏によるところが大です[30]。気は、人々の間に行き交う雰囲気としても働き、この雰囲気は、後述するように、実は、自我意識の形成に際して決定的な役割を果たしているものでもあります。また、気は宇宙論的広がりをもち、人のミクロコスモスと自然世界のマクロコスモスとの間を行き来するものとして、個々人の受ける感じや感情が、個々人の肌を境に内に閉ざされているわけではないことを示唆しています。湯浅もこの気の特性を強調し、そこに、身体についての従来のデカルト的考え方を超え、東洋に伝統的な新たな身体の捉え方を呈示する可能性をみています[31]。しかし、問題は、どのような意味で「新しい」ないし、「デカルト以後の」と主張しうるのか、という点です。

湯浅は、先に述べた深層心理学的見地と並んで、中国医学で伝承されている「気と経絡」、すなわち、解剖学的には検証されえないが、現実にその機能が確証されている「経絡」との関係を、生理学上の実験で検証しようとします。[32]確かにそのような実験結果による機能の検証は、自然科学に傾いた真理観を生きる現代人にとって説得力のあるものかもしれませんが、逆にいえることは、学問の方法論の明確な吟味を経ないと、そのような研究は、事態に即さない一面性に陥ってしまうことです。哲学的考察の重要な権能は、まさにそのような事態に即した考察方法が反省されているか、いないかの探査にあります。[33]

湯浅自身が述べるように、このような東洋と西洋の身体論という考察の試みは、まさに、始まったばかりであり、熟考が重ねられていかねばなりません。彼は、試みに、この気の運動と密接な関係のある経絡から考える身体を、第四の身体と名づけます。第一の身体とは、知覚と運動を統一的に捉える感覚運動的身体であり、第二の身体は、キネステーゼ（運動感覚）的身体、第三の身体は、自動的で無意識的な身体の機構とされます。そして、この第四の経絡からみられた身体がメルロ＝ポンティが援用する「身体図式」と対比考察されます。湯浅によると、両者の共通点は、両身体が、純粋に心理－主観的に理解することができないだけでなく、また、純粋に生理－客観的に捉えることもできず、生体と環境との間に生じている事柄から出発する第三の観点から考えねばならない点である、とされます。また、両者の違いは、身体図式の場合、情感と結びついた自律神経系との関わりについての考察が欠けているのに対して、経絡による身体の場合、この結びつきが重視される点である、と指摘されます。そして、湯浅が第二の違いとして指摘するのは、経絡の身体では、治療の実際と測定を通しての経験科学による検証が可能であるのに対して、身体図式の場合、このような測定は不可能である点である、としています。[34]しかし、この指摘には、明らかに、湯浅の方法論的考察の弱点が現れていると言わねばなりません。というのも、この指摘にあって、身体図式の哲学的位置づけが不十分であるからです。湯浅のいうように、生体と環境との間の第三の次元が哲学的に主張されるのであれば、その哲学的位置づけは、まさに、単なる客観的測定の領域を越えた、客観的測定の意味そのものがそれに照らし合わせてはじめて意味を持つようになる、そのような第三の次元を意味するはずだからです。第三の次元の哲学的な方法論的意味の確定が定かでないと、特定の事態をそれとは異なった次元によって判定するという誤解が生じるのです。したがって、経絡からする身体がその特有な次元で生じている個々の事象に即して、さらに詳細な考察がすすめられなければなりません。

III　広松渉の身体論

広松は、日本で数少ない、自分の体系的哲学を構築した哲学者であるといえます。[35] 初期の研究はマルクス主義であり、さらに、現代物理学、学問論、現象学や構造主義の研究を通して、「関係主義」の立場を取るに至りました。この関係主義は、認識論、存在論、実践論の各分野で、実体主義に対置されるとしています。[36]

特に身体論に関して興味深いのは、市川の場合がそうであったように、広松の取る現象学への近さと遠さが、彼の描く具体的知覚世界の出発点となり基礎ともなっている点です。彼は、知覚の分析で取られるマッハの感覚主義の研究でも著名であり、それは、メルロ＝ポンティに対する批判的言及にもはっきり現れています。[37]

広松の研究の優れた点は、研究の徹底さであり、個別科学の成果を積極的に取り入れることが、哲学的立場の堅固さにつながっています。心身問題についていえば、平行論、随伴論、マッハの同一性のテーゼ等、ほとんどの立場について批判的に研究を展開しています。[38]

その際、自然科学的探求の存在論的位置づけは大変明確であり、自然科学の命題は、実験によるデータに依拠するのが、当然であるが、――それは、例えば生理学上の大変精緻な情報であれ、ミクロ物理学的数値による命題であれ、――根源的で現勢的な知覚世界に対しての、ある種の「構築」であるといいます。[39] では、ここでいう知覚世界の存在論的根源性とは、いったい何を意味しているのでしょうか。この点を明らかにするために、メルロ＝ポンティの現象学的知覚論に対する広松の批判的考察をとりあげてみます。

a　現象学的考察に対する批判

現象学の立場に対する広松の批判は、メルロ＝ポンティの他者論に対する批判として、明確な形を取ります。[40]

（1）現象学は、純粋意識への還元を通して、絶対的に本質的なものを目指すが、この意味で、ヘーゲルの「フュア・エスとフュア・ウンス」、すなわち「〈当事意識自身にとって〉と〈学知的省察者にとって〉」[41] を体系的に一つの理論に取りこむことができなかったこと。

（2）現象学的立場が、「フュア・ウンス」を統合できない以上、彼の言う「即の論理」を把握できない。この統一は、生体の自己遡及性の解明の根底であり、心身問題と相互主観性の問題解決の中核を意味している。メルロ＝ポンティの「両義性」の概念も、後期の「肉」の概念も、基本となる現象学的立場からして、この見地に立つことはできない。

とするものです。

まず、広松は、現象学的立場の一面性を主張しますが、この主張の内容を見てみると、フッサール現象学の「超越論的相対性」や「超越論的事実性」さらに、「受動的綜合」「発生的現象学」など後期の主要な基本原理に十分注視していないことは明白であり、まさにこの領域でこそ、「先―反省的」といわれる原理や構造が問題になりえていることを、完全に見落としています。さらに、「フュア・ウンス」という意味での学問の客観的世界の成立こそ、相互主観性の構成の問題として、現象学が定題化しえた主要テーマであることは明らかであり、周到な議論なしに、この問題が現象学において解決されていないという批判は、不十分といわねばなりません。

第二の心身関係の問題に関する広松の立場が、後ほど詳細に検討されねばなりませんが、彼は、メルロ＝ポンティの「両義性」や「肉」の概念の批判的考察において、メルロ＝ポンティの依拠するゲシュタルト心理学の諸見地を彼自身の感覚論の中核に据えていることに注意する必要があるでしょう。要約すると、現象学的考察についての彼の狭隘な理解が、結局彼自身の見解を、旧来の古典的な「理念と実在」の対立という枠組みに、連れ戻してしまっているといえましょう。この点については、以下、詳細に論拠づけるつもりです。

b　知覚の根源的所与性

知覚世界の根源性は、「所与―何かとして知られている」という原理で理解されています。知覚の所与は、常に「何かとして」与えられていて、知覚の根源的な層は、射映と形態を通しての意味付与として性格づけられるとしています。何らかのものとして与えられたものは、普通、われわれに意識されており、これを広松は「対自化」の様態にあるといいます。従来の心身問題は彼にとって、自然科学による構築を通して構成された、脳内の神経生理学的状態と現勢的に与えられている、そのつどの知覚様態の「対自化」との関係の問題とみなされます。(42)

しかしその際、導入される理念的なものと実在的なものとの対立、つまり、「非時間−空間的なもの」と「時間−空間的なもの」との対立は、あまりに硬直的といわねばならないでしょう。彼は、一方で、英米系の脳心問題の議論で言及される「カテゴリー錯誤」を判断の基準とし、他方で、形態形成、形態変換、受動的綜合といった基本原理で解明されるべき知覚の生成の諸問題を考察に取りこむ余地を欠いているといわねばなりません。例えば、受動的綜合の規則性は、当然、超越論的規則性として、アプリオリな規則性ではあっても、決して、本質直観の誤った理解にあるような、本質直観の絶対性によって性格づけることはできず、「超越論的相対性」をもつものなのです。[43] そして、この規則性は、広松のいう端的な「非時間−空間的な理念」という性格はもたず、理念と実在、時空と非時空の対立そのものの根源の領域に位置づけられるべきものです。

広松は、このように、後期のフッサール現象学、ならびにメルロ＝ポンティにおける「先−述定的」ならびに「先−反省的」な先構成の圏域、すなわち、意味そのものの生成の次元に対する十分な考察を遂行していません。[44] この狭さは、心身問題にあたって、彼の「即の論理」をもって、この問題に対処しようとする試みにも現れています。

この「即の論理」による解決の試みとは、身体の潜在的で（力動的な）機能的様態から、現勢的で（エネルゲイアとして）対自化された身体の様態への「身体の様態の変化」という鍵概念の提示を意味します。この様態の変化は、「身体の自己遡及」とも呼ばれ、ここでは、生体ないし身体のほかに何らかの実在的必然性や、対自化である主観や魂といった働きを導き入れる必要はまったくない、とされます。そして、ここで重要なのは、身体は、この様態の変化を一貫して同一に留まる実在的対象と考えられてはならないことであるとされます。つまり、現勢的に知覚に与えられている身体は、そのつどの現勢的な知覚の状態で与えられているのであって、それは、ちょうど、ゲシュタルト心理学の図と地の例――例えばルービンの事例で――杯として与えられるか、二人の横顔として与えられているか、そのつどの与えられ方の違いのように理解されねばならない、とされるのです。その様態の変化の外部に、あるいは、その背後に、何らかの同一に留まるルービンの絵そのものが存在するのではないというのです[45]。

こうして、広松のゲシュタルト心理学への言及をみてくると、彼のメルロ＝ポンティの「ゲシュタルト心理学」の把握、並びに「両義性」と「反省の反省」についての次のような批判は、ますますもって、不可解なものにみえます。メルロ＝ポンティにあっては、「両義性が主張されうるためには、あるときはある形態において現前化し、次の瞬間は別の形態で現前化するような、ある同等の、同一のものが存在するのでなければならなくなる」、というのです[46]。また、メルロ＝ポンティの「超－反省」は、この同一のものをヘーゲル的な意味で、「フュア・ウンス」の関連で定題化される、というように理解されることになっています。しかし、形態が従来の「理念と実在」の対立に還元されえないのは、メルロ＝ポンティにとっては自明のことです。このことは、『知覚の現象学』からの次の引用で明確に論述されています。「形態は、本質ないし、理念なのだろうか。理念であれば、完全に自由であり、時間を欠き、非空間的である。形態は、時空的な個物ではない。形態は、すでに、空間と時間を超える組成に組込まれている。――しかし、形態は、時間と空間への関係において、自由であるのではない。形態は、非空間的とはいえず、非時間的ともいえない。出来事の系列と理解される限りでの時間と空間によっては捉えられないのである。……形態は超越するものである[47]。」また、メルロ＝ポンティのいう「超反省（surréflexion）」は、ヘーゲルの言う「フュア・ウンス」を意味するものではなく、ヘーゲルの弁証法では定題化の困難な、形態化と構造化としての「経験という出来事の連関[48]」とみなさなければなりません。「この超反省は、世界を支配するのではなく、世界へと沈潜するのでなければならず、その有りように即して、先行する可能性に関して世界について思惟し、乗り越える代わりに、世界を問い、われわれの問いが世界の中で生み出すような諸関連の繁茂する森へと分け入り、世界がその沈黙の中で語ろうとすることを語るにまかせるように仕向けなければならない」[49]。こうしてみると、広松のメルロ＝ポンティへの批判は、多くの点で、明確な根拠をもたないといわねばなりません。

c　生体の自己遡及性

ここで、諸問題は次の問いへと収斂してきます。それは、広松が「形態変換」を正確にどのように理解しているのか、という問いです。換言すれば、彼が、「対自的になる」こととして、また、「自己－遡及」として、「即の論理」で説明しようとするものは、いったい何なのか、という問題です。この問いは、身体の現勢的様態と潜在的様態との関係はどのように理解すべきなのか、改めて問われねばならないことを意味します。

彼にとって、ゲシュタルト心理学的枠組みにおいては、同一的な物理的－客観的で実在論的に考えられた記号が、再構成的に構築されたものとみなされるに他なりません。つまり、所与性と意味の所与性との根源的統一である現象学的な知覚の世界における現勢的な身体は、存在論的状況の変化に相応して、物理的にも考察されうるというのです。現勢態におけるこの物理的な身体は、しかし、静態的－構造論的にみて、外的連関として自然科学的－解剖学的に考察されるという特性をもちます。それに対して、潜在的－機能的に考えられる「物理的」身体は、次のような形式的な規則性をもちます。すなわち、身体に特定の刺激が与えられるとき、身体は、多分、ある特定の現勢的状態をもってそれに対応するだろうという規則性です。この「仮にこうである場合、こうなる」という関係は、普通、因果性と理解されます。しかし、この因果性は広松にとって、一義的に必然的な因果性を意味するのではありません。この因果性は、現在物理学の不確定性や数学の蓋然性論をも含みうるのであり、その意味で、決定論に帰着することにはならないのです。

さらにこの現勢性と潜在性の様態の関係は、潜在態が現勢態に時間的な意味で先行するというのではなく、潜在態は、現勢態から遡及的に再構成的に構築されるという関係にある、とされます。この意味で現勢態がいつも根源的であることに変わりはないのです。

では、この形態変換の見地から定題化される根源的な知覚世界は、なぜ、身体の潜在態から現勢態への様態の変化として、また、即の倫理による対自化の経過として説明されねばならないのか、その必然性はどこにあるのでしょうか。広松は、この即の論理の導入の必然性を、「この概念は、一と他の契機の根源的統一を表現しようとするのであり、それは、この両契機がそれ自身、自立的－実体的に存在しないからである」[50]というように説明します。そして、ここで指摘される統一とは、身体の「自己遡及性」ともいわれます。つまり、広松は、対自化や意識化という反省以前に、ないし、触れる身体と触れられる身体との差異化以前に全体的統一として「触れ－触れられる身体」が存在する、例えば、祈りのときに合わさった両手とか、刺がさっているときの漠とした指の圧迫感などがある、と主張するのです。こうして、皮膚という限界を超えて広がる身体性の拡張という現象、例えば、車に乗っているときの（狭い道を身体をこすらないように通り抜けるといった）車体全体に広がる身体感覚も、この全体的な統一性から由来するものと理解されます。

d　実在／理念という狭隘な選択

このようにして、広松において、心身関係という従来の二元論の問題は、「世界が世界する」といった、身体の自己遡及の方向に向けて解決されようとします。先に述べた統一は、しかし、広松にとってヘーゲルの「即自と対自」の綜合としての統一でもあり、メルロ＝ポンティは、その現象学的立場からして、そのような統一には至りえないとみるべきである、とされるのです。このようなメルロ＝ポンティに対する批判には、逆に広松のもつ思弁的哲学の一面性がいよいよはっきりしてくるように思えます。というのも、形態変換や形態形成の経過にみられる力動的で差異化を含む意味形成が、彼の短絡的な理論的帰結を通して制限された狭隘さに陥ることになるからです。彼は、メルロ＝ポンティの心身関係をめぐる、現象学的－構造主義的分析を通した超越論的事実性への接近を、「汎神論的神秘主義を想わせる風情」(51)として退け、ヘーゲルの「即自」と「対自ならびにフュア・ウンス」という立場に留まろうとします。それによって広松は、中核になる問題を、時空性に対する非時空性という旧来の実在論と観念論という枠組みで解決せざるをえないように理論的枠組みを狭めてしまうのです。そこでは、メルロ＝ポンティにみられる上記の選択を超えた第三の次元の理論的可能性を考察する方法が欠けているといわねばなりません。とりわけ、メルロ＝ポンティの間身体性論を考察する上で、メルロ＝ポンティが論拠として挙げるフッサールの「対化」の現象は、それとして、中・後期フッサールの発生的現象学への論究を経てのみ、解明されうるのであり、それでこそ、メルロ＝ポンティの掲げる「対化」の真意を確定できるはずのものです。また、この対化の現象は時間の構成の問題と不可分に結びついています。したがって、広松の「時空性と非時空性の対立」では、メルロ＝ポンティの間身体性論の根底に働く「対化」の現象と、それに不可分である時間化の問題をとらえることはできないのです。この連関については、第四章で詳細に検討することにします。

このような実在か理念かという狭い選択に陥る理由の一つは、初めに立てられた自然科学的考察が、再構成的構築であるとする存在論的境位設定にあります。なぜなら、このような存在論的境位設定を通しての、個別科学の方法に対する哲学的批判は、メルロ＝ポンティにみられる反省についての現象学的－構造主義的反省が付け加わるのでなければ、そのままでは、効力を欠き、有効範囲を確定できないことになるからです。それが典型的に現れているのは、先に述べた、広松の時間についての考察であり、ここでは、時間の概念が、持続、過去、現在、未来などの明確な意味の連関を欠いたまま、記述されるにとどまっています。現象学的な時間の考察が、どのように、画期的な意味を持つ受動的綜合の領域に踏み込んでいるか、この時間分析なしに、後期の中心課題となる受動的綜合（その一現象であるのが対化の現象なのです）、発生的現象学、相互主観性、生活世界等の問題に十分な考察が行き渡らないということを、広松は、ほとんど関知していない、といわねばなりません。メルロ＝ポンティの知覚の現象学において、フッサールの受動的綜合という原理がいかに大きな意味をもつものか、その理解なしには、十分なメルロ＝ポンティ批判は展開できないのです。

ここで広松において理解されている心身関係の問題をまとめてみると、次のようになるでしょう。従来の心身関係の問題とは、哲学的に捏造された人為的問題にすぎなく、この問題の解決不可能性は、すでに問いの立て方そのものに、前もっても準備されている、とされます。もともと知覚世界に直接与えられている心身の統一から出発すれば、このような問いの人為性が明らかになると広松は主張します。

彼にとって、心身関係の問題とは、現勢的知覚世界における潜在的機能的身体から現勢的構造的身体への様態の変化の問題に他ならず、この変化において、対自的に生成すること、すなわち潜在的機能的身体の意識化が生じるとされます。魂（心）とは、生体、すなわち身体の「自己遡及」に他なりません。そして、心の自由の理論的基盤はこの変化のプロセスそのものが、物理的不確定性理論において保証されている、とも主張されるのです。

Ⅳ　問題領域―「文化を生きる身体」の確定

さて、これまで、日本の現代哲学において身体がどのように理解されているか、代表的な三つの立場をめぐって、市川、湯浅、広松の見解が呈示されました。ここで、三者の基本的見解と方法論的考察をまとめながら、この本で取る筆者自身の問題設定と方法論について述べてみたいと思います。

a　心身関係という問題設定

心身関係が問題になるとき、デカルトの二元論ではその解決は与えられないという見解は、三者に共通しています。しかし、その否定の仕方は、三者三様です。

市川は、デカルト的二元論は、限界概念である「身体と心」へのある種の病的固執であるとみます。身体は、その根源的な与えられ方において生き生きした身体とみなされなければならず、そこでは、心身関係の問題とは、一つの実体が他の実体にいかに関わるのか、いかに影響を与えるのか、また、一方が他方に還元されるのか、という問いではなく、むしろ構造化の問いである、とされます。つまり、生体が、環境世界に対して、構造の統合化ないし総合化の、いかなる段階において生きているのか、という問いとして立てられるとするのです。

広松は、そのような「極限概念への固執」を、知覚世界の根源的与えられ方を「物象化」することであるとし、彼にとって、心身関係とは、生体の潜在的状態から顕勢的状態への様態の変化に他ならず、ある特定の状況において、身体のある機能的状態が対自的に形態的で意味を担う状態として意識されることに他ならない、とされます。このそのつどの意識化を別にして、この様態の変化を一貫して同一に留まるような「実体的何か」を求めることは、現実に即さないことであり、実体としての物的身体や実体としての精神が存在するのではない、とされるのです。

湯浅は、この心身関係の問題を、西洋的思惟と東洋的思惟の伝統との違いが表面化した典型的な問題とみなします。彼は、東洋の宗教の伝統における「心身一如」という基本理念を呈示し、それが、武道や、芸能などにおいて、いかに生きて働いているかを示すだけでなく、この心身一如という事態を、一方で西洋医学や生理学などの身体についての研究成果と対応させ、他方で、中国医学及び道教の古典にあたり、それらの比較考察に努めています。しかし、このような興味深い方向づけにもかかわらず、従来の二元論に対する哲学的－認識論的批判は、決して十分なものとはいえず、この批判によっては、心身医学の探求の領域が、いまだ理論的に確定されるには至っていない、といわねばなりません。

さて、本著においては、まず、上記の二元論の問題に関連させ、次の三つの領域設定を通して、身体の問題設定の基本的方向を示すことができる、と考えます。

まず、いまだ物象化される以前の身体であると同時に、理念化される以前の心が、ともに「作動しつつある（fungierend）身体」として生きている、そのような身体の第一の次元です。そのような意味で、心としての主観と物としての客観に分離する以前に働く、主客未分の身体の次元といってよいと思います。このような身体について、フッサールは、「意識生」の最も根源的である時間化の根底を解明することを通して、時間化の根底的な超越論的条件性としての衝動志向性と、それに密接に結びついている受動的綜合による身体性の分析として解明しており、メルロ＝ポンティは、身体的実存の分析として幅広く、また奥深く解明しています。これらの分析の成果の全体をもう一度ここで、詳細に紹介するつもりはありませんが、この本で検討する諸問題の分析の際、それらの解明の多くの論点が様々な形で活用され、また、深められるはずです。また、特に、この次元での身体性は、「気の概念」の解明を通して、現象学で理解される身体と東洋哲学で理解される身体との対照的考察の中心課題の一つとして展開されます。この対照的考察を通して、この次元の身体性そのものが、より明瞭に解明されるはずです。市川が取り上げる「傾向的身体」と「志向的身体」は、この次元の身体性の領域で、その両者の関係として問題にされます。また、広松の問題設定でこの次元に対応するのは、個々の現象の「様態の変容」の問題といえるでしょう。

第二の次元では、いわゆる作動する身体が、心が働き、支配している身体と、対象化された物としての身体という拮抗関係を生きる身体の次元です。ですから、心としての主観と物としての客観に分岐した、いわば、客観としての身体を、意図的に動かしたり、観察したりする主観が生きて働いている身体という、主客分離の身体の次元といえます。いわゆる従来の心身関係が哲学的考察の対象になり、心身の相互の影響が実際にどのように働きあっているのか、作動する身体の生きた心身関係の言語化が課題となります。その際、この本では、日本で伝承されてきている武道や芸能の稽古や宗教上の修行で、どのように心身関係が変様するのか、その経過が考察の中心とされます。そのとき、形の練習や模倣の意味、また、大変重要な意味を持つ呼吸の練習、そして呼吸と気の関係などが詳しく分析されます。これらの分析は、心と身体が微妙に影響し合っている実際を、現象学的明瞭さにもたらすはずです。

三つ目の身体性の次元は、いわば、人間の最も創造的な活動性を生きる身体の次元といえます。主観が働く身体と、客観としての身体という、第二の次元で主観と客観の緊張関係を生きる身体が、この次元で再び統合される、主客再統合の身体といえます。このような事態は、東洋哲学では、「心身一如」といわれてきました。「心身一如」は、禅仏教でいわれますし、武道の領域で目標とされるだけでなく、実は、ユダヤ神秘主義に発する対話哲学を主張する、ブーバーの「我汝関係」でも、同様に主張されることなのです。このことは、おそらく意外に思われるかもしれませんが、実はそれは、「我汝関係」そのもののもつ逆説的な内容が、いまだ哲学的に十分に解明されていないことに、その意外さが発しているといえるのです。この武道と芸術の創造性における「心身一如」という考えは、今日の日本の文化の形成、すなわち「文化を生きる身体」においても、いわば隠れて働く目的づけとして生き生きと働いている、というのが、この本で主張したいことの一つでもあります。

b　自然科学と哲学の方法

心身関係に関して、哲学と自然科学のとる方法論の違いについて、広松のとる立場は、大変はっきりしたものです。彼によると、哲学は、諸学問の様々な考察の仕方の違いについて、その存在論上の差異を明確にすることができるし、またそれをしなければなりません。つまり、様々な意味を生み、与えている側の知覚の世界と、その知覚の世界から生まれ出てきている意味の枠内で展開している諸学問との、与える側と、与えられたものを前提として活用する側とを、区別しなければならないというのです。このことは市川も同様に主張していることです。しかし、両者の述べている内容を詳しくみてみると、広松の場合、そのような哲学的反省そのもの、つまり哲学的反省の限界についての批判的考察があまり展開されていないことが、明らかになります。というのも、広松は、関係性の強調にもかかわらず、最終的には、伝統的な実在か理念かという対立の内に留まり、その対立以前に働らく受動的綜合や先－反省的意味構成、および、時間化の領域に立ち入ることができていないからです。

他方、方法論として、彼の指摘する別の観点である、機能的－潜在的身体から構造的－顕勢的身体への転化という様態の変化という観点は、興味深いものです。それによれば、自然科学的個別科学は、具体的に現象する知覚世界で意味を担って与えられているものを、客観的時間と空間という経験科学の条件のもとで再構成しながら観察することによって、機能的で潜在的身体を研究していることにもなります。そして、各自に直接与えられている顕在的な「「として」の構制[52]」において直接「意識して」与えられていることの分析こそ、哲学の課題だというのです。

そうすると、この立場は、ある種の「意識哲学」に立ち戻ることを意味するのでしょうか。そうだとも、そうでないともいえます。広松にとって意識という存在は、「非空間的」で、「超時間的」と規定されます。このように理解された意識は、アメリカを中心に論議されている「心－脳－関係」での、実在とはまったく異なったカテゴリーとしての意識を意味し、取り違えてはならない公準として意識が主張されることになっています。したがって、広松の意識の概念は、意識が生成するという意識の段階性ないし相対性という理解を受け入れることができないという特徴をもっています。したがって、そこでは、フッサールが後期に展開した受動的志向性としての意識や無意識、意識する以前に自我に働きかける触発の現象などは、考察されていません。他方、彼が、意識の哲学の立場を取らないのは、超時間的に現象を眺めるとされる超越論的主観の働き（もちろん、現象学の場合、意識は超時間的なのではなく、時間化を通して遍時間的とみなされます）を意識から取り除くからです。顕勢的な意識は、彼にとって、機能的－潜在的身体そのものの「自己遡及」としての意識化に他ならず、それ以上のいかなる超越論的主観も必要とされないからなのです。

となるとここで、広松の顕勢的に与えられた「意識された」現象的身体と市川の構造論的視点から探求されている、身体の「無意識的に」傾向づけられた構造との関係が、しっかり理解されねばならないことになります。広松にとっては、市川のいう「無意識的な傾向性」が「意識の志向性」を基づけるといった関係は、受け入れられるものではありません。なぜなら、広松にとって、どのようなあり方であれ、機能的で潜在的な身体が、顕勢的で現象的な意識された身体の条件であったり、前提であったりすれば、それは、上に挙げた異なったカテゴリーを間違って活用する、「カテゴリー錯誤」になってしまうからです。広松にとっては、基づけの関係は、それぞれのカテゴリーの内部では可能であっても、つまり、機能的－潜在的身体の諸機能間の基づけや、現象的－顕勢的身体の相互の基づけが可能ではあっても、潜在的状態と顕勢的状態の間の基づけは不可能とされます。このカテゴリーによる二分は、いわば、従来の「実在と理念」の二元性を背景にしていますが、この背景に基づいて心身関係を問うとき、そこでの解決策として考えられているのがまさに、身体の「自己遡及」なのです。この自己遡及の背景となっている「実在と理念」の二元性は、しかし、フッサールの現象学では、時間化という観点から分析され、この二元性そのものが生成する源泉、つまり、理念化と対象化そのものの源泉にまでその分析が深められ、そこから、心身関係の根本的な解決がなされているのです。このことは、この本で、十分納得いくように記述されるはずです。

さて、気の現象の哲学的解明は、東洋哲学の内部での広範に渡る研究はあっても、西洋哲学との対比で論究されることは、これまで、あまりありませんでした。この本で志す哲学的解明とは、そもそも様々な実践活動の中で生きて働いている規則性を論理的に解明することを意味します。そして、その「気の実践」に即してその内的論理を明らかにしようとするとき、まず目に付くのは、気と呼吸との深い関係です。ただし、それを呼吸の生理学や、——例えばヨガの瞑想中の人を様々な脳生理学等の——測定で解明しようとしても、全存在をかけて修行する人の内的な精神的態度そのものに接近する事は難しいように思えます。この点は、後に、詳しく述べますが、むしろ、「喩えや比喩」といった具体的な直観に訴える言葉の繋がりの方が、気の働き方とか呼吸への集中の仕方に関して、よりぴったり表現できるようです。経験諸科学の研究は、知覚世界のすでに構造化された意味連関の中で、その特定の意味に即した測定器具によって、人間の行為の外的足跡を測定することによっています。湯浅の考察では、この点が十分に熟慮されず、気の現象を経験科学の客観的な空間と時間の枠組みの内部で規定しようとする傾向がみられます。その典型的な例は、彼が、メルロ＝ポンティの「身体図式」を有機体のエネルギーの概念として理解しようとする場合です。しかし、身体図式は、実在論にも観念論にも属さない、身体的実存の領域に属することが正しく理解されていなければならないはずです。

したがって、これまで十分に哲学的な解明がなされていない「気」をめぐる現象を考察する際、単に経験諸科学の客観性の基準をその現象にそのまま当てるのであってはなりません。経験諸科学の客観性の基準そのものの生成を問題にしうる、最も厳密な学をめざす現象学の方法論的視点に即して、まずは、その現象そのものに向かうことに徹する必要があります。では、それはどのようにして可能になるでしょうか。まず、気を現象学的に分析する際の方法論の核になる点（方法論として展開すれば、それだけで一冊の本になってしまいます）だけを述べておきましょう。

（1）現象の記述に即すること。すなわち、自分に直接与えられている意識現象の明証性を常に出発点と目標として定めながら、伝承されているそれぞれの問題領域をめぐるテキストの記述に、幅広く考察の眼差しを向け、その記述を通して把握される、現象の本質の把握に努めること。

（2）フッサールの後期思想の中心的テーマである「生活世界論」を基軸にすえ、自然科学の方法論と現象学の方法論を常に対峙させながら、自然科学的な考察の限界と、現象学的考察が提供しうる現象分析の射程を、常に明確にしつつ、身体性の哲学的考察を展開すること。

（3）とりわけ、静態的現象学の方法の中核となる「本質直観」の方法と、発生的現象学の方法の核を形成する「脱構築」の方法に照準をあて、現象学の方法の基本である「現象学的還元」や「判断停止」などの方法に配慮しながら、新たな問題領域の解明に向かうこと。

以上、方法を深く自覚自省しつつ、記述を通して本質を把握するという二つの方向性を指摘するだけに留めます。いかにこの方法的観点が実際の解明にあたって、広範囲に渡って、また、縦横に、活用されているかは、本論で明確になるはずです。

方法が道という原意を含む限り、道が行き止まりになったり、新たに道を切り開かなければならなかったり、複数の道の選択を強いられたりする可能性があります。初めての問題領域に向かうとき、いままでよく馴染んだ道をまず歩み尽くし、もし、道を切り開かなければならないのなら、いままで熟知している歩み方でしっかり歩んでみる、それでも道が切り開けないのであれば、そこでどうにか突破する新たな方策をあてる、というのが、真っ当にできる哲学の歩みではないでしょうか。

第二章　気と身体

この章では、「気と身体」と題して、東洋に伝統的に用いられている言葉である気の概念で、身体がどのように理解されてきたのか、はっきりさせてみたいと思います。まず、気という概念が、間文化哲学、とりわけ身体論においてどのようにして問題になってくるのか、考えてみます。

気という言葉は、日本人にとって大変なじみの深い言葉です。「元気ですか」とか「気にいる」とか「気に入らない、気を使う、気持ちがいい」などよく耳にしたり、気功による健康維持と促進、武芸の稽古の際、「気を入れる」、というふうにいい方で用いられてもいます。しかし、では一体「気とは何か」と改めて問題にする人は、ほとんどいないかもしれません。ただ、「気がつく」とか「気になる」とか「気を使う」とかいう言葉を英語やドイツ語に訳さなければならないとき——これこそめったにないことかもしれませんが——意訳はできても気という言葉をそのまま単語として使える訳語はないことに気づきます。また、この難しさにもかかわらず、どうにかその意味を伝えなければならないとき、例えば剣道や空手、柔道や合気道を外国人と一緒に練習して、「気合」を入れるために大声を出すとき、どうして奇妙な大声を出さなければならないのか説明するのは、剣道をしている人にも、そういった説明を急に求められた場合、なかなか説明が難しい事柄です。

気の概念は、前の章で述べた身体性の三つの段階、つまり、主観と客観の分離以前に働く身体性、主観と客観の対立の中で働いている身体性、そして、主観と客観の高次の統合が実現するときに働く身体性、というように、三段階のすべてで働いています。この章では、まず、第一の段階である主観－客観が分離する以前に働く気に注目します。この段階の気は、いわゆる人間のコミュニケーションの土台を形成していて、現象学に照らすと、自分と他の人との間に行き交う雰囲気という事例を分析することを通して解明できると思います。というのも、この雰囲気を形成しているのが、フッサールの言う「受動的相互主観性」（詳細は後述）であり、これが、通常の言語を介したコミュニケーションの基盤として働いているといえるからなのです。

このことを明確にするために、まずは、気という言葉そのものをたどって、中国古代の人々が自然に対してどんなふうに生き、どのようなものとして理解していたのか、中国古代の自然哲学にさかのぼってみたいと思います。とはいっても、自然哲学の全体を歴史的にたどることがここでの目的ではなく、身体性の理解にとって重要と思える点だけに注目するつもりです。

I　中国の自然哲学と気の概念の成り立ち

a　基本概念としての気

気の言葉が自然の成り立ちや変化の規則として書物の中に述べられてくるのは、ほぼ紀元前四世紀の前半といわれています。しかし、本に述べられる以前に中国古代の人々が、何千年にもわたる農耕生活をとおして自然の中で生存してきた歴史があることは、当然のことです。雨、風、日と月、川の水、土、植物、動物、作物の育ちなど、自然との生存をかけた関わり合いがあり、農耕生活にとって適度な雨が、適度な時期に、適度に降ることは、生活の死活に関わり、天候の規則性を探り当て、天の運行を予測することは、もっとも重要なことでした。

このような自然万象の変化を通じて、そこに一貫して働いている普遍的な要因として、「気」が一つの原理として経験され、記述されました。気は、中国古代の自然哲学の中心原理として、このような原理としての気として考察されたのです。この「気」を欧米語に翻訳するのは、難しいことですが、ギリシア哲学でいわれるプノイマ(pneuma)——普通、「気息」とか「霊」とか訳されますが——に似ているといわれています。また、サンスクリット語でのプラージュナにあたるともいわれます。(1) 著名な中国思想研究者J・ニーダムは、古代の中国、インド、ギリシアの広範囲にわたって、プノイマ、気息を中心に考える自然哲学が広まっていたのではないか、と主張しています。(2)

このような自然の運行に規則性や根本の要因をもとめるということが、西洋哲学の発祥の地であるギリシアにおいても、ほぼ同時期に生じているということは、注目に値することです。西洋哲学史の始めにタレスが自然の変化の基礎になっているのは水だ、と述べたこと、アナクシメネスという人が、それを空気とし、ピュタゴラスのようにそれは、物質的なものではなく、数、ないし数的な秩序であるとしたり、エンペドクレスのように、地水火風の四元素、デモクリトスは、アトムを主張したりしていたわけです。また、プラトンにおいては、宇宙と身体の生成を説く『ティマイオス』で、神が「水、火、空気、土」という四元素のイデアを範にして、宇宙を生成し、その宇宙が身体を生んだと述べられています。

さてこの気は、中国で陰と陽という、もともと山の斜面の日陰と日向を意味した、二つの両極に対置されて表現されています。この陰陽の説は、ほぼ紀元前四世紀頃、書物に書かれ、暗いことと明るいこと、湿っていることと乾燥していること、重いことと軽いこと、女性と男性といったふうに合い対立する両極として説明されます。

このような陰と陽という二つの原理からなる気の教説は、すでに、紀元前四世紀頃、中国に広まっていたと考えられます。[3] そして、ここで重要なことは、この陰と陽には、変転という特性があり、陰が陽になり、陽が陰になるというように、基本的に変化するもので、しかも、その変化を通して、気であることに違いはなく、その意味で、精神と物質といった、相い容れない原理が二つ挙げられるような意味での二元論とは異なっていることです。ですから、この関係は対立するより、むしろ対峙すると言ったほうが正確で、厳しく互いに他を排斥し合う意味の対立ではなく、ちょうど、日の翳っていたところに日が当たり、暗かったところが明るくなり、湿っていたところが乾いてくるのと同じように、穏やかな動きを通して変化し、調和をとりながら循環するような意味での対峙なのです。そしてこの陰陽の説は、自然の運行の規則性だけでなく、後で説明するように、道徳や倫理、つまり、行動の良し悪しについてもいえることです。純粋と思えるような、また、絶対的に思える陰の中にも陽の要素が含まれ、純粋な陽の中にも陰が含まれているように、善と悪も絶対的な排除しあう善悪ではなく、対応し、関係し合う相対的な善悪とみられています。この原理的論点は、気を通して心と身体の関係を考察する上で、決定的に重要な論点です。これからの考察の要もになっていきます。

紀元前三世紀、鄒衍（すうえん）は、この陰陽の説を五位の説（木、火、土、金、水）[4]と結びつけたとされています。この五位も陰陽と同様、その頃の自然との、自然の中での生活の中から生成してきたといえます。この陰陽と五位の結びつきによって、壮大な自然哲学の教説が出来上がり、自然に即して生きる古代中国の人々の生活の指針となり、その指針を公に定めることを通して、その当時の政治、経済に密接に関わる教説へと展開していきます。

このような展開に決定的な要因となったのは、天人相関の説といわれ、「運、不運は、太陽と月と星と惑星の円環運動と破壊と生成という再帰する四季の変転に依存する。というのも気は、金、木、水、火、土を（長い周期で、時期どおり正確に）交互に支配し、とりわけ月の満ち欠による影響は強い。しかしながら、これらすべての変転は、基本的で円環的な規則性からなる（道の陰陽の）運動に他ならない。この大いなる道は、いかなるものによっても知られることなく、また犠牲や祈りによって支配されることはない。道に即するものは、栄え、道に逆らうものには、不運が記されている。したがって、知恵ある統治者は、破壊の到来の時期を予知し、それに備える事ができる。時間をその豊かな成長に合わせて役立て、不運の刺を抜くことができるからである。(5)」このような枠組みの中で、鄒衍は、気の運動の規則を体系的に説明し、政治に活用して、皇帝の交代にこの規則を援用し、政治はこの規則性に順応するよう要請したのです。(6)

b　自然哲学の発展と気の原理

この気による宇宙生成論の展開は、中国古代自然哲学の中核をしめますが、この気の思想が、他の主要な中国哲学を形成する道教や儒教の基本経典の一つ易経とどのような関係にあるのか、考えてみなければなりません。易経では、世界の生成について、次のように書かれています。「易に太極あり。これ両儀（陰・陽）を生じ（……）」（『易経』繋辞伝）。両儀というのは、陰と陽のことで、宇宙の根源である太極から陰と陽が生じるとされます。

これに対して道教では、太極に位置するのは、「無」としての道です。「「道」は「一」を生み出す。「一」から二つ（のもの）が生まれ、二つ（のもの）から三つ（のもの）が生まれ、三つ（のもの）から万物が生まれる。すべての生物は背を陰（ひかげ）にして陽（ひかり）をかかえるようにする。そして（陰と陽の二つの気〔生成の力〕の）まじりあった深い気によって（万物の）調和（平衡）ができる」[7]とされます。自然哲学の発展にとって重要なのは、もちろん、気の思想と道教の教説との対応と統合の可能性の問題です。王弼（おうひつ）は、易経の根本思想と道教の思想を組織だった体系的まとまりにもたらし、そこで太極を道教の意味での無として理解しました。[8]しかし、後には、太極と無と気は、新儒教と道教で、様々に解釈されて行くことになります。この問題はそれ自体、興味深い問題ですが、ここでは詳細な議論は控えたいと思います。[9]

ここで特に重要なのは、上に述べられた道教の「三つのもの」の解釈であり、先に述べた、易経の陰陽の教えが強固な二元論として理解されてはならないことが、まさにこの解釈をめぐって、より明瞭になってきます。三つのものとは、陰と陽、そして、陰と陽を仲介する道との三つの項の関係の問題です。興味深いのは、陰と陽を仲介する道そのものは、現象としては現れてこないことです。この仲介は、実は、陰と陽の運動そのものの中に表現されています。この陰と陽の虚（空虚）と充（充実）、並びに律動的で周期的な円環運動は、大変重要な観点であり、中国医学では、五位の教説とともに、縦横に活用されている教説です。この陰と陽の「両極性」[10]を、従来の実体の形而上学の一義的な原因－結果関係に対置して、対立する極を内に含むことを指摘することは、もちろん、重要なことですが、もし、この関係を原因と結果が、逆の関係として成立するとする、可逆的関係と把握するのは、極端な解釈といわねばならないでしょう。[11]むしろ、多くの力が働き合う全体の中での相互連関の観点から考察されるべきだと思います。「西洋の因果的思惟では、すべての結果は時間的に先行する一つの原因の働きによると仮定されているが、それに対して一つの結果に、現勢的で構造的な諸力の同時的な働きの総体の力動的経過をみる」[12]とするのが、適切な理解といえるでしょう。

c　新儒教の理気哲学

気の哲学は、宋の時代（九六〇年―一二七八年）以来、理の概念との対比を通して、新たな展開をみせます。この展開は、新儒教の理気哲学として豊かに発展し、そこで、道教の要因と仏教の要因と易経の思想が新たに、大きく、統合されていきます。理の概念に含まれている「原理」や「構造」という意味は、すでにこれまで見てきたように、気の概念が意味するものでもありました。では、理の概念の新しさ、気の概念との違いは、どこにあるのでしょうか。

もともと、理をめぐる考え方は、「易経」の思想の解釈と密接な関係があります。[13] 易経では、根本的見解として「一陰一陽コレヲ道ト謂ウ」[14]。新儒教を論ずる程頤（一〇三三―一一〇七）は、この文章を解釈して、「陰陽ヲ離レテハ、更ニ道ナシ。陰陽スル所以ノモノ、コレ道ナリ。陰陽ハ気ナリ。気ハコレ形而下ナルモノ、道ハコレ形而上ナルモノ。[15]」と述べています。ここで形而上というのは、特定の形として見えないということであって、形而下とは、形態のあるもの、形のある見えるものという意味です。この区別を程頤は、易経の次の文章に基づくものとします。「形而上ナルモノ、コレヲ道ト謂イ。形而下ナルモノ、コレヲ器ト謂ウ。[16]」他方、見えるもの、知覚できるものと見えないもの、知覚できないものとの違いについては、すでに、唐の時代に論ぜられており、その時代に頂点に達していた大乗仏教の華厳宗が、道教の気の概念を、形而上学的原理に対立させて、批判していたことがよく知られています。その批判の内容は、仏教徒が、「元一気」の概念と道の概念を、形態をもつ具体的なものとみなし、これらの有形的な概念に対して、永久に変ずることのない形而上学的原理として法と理の概念を対置するのだ、というものです。このような理法界[17]という思想は、新儒教による易経の解釈に大きな影響を与えたともいわれています。[18]

程頤は、道における陰と陽の変化を、形態をもつ気としての陰陽と形而上的で形態をもたない理としての道という二つの異なった次元で説明し、このようにして形成された教説は、朱子（一一三〇－一二〇〇）によって厳密な原理的究明を通してさらに展開され、理気哲学として完成されました。

東洋と西洋の哲学の対照に関して、興味深いのは、ライプニッツが、易経ならびに、朱子の新儒教での太極の解釈について、西洋哲学の側からの検討を加えている点です。ライプニッツは、当時中国に宣教師として在住していたロンゴバルディを通して、その当時の中国哲学に接しており、チョウによると、二〇世紀での東洋哲学と西洋哲学の対話に対比できるほどの高水準の交流が、実現していたとされます。[19] ライプニッツは、その際、易経でいわれる太極を新儒教での理として理解し、気をスコラ哲学の「第一質料」に対応づけていたとされます。[20] 朱子の理気哲学は、いわば、スコラ哲学の形相と質料に対応し、太極を創造的な理として解釈するという方向をとっていました。したがって、先に述べた、道教や仏教からする、道や無としての大極の理解とは、異なった方向づけであったことは、明らかです。

以上中国の自然哲学で問題にされた気を、次のように短くまとめることができるでしょう。

（1） 気とは、精神的－物質的エネルギーといえ、古代中国において人間を含めた自然全体に働く規則として体験され、考察されてきた、といえます。気はしたがって、形式構造的側面と質料内実的側面の両面をあわせもっています。
（2）気は両極的で律動的でダイナミックな運動を通して現れています。この両極性は、たえず、律動的に変化変転しており、堅固な実体的な二元論と理解されてはなりません。
（3）気における構造的契機は、道の解釈と新儒教に対する仏教の批判を通して、形而上学的な理の原理として理解されました。こうして気と理は、中国哲学の展開を規定することになります。

II　気と中国医学

a　中国医学の基本的見解

さて、自然が気とその変化によって形成されているという中国の自然哲学は、当然のことですが、身体をどのように理解するか、という理解の仕方とも深く関係しています。ここでまず、気の陰陽説の背景となっている、自然との関わりの中で生まれてきた天人相関説という中国古代の考え方を、改めて取り上げてみましょう。

そこでは、天地の運行をよく眺め、その調和のとれた規則性である本性を知ることと、人間の本性を知ることとは別々のことではなく、人間の身体を流れる気は、天地の気の調和した運行に対応するものでなければならない、という考え方がみられます。比喩的ないい方になりますが、運河や用水路を通して流れる水が畑を潤すように、経絡に沿って流れる気と脈を流れる血液が、畑に喩えられる心臓、肝臓などの諸器官を、その流れに浸すというのです。またこの天人相関説は、正しく行われる政治の基準でもあり、天の運行を正しく捉え、それに合わせた政治が行われうるかどうかが、天に即した皇帝であるかどうかの判断の基準とされるのです。

実は、中国医学でも身体の解剖やそれに基づく解剖図が発達してはいたのですが[21]、この方面へのさらに細かな観察は展開せずに、むしろこのような自然と人間の身体を調和とリズムを持ちながら流れる気に、大きな関心が向けられ、気と血液の流れを基本的な原理とする医学[22]が発展しました。

それによると、五臓六腑といわれる身体の諸器官は、流れる気が、例えば「木」の気が集まって固形状になっている脾臓、「火」の気が集まった肺というように、五行の気がそれぞれに集まって固体という形をなしていると考えられています。ですから、健康を保つということは、気が自然との調和の中でリズミカルに流れ、一箇所に不自然に留まり、異常に増えすぎたり、少なくなったりすることがない、ということを意味しています。この気が滞るのには、色々な原因があるわけですが、特に強調されなければならないのは、この滞りは、激しい「喜怒哀楽」の感情生活に強く影響されることにその主要な原因を持つことです。したがって病気の治療は、身体内の気の流れを正常にもどすことであり、この意味で、針や指圧などが治療にあてられます。

解剖学的に規定しうる器官は、もちろん重要ですが、それが重要なのは、まさに解剖学的に規定しうるそれぞれの器官が気によって形成されているからであり、気がそれぞれの器官に留まったり、流れたりするからです。したがって、諸器官は、流れる気から考察されるべきであり、経験科学によって検証される事柄からのみ、一面的に観察されるべきではありません。このような意味で中国医学は、「気血」の原理からなる医学であるといわれます。今日の中国医学の実践にあって、特に「針と指圧」では、身体に張り巡らされた経絡の組織が基本になっていて、この組織は血脈の組織とは重なりません。この経絡に即して、気は一日に身体全体を五十周巡るといわれます[23]。同様に重要なのは、気は身体の内部に閉ざされて流れているのではなく、多くの経絡を経て外の自然の気の流れと繋がっていることです。こうして、身体を流れる気と宇宙を流れる気とは、相互に影響しあって流れていて、当然、他の人の気の流れとの間の影響しあいも、日常のこととしてみられるわけです。この最後の点は、続く節で、最も重要な観点となります。

以上、中国医学の概要に即して、次のような気と身体の基本的性格づけが可能となります。

（1）　身体の機能を、個々の器官の部分的機能を取り集めた一つの全体として考えるのではなく、初めから気の全体的運動として捉えます。したがって、ある特定の器官の機能障害は、決してその独立した特定の器官の機械的機能障害ではなく、全身体の他の器官との繋がりの中での機能障害と考えられます。中国医学では、特定器官の切開、切断、摘出によって他の器官からの分離を結果するような手術は、最後の手段とみなされています。なぜなら、それによって全体としての気の流れが、阻害される危険を伴っているからです。

　このことを西洋哲学の考察に関連づければ、現象学が、全体としての身体経験を重視して、生き生きした身体全体を全体としての働き方に注視していることから、中国医学の身体観に近似しているということは、いえるでしょう。したがって、湯浅が気と身体をメルロ＝ポンティの現象学に結びつけようとするのも、十分に納得のいくことなのですが、問題なのは、その考察が現象学の厳密な諸概念、（還元、志向性、構成、綜合、基づけ等々）に即した緻密な考察になっているかどうかなのです。

（2）　先に述べたように、経絡を解剖学の対象のように見えるものとして示し、観察することはできません。経絡は、目に見える神経組織や血脈の組織と同一化できません。しかし、EEG（脳波検査法）など、特定の計測の手段を通して、計測の値の変化として関係づけようとする試みは、頻繁に行われてきました。ここで考えられなければならないのは、そのような試みの哲学的な原理上の意味内容です。実際に現れている気である身体や自然に対して、その流れは、見えずに働き、流れているというのであれば、形態をもたない以上、形而上学的といわれなければならないのでしょうか。しかし、現象学的分析はそのような意味での形而上学的考察の展開なのではありません。

(3) いわゆる心身関係は、中国医学において、気の変化として理解されています。軽やかで運動の激しい気が精神であり、重くて固定的で運動の遅い気が物質と見なされます。気の持ち方、気の取り方など、身体としての気が心としての気にどのように変転して、影響しあったりするのか、単に医学や健康維持のための諸活動に限らず、人間の全活動領域で経験され、考察されています。

b 中国医学の心身関係と能動的及び受動的志向性の分析

この節では、東洋医学の原理と方法をめぐって考察をすすめます。現在、中国と日本で針治療や指圧による健康法の基礎になっている「経絡」を、計測器による実験などを通して、自然科学的方法によって、検証しようとする試みが、なされてきています。問題はそのような試みの方法論を検討することです。なぜ、問題になるかというと、東洋医学の実践と理論を、その生きた内容を損なうことなく、自然科学的方法で捉えきることが、そもそもできるのか、考えてみなければならないからです。そのような方法による検証が、東洋医学の経験の理論化を進める上で、いかなる意味を持ち、そのような経験を支え、促進するような理論的枠組みは、いかなるものでありうるのか、と問わねばならない、ということです。

この問いを、フッサール現象学でいわれる「因果性」と「志向性」という、二つの異なった原理を対置させることによって、まずは、自然科学的方法の本質について、次のように述べることができるでしょう。

（1）フッサールの志向性の概念は、端的にいうと、意識はもともと「すでに何かに向けられてしまっている」、「すでに何かについて意識している」という固有な本質をもつ、という意味をもっています。何かを意識するというのは、外にある、あるいは内にある何かに意識が向かって初めてそれを意識する、というのではなく、意識がある時点で何かに向かうという以前に、すでに「何か」という意味がすでに作り上げられている、つまり、構成されてしまっていると、いうことです。意識による意味づけは、人が生きるすべての現在にあって、「いつもすでに」起こってしまっている、ということもできます。その意識の志向性が「ノエシス（意識作用）－ノエマ（意識内容）」という相関関係として理解され、その相関関係がさらに詳細に分析されていきます。[24]

この現象学の志向性の分析に照らしてみると、働きの中にある気そのものは、直接知覚には与えられないということ、つまり、目の前の自然や人々を見たり、音楽を聴いたりといった、知覚の世界に、「知覚作用と知覚内容」という相関関係として、われわれの意識に与えられてはいない、という大きな特徴をあげねばなりません。気を直接見ることも聞くこともできず、「これが気だよ」と対象として指し示すことができないからです。しかし、気を直接感じることはできます。経絡とは、気の流れを直接、強く感じることのできる人の直接感覚によって作り上げられてきたといいます。また、私達の日常で、「明るい雰囲気」とか、「気持ちが明るくなる」とか、感覚の領域で直接気に接しています。また、外気功では、患者として治癒者から直接気を流してもらい、自分の身体を〝暖かく〟流れる気を実際に感じるものです。このとき感じられる気は、もちろん、明確な形を持っているわけではなく、漠とした身体を流れる動きとして感じます。このような感じに対して、フッサールが「感覚」の意識をどのように分析しているのか、取り上げてみましょう。

（2）フッサールは、初めは感覚に意識作用としての志向的性格を与えませんでした。知覚の場合、「きれいな花だと思って、よくみたら、造花だった」といったとき、生花とみるか、造花とみるか、「感覚されたなにか」（印象のまとまり）を特定の対象の意味において取りまとめる意識作用が働き、「生花」という対象の意識内容として見る、ないし「造花」という対象の意識内容として見る、というように、フッサールは分析します。しかし、そこでいわれている「感覚されたなにか」というのは、実は、感覚のままに与えられているのであり、意識作用が働いて対象把握が成立する以前の、いってみれば、「感覚素材のまとまり」であるといえます。知覚には、「生花か造花か」という対象の意味の上での錯誤の可能性があります。しかし、「色や形の見え」という与えられているがままの感覚そのものに間違いの可能性はありえません。この歯の痛みか、その隣の歯の痛みとか、二つの歯という対象に結び付けられた知覚上の間違いは可能であっても、その痛さそのものに、いかなる間違いもありようがありません。[25]したがって、フッサールはすでに『論理学研究』において、対象知覚と結びついた感覚を「知覚作用が呈示する内容」という側面と「非志向的体験」という側面をもっていると規定しています。「非志向的」というのも、「燃えるような、あるいは刺すような、また、刺し込むような痛みは、（……）それ自身感覚として妥当するとみなすべきである」[26]としか、いいようがないからだとしています。

（3）この感覚の非志向的性格は、さらに、一九二〇年代以降、次第に、受動的志向性として性格づけられていきます。初め、「非志向的体験」と性格づけられた「感覚素材（与件）のまとまり」は、感覚とは、「沈黙したままの経験」であり、「自我の活動を伴う」普通の能動的志向性と性格づけることはできず、自我の活動を欠く「受動働く受動的綜合の領域の解明が、身体性の十分な解明の鍵となっているのです。作用である、能動的志向性を区別することは、志向性の議論において、決定的な論点であり、この受動的志向性の的志向性」として性格づけられなければなりません。[27]この受動的志向性と自我の活動をともなう、ないし、自我の

初め「非志向的体験」と性格づけられた「感覚素材（与件）」の内容（例えば、痛さ、快さ、暖かさ、冷たさなどの感覚内容）は、原印象としてそのまま直接与えられると考えられていましたが、後には、現在に臨在する過去地平に横たわる無数の空虚表象と原印象との対化（Paarung）という受動的綜合によって、そのつど先構成されることが開示されていきました。そのつどの感覚内容は、決してその瞬間そのつど与えられる印象の産物なのではなく、それまで習慣となって形成され、身体に染み付いている感性の歴史との直接的な結びつきによって絶えず形成され直されていることが現象学的に分析解明されたわけです。[28]

このようなフッサールの感覚の理解と異なり、シェーラーは、感覚の能動的志向性の側面を強調します。「感情と感じることとは、同時であり、感情とは感じることが志向している当のものに他ならない」[29]として、「〈感じること〉を悟性に還元するカント」を批判します。この同種のカントに対する批判は、E・シュトラウスによっても行われ、「感覚は、すべての表象に伴うとされる「われ思う（エゴ　コギト）」に従属するのではない。感覚では統覚されるものは、何もない。二つの感覚を比較して判断することはあっても、感覚の位相を判断することはできない」のであり、感覚は、「すでにその何であるかを告げるもの」に向かっており、「不気味だったり、恐ろしかったり、魅惑的だったりするものの直接的な暴力の前に、思慮は沈黙する」[30]として、感覚に特有な「結びついてあること」[31]は、「客観としての対象にのみ属するのではなく、もちろん主観にのみ属するのでもない」、そうではなく、感覚そのもののパースペクティヴな体験そのものに属するのであり、この体験は感覚の中で、体験される私と世界

との交通〔コミュニケーション〕と名づけられるべきである、とされます。

レヴィナスの場合、感覚の理解は、フッサールの受動的綜合としての感覚が問題にされていないために、能動的志向性として感覚を捉える狭い選択に陥ってしまっています。このような見解に至った原因は、レヴィナスが、感覚することと感覚されるものとの間に時間的隔たりをおき、フッサールが、『論理学研究』で示した、感覚の非志向的体験という特性、つまり、感覚することと感覚されるものとの間に区別が設けられないという見解に対立する見解を示していることにあります。[32] フッサールは後に、この感覚することと感覚されるものとの不可分離性をさらに、受動的綜合の分析を通して開示された、原印象と過去把持を通して潜在的に与えられている空虚な形態との相互覚起によって、ヒュレー的先構成の領域を露呈することになります。レヴィナスは、このような、フッサールが行った『受動的綜合の分析』の時期の「感覚と時間」の分析を十分考察できていないといわねばなりません。この不十分さが時間論、他者論にいかなる影響を与えているか（後ほど詳細に展開します）、この問題点をしっかり、それとして確認しておかねばなりません。

（4）さて、ここで改めて、メルロ＝ポンティの「身体図式」と「志向弓」と気の思想を結びつけようとする湯浅の試みを取り上げてみましょう。「志向弓」とは、意識の根底に働く統合であり、また知性、感性、運動性を担うのであって、[33] 実は、フッサールのいう受動的綜合の領域と密接に繋がっているものなのです。しかし、湯浅は、志向性を「生理学的現象」ないし「生理的エネルギー」――現象学ではそうとらえることはできないのは当然ですが、――とみなし、測定器具を用いた実験を通して、自然科学の検証にもたらそうとします。まるで「志向弓」が「実在的な放射光」であるかのようです。彼は、メルロ＝ポンティの身体図式や志向弓を自然科学上の仮説とみなしていて、心理－生理学的連関についての現象学的考察の意味を適切に理解しているとはいえません。もちろん、気は具体的な生物学的身体を形成しているのですから、流れる気の生理学的研究は可能です。しかし、身体の全体に関わる現象と抽象的な考察を経た実在的因果性との原理的関係を十分に考慮にいれないと、現象の本質にそぐわない方法論的な狭隘さが生じ、そのことに気づかないままでありうるのです。

（5）　フッサールは、例えば、薬を飲んで、身体がだるく感じたり、アルコールを飲んで、知覚の仕方に変化をきたすといった、心理－物理的、ないし生理－神経学的連関を心理物理的条件性として理解します。しかし、この概念は、客観的時間空間性における「実在的原因－結果－関係」としての因果の概念と取り違えられてはならず、また、主観性の原理である「動機（Motivation）」と混同されてもなりません。そしてここで決定的に重要なのは、この条件性そのものが、他の人の心と身体の結びつきを前提にして始めて、条件性を条件性として規定しうる、つまり、条件性は個別主観に閉ざされた内部での主観と客観における関係なのではなく、はじめから、相互主観的関係であるということです。なぜなら、暑さ寒さ、硬さ柔らかさなど、どのような状況にどう感じるかは、人それぞれであり、一定の常態（ノーマル）性を設定せずに、条件性を考察することはできず、複数の人々の心と身体の関係を前提にしなければ、常態という概念そのものが成立しないからです。複数の人間によって考えられる客観的身体性の成立は、フッサール現象学で、相互主観性の生成の問題として大変重要な解明の課題となっています[34]。客観的で物理的な物的身体は、いわば、自然科学によって構築されたものであり、フッサールに即せば、自然主義的態度を前提にしています。この態度の中では、人格的態度を生きる生き生きした身体経験、つまり相互主観的に生きられている身体が抽象され、物理的身体として構成されていることが、はっきりと自覚されねばなりません。現象学的還元を通して生きた身体に辿りつくことがない限り、物的身体は、それ自体、構成された身体であることに気づかない、いわば「自己忘却」に陥っている身体なのです。

他方、心理－物理的－条件性の現象そのものは、すでに学問形成以前の「先学問的次元」で、あらゆる文化において直接経験されていることでもあります。中国医学では先に述べたように、「心理物理的連関」は、気の概念を通して初めから、人間の生そのものを全体として捉える中で、考察されています。しかしこの連関は、近代自然科学で理解される「心理－物理学的－因果性」と理解されてはなりません。この因果性は、自然の数学化と厳密な帰納的方法、さらにデカルト的二元論を前提にしているものです[35]。中国の薬学は、流れる気としての身体を経験する長い伝統の中で、心身関係を熟知することを通して形成されてきました。その際、経絡の組織や五位の思想が重要な基礎を形成しています[36]。薬の効果は、有機的つながりのもとに考察された身体の錯綜した働き方として分析できるものです。薬の化学分析と解剖学的に規定されうる神経組織を対象とする個々の実験や観察は、理論的構築という制限のもとに行われる視点であることを、十分に顧慮する必要があるといえるでしょう[37]。

（6） 生活世界内の間（相互）主観的身体性はその根底層を、先反省的で匿名的な、自然をめぐる経験にもっています。近代的学問における心理－物理的研究は、このような地盤の上に、様々な前提や解釈をへて構築されています。

ヴァルデンフェルスは、このことについてフッサールの『イデーンII』に言及して、自然についての「匿名的な」経験が、「実際に与えられていると同時に、働いてもいる根底としての体験に、どのように相応しているか[38]」について述べ、このような匿名的な体験の根底は、「事実的な存続体として働いてはいても、それ自身、解明することが困難である[39]」としています。ここでいわれる理解の困難さは、まさにこの領域が「先学問的領域」であるからに他ならないからであり、このことを『イデーンII』に関連させて、「精神科学と自然科学の境界領域（縫い目）」という表現に結びつけています。つまり、この先学問的経験の領域は、近代の精神科学と自然科学という二元論におさまらない、境界領域に根ざしているのであって、この二元性の枠組み内での解明は、困難であるということなのです。また、この境界領域は、枯渇することのない土壌でもあり、そこから中国医学といった、西洋の学問とは異なった類の学問さえ、展開することも可能だったのです。そして中国医学は、その当初から、気の概念を基礎にした身体性の把握に即した「心身医療」であったのであり、そうあり続けています。しかし、この心身医療的見解は、近代西洋の学問の領域における心理物理的考察に対して、それに固有な先学問的経験とそれ独自の学問的実践に根ざしていることも、注意されねばなりません[40]。

これらの経験と学問的考察は、心身の相互の働きあいが、様々な武芸の修練の深まりを通して、どのように働いているのか、といった考察にもつながってゆき、その経験が、一面的に「抽象化や数学化」による理論化を被ることはなかったのです。

（7）　気は、その働きに気づかれ、育成され、養育されていくことができます。しかし、道具をともなう技術で機械的にコントロールされることはありません。武道の修行における気の養成ということを考えるとき、フッサールの志向性の概念に対応づければ、身体性の根底で常に働いているのが、受動的志向性とその綜合であって、それに対して、持続する意志を前提にする修行の領域には、能動的志向性とその綜合が働いているといえるでしょう。しかも、それだけでなく、練習や修行の最中で、この能動的志向性が高度に集中して働くとき、ある特定の対象についての意志がもはや生じずに、まったく消失してしまう、ということが起こりえます。様々なスポーツなどで道具を使用する中で、練習が積まれていくとき、その練習の目的は、特定の技術の習得にもありますが、集中力そのものの練習が大きな課題となります。その集中が最高度に実現されるとき、能動的志向性とそれにより構成される物的対象の因果関連という二元性、いわゆる主観－客観の対立する次元での心身関係が、止揚してしまうことが生じうるのです。いわゆる「心身一如」という事態ですが、注意しなければならないのは、この場合の主客不可分離性は、先述定的で先反省的な体験や、受動的綜合の場合の心身未分化ということとは、次元を異にしていることです。先反省的な受動的綜合の次元を前提して、通常の心身関係の領域が形成されていきますが、そこで形成された能動的志向性の世界そのものが、突き抜けられるとき、心身一如の世界が成立するのであり、このことこそこの本で解明してみたい主要課題の一つなのです。

Ⅲ　気と精神病理

気は、このように、ある個人に閉ざされることなく、人と自然の間や人と人との間に行き交うという特性をもっています。木村敏は、気のこの特性に注目し、日本人の心のみならず、精神病理学一般に、とりわけ、統合失調症の解明に興味深い視点を呈示しています。木村の精神病理学の研究は、バウアー、テレンバッハ、ビンスワンガーからブランケンブルクに至るドイツの精神病理学の展開や、対話哲学的考察や現象学的考察から、強い影響を受けています。気の視点からして当然とはいえ、精神病理学的現象が、ここでは、個人の心身の条件性に限定された現象としてではなく、徹底して、間（ないし相互）主観的で間人間的事象として描述され、解明されています。

木村は、気の概念を精神病理学に導入する際、まずは、気の語源を示唆し、中国の自然哲学で言われる気の意味を強調します。気の概念の個人を超えた宇宙的性格は、中国の自然哲学で明瞭に述べられるだけでなく、日本語の日常語としての気の用法にもはっきり現れており、例えば、「気が晴れる」という言葉にも、その宇宙的な天候に関わる性格を、はっきり見て取ることができます。「気が晴れる」とは、大気が澄み渡るように、人の気持ちが晴れやかになることを意味しますが、木村は、それだけでなく、「気分」と言う、普通は、人の気持ちや感情を意味する言葉を、「気の分与、周りの雰囲気としての気への関与、関わり」と解釈し、「気持ち」を特定の気への特定の人間の持ち分といった、はじめから個人を超えて充満する様々な気に対してその人が関与する部分といったふうに、理解しようとします。[41]

a　気の間主観的特性

木村の理解によれば、気は感性の領域での気分や気持ちで表現されるものですが、この気分は、もともと一人の人間に閉ざされて持たれているのではなく、人と人との間を行き来しているものです。例えば、雰囲気ですが、雰囲気は当然、自分、あるいは相手それぞれ一人で、勝手に作り上げているわけではありません。雰囲気を明るくしようとして、自分でピエロを下手に演じ、ますますどうしようもない暗い雰囲気に支配されたりすることもあるものです。また、すでにその場を支配する雰囲気を変えるとか、変化させることもできるでしょうが、それは、すでにある雰囲気を前提にした上でできることであり、自分でどうこうする以前に、ある雰囲気に包まれていることが、そもそも、雰囲気という原状況なのです。

またもちろん、自分を閉じ、雰囲気に自分を開かずに、固く閉ざす態度も現実に可能です。しかし、このような態度も、普通は、習性として作り上げてきてしまった場合がほとんどで、本来的に、人に開かれ、世界に開かれて生まれてくるのが人間です。母親に対する眼差しや、授乳の行動に現れている開かれた態度が、根源にあり、それがどのように発展するか、人様々です。児童虐待といった不幸な状況において、病的に自己を閉じると言う態度も現実のものとなる場合もあるのです。

木村によると、日本語の表現である「気違い」は、統合失調症でいわれる、その人と居合わせ、共有する雰囲気がなんとなく普通でない、違っていると言う感じをよく表現するものであり、まずはそのような雰囲気をそれとして認め、それを出発点にして、それが生じてくる仕組みを見極め、通常の雰囲気が再構築されるべく、治癒が目指されるとされます。

そして、このような間主観的な雰囲気は、発生的に間主観的な関係からこそ、初めて明らかにされうるものです。[42]木村は、対話哲学でいわれる「出会い」を出発点にして、この間主観性を解明しようとします。二人の間の出会いとは、ある新たな雰囲気が二人の間に生まれることであり、その雰囲気は、二人の間に刻々とダイナミックに高まったり、低下したりするものです。この経過を木村は、次のように述べています。「他の人の気持ちについて、自分の気持ちと同じだとか、異なっているとか言えるためには、自分固有の気持ちだけでなく、同時に他の人の気持ちにも、直接的に関与しているはずである。しかしその関与というのは、他の人の気持ちがどのようなのかと予想したり推量したりするのではなく、自分の気持ちをもつそのときと同時に、他の人の気持ちをも持つということである。この気持ちをもつ瞬間には、正確にいうと自分と他人の間の分離は生じていない。自分と他人の分離は、この一つであることから、自分に、すなわち、すでに何らかの気持ちを持ってしまっている自分に、気づくとき始めて生じる。そしてこの自分に気づくことと全く同時に、他の人も、自分とともに気持ちを持ち合うことから、何らかの気持ちをもってしまっている自分に気づくようになるのである。[43]」

ここで指摘されているのは、いわゆる自我の意識作用である能動的志向性としての予想とか推量で、他の人の気持ちが分かる、あるいはそれに触れるというのではなく、気持ちといい、雰囲気といい、そのような能動的志向性が生じる以前に、すでに出来上がってしまっている、ということです。したがって、予想とか推量といった次元での感情移入は、常に、いわば遅れてやってくるのであり、せいぜいすでに起こっている気持ちや感情の解釈にすぎないものだ、というのです。

b　気と「我－汝－関係」

しかし、以上の木村の主張に対して、はたして、自分と他者が同時に、人と人との間の次元としての雰囲気的な気に参加しているという事態だけから、雰囲気的な気の働きを根本的に解明することができるのか、という疑問が生じてきます。実は、木村は、このような雰囲気としての気を語る際、対話哲学的な取り組み方とその見解、つまり、自分と他者が独立した個人として生きていることと、その二人の個人が「我－汝－関係」を結ぶ出会いの事実とを、前提にしています。そのような関係においてこそ、雰囲気として気持ちが通じあっているというあり方で、気が生起しているとするのです。とすると、木村の解明に、厳密な認識論的、ないし存在論の立場にたつ哲学からの解明とどう対応づけるべきか、という問題が立てられねばなりません。もちろん、ある精神病理学的考察が、特定の哲学の立場をとらなければ、精神病理学的考察の意味がない、というのではありません。ただ、問題は、その精神病理学的考察のとる特定の哲学的立場を、それとして自覚しているかどうか、ということなのです。

対話哲学的立場は、人と人との間の出会い、我汝関係そのものを考察の原点にとる立場です。しかし、その根本的事態にどう接近するべきか、我汝関係とはいったい何なのか、と問うとき、認識論的問題として、どのように人は人を人として認識し、知覚し、「出会う」のか、そもそも我汝関係はどのように成り立つのか、という問題を避けて通るわけにはいきません。ブーバーは哲学的人間学を展開し、それなりにその問いに対する答えを出していますが、その問い方は、フッサール現象学の問いの立て方とは異なっています。フッサールの立てる、すべての現象の現出の仕方に働く超越論的条件性の問いは、そもそも「あそこに誰か人がいる」という時、つまり、人を人として知覚しているとき、どうやってその知覚がその知覚として成立しているのかを問うのです。この問い方を木村のとる対話哲学の立場と対比してみなければなりません。

木村の強調することは、我汝関係で生じる雰囲気的な、後に各自の気持ちとなる気は、我と汝が分離する以前に、その関係において、そのつど新たに生じているということです。この雰囲気的な気は、我汝関係の中で、ともにそこにいて「気を持ち合う共同の作用[44]」を通して生じます。我汝関係は、もちろん個人に閉ざされた個々人別々の事柄ではなく、ここでいわれている共に持たれている気も同様、個々人の別々の事態ではありません。しかし、ここで問題にしなければならないのは、このような関係に踏み込む以前の人と人との間です。この関係にはいる以前の人と人との間は、ブーバーの対話哲学では、対象知覚が働いている限り、「我－それ－関係」として規定されています。フッサールが、認識論的に超越論的他者論で問うのは、まずもって、どうして人の前に立つロボットではなくて、生身の人間だと分かるのか、という問題です。フッサールなら、その人の前に立ったとき、人に似た五感を通じて人を人として知覚できる、というでしょう。そして、そのとき働いている知覚を、その根源を辿って、「受動的綜合としての対化」によって分析してみせてくれます。フッサールは、ここでいわれている、関係に入る前の、人と人との間に生じている雰囲気的なものを受動的綜合としての対化と名づけ、これが働いているから、人を人と見ることができるのだと主張するでしょう。そして、ここで大切なことは、受動的綜合は、いかなる意味でも「作用」なのではなく、フッサールにとって雰囲気は「作用」から生じるものではないことです。したがってここで受動的綜合という対化を通して実現している間身体的な雰囲気と、対話の状況において、「気を持ちあう共同の作用」としての雰囲気とは、受動的綜合と能動的綜合という次元の違いがあることを、木村は見落としているといわねばなりません。

何かを見ること、聞くこと、触ること、味わうことなど、すべての知覚には、感覚の層がその基礎に働いています。受動的綜合による雰囲気的なものが働いているのは、この感覚の層においてです。たとえば、ロボットと人間を見る（知覚する）と言うときを考えれば、ロボットを前にしたとき、ロボットと自分の間に生じる雰囲気の中にいて、その雰囲気を生きる中で、それをロボットと知覚するということになります。そして重要なのは、そのとき、ロボットをロボットとして知覚する以前に、受動的綜合による感覚の領域で、「先構成」されている雰囲気的なものが生成していることです。この雰囲気的なものが、人間を前にしたときと異なっていることに気づくわけです。

このような受動的綜合としての雰囲気こそ、ブランケンブルクが、『自明性の喪失』において、受動的生成の問題と名づけた領域に属するものです。「それ〔アンネの場合の自明性の喪失の領域〕は、フッサールが（……）後期の著作において「生活世界」という名称のもとにはじめて取り組んだ領域なのである。前述定的経験の問題、つまり受動的生成の問題が、この連関において特に重要な意味を帯びてくる[45]」のであり、この領域は、また、「前反省的な生の無媒介性[46]」の領域とか、「根源的な前志向的無媒介性[47]」の領域とか呼ばれます。この領域において働く超越論的構成は、「意識にとって直接に接近可能な自我の能動的綜合には認めるのも困難なほどわずかにしか基礎を置いていないで、もっぱら〈受動的生成〉（フッサール）のうちに基礎づけられている。だからこの自明性は、（……）無名の超越論的構成のはたらきとしてもっぱら現れてくる[48]」とあるように、まさに、能動的綜合ではない、受動的綜合が働いている領域として確定されねばならないのです。ブランケンブルクの注視した、フッサール後期思想の中核である受動的発生をより詳細に検討することなしに、彼の研究方向を受け継ぐことはできません。この基本的な方向づけが、その後の精神病理学と現象学との学際的研究に、次に述べる例外を除いて、十分生かされていないことは、残念なことといわねばなりません。

この何らかの雰囲気的なもの、感じられるものは、すべての知覚の際に、いつもそしてすでに、働いているものです。フッサールが、知覚は、そもそもそれ自体、一人一人別々の個人の内におこるものではなく、根本的に人と人との間に、相互主観的におこっているのだ、と主張し、それを現象学的分析にもたらすとき、そこでフッサールが考えているのは、まさに、そのような、相互主観性の発生の根源からする、つまり、個人個人が別々に知覚していると思う、その思いの成り立ちをも解明するような相互主観的な知覚の意味の繋がりなのです[49]。

人と人とが知覚する場面で、二つの異なった場合が考えられます。一つは、自分が他人を知覚しているだけの場合、二つ目は、自分が他の人を知覚すると同時に、その他の人が自分を知覚しているのが分かるときです。この第一の場合にも様々な可能性があり、例えば、他の人を社会的役割を担う人として、「運転手、売り手、教員、等々」職種といった特定の意味づけをして知覚しつつ、その人々の言葉遣いや表情などに快不快の感情を伴いながら応対している場合があります。そのようなとき感覚的な雰囲気は、知覚の根底に働いています。そもそも感覚を基礎にする知覚そのものが完全に相互主観的である、なぜなら、(ここで、詳細に展開できませんが、)われわれの、「いつ、どこで」という時間意識や空間意識そのものが、相互主観的に生成してきた発生の根源をもっていること、また、相互主観的な時間化を通してのみ成立しているわれわれの感覚と感情そのものが、当然、同様に相互主観的起源をもつことからして、相互主観的由来をもたない知覚はありえないのです。

したがって、ここで相互主観的な身体性に関連して、木村が我汝関係について述べていることに修正をほどこす必要が明らかになってきます。我汝関係を通してのみ人は、雰囲気としての気を生きているのではありません。それ以前に、つまり、二人の人の間に出会いが生じる以前に、当然ですが、個々人はその人とその人の周囲世界との間に生じている雰囲気の中を生きています。この間身体的な気の働き方がそれとして、原理的に、明確にされねばならないのです。気の概念を使えば、われわれは、陰と陽の相互の働き合いである、人と宇宙との間のたえざるダイナミックな気の運動の中を、生きているわけです。人はそのもともとの存在からして、雰囲気的な気を生きているのだ、といえます。

ここで重要なことは、このような匿名的な間身体的な雰囲気と木村が出発点にとる我汝関係における雰囲気とは峻別しなければならず、木村が、西田の『私と汝』において指示する「絶対的他者と絶対的自己の通底における自他身分の非人称的ヴァーチャリティー」とは、自我の形成以前の匿名的間身体性における雰囲気なのではなく、あくまでも、自他の区別を前提にして、それを克服した次元での「私と汝」の次元に生じている雰囲気とせねばなりません。(50)

この雰囲気としての気は、精神病理学者テレンバッハによっても、その『味覚と雰囲気』という著作で考察されています。テレンバッハは、雰囲気を、実在的な事実的なものを超えたものであり、「人と人との間の応対の仕方、たとえば拒否や受諾などを決定的に規定するのであり、雰囲気を感じるためにわれわれは、ある把捉の器官をもっていて、その器官は共有する世界や周囲世界をまったく直接に、そして統一的に性格づけているのである。他の人とのたえざる雰囲気の交換の中でわれわれは、われわれ自身をたえず他の人から、つまり共有する雰囲気から引き出し獲得するのである。これはすなわち、独特の無類なものの原領域であり、そこにはいまだ我と汝の分離は生じず、いかなる分節化された間人間性もなりたっていない[51]」と述べています。テレンバッハは、雰囲気的なものを多面的に描写し、特に嗅覚との繋がりで、精神病理学的事例の分析を通して解明しています。しかし、上の引用にある描写をみれば明らかなように、「雰囲気の先述定的で先反省的な世界[52]」の描写は、認識論的解明の観点からして、木村の行う描写以上の明確な記述になってはいない、といわねばならないでしょう[53]。したがってここで、雰囲気としての気の働きと、能動的に注意することのなかで働いている気を、対比的に考察してみる必要があります。

対話哲学では、我汝関係を通して、人が人となる、また、人の生きる意味が肯定される、といわれます。そして、この現実の世界では一度実現された我汝関係は、我－それ関係にたち返らざるをえず、そのような限界を感じつつ、我汝関係が再現されるなかで、決してそれに戻ってしまうことのない「永遠の汝」との関係を予感していく、というものです。

この出会いとして生じる我汝関係の特質には、そこでは、自分と他者の区別が、すなわち、見ているという自己意識や、他者に見られているという自己意識が現われていない、ということがあります。しかし、そもそもこの関係が生じうる前提として、気が集中している、ということを挙げなければなりません。つまり、我を忘れて専念するとか、熱中するとか、没頭するとかいいますが、この集中しているということなくして、我汝関係はありえません。

そしてこの時、気は最高度に活動しています。しかもその極度の注意のなかで、喩えですが、ちょうど車が最高に機能し、最高の速度に達しているとき、車軸の存在が全く感じられなくなるように、我という意識は忘れさられ、その事そのものになりきっているとされ、それをブーバーは、「能動性が受動に似たものになってしまう[54]」と表現しています。この最高度の集中がおのずと実現され、我汝関係が成立するとき、我と他者の区別の意識は、克服されています。克服ですから、すでにあった区別の意識が乗り越えられる、あるいは、それから自由になるわけです。したがって、同じく自己の意識がない、あるいは、「自他未分」といっても、自己と他者の区別の意識が現れる前に、例えば、匿名的な間身体性の次元で、自他の意識が未分化であるということと、すでにそこに働いていた自他の区別が乗り越えられ、それから自由になって、そのような意味で自己意識が意識されていないということでは、大変大きな違いがあります。ちょうど神童といわれる子供が意識せず、「自分が」という意識に捕われずに、すばらしい絵を描くのと、絵の天才が苦労と修業を経て、「自分が自分が」という意識と格闘の後に、我を忘れることのできる至福の瞬間において絵が描きあげられる、という違いに喩えられるかもしれません。

雰囲気の中にいるとき自他の区別がないというのは、受動的意識にあって、明確な自己意識をもたずに、その意識のなかで生きているからであり、我汝関係の中で、自他の区別が克服されるというのは、能動的意識、つまり、自己意識をともなう意識が最高度に集中し、自己が全体的となった我汝関係のなかで、自己意識から自由になるということです。この違いをはっきり認めることがないと、治療にあたる人が、患者に初めから我－汝の関係を築こうとして、つまり、受動的相互主観性によるコミュニケーションの働きの有無を無視して、我汝関係を通して雰囲気の違いを通常の状態にもどそうとするあまり、その雰囲気の違いのあり方を、その現れに即して確認できずに、患者の態度を硬化させる恐れがあるのです。

c　注意という現象

ここで受動的綜合の働きとして考えられる雰囲気の気と、能動的志向性の働きとしての注意の現象との違いを、より詳細に、考察してみましょう。フッサールは、注意を、自我の活動としての能動的志向性と注意のもつ地平性の視点から、次のように述べています。「一般的にいうと、注意は、自我の特殊な作用（厳密な語義上の自我の作用）という本質構造に属する、自我の志向的対象に向けられた傾きであり、（……）しかも遂行する傾向として働く。（……）初めにあるのは、志向的地平であり、その地平は、それ自身を超えて、空虚な後に到来する現実化において、直観的なあり方での指示連関をもち、含蓄的に持続的な綜合のプロセスをも指示している。（……）このプロセスを経て、ある持続的な統一的傾向が一貫して広がっている。[55]」

メルロ＝ポンティは、この注意の地平的性格を、さらに触発の形態論的地平という観点から、具体的に記述しています。この観点は、まずは次のような問いとして表現されます。「どうして、まさにある特定の対象が、注意を呼び覚ますのだろうか。意識にとってすべての対象が、前もって固有なものであるにもかかわらず」という問いですが、ここで問題になっているのは、複数の対象から一つの対象を能動的に選択することなのではありません。その選択以前に、特定の対象の方からの働きがすでにそこに働いているということであり、その働きかけに応じてしまっている意識が、問われることになります。このことをメルロ＝ポンティは、「まだ〈空虚〉だがしかしすでに決定された指向――これこそがまさに注意ということなのだが[56]――」の働きと述べています。つまり、ここでいわゆる「空虚」とは、実は、直観の概念が「空虚と充実」という関係から説明される、その「空虚」を指していて、この空虚な志向が充実される事が直観といわれます。ということは、メルロ・ポンティがここでいいたいのは、「注意をするということは、単に先在している所与により多くの照明をあたえるということではない。それはその所与を図として浮かびあがらせることによって、そのなかに一つの新しい分節化を実現することだ。その所与は、いままでは単に地平として先造されていただけだったのだが、いまや全体的世界のなかで、新たな領域を真に形成するようになるのである」[57]ということなのです。前もって形作られている地平としての諸形態は、複数の対象が並存する以前に成立しています。この注意の形態的な分節化は、特定の対象を引き立てる、ないしは、選択する能作ではなく、対象の構成以前に働く、形態的分節化であり、この働きがあるからこそ、特定の対象が地平の内部で、めだったあるものとして明確な形態化をもち、意識に働きかけてくるわけです。ここでメルロ＝ポンティが述べていることは、実は、フッサールが、『受動的綜合の分析』で展開した、連合と触発の分析の内の、受動的綜合としての触発（Affektion）の現象に正確に対応しているものです。したがって、ここで、メルロ＝ポンティは、注意の現象をめぐって、能動的綜合としての対象の構成と、受動的綜合としての触発的地平の形態的分節化という先構成の違いを、述べているということができるでしょう。

また、ここで、興味深いのは、注意の変転という能作の働き方そのものです。「まさに所与を顚倒させることによって、はじめて注意作用は、それ以前の諸作用と結びつくのであり、このようにして意識の統一性は、〈移行の綜合〉によって少しずつ構成されてゆくものである。対象の統一性を破壊するちょうどその瞬間に、その同じ対象の統一性を一つの新たな次元において再興するような現象が、注意によって現出してくるというところに、意識の奇跡がある」[58]のです。ここでいわれている、本来、フッサールに由来する「移行の綜合」とは、メルロ＝ポンティが、時間の構成、とりわけ、生き生きした現在における、現在から過去への過去把持的な変様を性格づけるときに活用する概念です。また、この過去把持の変様の仕方こそ、『受動的綜合の分析』の主要テーマであることを考え合わせると、メルロ＝ポンティは、能動的な注意作用さえ、フッサールの受動的綜合との密接な繋がりの中でのみ働きうることを、示唆している、と理解することができます。

また、ここで興味深いのは、メルロ＝ポンティが注意の現象を、発生的現象学の課題であると規定している点です。「意識を事物のなかでその非反省的生活に面接せしめるべきであり、それが忘却してしまっていたみずからの過去の歴史をそれに思い出させるべきであって、ここにこそ哲学的反省の真の役割があり、このようにしてこそ、注意についての真の理論に到達することができるのである」[59]。つまり、事物にそなわる、非反省的な生き生きした側面やその歴史性を反省するのが哲学の役割であり、これが達成されるとき、真の注意の理論が成立するというのです。ということは、この事物の非反省的側面や歴史性とは、注意という形態的分節化においてすでに働いているのであり、フッサールのいう、事物の知覚の発生的起源[60]をたどる発生的現象学が、課題として呈示されていることに他ならないのです。

注意について述べてきたことを気の概念に照らして、次のようにまとめることができるでしょう。注意に関して、能動的志向性の側面と、受動的志向性の両側面があるように、気にも、能動的志向性としての気と受動的志向性としての気が考えられます。例えば気という言葉が主語になり、「気が散る」とか「気がつく」といった用法における気と、気が目的語とされる「気を使う」とか「気を入れる」とかいうときの気は、受動性と能動性の観点から考察できます。主語としてすでに与えられている雰囲気的な気は、いわば、触発という受動的綜合を通して与えられており、目的語として気をコントロールする能動性の下地、ないし前提として働いています。しかしその際重要なのは、気がつかなければ、気を使えない、ということです。また、気がつくようになるのは、自分の意志だけでは操作できないものであり、本当に気がつきたいと思っていないから、自分で気がつかないとか、自分の無意識が、気がつかないようにし向けているから、気がつかない、という場合が多い、ということです。このように、形態的分節化としての注意が働く触発という受動的綜合の領域は、実は、気がつく働きを意識生の根底から動機づける「無意識の現象学」の入り口となっており、能動性の領域との絡み合いを細かに分析していって、初めて少しずつ明瞭になっていくような領域なのです。

d　雰囲気と精神病理、沈黙による治癒

さて、視点を変えて、このような雰囲気的な気が精神病理の領域で、どのように実際に問題になっているのか、具体的な事例を通して、明らかにしてみたいと思います。

先に述べたように、雰囲気のなかにいるとき、自他の区別がはっきりと働く以前に、受動的意識としての気づきを生きているからであり、我汝関係の中で、自他の区別が克服されるというのは、能動的意識、つまり、自己意識をともなう意識が最高度に集中し、全体的となった我汝関係のなかで自己意識から自由になるということです。この違いをはっきり認めることがないと、治療にあたる人が患者に初めから我汝の関係を築き、その関係を通して雰囲気の違いとしての「病んだ気」を通常の状態にもどそうとするあまり、病状を悪化させてしまうことが、はっきり示されなければなりません。

この違いに注意している精神治療医に松尾正がいます。松尾は『沈黙と自閉』[61]という本の中で、治療者の患者への我汝関係への努力がかえって患者の自閉を強め、外への開きの通路を遮断することに繋がる危険を、様々な症例で示し、それにかえて、患者に話しかけ、問い掛けることなく、ただ沈黙して患者と居合わせ、そばにいるだけで、特定の関心を持つことなく、無関心の関心で居合わせる事によって、患者の側からの世界への開きが活性化するとする治療を実践し、治癒論を展開しています。

ここで松尾の挙げる症例を引用します。

患者T（著書では田中という仮名を使用）は、松尾氏（以下Mと省略）の診療にあたる以前に二つの病院を経ていて、M氏の病院を訪れた際は、入院に対する抵抗が強く、身体は硬直したままベットに横たわり、天井をみつめたまま、Mが話し掛けても質問に答えるどころか、硬直をますばかりでした。Mは、話し掛けても態度が硬化するばかりなので、すべもなくTの横に黙って座っている他なかったが、すこし座っているとさらに緊張感がますので、居たたまれなくなり、早々にして彼のそばから離れなければなりませんでした。しかし、しばらくするうちに、MがTを患者として観察することなく、自分自身の思いにふけっているような場合、両者の間の緊張した雰囲気は和らぎ、そばに居るのを許してくれるように感じました。つまり、MがTについて何も考えず、自分のことや他のことを考えていたときは、沈黙の緊張感が和らいだように感じた、ということです。Mは時として仕事の疲れからか、うつらうつら寝込むことがあり、ふとめをさますと、Tも緊張から解放され眠っていたりする、ということが多くなり、次第に長い時間、Mのそばで Tが、そして、Mも、寝てすごすことが多くなりました。

このような変化の経過は、次のように細かに描かれています。Tは、Mがいても次第に険しい表情はみせなくなっていき、緊張感なく、一時間ほどそばにいることができるようになりました。そして、このそばにいれる時間は、ますます増加していき、MはTのことについて考えることや、自分のことさえ考えることが少なくなり、最後には先に述べたように、眠っていることが多くなりました。もちろん、そのときには二人とも黙って何も話しませんが、この頃の沈黙は、Tが入院した当時の、緊張してかたくなに口を閉ざし、ふるえている沈黙や、なすすべもなくどうしていいか分からず、あれこれT氏のことを考えている場合の沈黙と、全く質を異にしています。

Mは、始めの頃の様々な考えが行き交う沈黙を「沈黙・I」とし、後の緊張感がなく和らいだ、何も考えることのない沈黙を「沈黙・II」となづけます。ほぼ一か月たって、このような沈黙のうちにうつらうつらする時間が毎日、三、四時間になっていきました。五〇日後、Tは始めてベッドに座り、わずかに笑顔をみせながら、だまって、「家族の見舞い品であるミカンを取り出し、私にジェスチャーで一緒に食べるように勧め」[62]ました。二か月後、MはTに病院の庭を一緒に散歩するように提案し、Tは緊張しながらもMに従い、散歩をし、戻ってきて、緊張がほどけ、どっと疲れたようにベッドに倒れこみました。二人が病院のどこかをともに散歩し、病院の中庭のベンチにすわって、だまって一緒に何かを食べたりする日々が、日増しに多くなっていきます。Mはこのようなときの両者の間の沈黙を、決してTの側のMに対する対応の拒絶と受け取ることはなく、「口を使って食べるという行為は、〈沈黙〉を守るものとなり、食べ物はもっとも適した自然な〈媒体〉として機能して」[63]おり、沈黙・IIと何かを食べることが、相互を支え合うような影響力を及ぼしているのでした。そして、MがTに話し掛けることが許されると感じたとき、つまりそのような「気がした」とき、MはTに穏やかに話し掛けました。Tは、はじめは、改めて緊張した面持ちで、直接それに答えることはありませんでしたが、だんだん、自分でその沈黙を破って、自分の身体の具合や気持ちを短く語るようになりました。

入院五か月後、Tは両親の家に外泊となりましたが、それは成功せず、病状を悪化させて、再入院ということになります。この段階でMは、沈黙を通しての治癒というあり方に疑問をもち初め、Tに対して距離を取り、沈黙の時間を短縮しました。しかし、これはまったく悪い結果を生み、はっきりした病状の悪化がみられ、その二か月後、再び以前と同じ沈黙を通して、次第に二人の間の和らいだ沈黙が復帰し、その後、この沈黙は二人の間で当たり前の日常のこととなりはじめ、ともに何かを食べたり、散歩したりすることに慣れ親しみ、時として、MがTに冗談をいって、Tがそれに笑顔で答えたり、お互い医者と患者という意識はもたずに、ぞんざいで無遠慮ななれなれしい態度をとったりし合う二人の人間となっていきました。このような関係が成立して二か月後、Tの希望で両親のもとに戻り、今度は滞在に成功しました。その後、病院内での解放病棟への転棟を経て、七か月、入院から一年半で退院し、現在では漁師として生活しているということです。

ここで沈黙・Ⅰと沈黙・Ⅱの持つ意味を考えてみましょう。松尾が沈黙・Ⅰで問題にしているのは相手を対象化する意識、相手のことを「ああだ、こうだ」と考える、そもそも相手に関心を向けるということです。普通の自己意識をともなう能動的意識は、たえず回りの世界を、「何かとして」意識し、意味づけを行ったり、問い掛けたりしています。ですから相手がだまって自分をみるだけで、「なんで自分をみるんだ」とか、「また非難の目を向けている」、とか、「今日は、にやにや笑ってる」とか、その意味づけが気になるわけです。まさに私達の日常生活は刻々と、この意味づけの枠のなかを、「良いじゃん」、「だめだね」、といった絶えざる評価を受けながらくぐり抜けているようなもので、実際、とても気骨のおれる事なのでしょう。ですから医者が患者に問い掛けるということは、すでに、「病院、医者と患者、薬剤治療、等々」の何重もの意味の枠づけと規定を通して、この意味づけに応じるか、拒否するかの解答を、強制することになります。そのような社会的な意味の規定し合いという習慣を担いきれず、自分を保護しようとする自閉という態度に対して、同じような意味づけに対応するように強制するのは、まさに、自閉の態度を強化してしまうことになってしまいます。ですから、外観は同じ沈黙とはいっても、何かの兆候を見つけようとか、観察して原因を突き詰めようとか、まさに医者の関心に満ち満ちた沈黙・Ⅰが、患者を硬化させ、医者の存在そのものを拒否させることになり、そのような沈黙は、なんら言葉の問いかけと代わるところはないのです。

相手の緊張が綻ぶような沈黙・Ⅱは、相手に対して意識対象として関心を向けることがないだけでなく、自分自身の思いにふけり、ときには半分眠りこけるような、自分自身にさえ関心を向けない状態に生じている沈黙でした。

そして、この沈黙・IIは、ただそこに一緒にいるだけで、その共存をだまって許し合えるような時間の幅を次第に広げてゆき、安定したものとなり、何等かの意味づけが行われたとしても、それが再びその沈黙に吸収されていくだけの強さを持つようになっていきました。だまって蜜柑を渡し、受けとって食べるときには、両者の注意が同じ一つの蜜柑にそそがれ、蜜柑を媒介にして相手の意図が理解されますが、そのままだまって蜜柑を食べることで、相手の意図も、その共存の沈黙に吸収されていったわけです。

この沈黙・IIの中で行き交っている気は、どのような気でしょうか。まさに気を使わなくてもすむような雰囲気、気にならないような気、そっとさせてくれるような気、だまって注いでいるばかりの、小春日和のような気とでもいえるでしょうか。いずれにしても、活動的で集中しきった極みにある気ということはできません。意味が浮かんできても、思いが浮かんできても、それをはっきり意識して言葉にすることなく、そのままそれを流していけるような気ともいえましょう。また、意味が浮かんでも、そのような意味にとりあわず、意味に意味を重ねあわせ、判断、評価していくのではなく、浮かぶまま、去るままに流れていかせるような気ともいえるでしょう。このような意識には明確な自己と他者との区別は、現れても希薄なものです。また、この区別があまり明瞭でないことは、能動的意識の極みに、その自他を区別する意識を越えて実現される次元で、自他の区別が解消することとは明確に異なっています。

ここで、このお互いに何もせずに黙って居合わせることのできる沈黙・IIのあり方そのものを、もう少し考えてみましょう。沈黙・Iの場合は、言葉を介した能動的意識、つまり明確な自己意識をともなう対象意識が働いていますす。それに対し、沈黙・IIの場合、対象意識は働いていないとされますが、その場合、お互いそこに居合わせること自体は、認め合っているはずです。しかも、お互いいるかいないか、はっきりしないような状態から、ふと我にかえるということを操り返すことを通して、許し合っていた自分と相手の存在を繰り返し確かめ、松尾の言葉では、「お互いに馴染んでくる」ことが生じてきました。

このことを現象学の意識の分析に照らしてみると、沈黙・IIの場合、相手を意識して認める能動的相互主観性ではなく、それ以前に働く、明確な自他の区別をともなわない受動的相互主観性の領域が、ここで問題となっていることは明らかです。この受動的相互主観性の領域では、自他の区別ができていない匿名的な間身体性が働いており、二つ身体が、相互に同調し、共鳴し合っているといえます。実は、このような自閉症の場合、このただ黙ってそばにいる、そのことそのものが損なわれ、安定していません。この受動的相互主観性の基礎を欠くことが、通常の能動的相互主観柱が成り立つことを不可能にしているのです。

この受動的相互主観性が損なわれている事態は、先に述べたように、ブランケンブルクの『自明性の喪失』で、大変印象深く描写されています。そこでは、極く当たり前のまわりの空間や事物の奥行きの感覚がなくなったり、空間の幅が狭くなったり、といった自分と身の回りの空間が全く親しみのないものになったりすることが、患者によって報告されているのです。

この極く当たり前の感覚が実は、匿名的な間身体性において造りあげられている、つまり、感覚はそもそも個々人別々に与えられているのではなくて、もともと間身体的に形成されてきているとフッサールは主張しています。このことこそ、フッサールが現象学的に解明しえた、他者論における間身体性の解明の重要な成果の一つです。この間身体性の層には、呼吸するとか、食べ物、飲物を求めるとかの、生体保持に向かう衝動的ないし本能的意識、身体の運動にともなう運動感覚の意識、現在、過去、未来の時間意識、自分と他者の身体の動きを通して形成される空間意識、人の身体を身体と感じる間身体性の意識等々が属しています。そしてそれらすべての意識は、一体となって綜合的に、間身体性の意識のなかで働いているわけですが、日常生活のなかでは、それが、それとしてはっきり自覚される場合は少ないでしょう。ちょうど健康な身体の存在が、普通、自覚されることなく、病気になるとそれを感じるのに似ているといえましょう。この間身体性は、幼児の時期に形成されますが、なんらかの原因でそれが損なわれるとき、あるいは損なわれていることが分かる時、それを再構築されねばならないという状況が生ずるのです。この再構築という課題の困難さは、一つには、意識的に、「無関心の関心」を造りあげようとする、その意図的な意識が、だまってそばに居ることを許し合える雰囲気が自然に生じるのをかえって妨げてしまう、というところにあるといえます。

さて、改めてここで、沈黙・Iと沈黙・IIの違いについて考察を深めます。松尾は、ここで生じた沈黙による治癒をゼロから自分で開拓したのではありません。この試みは、ドイツやスイスやフランスの精神病理学者（シュヴィング、ベネディティ、セシュエーなど[64]）による「沈黙による治療法」に関連づけられています。松尾の独創的なことは、まさに、この沈黙の治療法を現象学の意識分析と積極的に結びつけ、現象学的治療論として展開していることにあります[65]。

松尾は、沈黙・Iで、沈黙したままでも相手を対象化する意識、相手のことを「ああだ、こうだ」と考える、そもそも相手に関心を向けるような沈黙を考えています。この沈黙・Iの領域は、フッサールの志向性の概念で表現すれば、能動的志向性の働きによる認識対象の構成を前提にする、能動的志向性としての注意が働いている日常生活の領域、ということができます。

それに対して、相手の緊張がほころぶような沈黙・IIは、相手に意識対象として関心を向けることがないだけでなく、自分自身にさえ関心を向けない状態で生じている沈黙でした。このことを現象学の意識の分析に照らしてみると、相手を意識して認める能動的相互主観性ではなく、それ以前に働く、明確な自他の区別をともなわない受動的相互主観性の領域がここで問題となっていて、そこでは自他の区別以前の匿名的な間身体性が働いており、二つの身体が、相互に同調し、共鳴しあっているといえます。この沈黙・IIは、通常の能動的志向性が拒絶され、その介入から保護されることを通して、次第に獲得されていきます。このことを松尾は、ブランケンブルクの分裂病の現象学的分析との関連づけの一つである「エポケー（判断停止）II」を通して、沈黙・IIが獲得されると規定しています。このブランケンブルクの「エポケーII」は、A・シュッツの「自然的態度」の強調と結びつけることにより、生活世界で生きられている能動的志向性による対象化の機能を、沈黙を通して現実に抑止し、最終的に停止する方法を意味しています。実は、これは、後に詳細に解明することになる、発生的現象学の脱構築の方法を、生きられた現実において実践することを意味するのです。このエポケーIIを通して、沈黙・IIの領域が開示され、そこで自閉に病む人は、雰囲気的な気の流れの中に身を置き、先反省的で先対象的志向性の綜合の中で、次第に世界への開きを取り戻し、雰囲気的な気に身を任せつつ、雰囲気的な気の流れるままにすることができるようになります。こうして、受動的間身体性という受動的相互主観性の土台が改めて作り直され、言語を媒介にする能動的相互主観性にむけた準備が整うのです。

この過程を松尾は次のように描写します。「沈黙とは治療者が汝志向的な関わりをかぎりなく消失させ、病者とのあいだでの分裂病態としての〈認識論的断絶〉が生起することを解消することによって、両者のあいだに本来の受動的間主観性を回復し、そこに〈生活世界〉を基盤とした我―汝関係を徐々に成立させることを目的としていた」[66]と述べます。ということは、治療に当たって、医者は、患者に即座に汝への関わりを持とうとして、自分を守ろうとする「自閉」という形をとった閉じこもりの態度を、強制的に変化させようとするのではなく、むしろ、沈黙・IIでの受動的相互主観性の再構築を通して、生活世界での能動的間主観性への土台を築くべきなのです。

さらに、この沈黙・IIの次元において間身体的に流れている時間について、ここで考えておきましょう。[67] MとTとの沈黙・IIを流れる時間は、個我の明確な意識が失われる領域で生じているので、匿名的間身体的と呼ぶのがふさわしいことになります。ふと我に返って、寝ている相手を認めるとき、流れ去った時間にも気づきます。日ごろ、人は、ずっと意識が冴えたままで眠れなかったのか、ふと寝込んだのか、ふと我に返るとき、あるいは、目覚めるとき、その違いに気づくものです。寝込んだ、意識が失われたということが、寝込んだ瞬間、それをそれとして意識できないのに、寝込んだことそのことが、そのこととして意識に残されていたからこそ、目覚めたとき、寝込んだことに気づけるのではないでしょうか。ふと意識がなくなったことが、意識されないにもかかわらず、意識に残っていたこと（過ぎ去ることが保たれていたこと）に気づくのです。そして、自覚をともなわなくとも、その意識の変化が残ることを、フッサールは、「過去把持」と呼ぶわけです。

母親の腕（かいな）に抱かれて眠る幼児の場合、母親の肌の温かみか、自分の身体の温かみか、区別できてはいません。肌の温かみは間身体的であり、個我に配置された、個我が意識する肌の温かみではありません。乳幼児の世界は、本能的志向性が覚醒して、衝動的志向性が形成されてくるなかでの周囲世界を意味します。個我の意識が形成される以前の周囲世界を生きる幼児は、そのような意味での間身体的匿名性の世界を生きています。ですから、時間意識もまさに、共に生きられている、共有される諸感覚の変化が流れている、間身体的で匿名的な時間意識なのです。

さて最後に、これまでの気と精神病理学について述べたことを、まとめてみましょう。

（1）　気は三つのの観点から考察できます。一つは人と人との間、人と自然との間に行き渡って流れている雰囲気としての気であり、この気は、中国医学で身体を律動的に流れ、自然との絶えざる交換と交流を繰り返す気であり、二つ目は、能動的志向性として「気を使う」という知覚と対象把握や、判断を生きる注意としての気といえます。そして、三つ目の領域に働く気は、ブーバーの我汝関係において働く気であり、最高度の注意がもはや通常の対象化の領域を越えて、その注意する事柄や事物に成りきってしまうときに生成する気の働きです。

（2）このような区別をすることによって、通常の我汝関係に先行する、受動的相互主観性として働いている雰囲気的な気の領域を確定できます。こうして、この受動的相互主観性として働く気が、精神病理学の領域で、いかに重要な意味合いをもつか、「沈黙による治療」の事例を通して明確にされたわけです。

この三つの層の気の働きは、中国医学と精神病理学のみならず、直接身体の活動に関わる武道や芸術、さらに仏教の修行、唯識の意識分析などにも、それらの実践の際、縦横に、また、生き生きと働いています。その「如何に（Wie）」が、これから続く各章で詳細に考察されるのです。

第三章　武道の修行と身体性

Ⅰ　呼吸と形の練習

a　身体－精神的訓練としての修行

さてこれまで、受動的な、明確な自己意識をともなわない意識としての気を中心に考えてきましたが、これから第二と第三、すなわち通常の自己意識をともなう修練の対象となる気と、高度な創造的活動において自己意識から自由になる次元に働く気を考察していきます。修行の対象となる気といいましたが、ここでは武道の練習を例にとります。

普通、スポーツで練習といいますと、多くの場合、早さ、距離、俊敏さ、といった技量の上達を目的として身体をきたえ、訓練し、最高度にコントロールすることを考えます。そのとき普通、自分が自分の身体を意識の対象とし、それを制御し、コントロールする、つまり、主観である自分と客観である身体が区別されています。しかしここで問題にしたいのは、武道の練習の場合、ただそれに尽きるのではなく、武芸が最高度に達する時、自分が身体をコントロールするという主観と客観の対立がなくなり、身体と心が一つのように感じるという意味での、「心身一如」の状態が実現されるといわれることです。この状態、そしてそれに至る過程を学問的に分析し、私達の意識に与えられている意識の働き方やあり方に照らして、現象学的に考察することが、ここでの主要な目的なのですが、そもそもなぜそのような考察が必要なのでしょうか。

なぜなら、現代哲学の課題として、近代哲学の基本的構造である主観と客観という枠組みと、そのなかで維持されている心と物の対立的、あるいは、二元的対立を乗り越えることが掲げられているからだ、というのがまず第一の理由です。そして、その際、その対立の克服が、はっきりした理論づけなしに、ただ呈示さるだけの場合が多いことも事実です。それによって、克服のための理論づけは不可能である、学問的反省の枠を越えてしまうといった、哲学的にみて否定的な、悪く言えば、神秘化したり、秘術化、魔術化してしまい、健全な批判的考察を阻もうとする可能性と危険性が生じてしまいます。また、それによって、悪い意味での体験主義やオカルト主義がでてくる可能性もあります。ですからここで試みたいのは、可能な限り意識の分析の立場を守り通して理論的整合性を保とうとする現象学的考察を、上記の心身一如に至る過程の分析に適応しようとすることなのです。

そこで、まずとりあげたいのは、呼吸と武道や芸道の修行との関係です。呼吸が様々な武芸の修行の際重要な意味をもつことは、色々武芸系の理論書ではっきり述べられていることです。ここでは、『弓と禅』という著作で知られるヘリゲルというドイツ人の哲学者の論述を参照してみます。(1)

ヘリゲルはハイデルベルク大学で新カント派の哲学を教えていましたが、一九二四年（大正一三年）東北大学に講師として招かれ、五年間、阿波研造範士のもとで弓道を学び、弓道五段の免状を取得してドイツに戻りました。新カント派というのは、自然科学と文化や価値を扱う哲学との関係を明確に区別することを主要課題として、カントの再解釈に努めた学派として知られ、ヘリゲル自身はその当時、新カント派による理論的理性による思考の限界を感じ、理性を越えた領域への関心を強めていました。そのヘリゲルが弓を学ぶ過程で、呼吸のもつ重要な意味を次第に理解していきます。阿波範士は、「弓道は、筋力を高めて的を射当てるスポーツではなく、精神的なものであり、正しい呼吸を通して精神的な力の源泉を掘り当て、そこから絶えず、ますます豊かに、精神的力があふれ出てきて、全身に隈なく行き渡る時、力をぬいて精神的に弓を引くことができる[2]」と絶えずヘリゲルに指示を与えていました。そして正しい呼吸というのは、腹式呼吸で、すった息をすこし下に押しさげ、横隔膜を少し緊張させて留めた後、できるだけ長く、均等に息を吐き尽くし、そのあと短く息を吸う、これを繰り返し、そのリズムは、自然に呼吸そのものが取るようになる、といった内容で、多くの呼吸法について書かれている内容と同等の内容です。阿波範士は、この呼吸を単にテクニックとして利用するというのではなく、ヘリゲルにこの呼吸に全エネルギーを集中し、弓を引くことさえ忘れて、呼吸そのものになるように言い聞かせます。このことは、初心者に限らず、長期に渡る練習を重ねた者にとってもとても難しいことなのですが、たゆまずこの呼吸の練習を積むにつれ、意図的に力を入れて弓を引く場合と、正しい呼吸がなされて、力がはいらずに弓が引ける場合との違いがはっきりと分かるようになります。

ヘリゲルがいうには、「少ないがうまくいった時と、多くの失敗した場合との違いの質的相違が、明確になり、精神的に弓を引くという意味が、だんだん分かり始めてきた。問題はなんらかのテクニックなのではなく、すばらしい可能性を秘めた呼吸の問題だった。というのも、弓をひいて、今矢が離れないともうこれ以上張っていられなくなると感ぜられる瞬間が来る時、その直後を決まって襲うのは、呼吸困難だった。またそういった際、つい腕と肩の筋力に助けを求めるのだが、その時きまって呼吸困難におちいり、からだは引きつり、力をぬいて弓を引くことは消え去ってしまう[3]」のです。

b　気づくことと気づかないこと、受動的綜合の働き

ここで、哲学上の問題として挙げられる心身関係の問題を、このヘリゲルの記述に関係づけてみましょう。ここで注目すべきは、「もうこれ以上張っていられないと感ぜられる瞬間」という心の働きが生ずるその瞬間、それが直接、――あるいは同時にといってもよいだろう、――「呼吸困難」という身体の運動である物理－生理的現象を帰結するということです。そのとき、「もうこれ以上張っていられないと感じる」ということですが、では、そもそもどうして、そう感じるのでしょうか。当たり前といえば当たり前です。弓を張るには力がいります。「もう無理だ」という感じは、張っている身体が知らせてくるものでしょう。ちょうど、使いすぎると、身体が痛みを通して、身体の崩壊の兆しを告げようとするときのように。しかし、もし、完全に呼吸に集中しているときには、そのような身体の信号、ないし、様々な感じが与えられても、それに注意が向かず、気づかれずに、集中したままであることができます。集中が途切れるとき、集中していれば、感じないはずの様々な身体からの刺激に、自分の気が散ることになります。これは、いったい、いかなる事態なのでしょうか。

この気づきという現象を「触発する力」の現象として解明したのが、受動的綜合の分析を遂行したフッサールです。フッサールは、受動的綜合の分析を通して、とりわけ、触発の現象の分析を通して、自我の関心が向けられる以前、つまりそれとして気づく以前に生じている、気づくように促す感覚内容の意味のまとまりとそのまとまり方を解明しました。背景意識において、自我の関心が注がれ、気づかれるのを待ちうけるような感覚内容自体の意味のまとまりが生成すること、そのような意味のまとまりが生じていることを、現象学的分析で呈示できたのです。

つまり、われわれの日常生活では、周囲世界という周りからの、気づかれる以前の感覚内容に浸されて生活しています。例えば、歩きながら考えごとをしているとき、考え事に自分の関心が向けられてはいますが、一々気づかなくても、道の平面のでこぼことか、吹いてくる風の冷たさとか、歩く速さの感覚とか、歩くときの運動感覚とか、実にさまざまな感覚内容が区別されながら背景に働いているからこそ、考え事に集中できています。その証拠に、ちょっとつまずいたり、歩くのに疲れてきたりすれば、考えごとは一端停止し、そのような感覚の変化に気づきます。変化とは、そもそも、変化が生じるその直前の感覚状態とのズレとしてはじめて、変化として感じられるものです。

ところで、そもそものときまで、感じられなかった、つまり気づかなかったことにふと気づくとき、例えば、躓いて、躓いたことに気づきますが、それまで普通に歩いていたことは、実はどうでもいいことでしたので、一々意識にのぼってはいませんでした。自分の関心を向けてはいませんでした。それでも、変化に気づくためには、気づかれていなかった、変化以前の感覚状態が、気づかれないままに留まっていて、それとの相違が気づきにもたらされる、つまり、感覚されるのでなければなりません。そうでなければ、感覚の変化に気づきようがありません。そして、ここで重要な違いとして、次の二つの場合を区別する必要があります。つまり、音をはっきり自覚しながら聞いているとき、前後の音が気づかれて感覚されている場合と、まさにある特定の感覚に気づくことそのものが、それまでには気づかれていなかった感覚状態との相違を通して、つまり、無意識の内の対比を通して、気づかれるものになるという場合、この二つの異なった場合です。

フッサールは、音が続いて聞こえている場合を取り上げ、時間の流れを分析しました。それが、『内的時間意識の現象学』で展開されている、大変重要な時間意識の構成分析です。ここで、フッサールは、前の音が鳴って完全に聞こえなくなっても、次の音が聞こえたとき、同じ音か違った音か、聞いて分かるのは、(例えば、残響のない木琴の音の連続の場合)、その前の音が短い記憶に残っているからだ、として、その短期記憶を、過ぎ去ったことが残っていることとして、「過去把持」と名づけました。その過ぎ去って残っている、つまり過去把持されている前の音と今聞こえる別の音が自ずから(この「自ずから」の意味は後程、詳論されます)対比されるから、同じ音か、違った音か、その通り聞こえるというのです。この過去把持が働かないと、同じ音が続いているのか、別の音が続くのか、聞き分けられない、というのです。

先に言及した「歩いていて躓づく」場合を考えると、躓く前は、気づかずとも、二つの足は、交代で、まっすぐ前に、移動していました。片方の足が何かの角にぶつかったとき、否応無しに自分の関心がそこに向かうのはなぜでしょうか。きっと、転ぶと痛いからでしょう。この関心は、驚き、ないし、もう少し表現をやわらげれば、「意外さ」があるから、関心が向かうのだともいえます。変化にしても、意外さにしても、重要なのは、前後関係があって初めて変化や意外さが生じるということです。前もっての、何らかの思い(何を思っているかは意識に登っていない場合がほとんどです)なしに、意外さが生じるはずがないではありませんか。そして、「躓き」の場合、この前もっての何らかの思いとは、気づかずに、関心が注がれずに「足が交代にまっすぐ前に移動する」ということに他なりません。フッサールは、このような「前もっての思い」を、未来に向けた持分として、「未来予持」と名づけました。しかし、いったいこの「交代にまっすぐ前に移動する」という内容の未来予持は、どこから来ているのでしょうか。それは、関心がそそがれることなく、歩いているということに発しています。関心が注がれることなく、意識せずに「交代にまっすぐ前に移動する」ことが、これまた、意識に登ることなく、過ぎ去り残っていく、つまり、過去把持されていることから生じている、とフッサールはいいます。

ということは、「交代にまっすぐ前に移動する」ことが気づかれずに過去把持されているから、「躓いたと感じられる」ということです。気づかない過去把持が働いていればこそ、意外なことに気づけるのです。では、気づかないことが心に残って行くなどということが、一体全体どのようにして、働いているのか、この「どのように」を大変明晰に記述し、分析しているのが、フッサールの受動的綜合の分析なのです。この内容に入るのは、ここでは、控えて、ヘリゲルの「張っていられないと気づく」場面にもどってみましょう。

c　気づく以前の過去把持と心身関係

さて、「張っていられない」と感じるとき、それ以前には、呼吸に集中できていましたから、「張っていること」事態に自分の関心を向けていたのではありません。ただ、呼吸にのみ意識の関心は注がれ、「張っていること」は、気づかれずに、意識されずに、過去把持されていました。「張っていること」が受動的に綜合されて、「張っている」感覚が、直接感じられることなく、その特定の「張っている」という感覚内容が成り立っていました。では、この受動的綜合による感覚内容の成立を、通常問題にされる、いわゆる「心身関係」の問題で、どのように、位置づければよいのでしょうか。

心身関係の問題とは、すでに上で述べたように、デカルトのコギトの定義を出発点にしています。「私が思う」という、当然のことですが、自分に明確に意識された自分の心の働きと、その心によって気づかれ、意識される、広がりのある物とが、根本から異なったものであり、その起源を別々にしているというのが、心と物の実体とその属性の定義です。その元が別である心と物はいったいどのような関係にあるのかという問いが、心と、物としての身体との間に立てられる心身関係論です。

気づかれない過去把持は、気づかれることなく、意識されていませんから、直接、デカルトのいう「コギト」に属するとはいえません。また、「物」に属していないのもはっきりしています。気づかれないとはいっても、過去把持は、過ぎ去りゆくものを心に保つという心の働きですから、広がりをもつ物と同一視はできません。気づくことなく与えられている、「張っていること」という意味内容が、広がりだけの属性をもつ物に帰属するはずがありません。ここで重要なことは、まさにその「張っていること」に気づかれたとき、意識されたとき、その気づいた心が、張っている弓や、物体としての弓を張っている手を感じることです。その際、さらに重要なことは、弓を張っていることに気づかずに、呼吸に集中していたときも、「弓を張ること」の過去把持は、働きつづけていたということです。呼吸への集中の背後に働きつづけていたということです。そして、私がここで問題にしたいのは、表に出ている心の働きと、気づかずに背景で働いている、心とも物ともいえない、受動的綜合の働きとの関係です。いったい、どちらが先なのでしょうか。いったいどちらが、根が深い、根源的といえるのでしょうか。

出やすい答えは、根源的なのは、表に出ている意識の方だ、という答えです。背景で働く受動的綜合の働きを、仮に、前意識といえば、その前意識は、通常のはっきりした意識が記憶としてぼんやりした前意識として、背景に働いているだけだという考え方です。意識があって、前意識があるという考え方です。しかし、フッサールはそう考えません。この前意識の方が根っこが深く、より根源的であり、よく幼児が「物心つきはじめる」といいますが、それは、十分に、前意識が働いた後、その働いている前意識に、それを前提にして、気づく意識が機能しだす、と考えます。前意識が先行して、気づく意識が機能しだす、という考え方です。この見解は、実は、「受動性が能動性を基づける」という構成原理の根本原則として、中期から後期にかけてのフッサール現象学の最も重要な原則ということがいえるのです。この原則のもとにフッサールの構成理論は、発生的現象学という構想を展開しながら、後期の理性の目的論としてのモナドロギーへと、方向づけられていきます。

この根本的原則を、ヘリゲルの呼吸への集中と弓を射ることに関係づけると、呼吸への集中という、非対象的な呼吸という事柄への集中を乱すのは、ある特定の触発してくる意味のまとまりで（この場合、「もう張っていられない」という感じの意味内容）あり、そのような受動的綜合を通して先構成されてくるものがあって初めて、そもそも、人が何かに気づくということが成立するといえましょう。ここでは、日常生活で行われることのない、呼吸への集中ということがあって、その高度な人間の能動的活動性の直中に、それを乱す事柄として、何かに気づくということの成り立ちが鮮明に自覚されることになった、といえます。つまり、日常では、気づかれることのなかった、そもそも何かに気づくということそのものの働きとその構造が、気が散るという、起こって欲しくないことを通して、自覚されるのです。起こって欲しくないのに、否応なしに起こってくるのは、それなりの根拠があってこそ、起こってくるものです。その、そもそも何かに気づくという仕組みそのものが、フッサールによって、受動的綜合として解明されたのでした。それが、気づく心と気づかれた物が成立する以前に、気づくように仕向けている連合と触発的綜合による先構成なのです。気づく以前の先構成が先行してはじめて、気づきという構成が成立するのであり、その逆なのではありません。

このような見解にたつとき、いわゆる心身関係の問題は、これまでとは、異なった観点から解決を呈示することができます。心でも、物でもない受動的綜合といわれる先意識（前意識に代えて、先行の意味を強調して）が根本にあり、それが働いていることに気づくのが、心であり、気づいた何かを広がりのある物として、気づく心から区別するところに、いわゆる心身関係という問題の出発点があるというのです。つまり、初めに心と物の区別があって、その間の関係を問うのではなく、心と物に区別されるその瞬間を捉え、どのように区別されてくるのかを明らかにし、心と物に区別される以前に、生命体と周囲世界との間にすでにできあがっている結びつきを解明しようとするのです。心と、物としてみられた身体との関係は、実は、心と物に区別されるはるか以前に、気づきにもたらされることの難しい、しかし、もたらされることができる深いつながり、すなわち、生命体と周囲世界のつながりにその根源をもっている、とフッサールは主張します。

d 「我を忘れる」ことは機械的運動ではないこと

ヘリゲルは、正しい呼吸で、その呼吸になりきって弓を引くことと、力やテクニックで弓を引くことの違いを実体験しました。正しい呼吸が行われるときの、次のヘリゲルの描写は、大変興味深いものです。「私は自分自身を忘れるほど呼吸そのものになることを学び、ときとして自分が呼吸しているのではなく、奇妙に聞こえるかもしれないが、呼吸されているといった感じになった。後でおもうと、この並み外れた考えに身の毛のよだつおもいがする一方、先生が精神的な呼吸について指示なさったことを、もはや疑うことはできなかった」[4]。ここで興味深いのは、「呼吸されている」といったことに「身の毛がよだつ」と感じている点ですが、どうしてヘリゲルはそう感じるのでしょうか。この反応は、我を忘れるといった状態に対する、ヨーロッパ人の持つ、一つの典型的な反応として、次のように解釈できないでしょうか。西洋文化において、特に近代以降、人間を、理性と自由を担って自己の責任において意識的に活動する人格的個人とみる考え方が、中心になっていきます。したがって、我を忘れるといった、明確な自己意識を喪失することは、ほとんどの場合、酩酊して意識を失ったり、音楽への熱狂や薬物の使用による恍惚状態の場合のように、否定的に見られているという文化的背景が、そこにあると思われます。

このことについて、西田幾多郎の著作を翻訳したシンチンガーというドイツ人の哲学者は、「ゲーテの長老の知恵の場合の、断念といった側面が、西洋にもあるにもかかわらず、われわれにとって仏教のいう我を無くすという考えは、やはり疎遠なものである。個人の魂、その人独自の人格性といったわれわれの価値観は、われわれと東洋とを引き離すものだろう(5)」といっています。

ここでまず確認しておきたいのは、我を忘れてその活動そのものになりきるという経験領域が、確かにある、ということ、そしてそれは西洋、東洋といった文化背景の違いにもかかわらず、また最も批判的で、理論的精神を体得しているヘリゲルのような哲学者にさえ、経験可能だということです。もちろん問題は、この経験そのものとそれまでに至る過程の分析ですが、まず、この我を忘れるということは、単に主観的な感じにすぎないという批判、つまり、自転車にはじめて乗る時、注意して意識的に乗れるように、がんばらなくてはならないが、実際乗れるようになると、いちいち乗るということを意識していなくても無意識的に、いわば、自動化した機械のように乗れるわけで、「特に精神的なんて名づける必要はない」という批判をとりあげましょう。この批判に対して、修行の過程で実践される技と形の練習と関連させて、反批判を展開してみたいと思います。

e　形の練習

技は特定の目的を達するための効率のよい動き、と一般的に述べることができますが、ここで問題にしたいのは、様々な武芸の個々の技の内容ではもちろんなく、どのように技が練習されるか、ということです。当然ですが、どのような技でも、その練習に徹底することが要求されます。その際興味深いのは、心理的限界と生理的限界の区別です。心理的限界とは、練習の最中に、自分で、例えば、「ああ、もうこれ以上身体を動かせない」と思う時の限界で、生理的限界というのは、身体が本当にそれ以上動かない、自分で思っているのと必ずしも一致しない生理上の限界、身体機能の限界を意味します。優れたトレーナーは、練習に励んでいる個々人の、それぞれの心理的限界と生理的限界をよく知っていて、個々人を心理的限界を越えて、生理的限界を越えない状態で、練習が行われるところまで、どのように正しくもっていくか、分かっているといわれます[6]。技が本当に身につくのは、その二つの限界の間であるといわれ、そこでは自分という意識は弱められ、いわば無意識の内に、身体の動きが実現しています。ですからトレーナーは、練習する人に対して、適時、できるだけ早く自分で自分自身をそのような状態に追い込むよう、指導します。このような状態において、まさにそのものに成りきるという練習がなされ、いわば、練習する人の練習における全体的な集中が学ばれ、例えば剣道の場合、「気剣体一致」[7]という、つまり、なにかに向けられた注意である気と、剣と体が、一つの動きのなかで完全に一つになっている状態に向けて訓練されます。この気は、始めは掛け声（気合）として訓練され、気が体全体に漲り渡るように訓練され、次第に掛け声なしでも気が充実するとされています。小手、面、胴という打つ部位を名づける掛け声は、腹からでていなければなりません。武道の基本である腹式呼吸はここでも一貫して保たれ、練習されます。剣とは単に竹刀だけを意味するのではなく、竹刀を正しく振って、様々な方法で部位を打つ様々な技の練習の意味も含みますが、打つ時は吐息の時という原則があり、当然のことですが、息があがって、正しい呼吸ができない時は、正しく竹刀を振ることはできません。ですから、呼吸と体の動きの密接な繋がりは、ヘリゲルの弓の練習で経験したように、練習の時々刻々に渡って、はっきりと経験され、練習されていきます。

剣道には、形の練習がありますが、その際特に、正しい形の操り返しの練習が強調されます。普通、形の練習の場合、教える側である仕太刀と教わる側の打太刀との対になって練習が行われます。それぞれの様々な一定の状況を設定した形の練習では、仕太刀が動作を起こし、打太刀がそれに答えます。仕太刀は全体の練習をリードし、打太刀はそれに応答します。その時、仕太刀は、理想とされる気剣体一致が自分の側だけでなく、打太刀の側にも実現されるように導き、全体の流れを変化させても、その状態が保たれるように、様々な状況の変化を練習に取り込みます。形の練習の際の、気に関連する重要な点は、次のようにまとめることができるでしょう。

（1）気が充実していることは、練習中だけでなく、練習が始まる際の前提であり、仕太刀は、常にその点を配慮している。またその際、仕太刀の充実した気の状態が直接、打太刀に、また、逆の場合も同様に、影響する、「うつる」ことが認められる。「うつる」とは、感染するといった意味と、鏡に映る意味での映るをも意味し、両者にそれとして感じられることを含んでいます。

（2）仕太刀が動作を起こし、打太刀が答えるのですが、その答えるというあり方は、何かを期待していて、予想してそれに答えるというあり方ではありません。仕太刀の気の充実が動作に表現される時、もし、それをたちこめた雲から稲妻が発することに喩えると、稲妻が発すると同時に、回りの空気が明るく照らされるように、仕太刀の充実した気の一瞬の表現が、同じように充実していた打太刀の側の、その同じ瞬間の表現となる、といった、間髪をいれないあり方です。このあり方を禅を西洋に紹介した鈴木大拙は、次のような話で伝えようとしています。(8)

ある樵が森で木を切っていると、めずらしい動物が現れ、樵はそれを生け捕りにしようとしました。ところが、ああして、こうして捕まえようと思うと、その瞬間、その動物は、すぐにその意図を見破り、「お前、おれを捕まえようと思ってるな」、「向こうにいって待ち伏せたって、だめだよ」と樵に話かけるのです。樵はいろいろ試みますが、とうとう捕まえるのは無理だとおもうと、「はは、お前、諦めたな」といわれる始末です。樵はどうしようもなく、自分の仕事にもどって、鉈を振って、もうその動物のことは忘れてしまって、木をきっていると、突然、鉈の頭部がすっぽぬけて、その動物にあたり、樵はその動物を捕まえました。

この話の要点は、その動物は樵の考えを読めても、樵の無考え、無念は読めなかったということ、考えとか思いとかに捕われていない、事になりきっている時の心理状態で何事かが生じること、といえます。

（3）形の練習の際、仕太刀と打太刀の間の空間である適切な「間（ま）」が練習されます。適切な間、あるいは間合いとは、正しい打ちが生じる可能性のある間隔です。この間は当然の事ですが、相手が代わるたびに変化するものです。

（4）見とり稽古という言葉がありますが、正しい動きを実現するには、正しい動きを見ることに始まり、見る事を通して、すでに自分の身体による練習が始まっているのでなければなりません。すでに、間身体性のことについて述べましたが、その際、間身体性において、受動的志向性である衝動志向性、運動感覚が、自分の意識に登らずに、自他の区別が生じずに、身体と身体の間に働いているわけです。つまり相手の動きを見るだけで、身体の向きにともなう運動感覚や、運動の早さが自分の身体に、そのまま、乗り移ってくるわけです。しかし、見取り稽古とあるように、練習の進度にしたがって、実際に見て取れる、移って来る内容が、実際に見られるか、見られないかが異なります。ある動作を練習して、それに習熟していないと、師の示すその動作の微妙な動きの違いと、その全体の中での意味が、映ってきません。見ていて見えない、分からないわけです。ですから、間身体性の伝播とはいっても、歩いたり、走ったり、座ったり、四肢を動かすといった普通の身体の動きの伝播と、練習をつんで表現にもたらされる、気の充実した特定の動きが、同じ練習をつんでいる気の充実した他の身体へ伝播することは、その伝播する内容からいって、区別しなければなりません。それでこそ師が弟子に実力に見合った適切な時期を見計らって、自分の動きや技を弟子に示すのであって、それは、それ以前に見せても、弟子にとってその意味がわからず、表面的な模倣になって、かえって害になるからなのです。

このように身体知がそれに携わる人々の間で、その習性の形成に即して、間身体的に通い合うことは、単に剣道に限らず、武道、芸道、仕事の体得などの領域に、妥当することといえます。

（5）身体の動きの模倣に関して、人間にそなわる間身体的な動きの驚くべき模倣能力について、付け加えておきたいことがあります。それは、生誕間もない乳幼児が養育者の顔の表情を本能的に模倣できるという事実です。現今の発達心理学者の観察によると、ピアジェの主張する、表情の模倣が可能になるためには、表象の媒介が成立する生後八か月まで待たねばならないという説は覆り、平均三二・一時間の新生児が、喜びとか驚きとか悲しみの表情を、そのままそっくり模倣できるというのです。(9) いわば、養育者とともに周囲世界という状況を共有する本能的能力といえましょう。したがって、間身体的コミュニケーションは、すでに幼児期から形成されているものであり、意識して動きを真似ることができるのも、また、練習を積んで動きのコツが自分の身体に入り込んでくるのも、すべて、この時期から形成された、間身体的状況共有性の本能的能力に基づく、といえるのです。

II　気の修練ということ

ではここで改めて、気が充実していることと、呼吸と身体の関係について、考察してみましょう。

大森曹玄は、『剣と禅』という本のなかで、なぜ、剣を振り回していた実戦から、剣道という剣術の練習形態が生じたのかという問いに対して、それは、呼吸の練習の意味がはっきりしてきて、その練習によって、実戦での持続性、耐久性、心の安定を獲得することができることが分かってきたからだ[10]、としています。上に述べられてきた気の充実と呼吸との密接な関係がみられるわけです。とはいっても、気そのものの修行と呼吸の練習とは、まったく同一のものとみることはできません。これまで見てきたように、気は呼吸という狭い枠を超えて、中国哲学では、存在の形成の基礎となり、時に宇宙に偏在する精神的エネルギーとして捉えられていますし、中国医学では、生体の中を一定のリズムで循環するように理解されています。しかし同時に呼吸の練習が気の修行の入口と考えられ、呼吸を意識的に訓練することが、気の働く無意識的な領域へ踏みいることになるとみなされています。

剣道の歴史を見てみますと、気の修行が剣道の修行の最も重要な部分とみなされ、理論的に記述されている時期があります。一八世紀の初め頃書かれた『天狗芸術論[11]』という本のなかで、気の修行の意味が描かれ、その時代に気が、老荘思想、新儒教、漢方といった伝統を背景とする、その頃の日常生活のなかで、どのように理解されていたかが窺えます。そこでは人間の体の機能は、気によって維持されていて、丈夫な気であれば病気になることはなく、医書にもあるように、すべての病は気から生ずると語られています。また、人の生きる道や道徳の関連では、問題なのは心が清く、安らかであること、気が強くまっすぐなことであり、もともと気と心は同一のものであると も述べられています。さらに、もし心が明らかでないと、気は道からはずれ、錯乱してしまい、気が乱れると、気はその強さと決断力を失い、うわべの知識によって心の明らかさが損なわれる、これらすべてのことは、剣術の稽古を通して経験され、確認されることである、したがって初心者はまずもって、親への孝、兄弟への愛などの人の道を守り、欲望から自由にならなければならない、欲望に乱されなければ、気は集中し、乱されない、剣術においてもまったく同様で、精神が落ち着き、気が調和し、自然に動作がおき、技が自然に生じる、これが剣道の要点である、というふうに書かれています。[12]

ここで述べられている、人の道とよばれる倫理的生活における気と心の関係は、儒教のなかで、特に孟子においてはっきり述べられています。大森曹玄は、「志は気の帥なり、気は体の充なり」という孟子の言葉を解釈して、気は心を載せてはたらく一種のエネルギーと解し、形なく重さもない心と、形あり重さある体とを媒介する、と述べています。[13]そして孟子自身、心と気の関係は、心が気を統制するという一方的な関係ではなく、気が心に影響を与える相互関係と見ていることも、注意しなければなりません。孟子は、「志一ならば、すなわち気を動かす。気一ならば、すなわち志を動かす」と述べています。志は、方向をもつ心と言うことですから、心がしっかりした方向をもっていないと、気は働かず、同時に気が十分に働くことが、しっかりした心を促すといえるのでしょう。いずれにしても、気が充実して働くということは、しっかりした明らかな心を前提としており、その意味で、単に身体や呼吸の訓練の領域だけではなく、その人の全体の生活と深く結びついている、といえます。[14]

そもそも気と心という場合、気がつくといえても、心がつくとはいえず、気がするといえても、心がするとはいえない、また、心を決めるとはいえても気を決めるとはいえず、心をうちあけるといえても、気をうちあけるとはいえません。このような用語法を比較して明らかになることは、気は瞬時、軽快に動いて、着いたり、離れたりして、何かを暗示させたりするのに対して、心は一定の方向に決めたり、固定したり、また決まったあり方を外にみせたり、見せなかったりする、固定した、動くにしても重みをもってうごくあり方をもっているようです。ですから、全体の生活のなかで、様々な配慮と熟慮を重ね、一定の決心をして、気を働かせて、その決心に即して行動する、という構図がとられているわけです。

この気と心と呼吸の連関を、意識されている度合いに照らして、考えてみましょう。倫理的熟慮と反省を行う主体である心は、意識の度合いは当然強く、明確な自己意識をともなっています。雰囲気として働く気は、必ずしも自己意識をともなわずに、間身体的に意識されていますが、生体を流れるとされる気は普通意識されてはいません。気の修行といわれる時の気は、呼吸の練習の時と同様、初めは意識して行われますが、無意識のうちに正しい呼吸が行なわれるようになるまで、徹底して練習されます。ですから、呼吸法を入口にする気の修行は、無意識的領域へ踏み込むきっかけを与えているわけです。興味深いのは、呼吸の練習を進める際の、気の役割です。この場合、正しい呼吸になっているかどうかを意識しているのは、内省的で固定的な一定の方向性を持つ心よりも、軽やかに外に向かって拡がっている意識度の高い注意力と考えてよいと思います。大森曹玄は、気は呼吸を導いており、呼吸に即して気がついてくるのではない、したがって気と呼吸は完全に一つとはいえず、呼吸に先行し、呼吸を導く事によって、呼吸が正しくなり、長く、均整のとれたものになる、[15]と指摘しています。

さて、ここでこの気の修行というテーマの初めに掲げていた疑問である、呼吸法や気の修行とは、自動的な機械的な身体になるためのテクニックではないか、という批判を直接とり扱いましょう。先に剣道の気の修行について述べた際、修行における気と心の関連についての『天狗芸術論』による指摘にふれました。そこで言われていたことは、気は、過度の感情に左右される身体の健康と直接結びついているだけでなく、正しい行動をしたかしないかと内省する心、全体の生活を反省する心の状態にも、強く影響を受けることからして、気の修行が集中して行なわれるためには、健全な健康と、他の人との健全な人間関係（倫理に即した生活）が並行して発展する必要があるわけです。ですから、武道の稽古や芸事の稽古は、人生の終わりまで一生かかって究められるべき課題と見られているのです。

それに対して、テクニックというあり方は、ある一定の目的——機械はある目的に即して作られています——を効率よく遂行するために宛がわれた手段という意味をもっています。

このテクニックと修行のあり方の違いを、鈴木大拙によって紹介されている、剣道修行者に与えた沢庵和尚の言葉（『不動智神妙録』）によって明らかにしてみましょう。この論述のなかで沢庵は、心という言葉を使っていますが、この心は、言葉の意味からしてここではむしろ、これまでとり扱ってきた気にあたると考えたほうがよいでしょう。ここでのテーマは剣をもって戦うとき、心を、つまり、気をどこに置くべきか、という問題です。「心を何処に置こうぞ。敵の身の働きに置けば、敵の身の働きに心を取らるゝなり。敵を切らんと思う所に心を置けば、敵を切らんと思う所に心を取らるゝなり。我太刀に心を置けば、我太刀に心を取らるゝなり。われ切られじと思う所に心を置けば、切られじと思う所に心を取らるゝなり。……思案すれば思案に取らるゝ程に、思案をも分別をも残さず、心をば総身に捨て置き、所々に止めずして、其の所々に在て用をば外さず叶ふべし[16]」。つまり、心を身体の特定の箇所にとどめることなく、特定の何かを考えることなく、気をとどこおりなく、身体全体に行き渡るようにしておくべきだ、というのです。

ここでヘリゲルが同様の問題について、どう経験したか、次の文章で見て取れます。「ここで精神が意味するものは、どんな部分にもとどこおらない事からして、身体のすべてに行き渡っているといえる。そして精神がそのまま行き渡っていられるのは、たとえ精神があれこれの部分に注がれるとしても、そこにとどまって、もともとの流動的な動きを損なわないからである[17]」。

さて、上の二つの引用文から明らかになることは、まず、気をどこにも置かず、体に充満した状態で剣や弓をもつことがいかに難しいか、ということです。考えてもください、剣道が成立した当時、剣術は生きるか、死ぬかにかかわる事柄でした。敵を切ろう、敵に切られまいという生命維持の欲望、言いかえると、人間にとってぬきさしならない、人間の意識と無意識までも貫いている本能的欲望に、捕われずに敵に対することが、はたしてできるものでしょうか。やけ酒や薬を飲んで自分をたぶらかそうとしても、無駄でしょう。自己破滅に導くだけです。しかも、何にも捕われないようにしなければ、という思いさえ、すでにその思いに心がとどまる事を意味しているのです。

これはあとで詳細に分析する事になりますが、禅の修行では、禅を始める様々な動機があるでしょうが、それに執着している間は、本当に座禅が実現することにはならない、仮に「悟りたい」の「さ」の字が思い浮かぶだけでも、まだ本当に座れていることにはならないのです。武道の稽古で日頃言われていることで、稽古は道場の中だけで行われるとおもうな、道場外の日常生活でも稽古が続いているのだ、ということがあります。この指摘は、上で紹介した『天狗芸術論』で言われている、生活全体のなかでの気と心の修行と関連しており、日常生活の態度そのものが気に、そして心に、さらに気に導かれた技や呼吸の練習に、影響していることを意味しており、稽古が生涯に渡るという理由が明確になるとおもいます。

さてここで、テクニックという言葉の意味がもともと何であるか、考えてみましょう。テクニックは普通、目的と手段という意味連関において考えられています。ある目的を達成するために有効な手段であるテクニックを用いるということです。このテクニックという意味に関連して、次のような阿波範士とヘリゲルのやりとりを参照にすることができます。矢を放つ練習をしているヘリゲルに阿波範士は、次のようにいっています。「時にかなって正しく矢が放たれないのは、貴方が自分自身に縛られているからです。時が満ちるまで弓を張らずに、まるで自分でそれができなくなるのを待ち受けているかのようです。それが変わらない限り、もともとあなた自身とは無関係に生ずる出来事を、自分で造りだそうとするばかりでしょう。そしてあなたがそれを自分で造りだそうとするかぎり、弓をひいている手は正しく開かれません。正しくというのは、ちょうど頑是ない子供の手のように、ということです。熟れた果物の皮が自然に裂けるように、ということです」。これに対して、練習なかばにあったヘリゲルは、「そもそも、私自身が弓を張り、的を射るために矢を放つのです。弓を張るのは、射る目的のための手段です。この目的と手段と言う関係から目を離すことはできません。頑是ない子供は、この関係をまだ知っていませんが、(大人の) 私はこの関係という考えを閉め出すことはできないのです」[18]。ここで、熟れた果物の皮が自然に裂けるといった出来事と、目的と手段という考えに結びついた、はっきりした自己意識をともなうテクニックの考えとの違いが、鮮明に描かれていると思います。伝統的な日本の武道の修行が向かうのは、ある意識の境位であり、そこでは、自分を中心にせざるをえない意識傾向と、その根底、(根っこは無意識的にも、自分の身体の維持に努める傾向にあるといえます) 並びに、特定の技術を獲得するという、明確に対象を意識する対象的な意識が、解消されていくのです。

アメリカの社会心理学者にチクセントミハイという人がいますが、この人は、チエスやロッククライミングや、ジャズダンスや内科医の手術時の活動を調査し、それぞれの活動における創造的な喜びの瞬間 (それを「流れる体験」と名づけました) とその発生の条件を明らかにしようとしました[19]。その条件は、簡単にいえば、課題の難しさとそれをこなす能力の適度なバランスという事にあります[20]。ここで興味深い事は、この流れる体験の共通した特性が、これまで述べた武道の目指す意識状態と似通っていることです。流れる体験は、「注意のもっとも最高の状態」、「行為と意識が完全に溶けあっている」、「精神と身体の統合」、「自分のエゴの境界をこえる」、といったように描かれているからです。しかし、この流れる体験が、単に非日常的な全くまれな出来事、閉ざされた領域とみなされ、日常生活と無関係に見なされては、このような状態の指摘は、全体の文化に関しては、あまり意味のないものに終わってしまうでしょう。だからこそ、そのような出来事の発生の条件を細かく考えていくことが必要になるわけです。

III　能動性と受動性の対立以前の〈自発性〉

日本の武道の修行においては、意図的で計画的な練習がその限界にぶつかり、無意識的な身体性の活動が開けてくる時期が注目されています。このことは、言葉の上でも、「なる」という言葉で様々に表現されています。「この形がどうにかものになったようですね」といったとき、ちょうど自然現象を描写する、「雪になりましたね」といったふうに、自然の出来事のように表現します。もちろんそうなるまでには、修行において、苦労して意識的に練習を積み重ねたことが前提になっているのですが、その事自体は、いちいち言葉にださないようです。

このことは阿波範士がヘリゲルに、ことが成就した際に述べた言葉のなかにも、はっきりと読み取ることができます。「たった今「弓が射られた」と先生がいった。わたしはといえば、茫然自失の状態だった。先生は、今、私が言ったことは、貴方をほめたわけではない。あなたが触れることの許されない出来事が生じたことを認めたにすぎない。わたしが頭を下げたのは、貴方に対してではない。なぜなら、貴方自身この出来事に何の関係も（責任も）ないからだ。あなたは、なにも起らなかったかのように、さらに練習を続けなさい[21]」。

日本語には、この特定の主体、主観に無関係な出来事を表現する動詞の活用に、自発形という形があります。自発形は、ある主体の能動的活動と受動的あり方を表現するのではなく、自然に生じていることを表現するのに用いられます。ですから、「自発的に行う」というときの、「内発的に、能動的に」という意味と誤解してはなりません。ドイツ人の日本語文法学者であるレビンは、この自発的を説明して、ある出来事や状態がある主体に関係しているのだが、自分の活動によるのではなく、自分で意識的に起こしているのか、いないのかは、どうでもよいという活動が表現されていて、「ギリシャ語の中動相に相応する」といっています。[22]例えば、「みる」というときには、主語は語られていませんが、見る人間が主語になっています。また「山がみえる」というとき、文法上、主語になっているのは、誰でもない山そのものです。「山をみる」というときには、主語は語られていませんが、見る人間が主語になっています。また、「重要だとおもえます。」というのと、「重要だとおもいます。」というのでは、誰がおもうのかというのが、一方では、弱く、他方では強く表現されます。山が見えるというときには、自分にとって山がみえているのですが、むしろ言いたいことは、そこから山がみえる、だれにとっても山がみえるような状況、地形的な状況であったり、天候の状況であったり、建物の高さだったりする、状況の描写が表現の眼目なわけです。また重要だとおもえる、という時は、自分が何かをそう判定する、評価するというのではなく、なにかが重要だということが自分にそう映っているというように、ちょうど「気がつきました」と言うときと同様なあり方が、表現されているわけです。

　ハルトマンという日本学者は、この自発形に関連して、次のように述べています。「日本人は、生活にとって決定的な環境との関わり合いのなかで、自分自身をどうみているか、というと、世界を所有し、獲得しようとする自立的な存在として見るのではなく、むしろ色々な経過を感じ、受け止める存在とみている[23]」。また重要なのは、この能動形でも受動形でもない自発形は、文法の歴史をたどると、能動形と受動形の区別が発生する以前に、より根源的な用法として用いられており、この自発形から受動形が生じたという経過です。[24] 日本の文法学者や民族学者によると、もともと自発形には、なにか神聖なもの、神々しいもの、神的なものの現れを表現することにその起源があるそうですが、この自発形から生じた受動形が、現在なお、敬語の形としても使用されていることに注意すべきでしょう。敬語の使用は、日本人の社会生活、人間関係を特徴づけるものですが、日常生活に、能動でも受動でもない自発形が、いまだなお、生き続けていることは、興味深いことです。

第四章　「我－汝－関係」と身体性

前の章で、日本の武道の修行に際して、呼吸法の練習を通して気がどのような役割を果たしているのか、考察してみました。ここで、身体性の哲学的分析をさらに深めるために、ブーバーに代表される対話哲学でいわれる「我－汝－関係」（以下、我汝関係とします）で、身体性がどのように理解されているのか、はっきりさせてみたいと思います。なぜ突然、我汝関係を問題にするのでしょうか。それは、それによって、これまで考察してきた武道の修行における身体論を、さらに突っ込んだ現象学的考察に引き込むことができるからです。

というのも、まず第一に、我汝関係とは、人が他の人に対して、全身全霊で「語りかける」ときに成り立つ関係ですが、この関係は、実は、他の人ばかりでなく、ある特定の仕事や課題（例えば形の練習）に没頭し、完全にそれに集中して、自分を忘れて熱中しているときにも起こる関係とされるからです。さらに、この我汝関係は、ブーバーにとって、ユダヤの神秘主義運動であるハシディズムをその土壌にしていて、このハシディズムが実は、これまで、述べてきた武道の修行の土壌でもある、禅仏教との深い共通点をもっているからでもあります。ユダヤ神秘主義と禅の体験との対比が可能になります。これによって、我汝関係において身体はどのように生き生きと働いているのか、それを、今まで述べてきた、武道が修行されるときの身体のあり方と、対比させてみることができるのです。

また、第二に、我汝関係そのものが、哲学的反省の限界という、まさに理性の臨界で生じていることがあげられます。つまり、この関係は、普通では理解しがたい逆説的事態を含んでいて、超理性的なもの、言葉にならないものを、どうにか言葉にしようとしてきたのが、禅の哲学をも含めた仏教哲学の、二〇〇〇年以上に渡る努力に、共通していることなのです。そしてそれだけでなく、現代フランスの哲学者レヴィナスは、我汝関係が、通常の理性の枠を超えた意味内容、つまり、根拠づけや客観化を行えないばかりか、定題化することさえ困難な意味内容をもつことを主張しています。汝との出会いは、反省することのできる経験として理論化することはできないが、とはいっても、理性に反する、反理性なのではなく、理性を包んでしまう、超理性的なものだとするのです。レヴィナスは、フッサールの現象学を熟知していました。そして、この超理性的な事態を理性に即して、反省の極地において解明しうるのが現象学であることも主張しています。となれば、ここで、我汝関係における逆説的特性を、フッサールの他者論である「相互主観性論」との対比においてこそ、最も厳密な哲学的議論の明晰さにおいて、解明されうることが、示唆されているといえるのです。

現象学的批判的考察を通して汝の逆説的特性に近づくことは、同時に、禅仏教的哲学の「心身一如」という事態の解明のための準備的考察をも意味しています。というのも、心身一如という事態は、哲学的にみて、我汝関係に似た逆説的な事態だからです。我汝関係において、我が集中しきって、全体となり、一つになる全一性が実現するのですが、この全一的になる経過、プロセスそのものは、これまで哲学的考察の対象になることはあまりありませんでした。そして、この経過の考察が、次章以降の「心身一如」という逆説的事態の哲学的考察につながっていくのです。

I 我汝関係と「無為」の思想

我汝関係に含まれる一つの逆説に、この関係の純粋な「能動的行動が全くの受動に似てくる」、ということがあります。このことを、ブーバーは、道教でいわれる「無為」という言葉を使って、次のように、述べています。「このように関係とは選ばれることであると同時に選ぶことであり、受動であると同時に能動である。なぜなら、およそ存在の全体をかけたひとつの行為においては、あらゆる部分的行為は止揚され、したがって（たんに部分的行為の限界性に根ざしているにすぎぬ）あらゆる行為感覚も止揚されてしまうので、その行為の能動性は受動に似たものになってしまうからである。これが全的存在になった人間の行為、あの無為と呼ばれたところの行為である。このときその人間における個々のもの、部分的なものは何一つ活動せず、したがって彼のうちのなにものも世界のなかに作為しない。ここでは自己の全体性のうちに集一され、その全体性のうちに安らっている全的な人間が活動するのだ。ここでは人間はひとつの活動する全体になっているのである(1)」。

この文を解釈するにあたって、まずは、この引用文のなかで我汝関係の重要な特質のほとんど、つまり、「能動性が受動性に似てくること」、「無為」、「全体性と集一性」等が述べられていることに注意すべきでしょう。トイニッセンも強調しているように、ここで述べられている「能動と受動の同時性」、ないし「一致」は、ただ多様なものが同時に一つとして意識されているといった普通の意味の一致ではありえず、それそのものとして考えることさえ不可能な逆説であるように思えます。実はこの逆説について、トイニッセンや現代ドイツの代表的現象学者であるヴァルデンフェルスが解明の試みを行なっているのですが、それに入る前に、まずは、ブーバー自身が一九一〇年に発表している「道（タオ）の教え」という論文のなかで道教の「無為」をどのように理解しているのか、考えてみたいと思います。

ブーバーはそこでまず、「教え（Lehre）」というあり方と「宗教（Religion）」というあり方を、次のように区別しています。「教え」というあり方においては、人間と絶対者（神）との関係がまだ力強く息づいている段階ですが、「宗教」というあり方においては、この関係からの成果といえる「知識と戒律」が所有されることになる段階だ、としています。教えというのは、ものを客観的に観察し、考察する知識の所有ではなく、また主観において経験される「こうせねばならない」、「ああせねばならない」といった義務の原則、戒律のようなものでもありません。

したがって、「教え」は、よくいわれる「存在と当為の対立」（カント）のなかに位置するものではありません。そうではなく、そこで唯一問題とされるのは「人間の魂の統一性であり、それが真実の世界に実現される必須のもの」である、ということなのです。したがって道の教えとは、いわゆる倫理で問題にされる人間の行為の良し悪しの問題ではなく、また知っているとか知らないとかの知識の問題でもなく、道が、生活において人間の存在に直接結びついている必然的なものとして、魂の統一性において実現され、満たされる、ということを意味しています。「タオ」は「道」とか「軌道」とか訳されていますが、心に像として描くことはできず、考えの対象ともならず、言葉をもたず、それを計るいかなる尺度ももたない、とされます。しかし、道は成就されることができ、統一された魂によって直接体験されるもの、とされているのです。

ここで興味深いのは、ここで述べられている、「表象できない、考察の対象とならない、言葉に表現できない、尺度をもたない、しかし直接体験される」という特性は、すべて、汝について語られている特性に共通していることです。しかし、当然のことですが、この道が体験されるそのあり方と、汝が体験されるあり方とは、それらに関連する全体のつながりのなかで、用意周到に分析されねばなりません。

a　陰と陽の統一としての道の生

ブーバーは、荘子の言葉に即しながら、道教を説明して、「世界の道が初めて生き生きとした聖なるものになるのは、世界が、一を得た（統一された）者の意識的存在に無意識的に触れる時である」、つまり、「聖人は自然の二つの原要素、つまり存在の原統一性を引き裂いている積極的なものと消極的なもの、陰と陽とを融和し統一にもたらしている(2)」としています。では、いったい、どのようにしてこの陰と陽が融和された統一にもたらされるのでしょうか。

道の教えのあと、三年後に出版された『ダニエル』という対話編のなかで、ブーバーは二元的なものの統一について、そこでは、特に「生と死の対立」、「積極的なものと消極的なものの統一」について、次のように述べています。この時の状況は、ブーバー自身をおもわせるダニエルが一七歳のとき、尊敬する人を失うという深い悲しみの経験をして、心を癒すようにと、高い山にのぼり、山頂から山裾にみえる小さな湖をみたという状況です。ダニエルの眼差しはその湖に吸い付けられ、悲しみも吸い取られ、その場で眠り込んでしまいます。その後、目を覚まし、自分が生と死に二分されたかのような状態に襲われ、それによって引き裂かれないように、無意識に統一を求めて、両手を組み合わせます。「そこで私の肉体は一つにされた。この世界は私にとって一つになった。私のまなざしは重荷から解放されて私自身に立ちもどってきた。自由に、なんの妨げもなく私は横になり、私を見つめていたあの湖を私が見た。そして与え、受け取るという二重の働きが一つにされたまなざしのなかで、わたしは自分がもはや分離されてはいないのだということを経験した。私は永遠の壁、私のなかにある壁を取りこわしていたのだ。生から死へ――生者から死者へ、深い結合が流れたのだ。[3]」

この引用文から読み取れる重要なことは、一つには、与え、受け取るという能動性と受動性との統一が生じているのは、このダニエルの場面では、通常の我汝関係の場合の人と人との関係のなかではなく、人と自然との関係のなかにおいて生じているということです。このことはブーバー自身、我汝関係は単に人と人の間だけでなく、人と自然、人と精神的存在との間でも成立するといっていることに相応しているのですが、改めてその意味、つまり、与え、受けとること、能動と受動が統一されることが、人と自然の我汝関係においても成立していることに、注意すべきでしょう。二つには、ここでいわれている積極的なものと消極的なもの、生と死の統一化ということが、なにか特有な状況を通して準備された恍惚状態、感情の陶酔といった神秘体験として、世界から隔絶遮断された状況で生じているのではなく、山頂という具体的世界のただ中で、具体的世界との結びつきにおいて、生じていることです。このことは、我汝関係を理解する上で重要な点として、後ほど詳しく論じたいと思いますので、記憶に留めておいてください。またここでは、ここで描かれている統一化のプロセスそのものの分析には向かいません。一つの逆説的状況の例示にとどめておきます。

b　統一への集中

ブーバーの教えの中で無為は、「集中した統一性に基づく働き」、「存在の全体を働かせること」と述べられています。このように、集中することの意味が、「荘子は、自己をその行為において統一性へと集中するものは、みな正しいことをなしていると言っている。一つに集められている者の意志は純粋な能力となり、純粋な働きとなる。というのは、意欲する者においていかなる分離もない場合には、彼と意欲されたもの――有――との間にはもはやなんの分離もないからである。（……）生ける者の気高さは自己を一つに集中し得るというその能力にある[4]」というように幾重にも述べられています。しかし、我汝関係を理解する際、ここでブーバー自身が述べている無為の場合の集中してあることの重要性が、これまでの研究では、あまり強調されてこなかったことが目につきます。

プーバーにとって集一性は、一つには、我汝関係が成り立つための前提であること、二つには、我汝関係において汝がその全体として与えられているということ、この二つの意味で、全体性の理解のための核心を形成しています。そのことは、「根元語我―汝はただ存在の全体をもってのみ語られうる」、「ここでは人間はひとつの活動する全体となっているのである。このような状態において恒常性を獲得していてこそ、人間は至高なる出会いへと歩み出てゆくことができるのである[5]」といった表現に明確に確認することができます。

ここで集中したあり方を分析するために、まず、そこでどのように事物が受け取られているか、という認識論的な観点から考察してみましょう。無為における事物の認識は、我汝関係における認識と同様、まずもって通常の認識の否定として表現されています。「空間のなかでは認識はまったく存在しない。なぜならわれわれの手に届きうるのは、絶対的な延長ではなく、相対的な延長に過ぎないからである。すべての大きさは関係のうちにのみ存在する。〈天の下に草の葉の先よりも大きいようなものは何もない〉ともいえる。時間のなかではなんの認識も存在しない。というのは、われわれにとって持続もまた、相対的価値としてのみ存在するからである。〈いかなる存在者もゆりかごで死んだ子供よりも生き永らえる者は何もない〉(6)。

このような時間空間における認識の相対性は、内容的に『我と汝』で語られる時空における認識の記述と対応しています。通常の経験、認識といわれるものは、「それ」の世界の認識と呼ばれ、「祈りが時間の中にあるのではなく、時間が祈りのなかにあり、犠牲が空間のなかにあるのではなく、空間が犠牲のなかにあるように、そしてこの対応を逆にすれば事柄の現実性が消去されてしまうのと同様に、私が汝と呼びかける人間に、私はいつかある時、どこかある場所において対面するのではない(7)」といわれ、我汝関係と明確に区別されています。また、「それの世界は、時間と空間のなかにその関連を持つ。汝の世界は時間と空間のなかにいかなる関連ももたない(8)」という記述において、それの世界の時空関連は、我汝関係における時間と空間に明確に対置されて述べられています。

つまり、「いつ、どこで、何かが起こる」という通常の客観的時空と、本来、時間と空間がそこから生じてくる我汝関係との両者の関係が問われねばならないのです。

さて、無為における認識と我汝関係における認識は、肯定的には、次のように述べられています。まず、無為における認識に関しては、真の認識が存在するのは、「主観と客観との対立とか弁証法においてではなく、すべてとの統一においてである。この統一性が認識である。こうした認識はなにものによっても疑問にさらされることがない。というのは、それは全体を包含するからである。それは〔対立〕関係を、すべてを包括するという無制約性のなかで克服する。それはそれぞれの対になった対立を分極化と見なし、これらの対立を固定化しようとはしない。

そしてすべての分極性をそれらの統一性において包じようとする。それは〈光の中で否定と肯定を和解させ〉るのである」[9]とされています。

大変意味深いことは、ここで最後に述べられている「光の中の否定と肯定との和解」は『我と汝』のなかで述べられていて、多くの研究者が解釈を試みている「汝の光」という言い方に直接対応していることです。「私がひとりの人間にたいして、私の汝である存在として向かいあい、根元語・我―汝を語りかけるとき、その相手はもののうちのひとつではなく、さまざまなものから成立っているひとつの存在でもない。（……）その人間は隣りあうもののない、継ぎ目のない全体たる汝なのであって、その存在は天空に充溢するのだ。といっても、その人間以外には何ものもそこに存在しないわけではない。むしろ、他のすべてがその汝の光のなかで生きるのである」[10]。このように無為における認識の全体性と統一性は、そのまま、我汝関係の汝のあり方に対応しているといえ、この全体性への集一ということの重要性が、ますます明確になってくるのです。

c　汝の世界の具体性

実は、ブーバー自身は、集一性、全体性の第二の側面、つまり、我汝関係がすでに成立している状態における全体性については、多くを語ってはいますが、この全体性の第一の側面である集一性への統一のプロセスそのものを、テーマにして詳しく論じてはいません。それには、次のよう理由があると思えます。まず第一に、ブーバーが翻訳をすすめた荘子のテキストにおいても、「心斎（こころをきれいにすること）」、と「忘座（我をわすれて座ること）」という短い記述を例外にして、このことには、ほとんど触れられていないことに注目しなければなりません。

このことと重要な関係があるのは、無為の、そのありのままにあるその自然に至るには、何事にも捕われない自由でゆったりした心でありさえすればよいという、人為（意図的行動）から自由な「無為自然」の荘氏の立場と、無為の自然に達するためには、人間の全存在をかけた生涯にわたる修行を通してはじめて可能になる、という仏教的立場の「有為自然」の相違が思想的背景となっていることです。したがって、第一の理由は、ブーバーの「無為自然」の立場ということになりますが、そのとき、問われねばならないのは、どのようにして、無為自然と言うように、何事にも捕われない自由な、ゆったりした心でありうるのか、ということです。荘子のいう無心の状態で活動に没頭できる状態というのは、指針として与えられてはいても、そう簡単に実現できないのが実状ではないでしょうか。

ブーバーが、全体性と集一性へのプロセスを強調しない二つ目のより大きな理由は、我汝関係が神秘的体験と誤解される危険に対する防御をするため、という理由です。ブーバーは『我と汝』のなかで神秘主義に対して明確な距離をとり、次のように述べています。「人間精神の諸時代を通してこれまでに案出され考察されてきたあらゆる規範、すなわち心構え、修練、瞑想などといわれているあらゆるものは、出会いという根源的に単純な事実とは何の関わりもない。（……）これらはそれの世界のなかに位置していてそこから一歩もでることがなく、出会いへの歩みを踏み出しはしない[11]」。そして出会いに踏みだすのに唯一必要なことは、否定を通してのみ暗示されうるような「現在の完全な受容」ということであり、それが実現されるためには、神秘主義の主張する「我の放棄」ではなく、誤った自己主張欲、つまり、事物の所有のなかへと人間を逃避させる自己主張欲の放棄である、としています。

ここでブーバーは、ある特定の神秘主義でいわれる我の放棄と、神と我という関係極を欠いた、神と我との完全な一致、という主張に対して、我汝関係においては、我は消滅することなく、関係において不可欠である、と主張します。

ここで、ブーバーが神秘主義における我の放棄ということを、どのように理解しているのかが、当然問題になりますが、まずもってブーバーの言明を追ってみましょう。ブーバーは一方では、「単一なるものへと集中された人間は、その集中を通してこそはじめて、彼にとって完全に起こりえるようになる出会いへと向かって出ていくことができるとみなしていますが、この魂の単一化ということは、「人間と神とのあいだに起こることなのではなく、人間のうちで起こることである」[12]としています。つまりブーバーにとって、関係そのものと関係への前提とは、明確に区別されなければならず、人間の実現する集中そのものが、我汝関係そのものではないこと、関係は、まさに人間と人間との間、人間と神との間に生ずるのであり、人間と神との二者対応という性格を失わないことが、決定的なわけです。

ブーバーは、我と汝の関係極が消失してしまうという理由から、神秘主義の一体感に対して、きっぱりとした批判をしています。というのも、その一瞬の天上的ともいえる一体感において、具体的な世界が消滅してしまい、この具体的世界における、具体的な我汝関係をとおして永遠の汝を予感する、というあり方が失われてしまう、とするからです。このことについて、ブーバーの著作の多くの箇所で言及されていますが、まず、『ダニエル』においては、世界を、現実性を持たない幻想にすぎないとみなす世界観に対して、「世界の背後にではなく、世界のなかで、彼の一致は探し求められなくてはならない。なぜなら、彼の求める一致は克服ではなく、完成だからであり、完成しようとする者は何事をも抹消し、何事をも弱化し、取り除くことは求め得ないからだ」[13]、と述べ、禁欲主義的、苦行主義的神秘主義を真っ向から否定しています。

また、神秘主義の一体感の中に没入して、我が喪失するという没入説に対して、一般的に忘我的な歓喜の状態について述べるなかで、批判的に次のように述べています。「およそ忘我者が一体化と呼ぶもの、それは関係の力学が引き起こす陶酔によることなのであり、この世界時間のうちにおける現実的瞬間に生じる、我と汝を融解してしまうような一如ではないのである。ただここでは、関係そのものの力学が、（……）二者として向かい合う関係の両項の前面に立ち現われて、関係を担っているこの両者の存在を陶酔者の意識から覆いかくしてしまうことがあるだけなのだ。（……）ここで起こることは、現実もそこまで延び拡がってゆくと朦朧としてくるような辺境における諸現象のうちの一つである。だが、存在の辺境にあらわれる謎の蜘の巣の一切よりもわれわれには楓の枝に一筋の陽光がさし、永遠の汝の予感が潜んでいる、毎日のこの地上の時間という中心的現実のほうが重要なのである[14]」。

ここで明確に区別されてくるのは、我汝関係の前提とされる魂の集一化と、神秘主義の忘我的な没入説、ないし一体化です。「生きられる現実においても魂の単一化ということ、もろもろの力がひとつの中核に集中することはあり、人間の生における決定的瞬間というものは、やはりあるからだ。しかしこれは、あの没入がそうであるような、現実の人間の度外視なのではない。没入はただ〈純粋なもの〉、本来的なもの、永続的なものだけを保持しようとし、他の一切を捨て去ってしまおうとする。集中はしかし、本能的なものを不純すぎるとみなしたり、感覚的なものを周辺的すぎると見なしたり、情緒的なものを一時的すぎるとみなしたりしない。（……）集中は、それだけひき出される純粋な自己をではなくて、減殺されていない全体としての人間を欲するのだ。集中は現実を志向するものにして現実なるものである[15]」。

ブーバーは、あらゆる神秘主義的な没入説を自己の精神を、自己の内に反転してしまう人間的精神の巨大な幻想に基づくとし、「自己のなかへ反転させられた人間精神は、精神たるにふさわしいこのような意味を放棄し、関係にいのちを与えるこのような意味を放棄することによって、〈人間ではない存在〉を人間のなかへ引き入れ、世界と神とを魂の事象と化してしまわずにはいられない。が、これは精神の心魂妄想である[16]」、としています。

ここで述べられている魂の集一性と、神秘主義の没入説でいわれている一体化を取り違えると、我汝関係を全く誤解してしまい、我汝関係が世界のただ中で生じ、具体的世界を否定しているのではなく、逃避しているのではないことが理解できなくなってしまいます。

そのような誤解の例として、ブーバーとフッサールにおける相互主観性を対比する試みをおこなったトイニッセンをあげなければなりません。トイニッセンは、我汝関係の世界彼岸性、つまり、我汝関係は、ちょうど、神秘家や宗教者のように、世界を拒否し、越えて、その背後に跳び越してしまっている[17]、と主張しています。もちろんこのとき言われている世界とは、通常の対象の経験の世界である、いわゆる「我―それの世界」であるには、違いありません。しかし、すでに集一性のところで述べられているように、全体を肯定する、全体としての人間を欲する集一する魂にとって、否定されるべき、除かれるべきものは何もないはずです。もちろんそれの世界がそのまま、そこで経験されているのではないことは当然ですが、「それ」の世界は、排除されることなく、いわば「汝の光の中」に包まれてあるわけです。ではどのように包まれてあるのか、このことこそ問題にされなければなりませんが、この問題は、次の節で展開することにしましょう。いずれにしても、ブーバーが我汝関係で主張していることは、トイニッセンのいうような世界の超越や消滅といった概念に相応しないことは、確実なことなのです。

トイニッセンは、「汝の世界」の「世界秩序」を、時間と空間に秩序づけられた「それの世界」と対置させているのですが、そこでは、「汝の世界」がそれの世界を超越する、ないし、飛び越えてしまうといった、いわばそれの世界の否定という側面が強調されてしまっています。「世界秩序として出会いで予感された存在が、世界の側から明らかになる。それは、立ち現れる世界の側から、自己自身は立ち現れないというあり方で明らかになる[18]」、とされるのです。

しかし、汝の「世界秩序」は、ブーバーの場合、消極的にのみではなく、「永遠の汝」との関連では、次のように積極的に述べられてもいます。「それの世界は、空間的・時間的連関の中におかれている。汝の世界は空間的・時間的連関の中におかれてはいない。汝の世界は、もろもろの関係の延長線がそこで交わるあの中心、すなわち永遠の汝と連関しているのである」[19]。ブーバーの場合、汝は、この永遠の汝という中央にあっても、これまで述べたように、汝の「世界の世界性」が否定されることは決してないのです。

これまで述べられたなかで、出会いに踏み込むためにただ必要なのは、ブーバーにとって、「現在の完全な受容」である、といわれていました。このことは、しかし、我―それの世界の否定によって、否定的に暗示されるだけでなく、多くの箇所で積極的に、とりわけ永遠の汝との関わりにおける啓示という事柄と、具体的世界との密接な繋がりの指摘を通して、述べられています。「人間は受け取る。そして彼はひとつの〈内容〉をではなくて、ひとつの現在を、力としてのひとつの現在を受け取るのだ。この現在にして力であるものは、三つのことを含んでいる。（……）第一は、真の相互性のまったき充実、受入れられ、結びつけられているということのまったき充実（……）第二は、生の意味が言いあらわしがたく証験されるということである。（……）第三は、それは〈別の生〉の意味ではなくて、このわれわれの生の意味であるということ、〈かなたの世界〉の意味ではなくて、このわれわれの世界の意味であるということだ。そしてこの意味はこの生において、この世界との関わりにおいてわれわれによって確証されることを欲しているのである」[20]。

このような具体的世界との結びつきにおいて、我汝関係が生じていることが、再度強調されていますが、問題は先に述べた、汝の光のなかで具体的世界が存在しうるとすると、はたしてどのようなあり方でそれが可能なのか、ということです。この考察にあたって、ここで始めにとりあげていた「能動と受動の逆説」の説明という課題に立ち戻って、ここで呈示された汝の世界の具体性を十分に保持しうるような解明を、試みてみましょう。

II 「能動が受動に似る」という逆説

a 無為は単なる他者の行為か

トイニッセンは、ブーバーの我汝関係を現象学的に解明する際、当然のことですが、現象学の基本概念である「意識の志向性」、「自然的態度」と「現象学的－超越論的態度」の違いなどを援用しています。そして彼は、この能動と受動の類似の逆説を、次のような問いで表現しています。「汝への語りかけの意図は、語りかけが成就するとき、どうしてその能動的あり方をやめてしまうのか、他の言い方をすれば、わたしの能動であるはずの語りかけがもはや能動ではなく、受動としてのみ、その能動の完成にもたらされうるのは、どうしてなのか」[21]、という問いです。

ここで語りかけの意図と言われている意味は、意識の本質である志向性、つまり意識は「何かに向けられた意識であり、意味づけをしてしまっている」という基本的な意味と繋がりがあります。一般的に意識の分析は、「意識作用と意識対象ないし内容」の二側面に即して行われます。例えば家をみるという事態は、何かを思いだしているのではなく、外にあるものを現にみるわけですが、そのようにどんなふうに意識しているのかという、それぞれの意識作用（それをノエシスと名づけます）という観点がまず第一にあります。そして何が何として、例えばここでは、そとにある何かが家として意識されているというありかた、つまり、意識対象ないし意識内容（それをノエマと名づけます）という観点から分析されます。そしてここで言われている志向性というのは、「意識はいつもすでに、何かに方向づけられ、意味づけを行ってしまっている」ということを意味しているのです。

このような意識分析を汝への語りかけに援用しようとすると、ブーバーの言うところによれば、汝そのものは、全体として与えられてはいても、或る特定の対象的意味内容として与えられていないわけですから、この意識作用―意識内容という意味連関の分析は、ここでは成り立っていないことになります。語りかけるという意識作用があるにもかかわらず、対象として汝が現れていないあり方をトイニッセンは、「志向性の崩れ」、といって、次のように説明しています。

語りかけは、そもそも、汝へ語りかけるその意識作用のなかに、「相手が応答してくれるだろう」という自分の期待を含んでいる。そして相手の側の実際の応答は、自分の意のままにはならず、自分に属すのではなく、相手に属しているという意味で、つまり自分の活動としての自分の能動ではなく、自分は、それを受ける受動であることからして、応答してくれるだろうとする期待そのものは、そのままでは満たされないままにとどまる、とすれば、「応答への期待と実際の応答の間に、期待している私にとっては橋渡しすることのできない深い間隙が開けていて、応答への期待は完全に私に属してはいても、応答そのものは、完全に相手に属することである」[22]、としています。

この説明によると、能動と受動の逆説を、（やはり同様に理解のむずかしい「無為」の概念と関連づけながら、）「応答は相手の行為であり、その意味で私にとっては、私が作為しない、まさに私の無為であり、語りかける私にとって相手の行為、能動であって、私の受動である。しかし、この私の受動においてまさに、私の能動は完成される。私の期待を含んだ語りかけという能動は、自分の自由にならない、自分自身で自分をまっとうできないことからして、能動であることを断念することによって、つまりある能動である行為が相手によって行われる無為になることによって、自分自身に立ち戻って来るのである」[23]、というのです。

また、トイニッセンは、この点をハイデガーの「企投と投企性」を巡る事実性の概念に関連づけて――トイニッセンは、事実性に関して、ブーバーはハイデガーよりも徹底して考えている、とみつつ――次のように解釈します。「企投の投企性は、企投それ自身が投企されている場合、単に〔ハイデガーの場合のように〕現存が企投において投企されているということに比べて、無限にその潜在力を高めるのではないだろうか。現存が企投において、投企されていることには、被企投性の無為は、企投する行為の前提として明かされている。しかし、企投そのものが投企されるとき、企投〔それ自身〕が投企である」[24]。つまり、ここでトイニッセンは、現存の企投が、企投しているという現存が失われるまでに完全に企投されつくすとき、それがそのまま投企になっていると言う事態を示唆し、無為の特性を明らかにしようとしているわけです。

ここで次のような幾つかの問題点を挙げねばならないでしょう。

（1）　まず第一の問題は、ここで述べられている応答への期待と実際の応答という関係は、特に「無為」と言われるような能動と受動の逆説を含むような、汝への語りかけを明らかにしうる関係とはなりえていない、むしろ、この関係は、フッサールのいうすべての意識の志向と充実に共通な構造を示唆しうるのみで、我汝関係に特有な「志向性の崩れ」という主張は成り立たないという批判です。この批判は、志向性と直観の充実の概念を考察すれば、明らかになります。フッサールは、意識の志向性を一般的に規定する際、知覚の例をとって、次のように述べています。「すべての外的な知覚には、次のような指示が属している。知覚対象の本来的に知覚された側面は、別の側面を、つまり、ともに思念されてはいるが、まだ知覚されてはおらず、ただ予期において、さしあたりは、非直観的な空虚をもって予想された側面を――まもなく知覚において「やって来る」、あらゆる知覚の位相で新たな意味をもつ、絶えざる未来予持として――指示している」[25]。このような現に直観されている側面と空虚さにおいて予期されている側面が、物の知覚に本質的に、分離不可能な形で含まれていることが述べられています。もちろん外のものの知覚の場合の空虚な予期と充実された直観との関係は、それがそのまま応答の期待とその充実の関係と同一だ、というつもりはありません。

前者の場合は、外部の物の知覚の統一的構造であるのに対して、後者の場合、現実の応答は、相手の自由意志が前提にされ、その自由意志による応答であることが理解されています。つまり、語りかけの際、相手を人間とみた上で、語りかけ、応答を期待するのに対して、物の知覚の場合は、みられている側面と同時に空虚に予期されているのは、他の側面やその色、形、大きさ、表面の固さ、だったりしているわけです。しかし、この相違があっても、それぞれの期待や予期が満たされるかどうか、という点、つまり、この空虚が現実に直観によって満たされる、満たされない、という形式的構造、ないし、関係は同一であると言われなければならないでしょう。ですから、物の他の面が予期通りではなかったことと、応答の期待が満たされなかったことと、志向性の空虚と充実に関してなんらの違いもなく、「志向性の崩れ」をここで述べることはできないと思います。

（2）　上記のような応答の期待と相手による現実の応答といった関係を考察する際に、実は、より重要であると考えられる、どのようにして相手に語りかけるのか、という視点が見失われてしまっていることが、ここで指摘されねばなりません。極端にいえば、能動と受動という逆説は、これまでの問題の取り扱い方によれば、一方が語りかけ、他方がそれに応答する、という形式的なあり方そのものにおいて解決されるのであって、どのように、つまり集一され、全体となった人間が相手に語りかけるのか、ある特定の関心をもって相手に語りかけるのかは、どうでもよいかのようです。もちろん、汝への語りかけの際、トイニッセンも強調するように、「借金の相手」とか、「物を買う時の店員」とか、特定の関心の対象である相手ではなく、自由意志をもった個人としての汝、その人そのものに語りかけるというわけですが、では、漠然とした抽象的な個人ではなく、特定の個人を、その人の名前でよび、一人の人格として語りかければ、相手を汝として語りかけたことになるのでしょうか。

語りかけるべき汝その人そのものとは、いったい何なのでしょうか。集一された、全体となった関わり、そのような汝への我の関わりなしには、汝のその人そのものは出現しません。現実に現出しないわけです。ですから、当然のことですが、どのようにして魂が集一され、全体となるのか、という観点のさらなる考察なしには、「汝への語りかけそのもの」や、さらに「能動と受動が似たものになるという逆説」、また、単に自分の行為でないといった意味での無為ではなく、「全体となった行為が無為となる」といった無為の逆説は、理解できないわけです。

この「いかに」の問いを問うことなく、汝への語りかけを解明できないことは、ブーバーが少年の頃、馬の鬣（たてがみ）をなぜたエピソードで、とてもはっきり示されています。

ブーバーは幼少の頃、祖父母の農園を訪ね、馬小屋で、馬のたてがみをなでるという体験をしました。「私があの動物に触れて経験したのは、他者というもの、他者というものの並はずれた他者性であった、（……）しかもそれが私をいざない寄せ、おのれを私にゆだね、私とたがいに根元的に汝を言いあっていたのである。（……）けれどあるとき、（……）馬をなでているうちに私はふと、何とそれが私を興がらせてくれることだろうかとおもった、……すると私は突然、私の手を感じたのだ。遊びはそのあとも、いつものように続けられた、だが何かが変ってしまっていた、あのことはもう感じられなかった[26]」。

この体験で、語られている重要なことは、他者との触れ合いにおいて、端的な他者への向かいと開きが、ブーバーの語る「他者をただ自分自身の体験として、つまり自分のもののひとつ（eine Meinheit）としてしか存在させない（……）翻転[27]」に変じてしまう、ということです。直向（ひたむき）さが、自分の関心に引きつけられ、翻ってしまうことです。汝への語りかけが語りかけになっている直向さと、自分の経験にしてしまう翻転との違いを、明確にしなければなりません。

さらにトイニッセンの議論では、語りかけは、「人と人との間で起こる」ことが一面的に強調され、三つのすべての領域において語りかける我が「全体となり一つとなりうる」という側面が、背景に退いてしまっています。汝を語ることの解釈にあたって、人間の自由意志を前提にした、応答の「事実性」を強調するだけでは、不十分なだけでなく、三領域に、共通に妥当するはずである我汝関係に働く我の全体性と集一性の解明には、有効であるとはいえません。

（3）もし、無為が、その人にとって、その人の行為に対応して、他者の行う行為、つまりその人にとって、その人のではない行為ということを意味するだけであるのなら、応答の場合だけでなく、他の様々な行為を無為と呼ばなければならなくなります。例えば、普通の問いと答えだけでなく、テニスとか、ピンポンとか、相手がいて成り立つすべてのスポーツとか遊びが、無為の行為ということになります。なぜなら、それらに共通にいえることは、一人の人の一方の行為では、その行為そのものが完成したものではなく、相手の相応する行為があって初めて、その人の行為が行為として完成するという、話しかけの条件とされたものが妥当しているからです。ここでは、行為と無為の同一性という逆説の、考えることさえできないとされた矛盾を含む謎めいた特性が、全く見失われている、といわねばならないのです。

（4）　トイニッセンは、ここでハイデガーの企投と投企の共属性という見解とブーバーの「能動と受動の同一性」[28]を対置させましたが、これによって、ブーバーの「行為と無為」の概念がどのように明らかになったのでしょうか。トイニッセンは、事実性の実存的概念とは、「各現存在は、自分の任意に任せられないと言う意味で、自分自身の根拠をもたない」ということを意味しており、その点、ブーバーの場合、「企投そのものが投企となる」[29]という意味で、ハイデガーより、より徹底して考察されている、としています。しかし、ここでいわれている「となる」ということが、企投（語りかけ）と投企（実際の応答）との関係として捉えられている限り、いまだもって、いかなるものであるのか、不明のままです。

b　語りかけと沈黙、能動性における受動性

ヴァルデンフェルスは汝への語りかけをトイニッセンとは異なり、「汝の自己存在」、「汝の汝たるその人そのもの」という概念に力点をおきながら解釈しています。彼は語りかけの特性を強調して、「相手をその人自身として語りかけ、その人がその人のままであることを許容している、そのままそうさせている」[30]といいます。ここで重要なのは、語りかけの際、ある特定の関心によってではなく、その人がそこにいるそのこと、その人の現在そのものであること、つまり、それについて語ることはできない何か、理解することのできない何か、向かうことができても、把握はできない、触れることはできても象る（かたど）ことのできないものがここで問題になっている[31]ことなのです。確かにそのような全体としての、そして、その人自身といわれるものが立ち現れることこそ、主題になっているので

すが、問題は、その立ち現れ方です。この点に関して、ヴァルデンフェルスは、このような汝の現われる現在というものは、語りかけの純粋な現在の瞬間というものではなく、たえずすでに成り立っている現在、成りきたった立ち現われ、つまり具体的で「身体的な現在」であると主張しています。実際、語りかけにおいて、汝を身体をそなえた汝として知覚することが、含まれているわけです。

この「具体的な汝」ということが、つまり、世界のただ中にあって、ある一定の関心の対象になっていない汝ということが、なかなか理解しにくいことです。しかも、ブーバー自身は、いわゆるその時代の実存主義者といわれるハイデガー、ヤスパース、サルトル、マルセル以上に、実存主義の基礎原理である具体性、つまり、我汝関係の具体性、世界との結びつきを明確に表現しています。我汝関係は、決してレヴィナスの言うような「空虚な汝との接触」や「純粋な精神的な友情関係[32]」なのではなく、ある特定の具体的状況に結びついて生じている、全体的な人と人との直向(ひたむき)な向かい合いなのです。ブーバーはこのことを、「この我汝関係が、その偉大さと力づよさを示すのは、特に精神的な共通性がなくとも、各自が相手に特定の人格として向き合い、相手を人格としてみとめ、受容し、肯定し、相手の身になってある状況内の相手にとっての体験を、その人固有の経験のプロセスをたどってありのままに現前化するときである[33]」と述べています。

では、このような身体の具体性をともなう生き生きとした現在において、どのように能動と受動の類似化の逆説が理解されるのでしょうか。ヴァルデンフェルスは、ここでトイニッセンと同様に、汝への語りかけの現象をとりあげ、「このような現在を意図し、そこに向かう語りかけは、沈黙してしまう語りかけである[34]」としています。このような意味で「行為が静寂にもたらされる。というのも、この行為が直接遂行されることにおいて、自分で行うことのできない何か、実行できない何かが意図されているからである[35]」、というわけです。相手をその人として受けとることにおいて、自分も相手から全体の人格として認められる、そして私は自分を責任をもって行動する個人として感じる、というのですが、このことをヴァルデンフェルスは、「考えることが、考えられることであり、考えられることが考えることである」というように、表現しています。この考えるという言葉は、デカルトのコギトをさしていますが、これまでの考察で使われてきた、現象学で用いられている意識を意味しますから、相手を自分の意にならない全体的な人格と意識することによって、自分自身も相手にそのような人格として意識されるということが同時に成立している、と主張するのです。そういう意味で志向する能動が同時に受動となると理解するわけですが、このことをヴァルデンフェルスはさらに、能動における受動として、「私が能動的活動をすることにおいて、自分の側の明確な企てとその遂行に即して活動できず、受動性がその能動性に含まれている」[36]としています。

しかし、ここで行われているヴァルデンフェルスとトイニッセンによる能動と受動の類似化の逆説の説明は、ブーバーの表現の十分な解明には至っておらず、その核心を捉えきれていないように思えます。両者の解釈に共通なのは、話しかけの「期待と充実の関係」をとりあげ、私の語りかけである行為（能動性）が相手の応答、つまり「私の〈無為〉」ないし「私にできないこと（私にとっての受動）」によって充実される、ないし、完成された能動というそれ自身にいたる、とするものです。

c　集一化して関わる自分

両者の解釈に対して、まず第一にいわれなければならないのは、次のことです。我汝関係において、我と汝の相互性が重要な特質ではあっても、この能動と受動の類似化の逆説においては、むしろその相互性が表にでてくるのではなくて、むしろ汝にかかわる我の側、すなわち、我の態度が問題になるのだ、ということです。ブーバーは、この逆説を述べる際、まずもって、「汝が私に向かって歩みよるのだ」と書きはじめ、すぐそれに続けて、「しかし、汝との直接的な関係のなかへ歩みいるのは、この私の行為である[37]」と私の側からの行為であることを明確にし、「このように関係とは選ばれることであると同時に、選ぶことであり、受動であると同時に能動である。なぜなら、およそ存在の全体をかけたひとつの行動においては、あらゆる部分的行為は止揚され、（たんに部分的行為の限界性に根ざしているにすぎぬ）あらゆる行為感覚も止揚されてしまうので、その行為の能動性は受動に似たものになってしまうからである[38]」と表現しています。ここで述べられているのは、全体をかけた私の能動は、受動に似たものになるということです。つまり、私の全体をかけた、私によって行われている行為が私にとって、自分でしているのではなく、自分がさせられているような受動的な感じをうけるということです。もし、このことをトイニッセンとヴァルデンフェルスのように汝への語りかけにおける期待と充実関係に関連づけると、私の汝への語りかけは、汝の応答によって初めて充実されるのだ、とはいえても、私の語りかけが汝の応答に似てくるとは、どうしてもいうことはできません。似てくるはずがありません。この似てくるというあり方は、志向と充実という連関のみでは語りえないのです。

この似てくるというあり方は、同じ『我と汝』のなかで、汝を語る我の「責任と決断」ということに関して、次のようにも述べられています。「彼は、彼の自発性の深みにおいて、正しき行為への決断を死に至るまでなし続けなければならないだろう。正しき行為に対する、ゆとりある絶えず新たな決断を。（……）だが、こうした行為はもはや世界に対する義務として課せられているのではなく、世界との触れあいから、あたかも無為であるかのように生じて来るのである[39]」。ではここで、無為のようであるとされる、「似てくる」というのは、どのようなあり方なのでしょうか。

似てくることとの前提は、この議論の始めに引用された文章から明確なように、全体的な存在へと集一して、統一されてあることです。このことは、いままで述べてきたように、「道の教え」において重要な点としてテーマにされていたものでした。しかし、この集一化は、我汝関係の関係性そのものと誤解されてはなりません。ブーバーは、絶えず、関係項としての我が失われてしまうような神秘主義、ないし、集一されることがテクニックとして伝えられているような神秘主義を批判し、我汝関係に踏み込むための前提としてのみ、集一性を強調していました。

ここで重要な点は、この類似していることは、能動と受動の完全な一致を意味するのではなく、また、我と汝の対称関係、つまり、我と汝の均衡状態を意味しているのではない点です。[40]ヴァルデンフェルスも述べているように、語りかけとその応対の充足関係は、意識することとその受動である意識されること、考えることと考えられることとの解明不可能な一致とされながらも、決して対称的なあり方ではなく、「我と汝の相互性は本質的に非対称性をもっている。というのも、我と汝は各人に同時に与えられてはいても、異なったあり方で現前しているからである」[41]としています。

ブーバー自身、我と汝の相互性は、けっして単純に対称的な、我と汝の位置を任意に取り替えられるような関係ではなく、むしろ、細かなニュアンスを含む、それぞれの具体的な状況の相違に見合った、不均衡なものとして見られなければならないことを強調しています。例えばブーバーは、学校での先生と生徒との間の我汝関係をいうとき、決してその対称性を主張しません。また、一般に、我汝関係の不均衡性について、明確に、「関係は、私が汝と呼びかける人間が、自分の経験にかまけていてその呼びかけを聞きのがすときでさえ、成り立ち得る。なぜなら汝とは、それのあずかり知る以上のものだからだ。汝はそれがあずかり知っている以上のことをなし、それがあずかり知っている以上のことに遭遇する」[42]、とさえ述べています。

d　我と汝の相互性は形式主義か——レヴィナスの誤解

それにもかかわらず、レヴィナスは、ブーバーの我と汝の均衡性、ないし対称柱を主張し、次のように、批判しています。「我汝関係の固有性は、この関係がそれとして知られるのは、外部からではなく、それを遂行する我の内側から知られることである。我のとる位置はしたがって、汝と位置と交換することはできない。ではこの位置の個別的自己性はどのようにして成り立つのだろうか。我が相手に汝を語ることを通して我となる時、ブーバーの言うには、相手である私の相関者から、自分の位置をそれとして獲得することになる。そして、それによって我汝関係は、他のいろいろな関係といわれるものと似通ってくることになる。つまり、外からみつめる観察者が我と汝について語るといったような関係に似てくるのである。出会いは行ったり来たり、往来のきく、右から読んでも、左から読んでも自由なものになる[43]」。

ブーバーが、このようなレヴィナスの我汝関係の解釈を誤解としてきっぱり退けるのは、当然のことです。「ある人は、私が述べた我は汝において我になるという文章をとりあげ、我は相手にその位置を負うていると解釈している。しかしそうではない。我がその位置を負うているのは、相手への関係そのものに負うているのである。ただ関係においてのみ相手は私の汝なのであり、われわれの間の関係の外にはこの汝は存在しない。したがって、出会いは往来が自由であるというのは間違っている。私の汝は、相手の我と同じでもなければ、相手の汝が私の我と同じなのでもない。相手の人格に負うているのは、わたしがこの汝と関係をもつことである。我汝関係における我を意味する私の我は、私が汝を話しかけることに負うているのであって、私が汝をかたる相手の人格に負うているのではない[44]」と明確に述べています。

では、どうして、レヴィナスのこのような誤解が生じるのでしょうか。ここでは、我が汝において我になるというブーバーの文章の解釈が問題になっているわけですが、レヴィナスは「私の位置を相関する相手から獲得する」という解釈で、いったい何を言いたいのでしょうか。ここで個別的自己性といわれているものは、まるで我と汝の間に取り交わされるプレゼントであるかのようです。プレゼントの交換でしたら、当然のことですが、取り交わす当の相手同士がいることは、すでに前提されています。そうなると、私が集一された状態で、自分の側から汝に対して汝を語りかけるという視点は、まったく、背景に退いてしまいます。こうして、関係にふみこむ、全体となった我の自己存在と、それと同時に主張されている汝の徹底した他者性、我に解消することのできない汝の汝性が失われてしまうことになります。

他方、この汝の徹底した他者性というのは、レヴィナスの哲学の根底となっている重要な事柄でもあり、レヴィナス自身、ブーバーの我汝関係そのものに、その徹底した他者性を認め、積極的に評価していることでもあります[45]。ところが、レヴィナスは、我汝関係において、汝の他者性と汝の具体性を完全に分離しようとします。レヴィナスにとって、我汝関係とは、「他者との純粋に形式的な関係」、「空虚な接触」、「純粋に精神的な友情関係[46]」であると主張するのです。このような、汝と具体性を排除しようとする完全な誤解の生じる原因は、レヴィナスが解釈の際援用している形式と内容の区別と分離という原則にあります。レヴィナスは、我汝関係を形式的な構造として考察し、「我汝関係の理論的鋭さは、この関係の完全な形式主義にある。他者になんらかの内容を認めてしまうと、他者に対してある対象として向かうことになってしまい、我－それの関係に陥ってしまうことになる[47]」と明言しているのです。

しかし、はたして、汝というのは、純粋な、内容を欠いた、特徴や顔をもたない汝という自己存在なのでしょうか。他者における内容は、必然的に我‐それ‐関係における対象的な内容でなければならないのでしょうか。このようなレヴィナスの主張する汝の形式主義から起因する汝の具体性の喪失は、倫理の基盤に関わる決定的な事柄です。このことが何を意味しているか、先に挙げた、少年期のブーバーの馬に触れるエピソードを再び取り上げて、明確にしてみましょう。

この事例で、成人のブーバーが「私の手にあざやかに残っている感触を追感[48]」できているのは、まさに「他者というものの並はずれた他者性」であり、「私ではないもの、まったく私ではなく、まったく私になじみのなかった或るもの、まさに歴然たる他者、たんにひとつのことなったものではなくて、実に他者それ自体であるもの[49]」でした。このような他者の他者性は、自我意識の形成以前の幼児期にあっては、生得的汝との我汝関係において体験されているものです。そこには、「関係への努力[50]」、「万象を自己の汝としようとする衝動[51]」が働いています。「はじめには関係があるのだ、存在のカテゴリーとして、準備として、把握の形式として、魂の鋳型として。はじめには関係のアプリオリが、生得の汝があるのだ。関係が真に体感されるということは、出会いの相手たる汝において生得の汝が現実化することである[52]」。

生得の汝は、個々の汝として、「赤という色の魂」、「沸き立っている湯わかし」、「毛のふさふさした玩具の熊」といった、「自己の感覚形式」の生成と獲得に相応した、もちろん、一つの対象としてではないが、具体的な様々に異なった感覚内容として体験されてきます[53]。ここで述べられていることは、――ここで特に強調しておきたいのですが――フッサールの発生的現象学で展開されている、連合と触発という受動的綜合を通しての諸々の感覚野の形成と対応して考えることができる、ということです。幼児期の時間化と空間構成の力動的推進力になっている、本能志向性の覚醒と衝動志向性の形成を、ブーバーの生得の汝への関係形成の衝動に対応づけることができるのです。この対応づけによって、幼児期の汝の具体的な感覚内容として与えられている汝の他者性が、対象化以前の受動的綜合を通して与えられている、まさに対象としての「それ」ではない具体的な感覚内容として、その十分な理論的根拠を獲得できるのです。そして、この受動的相互主観性の領域においてこそ、「幼児を抱く」、「授乳する」、「眠る」、「あやす」、「喃語を語り合う」、「遊ぶ」といった生活を通して、人間関係の基礎が形成されていくのです。

この倫理の基礎である、健全な人間関係の形成は、往々にして、諸々の精神疾患の事例を通して、その形成という事態の現実を、形成が阻害された否定を通して顕示化するものです。フッサールのいう受動的間身体性による受動的相互主観性の形成は、ブランケンブルクのアンネ・ラウの症例にみられるように、形成が十分でない場合もあるのです。万象を汝にしようとする衝動が阻害され、十分に展開できない場合があります。世界への開きである関係のアプリオリを通して受け止める他者の他者性、「汝を言うこと（Dusagen）の言葉なき前形態」[54]において与えられようにも、開きが開きとして周囲世界に受け止められないのです。そして、もし、レヴィナスのように、この具体的な他者の他者性を、対象の意識内容という「それ」として、他者性の形式主義によって、拒絶すれば、まさにそれを通して、間身体的な受動的相互主観性の内実を拒否することになってしまいます。松尾の『沈黙と自閉』で明らかにされた、他者との沈黙における共在の中で共に生きられている間身体性の形成を、倫理の基礎として容認しないことになってしまう、というべきではないでしょうか。我汝関係とは、「生得の汝が現実化することである」とするブーバーの根本的見解と、レヴィナスの考える形式主義としての我汝関係とには、その根底において根本的相違が横たわっている、といわねばなりません。

レヴィナスの形式主義のもたらす別の困難さは、ブーバーが述べ、レヴィナスも同調している、次の文章の「汝の光における」それの存在の、レヴィナスに即した理解が難しいということです。「といっても、その人間以外には何ものもそこに存在しないわけではない、むしろ、他のすべてがその汝の光のなかで生きるのである」[55]。では、はたして、他のすべては、いったいどのように汝の光の中で生きているのでしょうか。トイニッセンが、汝は「それ」として立ち現れないことを、世界を飛び越えてしまうことと解釈したり、レヴィナスが出会いの形式主義を主張するのであれば、汝の世界性、具体性、身体性、——まさにそれらの確保のために、ブーバーは『我と汝』で神秘主義批判を展開した——その汝の具体性という、我汝関係の核心が、完全に誤解され、見過ごされてしまうのです。今や、汝が全体として具体的に世界の中で、しかし、対象としてではなく与えられているそのあり方が、改めて、問いとして、定題化されねばなりません。

e　他者の他者性、レヴィナスとフッサール

実は、レヴィナスがこのようなブーバーの汝についての批判を展開する大きな理由の一つは、彼がフッサールの志向性の概念を大変狭く理解していることにある、と指摘することができます。これまで、十分に述べられてきたように、志向性は、能動的志向性と受動的志向性に区別されます。この相違が明確でないと、フッサールのいう相互主観性の成立の解明の際、重要な鍵になる概念である、受動的志向性としての「対化（Paarung）」が正しく理解されません。レヴィナスが、受動的志向性としての対化を対象構成としての能動的志向性としてしか理解できていないことが、他者の他者性という汝の本質の理解に、決定的な誤解をもたらすことになっているのです。

受動的志向性というのは、能動的志向性とちがって、それが働いているとき、自己意識をともないません。自我の活動なしに、気づかずとも、生命体と周囲世界の間に受動的綜合として感覚内容の意味を形成しているのが、受動的志向性です。能動的志向性は、気づきのもとに、自覚されつつ働いており、当然そのときは、自我意識という自我の活動がともなわれています。受動的志向性の場合、その志向が充実されても、必ずしも気づかれている必要はありません。それでも、気づきにもたらされない受動的綜合は、常に背景意識に働いています。それが、表に出て、気づかれるとき、それは、能動的志向性によってはっきりと意識されることになります。その際、多くの場合、意識される内容であるノエマは、「何々である」という対象として構成されるといわれます。ブーバーでいえば、我－それ－関係の「それ」として知覚されたり、判断されたりする対象が成立するのです。ですから、レヴィナスが、我汝関係に他者の他者性を認めても、他者の歴史性や具体性を認めまいとするのは、この具体性が、すべて、通常の能動的志向性の相関関係による対象構成を経過した意識内容の構成に他ならないとして、それをすべて「我－それ－関係」とみなし、形式的純粋さと我汝関係における汝の他者性とを一つのものとして、汝の世界性と具体性から峻別しようとするからなのです。

しかし、フッサールの受動的綜合としての対化では、いまだ他者は、「他者」という対象になってはいません。対象化される以前に働いている〈他者〉（〈〉をつけているのは、いまだ、自分と他人の区別がついていない段階だからです）の側の心と身体のつながりと、これまた、対象化される以前に働いている〈自分〉（〈〉をつけているのは、いまだ、自分と他人の区別がついていない段階だからです）の側の心と身体のつながりとが、気づかれずに「対」になって生起しています。その受動的綜合としての対化に気づくことが、他者を他者として知覚することに他なりません。「あ、誰かいる」というときの、他者を他者として知覚することになるのです。

ということは、非対象的な心と身体のつながりにあっては、〈他者〉と〈自分〉の区別がついていないというのですから、〈自分〉と〈他人〉の心と身体の区別がついていないことになります。では、どのようにして「あ、誰かいる」というときの、自分でない誰かの区別がつき、どこからその区別が出てきているのでしょうか。この相互主観性の成り立ちが問題になるとき、フッサールは、気づかない受動的綜合としての対化による受動的相互主観性の次元と、その受動的相互主観性を基盤と前提とすることを通して、まずもって、〈自分〉と〈他者〉の身体の区別が生じ、その区別が基盤になって、自我と他我の区別が成立してくる能動的相互主観性の次元とを、段階的に異なっていることとして解明しています(56)。

つまり、他者が他者として成立する際、実は、まず、自他の身体の区別がその根底に働いており、その区別に、自我の活動性が加わることにより、初めて、自分の身体と他人の身体を区別する意識が形成されてくる、とフッサールは見ます。当然そこで問題にされねばならないのは、自我の活動はそもそもどのように生じてくるのかという問いです。まず、そこには、本能志向性の覚醒と衝動志向性の形成にともなう、自我極の形成という全体的経過をあげねばなりません。時間構成に関していえば、再想起の機能の発現がみられ、能動的キネステーゼによる空間構成などをともないつつ、その自我極の形成に相応した対象極の構成という全体的なプロセスがみられるのです。これらを通して初めて、通常述べられる、「ノエシス－ノエマ」の志向性の相関関係が成り立ちます。

ですから、通常の志向性の相関関係が成立する以前と以後では、すでに先に述べた、沈黙による精神治療の場合に具体例が示されたように、相互主観性の段階が異なっており、受動的相互主観性の段階と能動的相互主観性の段階とが明確に区別されねばなりません。ここで問題になる他者の他者性も、その段階の違いに応じた考察に即して、受動的相互主観性の場合、他者性は、〈自他〉の間身体性の相違として、連合と触発の規則性に即した受動的綜合による受動的綜合の内容として、受動的に意識され、能動的相互主観性の段階では、それは、明確な自我と他我の区別として意識されています。ただし、このとき決定的に重要なのは、能動性が働くときは、常に、同時に、受動性がその基盤に働いており、受動性を前提にしているのであり、その逆ではないことです。レヴィナスの主張する「他者の他者性」とは、能動的志向性の働く段階で、その能動的志向性によっては捉えきれない（つまり、「我－それ－関係」による対象化によっては捉えられない）と規定される他者性であり、このように規定された他者性がそれとして成立するには、すでに受動的志向性が働いて、間身体性の次元での〈自他〉の身体性の違いが先行していることが前提にされているのです。つまり、能動的志向性の否定による他者の他者性の規定は、より深層に位置する受動的志向性による、より根源的な他者の他者性を前提にしているのです。

ということは、受動的間身体性の次元での〈自他〉の身体性の違いは、当然のことですが、受動的綜合によって先構成される、言語的意味以前の身体性に関わる意味内容の違い（〈自他〉の身体性という身体的意味内容の違い）をもち、レヴィナスのいうような、いかなる内容も欠く空虚な形式に留まるのではありません。『沈黙と自閉』で語られる二メートル離れた片隅に座って寝ている人間が存在するのか、存在しないのかの違いが対象化されずに受動的綜合を通して区別されているからこそ、受動的相互主観性の形成が可能になっているのです。また、能動的相互主観性の段階での自我と他我の違いについていえば、ブーバーのいう我－それ－関係での自我と他我の違いと、我汝関係における自我と他我の違いというように、しっかり明確に段階分けして考察することが必須のこととなります。

確かに、我－それ－関係において、他者は対象化を経て、「それ」の内容として与えられており、フッサールのいうノエマとして与えられています。したがって、真の他者の他者性がここに与えられることはない、というレヴィナスの主張が妥当し、我－それ－関係における他者は、我汝関係における他者とは、根本的に異なっており、汝はそのような対象化された内容としては、決して与えられません。しかし、我汝関係において、他者は、具体性を欠く〈内容〉を欠く他者として与えられるのでもありません。では、能動的志向対象の内容ではない具体性と内容とは、いかなるあり方において与えられているのでしょうか。このことは、後にⅣで、受動的綜合に即してさらに詳しく論じて見たいと思います。

ここで再確認しておきたいのは、我汝関係における汝の他者性は、決して具体性と歴史性、そして個別性等々の内容を欠くのではなく、内容の特有な与えられ方が、問われなければならないということです。つまり、レヴィナスの語る他者の他者性の主張と汝の他者性の誤解は、倫理の基礎である、幼児期の我汝関係の内実である受動的相互主観性を喪失してしまう危険があるということです。自我意識形成後の成人における我汝関係は、幼児期の我汝関係が精神の明晰さの中で現実化することであるのですから、幼児期の我汝関係の内実の喪失は我汝関係に立つ倫理の構築にとって致命的な欠陥となります。レヴィナスが見落としているのは、他者の他者性の根源が、すでに、受動的志向性の働く、受動的間身体性の次元で、非対象的で、先言語的な意味内容として、生きて働いており、この根源的な構成層は、我－それ－関係という能動的相互主観性の領域でも、その基盤として、常に同時に働いていること、また、我汝関係が成立するときにも、その働きを止めることはないということなのです。

III　話しかけの様相

一概に相手に「話しかける」といいますが、そのあり方には様々な違いがあるようです。ここで汝の全体性と具体性の理解に近づくために、とりわけ、人はどのように全体的となり、汝に語りかけるのか、という観点を明らかにするために、竹内敏晴の「話しかけのレッスン」で生じていることを考察してみたいと思います。竹内は演出家として知られ、言葉と身体について大変興味深い考察を重ねていますが、その際の理論的基礎は、メルロ＝ポンティとブーバーの哲学に置かれています。

a　話しかけのレッスン

竹内の話しかけのレッスンは、よく知られていることかもしれませんので、ごくその概略だけ述べて、われわれの考察にどんな意味があるかを、詳細に論じたいと思います。このレッスンは、最近の形式としては、四、五人が床に座り、めいめい向こう向きになって、二、三メートル離れたところから別の一人がそのグループの背後から、そのうちの一人に短い言葉で話しかけ、話しかけられたと感じた人が手をあげる、という形をとっています。その時、複数の聞き手に、語りかけられた感じを細かく聞いてみると、「何だかとなりの人に話しているみたい」とか、「声だけ大きいけど、ほわとひろがってだれにも言っていないみたい」、から始まり、「声はこっちまで来るけど、ずっと手前で落ちてしまった」、「頭のそばを素通りして他の人に向かっていったみたい」、といった感想や、「こわごわ背中に触れた感じ」とか「耳に触れて飛んでった」とか、あるいは、「パシッと背中にぶつかった」、「あっと思ったら振りかえっていた」といった様々な違いが表現されます。そして、通常そんなことは考えられないと思うでしょうが、周りでこの練習をみている人の目に、この声の軌跡が、カーブしたり、届かなくて落ちて、拡散していくといった声の軌跡が生き物のようにみえてくるということが経験されます。

b　脱構築（発生的現象学の方法）の活用

この話しかけのレッスンの分析に向かう前に、このようなレッスンの持つ現象学的意味合い、つまり、哲学的考察にとっての意味を明らかにしてみましょう。まず確認しておきたいのは、自然科学一辺倒の考え方に立つと、このようなレッスンで述べられている個々人の感じといったものは、単に主観的で非学問的として一蹴される可能性がある、ということです。

こういった科学主義に対して、フッサールは、極く当たり前の日常生活、生活の場である生活世界の復権をとなえ、すべての学問体系が実は、その基礎になっているにもかかわらず、学問を展開する際、忘れさってしまっている意味連関、つまり、それなしでは学問そのものが成立しないような、生活世界に育つ意味連関の基盤を、明確に指摘しました。自然科学の体系は、自分自身の学問的基礎の反省を通して、生活世界から受けとっている豊かな意味連関に気づき直さなければなりません。実は、自然科学が学問として成立するためには、このような生活世界で、非言語的に生きられている豊かな感性的意味のネットワークを、数学を通して抽象し、制限し、犠牲にしなければならなかったのです。そのことに哲学的反省が及ばないと、生活世界に埋もれたままにある真の学問の創造的可能性に気づくことなく、自分が何をしているのか分からずに、現存する自然科学が、唯一客観的学問と信じて、やみくもに先走りしてしまうことになってしまうのです。

この生活世界との関連で、ここでの考察に際して、指摘しておきたいことが二つあります。まずは、生活世界において働いている「受動的綜合」、「前反省的意味構成」という原理です。この原理は単に科学主義に反省を促し、批判を加えて制限するといった否定的役割ではなく、むしろ学問的反省以前に働いている意味構成を原理的に明らかに分析して指し示し、探究の必要な領域として確定できる、とう積極的意味合いを持っています。そして、先に示した話しかけのレッスンのような場合に、この隠れたままで働いていて（声の軌跡がみえることに気づく人は稀です）、日常生活のなかで現に働いているにもかかわらず、それに気づかれていないような受動的綜合の諸層が、明らかにされ、さらに発展されることが往々にしてあるのです。

第二点として、ここで述べられている「感じる」という言葉の学問的概念としての厳密さなのですが、すでに気の現象について考察した際、受動的意識という概念を導入していましたので、この問題に関して適切な考察のための照準を確保するのは、それほど難しいことではないと思います。受動的意識は、それなしでは通常の意識が成立しえない、いわば、意識の基底でした。ですから気づく、感じるといったことは、決して単に主観的な印象といった事柄ではなく、視覚、聴覚、その他の感覚野の類似性、対照性、共存性、継起性等の明確な受動的綜合の諸原則に即して構成されている、厳密に規則だったあり方をもつ超越論的哲学の探求対象なのです。受動的発生に注目する精神病理学の研究者であるブランケンブルクは、「感じ」という概念に関して次のように述べています。「生活世界の輪郭の持つあいまいさ、はっきりしないことや、月並みで目立たないことなどは、けっして欠陥ないし欠点なのではなく、積極的な特性と見られるべきである」[57]と述べ、その輪郭のあいまいさこそ、可変的で融通のきく、創造的契機を意味しているわけです。

上記の話しかけのレッスンに関して、現象学の方法から見て、次のことがいえるでしょう。ここでは、「話しかけ」という日常行われていることで、特に意識されていない話しかけの色々な違いとか意味の層が、知覚の一部を働かせないことによって、気づかれてくるということです。つまり、語りかける人にとって話しかけられる人が背中を向けるので、普通はみえているお互いの顔つきがみえなくなります。それを通して、普段は気づかれなかった「声が体に触る」といった感触が、かえってはっきり感じられてくるわけです。

実は、このようなある意識の働きの層を実験的に（フッサールの場合実際の実験ではなく、思考実験を意味しますが）括弧にいれて、働かせないとした場合、他の意識層はどう働くかを考察し、それまで隠れていた意識の層が解明されるというあり方が、現象学の発生論的方法、詳しくいえば、その脱構築の方法として知られていることなのです。フッサールはその脱構築の方法を説明して、「われわれの身体と環境世界の間に働いている統覚の層の一部を直観の上で脱構築する構築の方法を通して、つまり、われわれの統覚の諸々の動機を遮断してしまうことによって、（……）動機のシステムの変化が生じ、ある一定の方向をとったため活力を失っていたような、退縮していた動機のシステムがその考察の対象になって直観にもたらされ、構築される」[58]としています。隠れて働いていた動機のシステムが、通常働いている構成の特定の層が働いていないとして、カッコにいれてみることによって、露呈してくる、見えなかったものが見えてくるというのです。

フッサールは、このような思考実験的な方法を通して、様々な問題領域、例えば、時間意識、空間意識、衝動的意識などを明らかにしていきましたが、もちろん、思考実験といっても、その脱構築される当の動機のシステムというのは、単に様々な自然科学の知識を取りまとめて「動機のシステム」として想定しているわけではありません。脱構築の方法をとる発生的現象学は、動機のシステムといわれる様々な構成層の構造全体を解明する静態的現象学を「導きの糸」として、前提として用い、その全体の構成層の特定の層を脱構築するのです。ここではこれ以上詳細な論及はできませんが(59)、現象学の形相的還元を通して、意識構造の本質の連関を明らかにする、静態的現象学の方法に属する本質直観によって明らかにされる動機のシステムが、その考察の対象になっていて、その際、自然科学の成果は本質直観において、排斥されることなく、もれなく統合されているということだけ指摘しておきましょう。

c　声が触れることとしての話しかけ

竹内自身、上記の話しかけのレッスンを次のように性格づけています。

話しかけとはそもそも、相手に声で働きかけ、相手を変えることである。しかし、ただ自分の気持ちや意図を相手に表現しようと思えば、話しかけは成立しない。というのも普通、自分が何かいえば、もうそれでことはすむ、用事はすむ、と思って人に話しかける場合がほとんどで、相手がその際どう感じるかは、気にしてはおらず、そのような意味で、相手に対して自分の身体が開かれていない。しかし、本当の話しかけが話す人と話される人の間に起きている時、話しかけはまずもって、働きかけとして生きている。つまり、自分の気持ちとか意図とかが問題ではなく、相手に触れる、直接働きかけようとしているのである。話しかけとは、他でもない、その相手に語りかけ、語りかけられる人は、まさに自分に直接語りかける声を感じること、聞くことである。それは名前によって判別し

たりするのでない、正に自分の身体をめざして、触れ、突き刺し、動かしてくる語りかける人の身体をうけるのだ。(60)
以上のような内容に要約できると思います。

特に最後に述べられている身体をもった働きかけに関して、ブーバーが『我と汝』で述べている「月と自然人」との関係を引き比べて見ることができます。「〈自然人〉をおそう根元的で、霊を揺すぶりおこすような印象や感動は、関係事象そのもの、つまり向かい合う存在をありありと体感すること、そして関係状態そのもの、つまり向かい合う存在とともに生きることからひき起こされるものである。自然人は彼が夜毎に見る月のことで考えをわずらわしたりはしないのだ、その月が、眠りあるいは目覚めている彼に向かって、生きた肉体としてせまってきて、身の動きによって彼を魅惑するとか、彼の体にふれて、不快なことにせよ甘美なことにせよ、何かをしかけるまでは。しかもこのような出来事から彼は、月とは渡り歩く光の円盤だというような視覚的表象をえたり、その光の円盤にはデモーニシュな存在がなんらかの仕方でやどっているというような表象を得たりするのではない。そうではなくて、ただあの月の作用そのものの動力的な、体のなかをつらぬき流れる刺戟像だけが彼のうちに残り、この刺戟像からようやく、作用し掛けてくる月という擬人像が徐々に分離するのだ(61)」。ここでは、働きかけとしての話しかけと、身体に働きかけている直接的な作用とは、明確に共通した事態なのです。では、このように、相手の身体に直接作用するように語りかけるということは、どのようにして実現されていることなのでしょうか。

ここで強調しておきたいことの一つとして、「声がからだに触れる」とか、「話しかける声の軌跡がみえる」というときの、特有な身体性の性格づけがあります。音の聴覚と触覚、及び、音の聴覚と軌跡の視覚というそれぞれ、二つの異なった感覚質が共に働くという事態は、普通、「共感覚（Synästhesie）」と呼ばれます。身体性の考察にとって、この共感覚の問題は大変重要な意味をもつものです。視覚、聴覚、等々のいわゆる五感という感覚野は、幼児期に次第に形成されてくるものであり、決して人間に、完成された個別的な機能として、与えられているわけではありません。近世の哲学の特徴として、これらの感覚質を出来上がっている個別単位として前提にして、例えば「一つの林檎」の知覚を、複数の個別的印象（視覚上の印象、触覚上の印象、嗅覚上の印象）のまとまりとして説明しようとする傾向[62]がみられます。これによって話しかけのレッスンで生じている「音が見える」という共感覚に近づくことは不可能なのです。むしろ、ひたむきな物事への集中（声に集中する）を通して、自我意識に結びついた自己中心化が瞬間的に欠落して、幼児期の、五感への差異化という分岐的発展が生じる以前の、内部感覚と外部感覚とが融合しているような、特有な「共感覚」の層が、活性化してきている、と理解するのが、適切な解釈といえるでしょう。このような感覚野の形成、感覚的意味の形成の哲学的探究[63]が、フッサールの後期思想を代表する「発生的現象学」の分析によって可能になっていることは、言うまでもないことです。

このような話しかけは、ある特定の考え、意志、善意や悪意などと無関係であることも確認しておかなければなりません。この点に関して、竹内のこのレッスンの際に行う次の三つの、話しかけが実現するための指示[64]を参考にして見ましょう。

（1）背中を向けて立っていた相手を、もう一度話しかける人に向け、顔をみながら話しかけると、突然話しかける人の声がかわり、相手の身体の触覚が話す人にとって甦る。そしてもう一度相手が、背中向きになり、竹内は、話しかける人に相手の顔に向かって話しかけるよう指示します。

（2）竹内は話しかける人に相手の肩とか、うなじとか、頭とか身体の一部に話しかけるように指示します。その際、この身体の一部が話しかける人に見えてくると、その他の部分は消え去り、そこが自分に親しくなり、近づいてくる、としています。

（3）　話しかける人の姿勢をかえる、足の裏を柔らかくして、大地に重みをかけて乗るように立ち、大地に触れるように指示がなされる、自分の重さを感じると、身体をとりもどし、相手の身体が違ってみえてくる、とされます。

まず始めの指示で述べられている、顔の表情と身体の触覚、すなわち相手に触れるという感覚との結びつきは、興味深いものです。メルロ＝ポンティやフッサールによる感覚の現象学的分析においては、様々な感覚、視覚、触覚、聴覚などの相互の結びつき合いが指摘され、全体としての身体は、受動的綜合の原則である連合や触発の規則で諸感覚が結ばれていることによって示されています。先に述べた「共感覚」や、その共感覚からの諸感覚野の分岐生成も同様に連合と触発によって解明されているのです。これまで強調してきたように、他者の身体性は、自分でそれと気づく以前にすでに、自分に働きかけ、同時に自分の身体性が他者の身体性に働きかけています。相手の顔の表情が見えるということは、そのような、自分の身体性に働きかけてくる言語以前の感性の働きかけに自分の身体性が、やはり言語以前の感性の次元で応答しているということなのです。そして、ここで興味深いのは、この実際に気づかずに応答していることが、まさに、相手の表情が見えないことによって、つまり、脱構築を通して、否定的にその働きを露にしていることです。

第二点で述べられている相手へ働きかけが、相手の身体の一部への集中を通して実現されやすくなることは、部分と全体の関連について考えるとき、とても示唆的なことだと思います。全体的な関わりというのは、相手をなにか漠然とした全体的なイメージと見なしたり、抽象的で一般的な人間の理念とか、友情の理念を仲介して関わることではなく、徹頭徹尾具体的な、身体をそなえた相手に、しかもその具体的な身体の一部に注意を集中して、実現されようとしているわけです。そしてここでいわれているその身体の一部がそのように話しかける人に「見えてきたり」、「親しくなったり」、「近づいたり」することは、当然のことですが、その身体の一部、肩なら肩を、単に肩という対象として、表象によって知る、うなじと区別して対象として知るといったことでは、全くなく、そのような知識の対象としての身体の一部が問題なのではありません。そんな知識は、集中することなく、分かりきったこととして与えられています。一般的な知識の対象ではない、生きた個別的で具体的な、そこに現存する身体の一部に全注意を集中することによって、話しかける人が、集一的、全体的になりやすいということなのです。

d 大地に立つ身体

第三番目の、大地に自分の重さを感じながら立つ、ということですが、いわば身体全体の正しい姿勢が相手を本当に知覚する、つまり、見たり、聞いたり、触れたりすることと密接に関連している、ということを意味しています。この「正しい姿勢」ということは、日本で武芸を学ぶ時だけでなく、学校や家庭でもよくいわれていることです。(65)

竹内は、演劇のレッスンの際、当然ですが、人の立つ姿勢について特有の見解をもち、レッスンの課題ともなっています。彼はこの姿勢のもつ、大変微妙な、無意識の領域から迸(ほとばし)り出てくるような働きかけとその重要性を、彼の弓の練習から獲得した、と次のように記しています。(66) 彼は、一九歳となり、弓の練習に明け暮れしていたとき、絶好調のときには、的が大きく見え、三〇メートル先の的が近づくように見えたそうです。そして、調子があまり良くないときはその逆で、小さく、遠くに見えました。絶好調のときには、弓をもって構えると、弓を持つ左拳が、すでに的の真中に入っているように見え、ということは、すでに矢の先が的を射当てていて、あとは弓を離せばよいだけだったそうです。

そのようなときに特別な体験がされました。この体験は、第三章で述べたヘリゲルが練習の途上、深刻に悩んでいたときに阿波範士がヘリゲルに弓を引いて見せた、その弓に似ています[67]。

弓の練習のとき、四本ずつ五回を続けて二〇本矢を放つのが一まとまりとして数えられます。二〇本引いては、何本的を射たか、数えるのです。午後遅く練習を始めた竹内は、最後の一回を引くとき、途中で日が暮れて、戦時中の電力制限で電灯を使えず、的がまったく見えなくなってしまいました。それまで、すべて、的中していたので、途中で止めずに、一五本以降、的が見えない状況で、足元だけ固定し、友人の一人に、矢を手渡してもらいながら、残りの五本を見えない的に向かって放ちました。弓を引きつつ身体全体のバランスを感じながら、適切と思えた瞬間に弓を放ち、残りの五本すべて、的に的中しました。この体験は竹内に、身体全体のバランス感覚が、いかに適確で精妙な働きを生み出しうるかという感動を残しました。「つまり、見えるということは「目」で見るという問題ではないのだということである。これは「話しかけ」のレッスンを成り立たせる基本的な認識につながった[68]」、と竹内は述べています。

e　姿勢と声、他者に向かうこと

竹内のこの話しかけのレッスンでは、生き生きした身体性と他の人に本当に向かうこととのつながりが、直接問題にされています。このつながりを、このレッスンに参加する人々が自分で、そのレッスンを通して、直接経験すること、そのことこそ、このレッスンに参加する人々の課題なのです。その人々が立ったり、歩いたりするときの姿勢、そして話しかけ方やその声は、各自様々に異なっています。竹内は、レッスンに参加する人を見て、往々にして、その人のとる姿勢に、身体の一部が不自然に緊張しているのをみつけます。竹内の指示にしたがって、当人と彼は、その身体の箇所からその不自然な緊張を解きほどこうとします。その人に〈ふさわしい〉、その人に〈自然な〉姿勢を獲得しようと、彼と参加者が共に努力するわけです。しかし、その獲得にまでいたる経過は、普通、大変長くかかるものです。なぜなら、一旦身についてしまっている、いわば癖になっている身体の偏りは、その人のそれまでの、多くの場合、その人に気づかれていないような生活習慣と深く関わるものだからです。この生活習慣と身体性というテーマは、身体と社会生活における制度化の問題と深く関わっているといえます。その人に自然な姿勢を獲得するためのこの長い経過を通して、各自、自分の姿勢だけでなく、自分の声が大きく変化し、他の人に語りかける力が備わってくるのに驚きます。こうしてこのレッスンは、ある種の心身医療の性格をもつものになっていくのです。(69)

しかし、ここで言われている「自然な」とか、そのひとに「ふさわしい」という言葉は、いったい何を意味しているのでしょうか。はっきりしていることは、それぞれの各自に「ふさわし」かったり、「自然」だったりするのですから、特定の文化に通用するような身体の理想的な形態と機能（例えば、ギリシャ彫刻にみられる健康で美しい身体）といった身体の外見に関わっているのではないことです。また、同様にそれぞれの文化に特有な正しい作法とか、振る舞い方、社会の規範に即した「姿勢」が問われているのではないことも、明らかです。

生き生きした身体の、生き生きした話しかけは、その人の実存全体に関わるものです。ちょうど、個々の汝、あるいは、我汝関係における自分であること（自己存在）の場合のように、身体が「もともとそうあること」、「自然であること」というのは、ある特定の身体の外見とか、姿勢をとる心の持ち方とかいった特定の基準で測定できるものではありません。各自がその人に固有の、その人に即したあり方で、「汝を語る」ということが生じているのでした。汝を語るときには、「ただただ汝だけ」という我汝関係の専一性が生じ、それに即して、汝を語るその人の、「この汝に関係するこの我」という我の個別性が生きています。しかも、その個別性は、「われ－それ」の場合の個人の特性、性格や資質といった特殊性なのではなく、我汝関係の「関係の光」の中に生きるような個別性なのです。そして、実存の全体という言葉にあるように、我汝関係の基礎原理は、その人がその人の「全体性を実現する」ことであり、「自分という狭い意識から自由になる」ことなのでした。したがって、身体の外見や普通の意味での健全なる身体といった基準に無関係に、たとえ、身体に障害を持つ人であっても、その人独自の実存の全体が実現されうることは、当然のことなのです。

竹内は、身体を育てることの目標を、「個々の人間の実存の仕方を尊重し、個々の人がその人なりに汝に出会えるように、実存の仕方の可能性を開拓すること」(70)に置いています。したがって、ここで〈自然に〉という言葉で表現したいことは、身体と精神を一つにした実存のあり方であり、そのあり方を通して人が、出会いへと開かれうる、つまり、汝を語りうるものとしての人間のあり方に開かれうる、ということなのです。

f　姿勢と社会制度

声をだすときの身体の取る姿勢と、社会という共同体に向かっている態度との密接な関係が、竹内の描写に大変印象深く描かれています。彼は、教育に関する研究会に招待され、そこに参加している人々の話す話し方を見て、その話し方について次のように描写しています。彼にとってその参加者は、研究会の主催者を除いて、初めて会った人々でした。それにもかかわらず、竹内は、それらの人々が話すときの身体の姿勢と話し方に、彼らの学校や大学での生徒や学生に対する態度の違いを正確に見て取りました。参加者が姿勢をとるときに、身体の個々の部分の動きや声の軌跡を細かに描写することによって、それを的確に言い当てたのです。例えば、身体の上体がひどく緊張気味で、肩や腰に痛みを感じているはずの姿勢で、その鋭い声は論理的で明晰な表現に長けているが、生徒の気持ちや感情にまったく届かない声であるとか、確信を持って人に語りかける声であり、確実に他の人に届いているかもしれないが、語る内容について内省をともなわない声だとか、目と額のあたりや肩に過度の緊張がみられ、長年の教育を通して訓練された声となっていて、生徒を引っ張っていく力はあっても、生徒の身体に入り込むことのできない声である、とかいったように、大変、具体的でこと細かく描かれています。(71)

そのような寸評を受けた当事者達は、描写の的確さと正確さに驚きました。初対面の竹内に、自分の教師としての生き方の核心をつきつけられた思いだったからです。それ以上に、驚くべきことは、教育に携わる人々の間に、その人の、もともとの人となりと自然さが表現されるような、他者に直面し、うったえかけることのできる声を持つ人が、いかに少ないかということです。このような彼の観察が、そのような人々が日々形成している社会制度への批判につながっていくのは、当然かもしれません。なぜなら、自分たちが形成しているのではあるものの、その形成された制度から、逆に影響を受け、他者への生き生きした関係を阻害してしまっていることが自覚されるとき、その自覚が、自分たちで形成しているはずの現代社会を批判的に客観的に考察することにつながるのは、当然のことといえるからです。

関係の阻害は、論理的で計算尽くめの語り口が強調されるといった傾向にみられたり、論理的な議論を尽くすことと、その人の人格全体が問題とされる他者への語りかけとの違いが、うすうす感じられてはいても、はっきり意識できていないこととか、知性と感性が一つになって初めて生き生きと人に語りかけうることが、経験できていないことにも、見て取れるのです。自然な語りかけの喪失は、同時に、汝、つまり、語りかける相手の喪失を意味します。一方的に語りかけるすばらしい語り手といったものは、えてして、本当の対話に縁遠いことがあります。声が相手に届き、触れ、相手の応答をいざなっているのかどうか、それは、どうでもいい場合が多いからです。

姿勢と声と生きる態度がどんなに密接につながっているか、ということは、日常それほどはっきり自覚されているわけではありません。しかし仕事や考え方や素養といった社会的要因が、その人の身体の姿勢に影響を与えることとは、考えられることとです。そして、逆に、身体の姿勢が変化することによって、突然、他者や世界に関わる関わり方が一変する可能性も開かれてきます。[72] このような心身医療にみられる見解は、東洋の伝統には色濃く、その日常に残されていますが、最近、欧米でも、重視されてきつつあるとはいえるでしょう。[73]

g 「話しかけ」から見た我汝関係

竹内は、話しかけのレッスンのなかに含まれていた様々な契機を、いろいろな演劇の練習の中で展開させていきました。つまり、今述べた、姿勢と生きる態度といった方向や、自分が他者に対して開かれているかいないかを直接自分で感じる方向へ展開させました。こうして、演劇の練習が、治療の役割、つまり、生き生きした身体の再獲得と他の人への生き生きした関わりの再獲得という性格をもつものとなりました。

話しかけるとか、人の言うことを聞くというのは、単なる情報の受け渡しといったこと――声を単に弓を射るときの矢と比べると、語りかけを一面的に〈自分の〉行いと誤解する危険があります――をはるかに凌駕するものであり、むしろそれは、すでに共に生きられている世界のなかで共に生きるということ、つまり（共現存在）が生きられているのであり、そのことに目覚め、そのことが改めて生き直されることなのだ、という見解が、竹内にとってますますはっきりしたものになっていきます。[74] すでに共に生きられている間身体性が主要な問題とされてきます。[75]

この間身体性こそ、竹内にとって、そのままほっておいては、ますます痩せていく土壌であり、再び豊かに耕されねばならない、生に満ちた土壌なのです。哲学的に見てこの貧困は、身体と精神を別々に見る近代的二元論によってもたらされたものであり、土壌の豊かさが、それによって失われてしまいました。そしてこの土壌の意味するものは、実は、その土壌に含まれている可能性である、「出会い」という現存在の形態の実現の可能性にあります。竹内は、こうして、人生での「出会いの実現」を次のような六つの段階に分けて述べています。[76]

まず、第一段階は、幼児期で、この時期には、自我と世界はいまだ分離、分割されていません。第二段階と三段階は、自我の意識が発展する段階です。第四段階は、メルロ＝ポンティの述べる間身体性の段階で、身体はそこでは、感受するとともに感受される身体であり、一方では主観として働き、他方では客観とも見なされます。しかし、二側面ではあっても、分離しているのではありません。自分の行為と他者の行為は、一つの大きなシステムを生きる共同に働き合う二つの極と見なされます。そこで二つの身体は、受動的綜合を通して働き合いつつ、能動的志向性を介して、他者の身体を物的身体としても知覚しています。

これに続くのが、第五の段階の我汝関係の生じる段階です。竹内は、我汝関係を「関係」という概念ではなく、「出会い」という言葉で表現します。ここでまず、「出会い」と呼ぶか「関係」と呼ぶか、G・マルセルとブーバーの議論を参照してみましょう。マルセルは、関係よりも出会いという言葉が事態をより正確に表現できるとみます。というのも、関係という言葉は、「諸概念を結び付けたり、概念として取り扱うことができるような事態を相互に結びつけたり[77]」するのに使われるので、概念上の関係ではない、「出会い」という言葉がよいというのです。それに対してブーバーは、「しかし、〈出会い〉という言葉は、そのとき起こることだけを意味しており、他の人に出会った人で、長くその人とともにいる人は、その人と正に出会ったのだが、この出会いという出来事そのものは、すでに過ぎ去っており、もう一度出会うということはない。それに対して、関係という概念は、潜在性という可能性〔の領域〕を開くのである[78]」、そして、二つの言葉に共通なのは、我汝関係は、概念的－実践的に把握された自我と他者の間の関係ではなく、絶えず、実現可能な出来事が生じる〈間〉からこそ考えられなければならないことです。このような意味での我汝関係が、竹内のいう「出会い」と共通することは明白といえます。

竹内は、このような出会いの関係について、「自他が融合するときがある。一緒に仕事する、闘う、あるいは遊ぶなど、とにかく日常の生活から飛び出して一つの場を作り、極度に集中し、すばらしく解き放たれ、自も他も忘れているとき、これが起こる。そして人間と人間とがふれあうとは、本来はこのことではあるまいか。それはその世界に共に生きたというよりほかない事態で（現存在分析でいう「共同存在」となること）そのとき、人ははじめて真実「ひと」になる[79]」、と述べています。

この融合は、全体性と集一性という特性をもち、この両契機は、個々の要素の融合の場合のように、要素が前提になって生じるのではなく、むしろ、個々の要素に分割する以前に成立しています。このような融合の概念は、心理学の研究に関連して、特に、聴覚心理学の研究上、感覚主義的な意味の個別的要素間の連合という原理に先行する、その固有な全体性に注目されることによって、導入されてきたものです。もちろん、ここで言われている全体性というのは、ここで問題にされている人間が集中して生きる全体性とは異なった領域で語られてはいるのですが、ともに要素主義に対立するという点では、共通しています。これに関連する興味深いこととして、心理学上の融合概念と形態心理学のいう形態の概念との共通性と相違という事柄があります[80]。フッサールにおいては、融合と連合が発生的現象学における受動的志向性とその綜合として、規定され、分析されています。それだけでなく、他の人の意識活動をどう経験しているのかという相互主観性の問題でも、この融合による連合という原理は、中心的な役割を果たしています[81]。

しかし、このような自他の融合は、いったん生じると、それがそのままずっと長い間続くのではなく、各自再び、融合する以前の自分に立ち戻ってしまいます。もちろん、立ち戻るとはいっても、融合以前の第四番目の段階にそのままの状態で立ち戻るのではありません。経験された出会いは、その痕跡を残すだけでなく、その人が再びそのような関係性を実現する方向に自分を準備するよう、その人の生きる方向性に影響をあたえます。そのような準備が整う中で、再度融合が実現され、繰り返されるにつれ、自分と他者は、もはや独立した個であろうとはせず、自他の境界線をあえて引こうとはしなくなり、両者が一つの行為、一つの現象を生きるという第六番目の段階が成立します。そこでは私は完全に自由であり、私と相手との間に境界線が意識されることなく、流れる何かを感じ合い、しかも、大変明晰ではっきりした意識を保ったままなのです[82]。

ここで描かれている出会いの描写は、ブーバーの我汝関係の描写とよく似ています。ただし、竹内の第一段階は、幼児の生得の汝との関わりの領域に対応するのですが、竹内は、この領域については、多くは語りません。竹内は、一方で、基本的にブーバーの我汝関係の立場に立っていることが明らかなだけでなく、出会いを、M・ボスの語る「共存在」の描写に相応するとしています[83]。この記述で興味深いのは、竹内が、第四段階のメルロ＝ポンティの間身体性と第五段階の出会いの段階とを明確に区別している点です。間身体性を生きることそのものが、出会いを生きることなのではありません。間身体性は、出会いが生じるための前提であり、豊かなる地盤です。また、当然ですが、第三段階ですでに形成されている心身二元論の一方の極である物理的時間と空間という枠組みに固執すると、第四段階の間身体性というダイナミックな現実に気づくことができません。これまでの話しかけのレッスンの記述を通して、間身体性という現実が身近なものになっています。この現実を生きることなく、出会いの全体性と集一性が実現することはありえないのです。

ではここで改めて、このような間身体性に基づいて出会いが、どう実現しているとされるのか、これまでの論述を振り返ってみましょう。

問題にされたのは、どのように語りかけるのか、というその語りかけ方そのものでした。本当に汝に語りかけるとき、我が我の全体性と集一性を生きるのですが、本当の語りかけとは、まずもって、何か用事を済ませるために話しかけるといった実践的関心に即したままの行為なのではありません。用事を済ませるためだったら、別に気持ちを込めて、集中して語りかける必要はまったくなく、必要とあれば、相手の名称を使い、済ませたい用件を述べればいいだけです。しかし、本当の話しかけが、成立しているときには、それに気づいているかいないかは別にして、話しかけが生じうるような身体になっているかいないかが、重要なことなのでした。普段気づいていないことなのですが、相手に、そして世界に、自分の身体が開かれているかいないかは、その身体の取る姿勢や出ている声に見て取れることなのです。しかも、このことに気づいて、姿勢と声を変えることによって、再び世界に開かれた身体の態度を獲得することができるのです。まさにこのことこそ、自分の全体性と集一性が実現するための基本的前提であるわけです。その際特に重要なのは、姿勢や声と世界への開きという一連の事柄を自分の身体で気づき、確認し、練習を通して確固なものにしていき、そのように、自分で直接経験できる、というそのことです。

この「気づき」についてブーバーは、「現実想像（Realphantasie）」という言葉で、哲学的人間論の議論の枠内で問題にしました。「それは、私が例えば他者の特殊な痛みを経験する時、他者のその特殊なものを、従って一般的な不快或いは一般的な悲しみをではなく、この特殊な痛みを、しかもまさしく他者のそれを、感得し得るようになるという仕方で、経験するということである。私と他者が共通な「生の境位」によって取り囲まれており、そしてたとえば私が他者に加えるところの痛みが、私自身の内で痙攣し、遂には人間と人間との間の生の矛盾が深淵としてあらわになるところでは、この「現前化」はその極、魂の逆説にまで高まる。その時、これ以外の仕方では決して促進され得ない或るものが起り得るのである[84]」。

ここで述べられていることに、その現象学的基礎を宛がうのは、これまでの探求からして、さほど困難なことではないはずです。まさにフッサールのいう間身体性に基づく受動的相互主観性の働きに照らしてこそ、ブーバーのいう「私と他者が共通な生の境位に取り囲まれる」という事態の実現が、私たちにはっきりと了解可能なものとなります。実は、間身体的受動的綜合を通して、他者の痛みは、直接自分の痛みとなっています。にもかかわらず、それをそのまま受け止めていないのは、能動的志向性による、自他の身体の区別と対象化が同時に働くためです。この状況を共有する間身体性の働きを露呈したのが、フッサールの発生的現象学の探求であり、いわば、すでに隠れて働いている出会いの基礎と準備の層を確定しえたのです。では、どのようにして隠れて働くこの受動的間身体性の層に、各自が気づけるようになり、出会いという全体性と集一性の実現が実際に可能になるのでしょうか。

ブーバーは、しかし、この「現実想像」がどのように自分に経験され、確認され、実現されうるのかについては、あまり多くを語ろうとしません。それがなぜそうなのかについては、一つには、ブーバーの瞑想や修行などに対する過剰なまでの拒否にある、という指摘をしました。この拒否は、西洋の伝統の一つである神学と神秘主義との間の緊張関係と深く結びついているのですが、この拒否が実は、具体的な身体を生きる人間にふさわしい、集中と全体性の実現という課題から目をそらさせる結果になっていることが、指摘されねばならないのです。

Ⅳ　生き生きした現在における汝の存在

全体性と集一性が実現することと、その際生じる汝の「存在」とは、二つの異なったこととして区別されなければなりません。この章の解明の課題の一つである、「汝の光」の中で、具体的な身体性をともないつつ、通常の反省の対象としてではなく、表象を混じえずに、つまり、知的に把握、理解されることなく、汝の存在に触れるということが、いったいどのように可能なのか、このことがより明確にならなければ、今述べた「汝の存在」とは何かを、判明にすることはできません。

a　汝を語ることとベルグソンの直観

汝の存在をめぐる問題を明らかにするために、具体的な身体をともなう汝への語りかけと、ベルグソンの主張する「直観」の概念とが、どう関係しているかをブーバーが述べている箇所がありますので、それを取り扱ってみましょう。ここでの主な論点は、「触れられているときの汝の存在」と「知覚され表象されているはずの汝の身体性」との関係です。

ブーバーは、ベルグソンが直観による認識の二重性、つまり、観るものと観られるものとの二重性を、次のように克服しようとしている、とみています。すなわち、「われわれが、〈もはや自己がそこで行為しているのを見るのでなく、自らがそこで行為する〉ようなところまで、経験される出来事の直接的な過程の中に没入すること[85]」を通して、克服しようとしていると見なすのです。ここでは、行為と認識が同時に一つとなっていることが要求されています。ブーバーは、実はここにどうしても見過ごすことのできない人間の認識に関した矛盾があると指摘します。つまり、行為の認識の際、「すべての認識作用によって――「直観的」認識のそれによってさえも――その行為の進行は干渉され、その統一性を侵害される[86]」、というのです。ベルグソンが「暴力的」とまでいえる没入への努力によって、認識と行為の根本的矛盾を克服しようとするのは、ブーバーにとっては、矛盾の本質を見極めない、失敗に終わらざるをえないことだ、というのです。なぜなら、そのような暴力は「テンポやリズム、度合いにおいて、すなわち事象の経過の全構造にわたって、その事象の状態に干渉し、それを変化させずにはおかぬていのものである[87]」からだ、とします。ブーバーは、この矛盾を「存在と認識との間に横たわる根本的矛盾」と呼び、人の世界への関わりにあって、「私によって知覚され、私によって〈認識〉された存在者は、私が交わっている現存する存在者と同一のものではないし、またそれと同じものとなることはできない[88]」ことを強調します。この矛盾的緊張関係は、「人と接触する際、感覚に与えられる人格の像と現実に存在する人格との間に働いている」緊張関係なのですが、それは、「決して単に消極的に考えられてはならない。それは人間と人間の間柄の生のもつ固有な力学に対して重要な寄与をする。（……）形象としての人間と、現実に存在する人間との間の緊張から、真実の理解がそれを破って生まれでるのである[89]」、というのです。ここで人は、存在としての汝に出会う、つまり、「与え受け取るなかで経験する実体としての汝」に出会うというのです。そして、この出会われる汝、実体としての汝との出会い、我－汝の次元は、「私がこのようにしてえられた身近さや親しみを、認識の目的のために利用しようとかかるそうする瞬間に（……）実体との接触を喪失してしまうことになるであろう」[90]とします。そして、ブーバーにとって、あくまでもこの存在としての汝との直接的出会いと、汝の認識とは区別されねばならないのです。

b　身体を媒介にしない直観か

メルロ＝ポンティは、別の見地から、同様にベルグソンの直観の概念を批判しています。彼は、『見えるものと見えないもの』で、「沈黙と言語」の相互関係を問題にするとき、この批判を展開します[91]。もし、ベルグソンのいう「直観とは反省である」という命題が、直接性への還帰、沈黙における事物との融合であり、あらゆる言語による分節化を許さずに、締め出すのであれば、それはある種の実証主義、「あらゆる媒介を認めない実証主義である」[92]と断定します。メルロ＝ポンティにとって、この媒介の最も根底的な層は、身体性を意味しています。「私の身体は、ある種の外への開き（打ち開き）を通して、外へと開かれている、つまり、見られた身体と見る身体との間の開きや、触れられた身体と触れる身体との間の開きが、開いては重なり、組み込み合ったりしている。こうして、事物がわれわれに浸透し、われわれが事物に浸透するといわねばならないのだ[93]」。この重なり合いや組み込み合い、事物との浸透とは、しかし、事物との完全な一致や融合を意味するのではありません。「われわれと存在の硬い核との間には身体の厚みがあるのであり、この厚みは、私自身に属していて、非存在の外套なのであり、主観性はいつも、それを身に纏っているのだ[94]」、とされます。

メルロ・ポンティは、この完全な一致の不可能性を、触れる身体と触れられる身体との不一致という現象として周到に分析し、根拠づけます。その際、われわれにとって重要なのは、メルロ＝ポンティが、「流れること」、「移行する綜合」という過去把持を中心にした時間の分析を、その根拠としていることです。その時間分析を通すと、ベルグソンの直観的反省は、原理的困難さをもつことがはっきりし、フッサールが時間分析において、過去把持という通常の反省ではない、特別の「察視」といった概念を導入しなければならなかったことが明確になります。(95) メルロ＝ポンティは、この事態を次のように表現し、ベルグソン批判の根拠としています。「流れるということがあるので、反省は、決して十全なのではなく、一致もできない。反省は流れに入り込むことはない。それは、流れきたった源泉に立ち戻らせようとすることなのだから(96)」。しかし、また、時間意識とその反省の可能性の問題そのものについては、ここでのメルロ＝ポンティの議論以上の、さらに詳細な考察が必要となります。

c　汝に触れること

もし、汝との出会い、汝の存在に触れることが、ベルグソンのいう直観的認識、行為的認識に与えられず、身体性を欠いた直接性には与えられないのだとすれば、いったい我汝関係を生きる身体性はどのように働いているといえるのでしょうか。ブーバーが「像から存在への突破」を主張するとき、それはどのように起こっているのでしょうか。その人格に属するはずの像は跡形もなく消え去り、すでに過去のものとなっているのでしょうか。そのとき汝を思い描き表象することはできません。汝の存在は、「それ」のように、対象として考えることはできません。となると、汝の存在の非対象的自己存在と汝の表象とは、決して同時に成立しているはずはなく、流れる現在の隔たりを通して必然的に分離したままにある、としなければならないのでしょうか。そのとき、汝はいかなる内容も持ちえない、内容喪失のあり方に留まる、といわねばならなくなります。

ここでこの問題に答えてみたいと思います。この答えの試みは、実はブーバー自身の解答の枠を超えることになり、試みが成功しているかいないか、周到な検討を加えてみなければなりません。まず、その答えの試みを、「汝の存在が立ち現れるとき、その存在には、汝の具体的身体性と世界との結びつきとが、過去把持的形態として共に働いていることができる」と表現してみたいと思います。過去把持的なものというのは、対象の意識を通して成立している「それ」として存在するのではありません。先対象的、ないし非対象的なものとしてある過去把持的なものとは、フッサールの言う「生き生きした現在」のなかで、受動的に綜合される空虚な、非対象的に先構成された意味の統一体として生成していて、その一部が対象化され、表象にもたらされ、それが再び非対象的な空虚表象へと過去把持化されています。

そして、汝の存在といわれるものそのものとは何か、という直接の問いは、この段階では、とりあえず、控えておきます。

ここでまず、重要なのは、汝の存在と過去把持的なものは、もし、過去把持的なものが「それ」と化し、対象化した、「汝」に属する対象的意味（例えば、身体の特徴とか、それについて語ることのできるその人の性格とか）となっていれば、汝はそのような対象的意味とは、生き生きした現在の同一の現在には共存できない、ということです。この他者の身体に関する対象的意味内容は、出会いが生じる、出会いが出会いとなる以前に意識作用を通して構成され、その意味が把握され、理解されていたことは当然可能です。しかし、出会いのときには現在という時間の地平の背後に退いてしまっていて、また、退いているのでなければ、汝の存在は立ち現れることはできません。「それ」は「それ」としては、「汝」と同一の現在を生きることはありえません。出会いにあって「汝の光」が天空を満たすとき、「それ」として把握されていた「汝」の身体性は、その対象的意味が直観され、充実されたあり方から、そのある特定の関心に相応した対象知としての身体性から開放され、対象知を介さない、汝の身体へのひた向な関わりが生じえます。匿名的な受動的間身体性が、自他の区別という能動的志向性が働かないことによって、その働くままに、他者の身体性が直接乗り移ってきます。少年のブーバーがひたすら馬をなぜることを通して他者の他者性に触れるということが生起するのです。また、竹内の「話しかけのレッスン」において、話しかける声が、身体の一部に触れるということが生じえますが、そのとき、対象知としての「肩とか首筋」が問題なのではなく、その箇所で触れる他者の他者性が問題なのです。出会い以前に生じていた対象知といえば、その意識内容は、その直観の充実がその充実度を失い、空虚な意味の枠組みだけ残ってゆく、過去把持の過程に転入していきます。だからこそ、逆に、出会いの現在に生起した汝の存在が、次の瞬間に再び「我－それの世界」へと転化し、出会いの現在に、過去把持の地平という背景に退いていたはずの汝の属性が再び「それ」として立ち現れてしまう、つまり、「翻転」という対象化が生じてしまう、ということが可能になるのです。

つまり、汝の存在に触れたままであることができずに、汝を対象とみる、汝の対象化が生じてしまうのです。汝の光の中で背景に退いていた過去把持されたものが、ある特定の関心（様々な実生活上のその人との関係に関する関心や、無意識に隠れている情動といった深層の動機といった場合も考えられます）に結びつきながら、自我の極を経た自我の活動である能動的志向性を通して、再び対象化され、相手である汝の人格についての特定の表象（対象的意味）となり、立ち現れてくるのです。(97)

この出会いの「それの世界」への転化、「我と汝」というひた向きな向かい合いに生じていた「あなた」が再び「あなたについての思い、考え」に転化してしまうのは、その「あなた」を「何かとして」意識する我－それ関係としての能動的志向性が働き出すからです。そしてその際、重要なのは、実は、この能動的志向性は、受動的志向性によって、先反省的にできあがってくる、先対象的な意味内容を反省の眼差しにもたらす、はっきりとそれに気づくことに他ならないのだ、ということです。そして、この先対象的意味内容というのは、過去のことを思い出す再想起や、世界を見たり、聞いたりする知覚や、世界について考える思考という能動的志向によってではなく、自分で作り出すのではない、自然に生じる受動的綜合によって生成しているものなのです。つまり、「それ」にしてしまう、その構成には、反省意識に現れることのない隠れた受動的動機が受動的綜合にもたらされる先構成が働いていて、それを能動的志向性が反省にもたらしているという、そのような「先構成−構成の機構」を理解する必要があるのです。この汝の存在と過去把持された汝の身体性とがともに生き生きと働いている、というこの見方を、さらに詳しく検討してみましょう。

d　全体性の実現としての出会い

過去把持された身体性の意味連関は、先対象的で先反省的な意味連関ですが、その意味内容には、キネステーゼや衝動志向性、個別的な感覚野の統一的意味などが含まれており、触発と連合という綜合の様式を通して生成しています。このような過去把持された身体性と、汝の表面的に類似している（しかし、まったく次元を異にしている理由は後ほど明らかになります）非対象的存在とが、生き生きした現在の流れの只中で、共に共存しうると考えられます。つまり、過去把持の領域では、一度表象された汝についての対象性が、非対象的な過去把持的与えられ方において、対象としてではなく、別様に存続できるということです。しかし、このとき、注意しなければならないのは、このような過去把持的与えられ方は、単に「汝」の身体に関わる対象性に限らず、この世界のあらゆる意味を持つ存在一般にも当てはまるということです。すべての事柄が一旦、直観され、表象されると、それはすべて、非対象的な過去把持的なものに変様します。したがって、ここで中心的な問題となっているのは、我汝関係で生起する汝の存在の立ち現れ方そのものと、過去把持された先対象的な汝の身体性との、特別な関係です。なにが特別かといって、「それの世界」の中で対象であるような他者は、あくまでも対象を経験するという対象の世界の内部での対象と対象の意味のつながりのなかに、つまり、個別的な対象的意味の、お互いに明確な差異をもつ、お互いに不可侵の限界で接しあって、位置づけられているのに対して、汝の存在は、このような対象の意味連関のなかには立ち現れることはないのです。汝ではなく、対象としての相手と、そのような対象的意味が過去把持された非対象的意味内容との間にもつ関係は、「それの世界」で事物を知覚するときの対象的意味連関という関係と、別に異なるところは、なにもありません。

今問題にされている関係が特別であるのは、汝の存在がいかなる対象性の性格をも持ちあわせていないからです。対象でないだけでなく、対象であったためしがないのです。ですから対象であったためしのない汝の存在が、その対象性を失い、先対象的に過去把持される（対象的意味の過去把持化）ということも、ありえないことなのです。

汝の存在は、光に喩えられているように、まさに、徹底して完全に非対象的であるからこそ、つまり、過去把持の先対象性や先反省性よりも、徹底して根本的に非対象的であるからこそ、そのような存在と過去把持されている先反省的で先対象的な意味連関とが、共存できます。また、このような共存というあり方があるからこそ、汝の存在に「触れる」といったり、汝の存在の「働き」といったり、汝に純粋に向き合うこと、「特性のない純粋な主観性」、「汝の光」、「汝の光のなかに留まる過去把持された先反省的対象性」ということがありうるのです。こうして、我汝関係で汝の存在に触れるということがあっても、対象の意味として意識されることはなく、主題化されることもないのだといえるのです。

とすれば、この汝の存在は、いったいどのようにして、「……として」意識されるというなんらかの対象の規定なしに、そもそも汝に触れているということが成立しうるのでしょうか。汝の存在について語りうるのはどうしてでしょうか。

まず明らかなことは、世界の中で具体的身体性が生きられているという背景なしに汝の存在が立ち現れることは、ありえないということです。次に明らかなことは、我と汝の間を行き交う「関心」とは、用事が済めばよいといった、特定の実践的関心に即して、使われたり活用されたりする事物をめぐる関心ではなく、人格への開き、人格や事柄そのものにひた向きに向かうという「関心」にかかわっています。そしてこの関わりにはある新たなもの、未知なもの、特別なものが立ち現れうるのです。

例えば剣道の試合で、「本当」の試合が成立するとき、「勝つ」という特定の関心で試合がはじまっても、その関心が意識にあるうちは、本当の試合は成立しません。その思いは完全に忘れ去られているのでなければなりません。完全に剣道そのものに集中して、無心になり、そのような身体を生きる人と人との間に出会いということが直接体験されます。また、ヘリゲルの場合に、無心のうちに「弓が射られる」ということが生起するとき、「いったい何が起こったのか」、「打ったのは誰か」、「射たのは誰か」といった問いがそもそも生じないようなことが起きるのです。名を持たない人と人との間に、そこに生きる存在に何かが「打」として表現されます。しかも、集中が実現するそのつどに、その表現が生起します。そしてその表現の直接的体験は、何かとして意識されなくても、その後の、その人の人生全体に決定的な影響を残していきます。

集中し、全体となった存在が「打」に表現されるということには大変重要なことが含まれています。まず第一に、汝の存在とその身体を通しての表現は、同時に実現しているのであって、両者を分離できないということです。また、同じような表現にみえて、汝の世界からの「打」とそれの世界からの「打」の違いは、はっきりしていて（ヘリゲルが呼吸に集中できた場合とできない場合の「弓の張り」の歴然とした相違を想い起してください）、この違いが敏感に感じられる実例がこの章の話しかけのレッスンでも具体例を通して示されていました。ある特定の状況で、特定の実践的関心が満たされたり、満たされなかったりしますが、それが繰り返されると、同じような状況が生ずれば、その同じような関心が再び頭をもたげるといった、特定の「関心と充実」というつながりが習慣となり、パターンの形成ともなります。いずれにしても、ある特定の個別的関心に即して、個別的な目的は、個別的目的のまま、関心をもたれて、それが満たされたり、満たされなかったりするわけです。しかし、それに対して、そのつどの全体性と集一性に生じる汝の存在は、ブーバーによって、「現在」を受け入れることと性格づけられていて、この現在は、人の集中した純粋となった行為の中で受け止められます。そして、この現在の場合、特定の実践的目的遂行とは異なり、ある新たなものではあっても、特定の何かという意識内容をもってはいないことが重要です。「純粋なる関係という本質行為から歩み出る人間の存在のなかには、ひとつのより以上が、ひとつの新たに発生したものがもたらされているが、それは彼がこれまで知らなかったもの、またそれがどこから起こったかをあとからただしく言いあらわせないのである」[98]。それは、「力としての現在」と名づけられ、本当に向き合うこと、つまり、「真の相互性のまったき充実、受け入れられ、結びつけられているということのまったき充実」[99]を意味するだけでなく、「生の意味が言葉によらずに肯定されること」でもあるといわれます。そして、この生の意味は、「〈別の生〉の意味ではなくて、このわれわれの世界の意味」であることが肝心なことです。この世界の生の、相互性のなかで肯定される意味は、もちろん、個人に閉ざされたあり方で体験されるのではありません。「その意味保証は、私のうちに閉ざされることをではなく、私を通して世界のなかへと生み出されることを欲しているのである」[100]とブーバーはいいます。

具体的な身体性と世界性の先反省的で先対象的意味の地平で、自他の区別を持たない〈自己〉存在が生起するとき、この先反省的意味連関は、反省にのぼらない、気づかれない、意識されないという否定的側面をもつだけではありません。名を持たない現在の力が、かぎりなく強く働き、この力のなかで、この新たな誕生において、「それの世界」が新たな汝の光のなかで生きていても、光そのものの働きに何の差し障りがないばかりか、「それの世界」そのものの本当の姿が、そこで見極められるというのです。

この汝の自己存在の立ち現れは、メルロ＝ポンティが描写する芸術の世界で、それに対応する事柄を確認することができるでしょう。彼は、森の中で木々に囲まれて絵を描く画家が経験する「インスピレーション」をテーマにして次のように述べています。「本当に存在の吸気（インスピレーション）とか呼気（エクスピレーション）というものが、つまり存在そのものにおける呼吸（レスピレーション）があるのだ。もはや何が見、何が見られているのか、何が描き、何が描かれているのかわからなくなるほど見分けにくい能動と受動とが存在のうちにあるのである。母の胎内にあって潜在的に見えるにすぎなかったものが、われわれにとってと同時にそれ自身にとっても見えるものとなる瞬間、一人の人間が誕生したと言われるが、〔その意味では〕画家の視覚は絶えざる誕生なのだ[101]」。

ここに、我汝関係の基本的構造に相応する種々の側面、例えば、能動と受動が一つになり、見ると見られるの対立が失われているという事態が描かれています。ただ、メルロ＝ポンティの場合も、ブーバーと同様、どのようにして、こうした事態が実現されるのか、全体性と集一性の実現の仕方は、分析の課題として扱われることはありません。ですから、ここで描かれている森との出会い、自然との出会いが、「万有霊魂論」や「神秘主義」と誤解される可能性が高くなります[102]。それだけでなく、人との出会いの次元も、能動と受動が似たものになるといった逆説的事態を十分に考えることなしに、自由意志をもつ、問いと答えを生きる人格という概念を援用して、我汝関係の逆説が解消されたかのような思い込みに終わってしまうのです。

これに対して、仏教の伝統は、実践的修行が強調されていることによって特徴づけられます。この修行にあっては、言葉に啓示された絶対性を要請する教義から自由であり、言葉を超えた次元での沈潜の実現が目的とされます。この沈潜は「無為」とも呼ばれ、最終的には、日常生活が無為によって担われていることが理想です。次の章では、この沈潜が実現される過程を追うことによって、「能動と受動が似たものになる」という逆説が逆説として成立する現場を取り押さえてみたいと思います。それによって、身体性をともなう出会いと汝の存在の持つ意味がより明瞭になってくるはずです。

Ｖ　過去把持的綜合とメルロ＝ポンティの後期の思想

フッサールの明らかにした過去把持の概念と過去把持的明証性が、汝の存在を汝の身体性並びに個別的歴史性と本当に共存可能にできるのかを、さらに問い詰めるために、「森との出会い」を主張するメルロ＝ポンティが、過去把持をどう評価しているか、その積極的評価と消極的評価とを検討してみたいと思います。メルロ＝ポンティが下すフッサールの時間論、特に過去把持についての判断は、以下の二側面に代表されます。つまり、一方で、フッサールの時間論に画期的な意味を見出し、それを「移行の綜合」と性格づけるが、他方で、過去把持をめぐり、それが、いまだ出発点に留まる、つまり、メルロ＝ポンティ自身の主張する「存在」ないし「超越」の現象学に至りえないある種の内在主義を批判する、というものです。

a　「移行の綜合」としての過去把持

メルロ＝ポンティは、フッサールで開示された先反省的綜合（時間論で「移行の綜合」と呼ばれます）の重要性を『知覚の現象学』の時期から強調していました。「フッサールの独創性は、志向性の概念のみならず、それを超えてこの概念をさらに展開し、表象の志向性の根底に位置するより深層の志向性を発掘したことにある。他の人はこの志向性に実存という名を与えている」[103]。また、後期の『見えるものと見えないもの』でも、「過去把持、（……）、私のすべての過去の現在、（……）、場所への私の運動による関係づけ、（……）、持ち前のもの（野や理念の創設）、空間の中で運動図式による整い、（……）、これらすべては、実存についての考えではない、実存そのものの問題に関わるのであり、フッサールが絶対的な過去把持的流れとして心理学的反省のただ中で再認しているものをめぐる問題である」[104]とし、時間意識の分析では、この移行の綜合は、あらゆる分離化以前に位置する、「未来のものが現在のものへと、また直前の現在だったものが過去のものへと」[105]経過する現象と名づけられてもいます。

空間性の分析では、この綜合は、「深さ」という現象の分析で、「気づかれない滑りの根拠、現象のある意味での遊動空間の根拠として、個々のパースクティヴが他のパースペクティヴに取り込まれていく」[106]、さらに、「深さは、はっきり見るとき、現在の中の過去把持として認識するもののなかで、〈志向性〉なしに、原創設される」[107]ような綜合として描かれています。また、フッサールの狭い意味での志向性を批判するときにも、経過の現象の特別な意味を強調しています。狭い意味の志向性の分析に対して、「フッサールが叙述し、定題化する経過の現象は、まったく異なったものを含んでいる。それが含むのは、〈同時性〉であり、移行であり、立ち留まる今（nunc stans）であり、過去の守護神としてのプルースト的身体性であり、意識のパースペクティヴに還元できない超越的存在へと沈み行くことである。また、それが含むのは、過去が事実的で経験的な現在を指示するのではなく、逆に、事実的な現在が、そこでは過去と現在が厳密な意味で〈同時〉であるような存在、ないし世界、あるいは次元的な現在へと指示がおこっているような、そのような志向的指示連関をふくんでいるのだ」[108]というのです。また、いかなる意味で過去把持が「同時性」の次元を含みうるのか、という点に関して、実は、フッサールとメルロ＝ポンティの考察が内容的に近いものとなっていることが、次に、明らかになるでしょう。

b　過去把持は単なる始まりに過ぎないのか

他方、メルロ＝ポンティは、ここで示されている経過の現象が、フッサールの時間論では十分に展開していないという見解をもっています。この意味で、いまだ「出発点」[109]に立ったままだというのです。それだけではなく、彼はフッサールを批判して、「フッサールの過ちは、いかなる厚みもない、内在的意識として現出する現在野から出発して、過去把持の組み込み構造を記述することにある」[110]と述べ、さらに、「フッサールの時間図式は伝統的な枠組みに即したものであり、今の系列を直線上の点として思い浮べるような図式である」[111]とも批判します。このことから、彼は、フッサールの時間図式を「時間の差異化の渦巻きを実証主義的に投影化したもの」[112]と特徴づけます。

ここで述べられているメルロ＝ポンティのフッサールの時間論に対する肯定的な評価と否定的な評価は、内容的に明らかな矛盾を示しています。なぜなら、「時間の差異化の渦巻き」ないし、「厚み」といわれる事態は、肯定的評価のときに述べられている、原理的な構造とされる「過去と現在の同時性」といわれる事態に他なりません。もし、フッサールの時間論をその中期から後期にかけての展開で見てみれば、とりわけ、受動的綜合の分析での時間論の展開を見やると、メルロ＝ポンティの否定的評価は、この時期のフッサールの分析を十分考慮できなかったことにその源泉を見るのが、妥当であると思えます。

というのも、この受動的綜合の分析こそ、時間を構成する絶対的時間流の「不可解な謎」――時間がまさに、遅くもなく早くもなく、その特定の速さで流れるということ[113]――を問題として設定することができる分析領域だからです。そして、この謎をメルロ＝ポンティは、フッサールと同様、特定の「内容」が、時間が早く流れたり、ゆっくり流れたりする時間の流れに「影響すること」、すなわち、「時間質料の時間形式への影響」として捉え、時間を「創設、相応するもののシステム」[114]と捉えているからです。この受動的綜合の分析を通して与えられる「現在」は、メルロ＝ポンティの批判にあるような、「過去に向かって放たれていくような存在」[115]ではなく、原連合的触発の綜合と、再生産的連合の綜合が働いている現在野なのです。「空虚な過去把持の領域において、それらの力は、貯えられたり、阻止されたりしており、それとともに、それらの予期の力も同様に、ちょうど盲目的な衝動のように変化している。（……）それによって生き生きした流れる現在領域における根源的な連合の類型と規則性にも媒介されるのである[116]」。また、それどころか、過去の空虚表象が現在の感覚素材を、自己のもつ触発力で飲み尽くすほどの力をもっていることにも言及しています[117]。

先反省的な連合による綜合の分析では、メルロ＝ポンティのように、単に、「力のこもった厚み」や「現在の渦巻き」といった、神秘主義的という批判が生じる危険を含む象徴的な言葉に留まるのではなく、この渦巻きの層的構造が、「時間－空間的連合の綜合」、「衝動志向性」、「キネステーゼ」、「類似とコントラスト」、「浮き彫り」や「覚起」といった本質規則性として、周到に発生的現象学の枠組みのなかで分析され、考察されています。[118] ここでフッサールは、まさに、メルロ＝ポンティのいう「連合の過剰規定」ないし、「象徴的マトリクス」[119]と名づける現在野の只中に踏み込んでいるのです。

しかし、もちろん、ここでいわれている「連合」は、フッサールにとって、経験論的な意味での連合を意味しているのではありません。[120] メルロ＝ポンティのいう「過剰規定」とは、「諸関係の関係、偶然ではありえない、オミノーゼな意味をもつ偶有性」[121]とされます。それによって、経験論的な意味での連合が生じる以前に、それを生み出すような意味連関ができているのでなければならず、それがわれわれに語りかけてくるのであって、その意味で、メルロ＝ポンティは、それを「存在、ないし、世界の放射」[122]、「存在の内なるものの志向性」[123]となづけます。だからこそ、「精神分析の連合は、現実には、時間と世界の放射なのだ」[124]といえるのです。

メルロ＝ポンティにとって、「存在と世界の放射」という考えは、フッサールの、働きにある受動的志向性、ないし潜在的志向性の「再度の把握」であり、「さらなる展開」を意味しているのです。[125]

さて、では、ここで言われている「存在の放射」とはいったい何を意味しているのでしょうか。フッサールの受動的綜合とこのメルロ＝ポンティの考えに何らかの共通点があるのでしょうか。ヴァルデンフェルスは、メルロ＝ポンティの思想の展開を考察して、「意識」への方向づけが明確である『知覚の現象学』の時期と、後期の作品である『見えるものと見えないもの』との違いについて次のように、言及しています。すなわち、前期では、確かに意識の立場が弱められてはいるものの、いまだなお、このように明らかにされた「先領域」ないし「先所与性の領域は、この領域を把握する自我に関係づけられている。接頭語である〈先〉は、意識に関係づけられており、フロイトのいう「単なる前意識」に関係している」[126]。しかし、後期になると、構造主義に即した考えが徹底されてきて、「間の領域」[127]が明確にされてくる、というのです。

　では、上に述べられた「世界の放射」とか「存在の語りかけ」という事態は、いかなるものなのでしょうか。この事態は、語りかけのレッスンに結びつけていえば、最終的に、語りかけを受ける側の問題でしょうか。語りかけが、とても気薄であっても繊細に感じ分けられるような受ける側に依拠するのか、それとも、見えるものの側の語りかけ、つまり、存在の側の語りかけに依拠するのかと、問い詰めることができます。いったいこの「存在の放射」とは、ヴァルデンフェルスに即していえば、そもそも「人間に由来する」のか、本当に、「存在そのものに由来する」のか、と考究することになります[128]。

　後期のメルロ＝ポンティの思想では、逆説的事態が二つながら、二方向から積極的に問題とされ、いわば、この二方向からする逆説の「間」が問題となります。この「間」をどう明らかにするのか、原理的に大変複雑な考察が要求されますが、ひとつの試みとして、上に述べた「同時性」という見解を出発点に取ることができます。その際、フッサールに対する批判として、ヴァルデンフェルスのいうように、フッサールは、最終的には『危機』で述べられている超越論的主観性の立場、理性の目的論に留まり、「人間の主観性の逆説」を問題にできても、「存在の逆説」は、問題にできなかった、というべきでしょうか。その批判はあたってないと私は思います。

　なぜなら、フッサールの助手でもあったフィンクもはっきり述べているように、原則的に、フッサールの後期の思想は、主観と客観、内と外、本質と事実といった二元論的思惟の枠組みのなかではなく、それらの根底ともいえる第三の次元を常に問題にしていたといえるからです[129]。また、メルロ＝ポンティもフィンクの主張と同様に、「事実、身体、本質」の関係について、明確に次のように述べています。「事実と本質はもはや区別できない。しかしそれは、われわれの経験にとって、両者が入り交じっていて、純粋にその関係を明らかにすることができなかったり、両者が極限概念としてわれわれの経験のかなたに位置するからでもなく、存在が、私の手前にあるのではなく、かえって私を包み込み、ある意味で私に浸透しているからであり、私の存在への眼差し（見え）はどこかに別のところで生じるのではなく、存在そのものの只中から生じるのであり、与えられている事実というのは、空間－時間的に個別的なものは、当初から、私の身体の基軸、結束点、諸次元、一般性に結び付けられており、したがって、すべての理念は、私の身体の組み立てのなかに埋め込まれているからだ[130]」。そして、他方、疑いえないこととして、フッサールの場合、発生的現象学での先反省的綜合の分析は、狭い意味での志向性の志向と充実という枠組みを受動的志向性という見解によって乗り越え、ここで第三の次元といわれている領域を、メルロ＝ポンティ以上に、現象学的分析にもたらしえているからです。

ここでは、メルロ＝ポンティのいう「反省の徹底化」、「反省の反省」、「存在の領層[131]」の系列を言語にもたらそうという試みとの共通の方向性を見ることができます。フッサールで問題にされ、解明されている「連合[132]」、「類似性と対照性」という、先反省的身体性の「規則性」は、メルロ＝ポンティの「類似の現象、超越の現象」という概念と次元の上で一致し、ハイデガーの存在そのものへの問いとその問い方とは、一線を画すものとおもえます[133]。

c　フッサール後期時間論の要点

さて、ここまで、時間と存在の問題をつきつめてくれば、過去把持に対するメルロ＝ポンティの批判は、彼自身の過去把持に対する積極的評価に即して理解すべきであることが、明確になったことと思います。また、実は、メルロ＝ポンティこそ、フッサールの後期思想にとって中核となる受動的綜合の意義をはっきりと把握していた数少ない現象学者である、ということを再確認することもできます。また、ここで改めて、このメルロ＝ポンティの受動的綜合からするフッサール解釈が、後に展開される様々なフッサール時間論解釈に対して、確固たる批判基準となっていることを指摘したいと思います。というのも、フッサールは、時間意識の分析に関して、一九二〇年代に展開する「受動的綜合の分析」を通して、いわゆる「過去－現在（過去把持－今－未来予持）－未来」という直線的時間図式から、過去と現在が対峙しつつ、臨在する力動的な垂直的時間図式を次第に明らかにしてきたからです。この時間図式の転換が形成されてきた経過をたどりつつ、ここで、フッサールの後期時間論の特質を要点に限ってまとめておきたいと思います。このような補足が必要なのは、この論点が、この後の身体論の展開にとって、大変重要な意味をもっているからです。

（1）　早期の『時間講義』で明らかにされたのは、まずは、「過去－現在（過去把持－今－未来予持）－未来」という時間意識の構造的契機です。また、同時に「1、絶対的時間流　2、内在的時間意識とその時間内容　3、客観的時間意識とその時間内容」という三層構造が明確にされました。その際、絶対的時間流が自己構成することによって内的時間意識が構成されるという逆説的事態が露呈され、この事態の解決に、過去把持の二重の志向性、すなわち、過去把持の縦の志向性と横の志向性の同時展開があてがわれました。

フッサールは、この絶対的時間流の自己構成を、「内在的な時間を構成する意識の流れは、いかに奇妙であろうとも次のように存在していることが分かる。つまり、そこでは必然的に流れの自己現出が成り立っており、それだからこそ、流れそれ自身が必然的に流れることにおいて了解可能であらねばならないのである。（……）構成するものと構成されたものとは、合致しているが、無論あらゆる観点において合致しうるのではない[134]」、と表現しています。絶対的時間流は、絶えず、源泉としての今を持ちながら生じつづけますが、それ自身、実在的な川のように、上下をもつ流れという持続をもつのではありません。とはいっても、ある音が続いているような音の一定の持続として、時間が現れていることも確かです。現れている内在的時間を、源泉ではあっても、源泉のみであって、現れを現れにしているような時間の根源と、どのような関係にあるのかが、解明されなければなりません。そのとき、フッサールは、この構成する意識流の統一という、この逆説的事態を解明しうるのが、過去把持の縦と横の二重の志向性――この場合の過去把持の志向性は、通常の自我の活動をともなう能動的志向性ではなく、自我の関与しない受動的志向性であることに注意しなければなりません――であるとします。とりわけ、そのとき、その縦の志向性が中心的な役割をなし、「したがって、流れを通して縦の志向性が起こっており、この縦の志向性は、流れの経過において、絶えざる自己自身との合致の統一の中にある[135]」と述べています。つまり、根源的に構成する意識流が構成した内在的時間意識（例えば、一つの音の持続という時間内容）が、原印象と過去把持の働きを通して、同一の音の持続として過去把持の縦の志向性において構成されます。

その際、このような自己合致の生起は、以下二つのことを通して、その必然性が解明されたのです。その一つは、過去把持そのものの開示に際して重要な論点である、いわゆる統握図式の否定、つまり、「統握作用（意識作用）－統握内容（意識内容）」という図式で[136]、時間の流れの構成を理解することはできないことです。二つ目は、「内的意識ないし、原意識、あるいは内的知覚」といわれる特有な認識様式（原統握ともよばれた）において初めて、過去把持の二重の志向性が明らかにされうる、ということです。

（2）　この時間内容の自己合致は、『ベルナウ時間草稿』[137]を経て、一九二〇年代より明確な展開をみせる発生的現象学の枠組みの中で、内的意識を明証性の基盤としつつ、超越論的連合の規則性において、より明白に、その働きの仕組みが解明されていくことになります。対象知覚といった高次の構成層を脱構築して、生き生きした現在の時間流と感覚野の領域において、どのようにして、特定の感覚野の感覚質（例えば、視覚の色と形、聴覚の音、触覚等々）が特定の感覚質の意味のまとまりとして生成するのかが問われ、感覚野に伝播する「類似性」、「コントラスト」を基準とする原連合の規則性や、感覚野の継起において働く連合の規則性などが解明されました。また、複数の感覚質が共在する感覚野において、どうしてある特定の感覚野の際立ちが生じ、他の感覚野が背景に退くのか、その要因をさぐることから、感性的感覚意味の連合的－触発的統一が自我を触発し、その触発力が十分である場合、自我の対向が生じ、その感覚質に気づくという、先触発と触発の現象が分析されます。こうして、感覚質という感覚野の共在性と継起性を一貫する時間内容の形成が、連合と触発の現象の解明を通して、明晰に理解されることになったのです。

（3）これを通して、時間内容の自己形成は、もはや、「過去－現在（過去把持－今－未来予持）－未来」という直線的時間図式においてではなく、先触発において原印象の所与とともに、過去地平に眠る空虚な形態[138]（ないし、空虚表象）との相互覚起を通して、「原印象と過去把持の同時性」において、いわば垂直的な時間図式において生起することが、内的意識に明証的なこととして明示されました。原印象が一方的に時間内容を創出するのではなく、過去把持という幅のあるプロセスを通して、原印象の〈感覚内容〉と過去に眠る空虚な形態の〈感覚内容〉とが、相互にその内容の意味を連合の規則性を通して覚醒しあうことによって、原印象の「感覚内容」が初めて生成する、それが、時間内容の自己生成といわれていた生起の仕組み、つまりは、超越論的規則性の開示なのです。しかも、重要なのは、この段階での相互覚起による感覚内容の成立は、成立を遂げてはいても、十分な触発力を持たない場合、自我の対向を受けることなく、気づかれないまま、過去地平に沈殿してゆくということです。

（4） この垂直的時間図式が明らかになるにつれ、その際働く相互覚起の生起を条件づける働きとして、生き生きした流れる現在の流れを、特定の時間内容が特定の持続の幅を持たせつつ流れさせている根源的動機が、解明されることになります。触発力の増減を条件づける、原触発としての間身体的に働く衝動志向性です。絶対的時間化（早期の絶対的時間流）の条件性としての衝動志向性を指摘したのは、L・ラントグレーベでした。触発的綜合が感性的意味の統一として自我に働きかけるとき、自我の対向が生じますが、その対向の働きの際の自我極と自我の作用という自我の構造が、発生的現象学において、さらに遡及的にたどられ、自我の活動の働きの中にある生きた構造をたどって、その構造を基づけている「徹底的に先自我的なもの[139]」が明らかにされます。それこそ、間身体的に働く衝動的志向性に他ならないのです。

このように、衝動志向性は、生き生きした現在の流れるつつ立ち留まるという逆説的事態を、立ち留まることを条件づける条件性として働いていることが解明されました。したがって、この生き生きした現在の謎は、決して、ヘルトのいうように、自我の自己分裂と自己共同化という形而上学的構築によって解明しうるのではありません[140]。自我のいかなる関与もない志向性である受動的志向性の、その根底に間身体的に働く衝動志向性が生き生きした現在の流れを超越論的に条件づけているのです。

第五章　仏教哲学と身体性

第四章では、武道の修行の過程での身体や、「話しかけのレッスン」という形を取る演劇の練習中での身体性の働きなどが、考察されました。その際、特に問題とはされませんでしたが、日本の仏教の伝統との関連が、所々で指摘されていました。この章では、特にこの関連をより明確にさせてみたいと思います。いってみれば、「武道でいわれる稽古や修行は、大乗仏教でいわれる〈心身一如〉という理念とどのようなつながりがあるのか」という問いとして表現することもできます。このような定題化は、同時に、東洋の伝統的思想で身体がどのように考えられているのかを、はっきりさせてみる試みともいえます。そして、そのためには、仏教の重要な概念である、「法」、「空」、「縁起」などの概念が考察されなければなりませんが、この考察は、本書の主要テーマである身体性の解明に関わる範囲のなかでの重要な論点に限って行われます。ですから、ここでは、それらの概念の十全な哲学的解明そのものが目標なのではありません。そこで、まず、導入として、仏教哲学そのものが、一体、どのような比較哲学的考察のもとで展開されてきたかを振り返ってみて、仏教哲学そのものの哲学としての性格づけを明らかにすることから始めたいと思います。

Ⅰ　仏教哲学と西洋哲学

a　キリスト教的思惟と仏教的思惟との遭遇

仏教哲学と西洋哲学の対比的考察は、これまで様々な視点から展開されてきました。[1] まず、日本での仏教的思想とキリスト教的思想との初めての出会いを、一五四九年から一五五一年にわたるイエズス会の布教活動にみることができるでしょう。[2] この時の議論のなかには、すでに今日の両思想の対話で中心問題となる事柄が、初めて両者が遭遇したときの驚きやとまどいや不可解さの表現のなかに、はっきり読み取ることができます。

ザビエルは、「日本人が論述する仏教諸派の書物のなかには、世界の創造についての知識がまったくみあたらない。彼らは創造ということはないと考えている。彼らに最も深い印象を与えたのは、魂にはその魂の造り主がいるということだ。このことに彼らは最も大きな驚きをみせた。仏教諸派のいかなる派も、世界の創造、魂の創造については語らない」[3] と述べています。キリスト教の中心教義である、創造主の思想がまったくその当時の日本にみられないことへの驚きです。それに代わって、仏教徒の一つの派である禅の一宗派が語るのは、「聖なるものは何もない。したがって、聖なるものを実現する道を求め、たどる必要はまったくない。なぜなら、かの偉大なる無が人間の現存在に実現して以来、再びその無へと変遷する他にいかなる必要もないからだ」とザビエルは記しています。

このように、禅の語る「無」が、端的に述べられています。また、ザビエルは、事物の由来について仏教徒が考えることについて、「すべて出来上がっている事物は、特有な原理を併せ持っており、人や動物は、死ぬと、四大[4]といわれる、それがそうあったもの、その原理に変遷するだけである。この原理は、善でも悪でもなく、楽で苦でもなく、滅せもせず生じることもなく、無なのである[5]」と記しています。このように、ザビエルの手記には、仏教、特に禅宗の基本的立脚点が的確に記録されている、ということができるでしょう。

さらに、ザビエルは、アリストテレスの第一運動者の議論を聞いた、その当時の仏教徒の応答をあげています。この仏教徒は、その当時だけでなくて、今日の多くの日本人が語るように、「生きていないものは、他のものがそれを動かすのでなければ、自分で動くはずはない。日や月は生き物ではないのだから、自分で動けるはずはない。誰がはじめに動かして、現在一方から他方へ動かしているのか、それには答えるすべがない[6]」と述べている、と報告しています。これらは、すべて、キリスト教の教説と仏教の教説との正面からの出会いが行われ、相違点の体験が大変明確に記述されているといってよいでしょう。

さらに、ここで私たちが問題にしている身体をどう考えるか、という点に関して、次のような、興味深い対話が描かれています。まず、キリスト教の信仰には、神による魂の創造と魂の不滅性、さらに、善悪を見極め、肉の弱さと理性的判断を下す自由と責任という信仰箇条がありますが、この点に関して日本人との議論の次のような例があげられています。ある日本人が、「老年になって記憶力がなくなってしまう」といったことが述べられたとき、心と身体の相互の影響について、イエズス会士が語るという状況です。「年を取ると心もしっかり働かなくなり、物覚えが悪くなり、心の力も年と共におとろえる」と日本人が語るのに対して、イエズス会士は、「物覚えが悪くなるのは、魂の力の衰えからくるのではなく、身体という道具の衰えからくるのだ。なぜなら、魂が身体を使おうにも、身体が弱っているので、必要に応じて使用することができないからだ。幼児を見れば分かるように、魂に関しては成人に劣ってはいないが、身体の力にかけるところがあるので、話もできず、記憶力がなく、知識に欠ける。それにもかかわらず、幼児は、理性的な魂を持ち、たとえ人のいない野獣の中に生まれ落ちても、身体の力さえ備われば、身体を使い言葉を話して、魂である理性を使うことができるのだ」と答えています。つまり、魂の力は、「幼児の場合、魂に関しては成人に劣らない」と主張されるように、身体の能力と独立して働きうるのであり、身体の力が衰えても、それが魂の力になんらかの影響を与えるのではないというのです。また、身体は魂が利用する道具であり、身体に対して距離をもち、たえず独立して働きうるというはっきりした見解をここに、みてとることができます。最後に援用されている、野獣の中に育っても身体を使用して言葉を語れるようになるという事例を聞いて、多くの人は、いわゆる「狼少年」の例こそ、この主張への反駁になると考えると思いますが、ここでは、かえって、あえてそのような例をひいてまで、魂の能力の独立性の主張がなされていることは注目すべきだと思います。また、この宣教師の主張は、中世スコラ哲学の「形相－質料論」に即していることは、明らかです。

いままで述べられたことのなかで、重要な論点を次のようにまとめることができます。

（1）「創造主」というキリスト教の考えと、「無」という仏教の原理の対立。

（2）日本人が、第一運動者といった、物の運動の原理にまつわる形而上学的考えに不慣れであること。

（3）心と身体の関係についての考え方の相違。一方は、創造主の信仰に結びついていて、人間の魂は神によって創られ、導かれており、身体に対して独立して働く能力を持つという考えであり、他方は、人も動物も四大からなる魂をもち、身体との密接なつながりの中で「無」に結び付けて考えられていること。

この三つの根本的相違は、両文化にとって、お互いに「馴染みのなさ」、「不可解さ」の中核をなしています。この不可解さは、この初めての出会いの時代には、直接経験されたものではあっても、十分な理解と了解の努力の機会には恵まれませんでした。十分な議論の前提となるそれぞれの伝統的文化についての知識に大きく欠けていたからです。しかし、この三つの論点は、その後、両文化の対話の努力を通して、常に中心的な問題点として今日もなお、存続しているものといえます。

b　西田哲学と仏教哲学

日本人は、およそ二〇〇年にわたる鎖国の後、明治時代になり、西洋文化の直接的な影響の真只中に立ちます。しかし、直接的影響とはいっても、それは、それまでの伝統的文化の根底である、神道、仏教、儒教を土台とする生活形態を通しての影響を意味しています。何もないところに、新たなものが移ってきたのではありません。したがって、西洋哲学の受容を前提にする西田哲学を紹介するに当たって、R・シンチンガーが西田哲学の背景となっている日本の伝統的思想を説明しているのは、正当な紹介の仕方であり、欠く事のできないことでもあります。(7)

まず、神道についてですが、加藤周一は、ドイツ人に向けて、次のような神道の簡潔な説明を行っています。バランスの取れた説明であると思えるので、まずは、それを紹介してみます。神道とは、「日本人の生活全体を包んでいる文化的型として、日本人の国民生活の固有で、言葉で言い尽くせない生活のリズムともいえ、国家行事や神話や目に見える形をとったものとして、また、日本人各人の内部に、たとえはっきりした形をとらなくても確かに生きているなにかである(8)」としています。神道の神は、加藤によれば、三つのグループにわけられます。「まず第一に、自然霊的神であり、山、川、木々、岩や動物の神であり、人が特に畏敬の念をもたざるをえないようなすべての存在が、固有の霊をもつとするものである。第二に、亡くなった祖先の心霊であり、特に、家系を守る心霊として祭事の対象である。第三に、天や海から到来する神であり、(……)、この種の神々には、農事にあたって、毎年定期的に農村を訪れる神もある[9]」、とされます。哲学上の見地から見て重要なのは、自然と人間の生との一致と聖なる感情であり、三つのグループの神々との関わりがこの一致と聖なる感情に表現されているといえるでしょう。

この章で問題にされる仏教は、日本には大乗仏教として伝わってきました。大乗仏教の根本的な考えである、すべての存在には仏性があり、絶対的無とされる空に修行を通して至り、各自が直接体験されうるという考えは、自然との一致と聖なる感情という神道の根本的考えに相応するものです。こうして、積極的に仏教を受け入れるなかで、神道と仏教の習合による哲学的見解も形成されてきました[10]。

儒教は日本人の社会制度の形成に大きな役割を果たしています。しかしこの儒教的社会制度も、やはり、神道的背景を生きる農村共同体の土台の上に築かれたものです。今日、日本の社会の財閥、学閥等の集団化にみられる隠れた「家制度[11]」と儒教との関係が明らかにされねばならない課題としてあるわけです。

さらにまた、江戸時代中期、これら三大思想の融合を通して石田梅岩によって創設された「心学」の運動も特筆すべきものであり、ベラーの紹介により、M・ウエーバーの『プロテスタンティズムの倫理と資本主義の精神』にも相応するような、職業生活とその根底に流れる宗教思想とのつながりが明確にされました[12]。

このような伝統的思想を背景にして西田幾多郎（一八七〇―一九四五）は当時の西洋哲学を受容し、自身の哲学を発展させました。しかしこの受容は、単にそれをそのまま受け入れるのではなく、彼自身の背景である伝統的思想を介した批判的検討（もちろん、彼自身その背景を初めから哲学上の問題として考えていたわけではなく、哲学研究を通して自分の背景が、哲学的に自覚されてくるという経過を経たものです）を通して、西洋と東洋の思想を自身の哲学として統合しようとしました。[13] 彼の哲学は、大乗仏教の主要な流れの一つである禅仏教の哲学的表現ともなっています。禅仏教では、これまで指摘されているように、座禅を通して絶対無を体現することが人間の課題とされています。この絶対無は、ドイツ神秘主義、特にマイスター・エックハルトの〈無〉の概念と相応するかいなかについて、議論が重ねられていて、「その無はすべての対立、規定され尽くした存在を超越するものであり、しかも、それ自身、すべての規定とすべての存在の根拠であるもの[14]」として問題とされています。

この存在と無の逆説を解明するために、西田は、「映す」という概念を導入します。この概念は部分的にライプニッツのモナドの思想と重なるものです。西田は、「一般者の論理」という見解を、俗諦（世間的知）と勝諦（聖の領域の知）が逆説的に一致している、という大乗仏教の基本的見解（色即是空、空即是色という見解をさす）に対応させようともします。その意味でここでいわれる無とは、「ヘーゲル哲学のような、矛盾を通して、アンチテーゼとして存在に対して立てられるような非―在なのではなく、むしろ、ヘーゲルの、有限なものの中に有限なものと共に現在しているような〈真なる無限〉に妥当する[15]」とされます。したがって、彼にとって、哲学の課題とは、「有限なる何か、規定されたもの、存在、形態、時間性、個別的なるもの、そして人格的なるもの等が、この〈無〉のなかにどのようにあり、この無によってどのように包括されているのかを示すことにあり、この〈無〉が事物の背後に存在する最終的なものであることを示すことにある[16]」、とシンチンガーは、西田の哲学を特徴づけています。

彼の後期の論文である『日本文化の問題』では、彼自身の哲学の発展と関連づけて、西洋の論理と東洋の論理の違いについて、西洋の論理は事物をその対象とし、東洋の論理は心をその対象とする、というように述べています。[17] しかし、ここで述べていることは、新田義弘が正しく指摘するように、実体としての物と心のデカルト的二元論の「事物」と「心」を意味しているのではなく、そもそも、このような二元論を生み出す特性を持つ西洋的論理を、

「事物」を対象とすると名づけているのです。[18] この物の論理は、対象化の論理ともいえ、事物だけでなく、心や意識、自我そのものも対象化されてしまいます。西田はこの論理の源泉をアリストテレスに見ていて、「すべての述語が仮想実体（ヒュポケイノメノン）に関係づけられ、この実体そのものは合理的に解明し尽くすことのできない何かとして残る」[19] のであり、このようにして、対象化ないし、規定化を通して、主観的なる何かが残ることになります。「したがって、どうしても主観が最後に残ることになり、絶対否定ということがない。その主観が残る以上、たえず、主観から考えることになる」[20]、とされます。しかし、それに対して、東洋の論理は、対象化のできないもの、規定化のできないものから初めるのであり、それは、ここで心ないし、本来の自己といわれるもので、仏教で、表象不可能なものとして、「縁起」[21] における無として理解されているものです。[22] 井筒俊彦は、このことを簡潔に、「人間を問題にするときアリストテレスのように、〈人間とは何か〉と問う代わりに、禅仏教は、直接、〈私は誰なのか〉と問う」[23] と述べています。この西田の見解は、「純粋経験」が中心になる時期での、ジェイムス、ベルグソン、マッハ等の研究、さらに、自我の問題をめぐる、フィヒテ、カント、新カント派、そして、「場所の論理」の時期のアリストテレス、カント、ヘーゲル、フッサール、等々の西洋哲学の研究を経た上での見解であることが、確認されねばなりません。しかし、ここでは、西田哲学そのものの展開がテーマではないので、これ以上の詳細には触れません。

ここで問題とされている無の概念に関連して、「場所の論理」の議論が重要ですので、それについて言及する必要があります。西田は、アリストテレスの主語の論理に代わる、「主語的なものが場所を通して規定される、とする場所の述語的論理」[24] を主張します。「場所によって規定される」というのは、自己意識の構造が「場所」をもたねばならず、その場所に何かが映るというのでなければならない、というのです。この場所という概念は、西田によると、プラトンの『ティマイオス』で述べている「コーラ」という言葉をきっかけに考えた概念である、とされます。主語とはなりえても、完全に述語で言い尽くすことのできない仮想実体（ヒュポケイノメノン）から出発したと同様に、述語にはなりえても、完全に主語で言い尽くすことのできないような究極的な述語を想定することができ、それから出発するのが、場所の論理である、といわれます。そしてこれが、「無の場所」であるわけです[25]。西田は、対象から出発して、「対象が存在として規定される場所を求める。対象の固有性が場所の構造（枠組み）を突き破るとき、すなわち、矛盾が現れるとき、その矛盾をも含みうるようなより深い規定の層、より包括的な一般者が求められる。（……）かくして、「越境」、「超越」によって、そのつどより包括的なものが明らかになり、初めに抽象的で一般的であった判断内容が、次第に具体的なものとなりゆくのである。その意味で、最も具体的で最も包括的な場所が無なのである[26]」、と言明します。ここで述べられている、無がすべてを超越しつつ同時にすべての事物の根底であるとする無の逆説は、この場所の論理と〈弁証法的一般者〉の概念を通して、実在的で歴史的な世界のなかで具体化され、展開される、というそのあり方を明らかにしているのです。

シンチンガー行なった西田哲学の概略を紹介しましたが、そこでまずいえることは、無の概念をめぐって、仏教で言う無は、その理解をめぐって長い歴史を担っているものですが、西洋哲学に照らすと、エックハルトの無と何らかの共通性を見出す可能性があること、第二に、この無は個々人の体験に限られるようなものではなく、実践哲学の根底と具体的歴史の哲学の基礎を形成するような哲学的根本原理として主張されていること、さらに、その際、「対象の方向への超越」と「意識された自己の超越」が無によってどのように行使されているのか、他の言い方をすれば、「映す」ということ、「全一性」がどのように働いているのかが、厳密に明らかにされねばならない、ということです。

では、次に、仏教的思想の根幹を明らかにし、この無の概念から考えられる身体性を明確にしてみましょう。

II　仏教思想の根幹

a　仏陀の沈黙

仏教がインドに成立した時期には、大変多くの異なった諸宗教と諸哲学が群立していました。極端な物質主義や快楽主義から、絶対的な精神主義や厳格な禁欲主義までの幅広いものでしたが、哲学とはいっても、諸原理原則に即した厳密な哲学体系という形態はとっておらず、根源的な世界観といった形態をもったものでした(27)。

仏陀は、いわゆる形而上学的な問題、例えば、世界に限界があるのかないのか、魂は不滅なのか生滅するのか、魂と肉体とは一つのものか、分離しているのか、恒久的な自我といわれるアートマンは、あるのかないのか、などの宗教的－哲学的問題に対して、沈黙をもって答えた、とされます。いわゆる仏陀の「聖なる沈黙」といわれるものですが、この沈黙についての様々な解釈がなされています。このような問いに対する最終的な解答は、人間の使う言語によっては表現できないからであるという解釈や、仏教の実践的な修行に関連づけられて、修行に比べて、それらの問題を理論的に解決しようとすればするほど、真の解決から遠ざかることになってしまうからだ、という解釈もなされています(28)。したがって本書の主要テーマの一つである、心身関係も、仏教からみれば、人間の言葉だけにたよっては解決できない問題である、という位置づけが、まず考えられることになります。

この仏陀の沈黙という問題は、哲学との関連の上で、種々の問題を内に含んでいます。西洋の否定神学に近い立場を取るブーバーは、仏陀の沈黙を解釈して、「生きられる現実におけるのと同様に、観想される神秘においては、〈それはこのようである〉も、〈それはこのようではない〉も、存在も非在もない。そこにはただこのようであって――このようでないもの、存在にして――非在なるもの、解き明かし得ぬものがあるだけなのだ。分かたれぬ秘密にたいして分かたれぬ存在として向かい立つこと、これが救いの根本条件なのである[29]」、と理解しています。ブーバーは、この本当の宗教性に属する逆説を、「それ」の世界に陥ってしまった宗教形態の「区別性」に対置させて、「教え」という領域を際立たせます。「教え」は、前章で紹介された彼の論文『道の教え』のなかで、考察されているものですが、『我と汝』でも、「あらゆる真の教師がそうであるように、ブッダは見解をではなくて、道を教え示そうとするのだ[30]」、という文章で、「道の教え」について述べられています。

仏陀は、道を教えるのに、沈黙をもって教えたわけですが、もちろん、この沈黙は、上に述べた解釈で明らかなように、単なる知の否定とか虚無主義なのではありません。言葉にできない何か、言葉による解決ができないような何かに向けての指示が厳存します。めざし行く道があるのです。ブーバーは、仏陀の「道の教え」について、「そして彼は、ただひとつの、決定的な論定だけは敢えておこなっている、〈比丘らよ、ひとつの生み出されざるもの、生ぜざるもの、造られざるもの、形をあたえられざるものが在るのだ〉――もしそれがなければ、目的地はないであろう、しかし、それが在るから、道にはひとつの目的地があるのだ[31]」、と主張しています。

b　存在でも無でもない涅槃

この目的地は、涅槃とよばれます。もともと、涅槃は、「名づけることのできないもの、非存在」という意味をもっていましたが、まさにその特性のためでしょうか、大変否定的で厭世的な意味に誤解されてきたといわれます。仏教学者デュモリンは、中村元の解釈に即しながら、「語義からすれば、涅槃は「吹き消す」ことで、無とか非存在という意味に近い。しかし、虚無主義的な涅槃の解釈は妥当しない。ドイツの宗教学者（ルドルフ・オットーやフリードリヒ・ハイラー等）も当初から認めているように、涅槃とは、〈積極的なるもの〉、〈究極的なるもの〉であり、すべての移ろいゆくものからの完全な自由を意味する(32)」、と述べています。ここでは、涅槃の意味についての詳細な考察は別にして、この虚無主義の否定という点だけは、明確にしておきたいと思います。つまり、生きられた現実であるような無我は、禅仏教では、涅槃の核心が無心として理解され、無心に生きるもっとも積極的で、創造的な行為に相応しており、前の章で我汝関係の具体性と世界性が示されたように、世界の現実性の否定とか消滅とは、決して考えられていない、ということです。

c　中庸の道

この目的に向かう道を性格づける際、中庸の道という名称は、われわれの主要なテーマである身体性の考察にとって重要な意味を持っています。身体性についての仏教の根本的な考えを、この名称に読み取ることができるからです。中庸の道は、厳格な禁欲主義に対する原理的な批判となっています。厳格な禁欲主義は、今日の宗教においても、仏陀の生きた時代においても、同様に、聖なる領域は、世俗的なものの否定ないし抑圧によって、とりわけ、人間が執着する身体との結びつきを離れてのみ、到達される領域である、という見解を前提にしています。身体は、感性、欲望、我欲の住処とみなされているわけです。その際、当然のことですが、聖的なるもの、ないし精神的なものは、世俗的で、身体的なものとは、まったく別ものであるという二元論が同様に前提にされています。しかし、仏陀は、この二元論に与しません。このことは、問題にされた仏陀の形而上学的問いに対する沈黙と同様、この中庸の道という指示にも、はっきり見られることです。

中庸の道とは、正しい道は、禁欲主義という極端な方向ではなく、また、その逆の快楽主義の方向に通じているのでもなく、いわゆる「八正道」といわれる道を指しています。八正道とは、「正信、正意、正言、正行、正生、正修、正思、正定」といわれます。この八正道が実践的修行体系として、その当時の他の宗派の修行体系とどのような関係にあり、他の、例えば様々なヨガの宗派の体系とどのような重点の置き方の違いがみられるか、等の問題について、様々な研究がなされています(33)。いずれにしても、その当時、仏陀の弟子として修行した僧の団体にとって、これらの教示の内容は、具体的な実践の課題として、それ以上明確なことはないほど、はっきりしたものであり、仏陀の入滅後、残された僧侶の団体にとって、原始仏教の法による修行の道を明確に指示するものでした。

III 仏教哲学と否定神学

仏陀の沈黙という問題は、否定神学のとる哲学的立場と対応させてみると、その主要性格を明確にすることができるでしょう。また、現象学との対応づけとして、デリダとレヴィナスの「痕跡」の概念と対照させてみることも、大変興味深い視点を提供するものです。また、よく知られている視点として、マイスター・エックハルトと禅仏教の無の概念との対照という視点があります。これらの対照的考察を通して、仏教哲学の原理的見解をより厳密に明確にできるよう、試みてみたいと思います。

a 否定神学とデリダ

デリダは、否定神学に対して明確な距離をとっています。否定神学が、否定的ではあっても、その否定的な方法を通して、あくまでも神秘そのものについて語ろうとするのに対して、デリダは、それを初めから避けようとするからです。「神秘の経験に適切な場を区分けして、見いださなければならない」[34]のですが、積極的に語ることができるのは、「このような区域と神秘そのものの区域の間、社会的紐帯の場所論の間に、ある特定のホモロギー（類縁性）がある」[35]こと、とされます。ここでは、「入信」と「受け手」が問題とされ、「謎であるのは、神秘の分与であり、まずもって、内部で分配された神秘であり、それに固有な分配である。神秘そのものは存在せず、私はそれを否定し、拒否し、約束に置く[36]」、と主張されます。

しかし、問題なのは、そもそも、どのような理由でデリダが、このように主張できるのか、ということです。彼は、神秘そのものについては語らないとはいいながらも、「このことこそ、私と共に結びついている人に神秘として信頼できることなのだ。これこそ、結びついたものの神秘だ[37]」、とも述べています。このような表現から読み取れる内容は、デリダの主張が、ユダヤ教の信仰と結びついたものであるということです。つまり、それそのものとしては決して直接体験することのできない神秘への信仰です。

この神秘が体験できないという否定性は、次のような文章にもはっきり、表現されています。「この他者の呼びかけ、すでに語ることに先んじてある呼びかけ、語ることに一度たりとも現前することのなかった呼びかけは、戻ってくる呼びかけとして前もって、自己を告げている[38]」。しかし、彼はどのようにして、その他なるものが、一度も現前することなく、にもかかわらず、その「痕跡」を残している、といいきれるのでしょうか。ここでは、この「痕跡」という概念が中心的な役割を果たすことになります。「これこそ、神の名と呼ばれるもの、他のすべての名前の以前にあり、すべての名前の彼岸にあるものである。この唯一の出来事の痕跡、祈りと共に、語ることを可能にせしめた出来事の痕跡、それ自身、自己の原因に他ならない、戒律を与えるものとしての他者[39]」、つまり、この絶えず前提にされている出来事、唯一の「すでに起こってしまっていること」こそ、大変重要な前提（仮定）とみなすべき事柄であるばかりでなく、彼が、「直観という、目的と言語を超えたものの経験[40]」を批判するときの、それによって、そもそも批判が可能になる、当の基準ともなっています。しかし、彼は、神秘そのもの、出来事そのものについては、当然、語ろうとはしません。彼が語るのは、「痕跡という構造一般[41]」であり、それを彼は、誓約の行われた場、祈り、神に向かうこと、と性格づけるのです。彼は、前提に留まりつづけようとします。方向と名のないものへの通路を示そうとします。この痕跡の主張が、「この〈定められていること／ねばならないこと〉は、同時に語ることのできない必然性の痕跡であり、過ぎ去った誓約の痕跡である。たえず、すでに過ぎ去った現在、したがって、過ぎ去ったことのない現在である。決して現在であることのなかった過去から来ったもの[42]」、と論述する事ができる根拠ともなっています。

ここで問題になっているのは、現在であるような現在の否定なのですが、どうして、出来事とされることが、過去の現在に生じた、すなわち、現れたのであってはならないのでしょうか。デリダは、そもそも、現在を、経験論的な、今の点の羅列であるような現在と考えているのでしょうか。そして、その一点である現在において、ある特定の自我が、ある特別な出来事を経験した、というように考えるのでしょうか。デリダは、「命ぜられたことの指図と約束は、極端に非均衡的なあり方で、私を義務づけるが、それは、それらのことを再び自分のものにするために、均衡を取り戻すために、私が私にそもそも私を言うことができる前に、そのような誘いにサインできる以前に、私を義務づけている[43]」といいます。出来事のこのような先－主観的なものという性格づけ、つまり、そのような先－主観的なものを通してはじめて、そしてそれに即して、ないしその後にはじめて「私」という命名がなりたちうるのだ、という性格づけは、なにも、デリダに限ったことではなく、否定神学では自明のことです。

デリダの「痕跡」という概念と「決して現在であったことのない過去」という考えは、ヴァルデンフェルスもいうように、すでにメルロ＝ポンティが「意識としての知覚」を批判しているときに、まったく同じ表現が使われているものです[44]。しかし、メルロ＝ポンティの場合、時間論では、身体性を生きる現在に重点が置かれていて、後期の存在論的思想にあっても、「同時性」や「垂直的存在」の概念にみられるように、その点に大きな変化はみられません。リクールは、メルロ＝ポンティの時間論を論じるにあたって、『フッサールとハイデッガーのかなた』という論文で、メルロ＝ポンティは、フッサールとハイデッガーの哲学的見解の間に、相違よりもむしろ、根底における「深い類縁性」を示唆していた、つまり、フッサールの「受動的綜合」としての働きのなかにある志向性とハイデッガーの「現存在の超越」との間の類縁性を指摘していた[45]、と主張しています。それだけでなく、リクールは、「時間の志向性の交わるところは最終的には、現在においてである[46]」、として、現在と過去の逆説的な同時性という考えも、やはり、「共在を許さない現在」にこそ位置づけられるものだ、としています[47]。

デリダの「現前の形而上学」批判と「西洋哲学のロゴス中心主義」に対する批判という二つの批判は、当然のことながら、密接な連関にあります。しかし、もし、デリダが、「現在」ということのなかで、意識の自己現在と無限の繰り返しを通して刻印付けられる、理念的な形式（ロゴス）の現在を考えているのであれば[48]、その「現前の形而上学批判」は、フッサールの「受動的綜合」と、ハイデガーの「現存在の超越」ばかりか、メルロ＝ポンティの「同時性」にも、まったく当てはまりません[49]。自分のいいたいことを他の人が述べていることの解釈を通して主張する場合、その人が一体何をいっているのかを正しく理解した上での批判でなければならないのは、当然のことではないでしょうか。

もし、デリダが、意識の自己存在と無限の反復を通して規定される理念的な形式（ロゴス）として現在を把握するとすれば[50]、このような「現在」ないし、「現前」の批判は、フッサールの「生き生きした現在」、メルロ＝ポンティの「同時性」には、まったく的外れの批判といわねばなりません。この理念的で純粋な現在という狭隘な把握は、フッサールの時間論に対するデリダの解釈に由来するものです。過去把持なしの原印象は、明らかにまったくの抽象、ないし形而上学的構築にすぎませんが、原印象なしの過去把持も、それと同様のまったくの抽象であり、思弁的捨象によるものにすぎません。このような原印象なしの過去把持が、デリダのいう「痕跡」なのです。

もし、ここでいう現在が「現前の形而上学の内部、すなわち対象の現在の知としての哲学の内部[51]」でだけで考えられているのであれば、当然ですが、仏陀の沈黙は、この現在の内部に見出すことができないだけでなく、また、一刻としてこのような現在に在ったためしはないのです。なぜなら、この沈黙は一体何なのか、という沈黙の本質からして、決してそのような現在に在ることが不可能だからです。つまり、この沈黙で表現されたものは、まさに、対象をはっきり知覚して、それを描写するような言明によって表現できないからこそ、沈黙なのです。そして同時に、仏教において体験されている「現在」は、事物の知覚に際して働いているとされる対象化による制限や規定からまったく開放された、自由になった「時」を意味しています。ですから、また、仏陀の沈黙が、「ロゴス中心主義」から自由であるのは、当然のことです。この沈黙における現在は、その「痕跡」(デリダにならって)を残す場合もあるでしょうし、残さない場合もあるでしょう[52]。しかし、もちろん、デリダにとっては、痕跡のない現在などは、ありえません。「生き生きした現在は、自己自身との非-同一性と過去把持的な痕跡から発生する。というのも、根源性は痕跡からこそ理解されなければならないのであり、その逆ではない[53]」とするからです。つまり、根源的に痕跡があるからこそ、そこから現在が考えられねばならないのであり、痕跡を根源にもたないような現在はありえないからです。

そして、まさにこの点にこそ、デリダの思惟と否定神学との決定的違いが明らかになります。ワーグナー＝エーゲルハーフは、否定神学の神秘とデリダの脱構築の理論とを対置する中で、ブルームの考えを論拠にして、「カバラの思想は、デリダの〈痕跡〉の動きに停止を求める。なぜなら、カバラは、臨在と不在が持続的に働きかけ合って並存する、根源的なるものの場を知っているからである[54]」、と述べ、次のように違いを明確にしています。「これによって、すでに、否定神学と脱構築とのある可能な関係について、本質的な要因が言明されたことになる。ポスト構造主義の見地における言語システムの、原理的な非閉鎖性に対して、否定神学のかの無限性が対置している。両者は両者に固有のあり方で、記号の記号自身との非同一性に通ずることになる」[55]。デリダは、痕跡の根源性を主張するがゆえに、ラディカルな不在と、その不在と臨在を行き来する働きかけ合いの場を、まったく関知しようとはしないのです。

以上のデリダと否定神学との対比を通して明らかになってきた点を、仏教哲学と関連づけながら、次の二点にまとめてみます。

まず、仏教哲学は、その問題領域の中心を、仏陀の沈黙を通して告げられている言語化できないものの経験に置いています。しかし、その経験は、特別な教団に入会して、そこで秘教の指示にしたがい、信者にならなければ経験できない神秘なのではありません。仏教で言う経験、例えば禅の修行は、仏教信者でなければ経験できないというのではなく、キリスト教徒にももちろん可能であり、キリスト教信者による禅の修行が現に実践されていることは、よく知られています。またそれだけでなく、オイゲン・ヘリゲルの場合に見られるように、いかなる瞑想の形態をとることなく、弓の修行を通して、仏教の真髄である言語化できない経験を体現しえたことも、また明白な現実です。仏教哲学とは、この言語化できないものをどうにか言語にもたらし、言語化できないものの経験の構造を明らかにする努力であり、二〇〇〇年以上に渡ってその努力が伝承されてきているのです。

次に、仏教哲学で「現在」という時間を問題にするとき、知覚される事物の対象性とか、同一性、あるいは、ロゴス中心主義といった西洋哲学の見解の重荷を背負うことはありません。むしろこのような見解は、仏教哲学では、その当初から、真っ向から批判されてきているものなのです。この点、次の章でさらに明らかにしてみたいと思います。

b　レヴィナスの「痕跡」の概念

（1）　レヴィナスは、ここで述べられている最も根源的なものと痕跡との関係をデリダとは違ったように理解しています。最も根源的なものである「彼岸的なもの」ないし、「超越」は、その痕跡を後に残します。「彼岸的なものから顔がきたる。それは痕跡を意味する。顔は絶対的に過ぎ去ったもの、つまり、絶対的に過ぎ去った不在であるものの痕跡の中にあり、ヴァレリーが〈深い過去、測り難い昔〉と名づけた、自己自身におけるいかなる内省を通しても見出すことのできないものの中へと、引き下がってしまっている」[56]、とされ、その痕跡には「絶対的に完結した過去が過ぎ去っていっているのだ」[57]、といわれます。したがって、痕跡は、「無限なもの、絶対に他であるものへ向けた（……）結びつきである」[58]というのです。

根源的なものを痕跡から考えるデリダに対して、レヴィナスは、痕跡を根源的な、絶対的に完結した過去から考えます。したがって、「痕跡は、決して現存したことのないもの、つまり、常に過ぎ去ってしまっているものの現在である」というデリダの文章と同じようにみえる文章は、デリダの場合の「根源的なものの不在」からではなく、「根源的なものの不在」から考えられているのです。この違いは、デリダが痕跡の概念を痕跡の構造という見地から、一般的に「差延の思惟」[59]において考察するのに対して、レヴィナスは、痕跡を「ただ、世界を超越する本質、痕跡を後に残しうる本質」と考えていることにも、認められることです[60]。

シュトラッサーは、レヴィナスの痕跡について、その次元を次のように述べています。「不在の問題は、（……）レヴィナスにとって第三の位相である超越の位相と同一である。絶対的超越という概念は、哲学の議論の世界で市民権を獲得できるだろうか。（……）痕跡の概念は、まさにこのことへの解答を準備しているのである」[61]。レヴィナスにおける「痕跡の両義性」は、まず、痕跡は絶対的なものの痕跡であり、次に、同時に「世俗的な秩序にとっての妨害」[62]を意味しています。この両義性が正しく理解できるのは、「まさにひそやかで内密な、そして強制することのない招きにおいて、神的なものの本質の何かが、開示される」[63]からである、とされます。

このようなレヴィナスの「痕跡」の概念に対応させると、仏教哲学の立場がよりはっきりしたものになります。仏教哲学の立場にとっては、ある種の教義的な信仰告白のように映ります。というのも、それによって、人間の遭遇する経験の開かれた深みを、はじめから排除して、受け付けまいとする態度にみえるからです[64]。そして、まさにこの点においてこそ、禅仏教とマイスター・エックハルトの対比が大きな意味を持ってくるのです。

（2）また、痕跡と他者を問題にするとき、志向化されない原印象が他者の他者性の根拠となり、同時に、人は、感覚を通して他者の他者性に直に、接することができないという、先に問題にした、汝との出会いの可能性が問われることになります。これは、個々の汝と永遠の汝との関係の問題とも深い次元でつながる問題です。

まず、ここで、批判的に考察されねばならないのは、すでに第四章で、レヴィナスによるブーバーの汝の誤解を解明したときに言及したように、レヴィナスがフッサールの時間と感覚をどのように理解しているのかという論点です。この点の彼の理解により、他者の他者性がフッサールの志向性の概念によって如何に理解しうるのか、あるいはその理解の限界が示されることになるのかが、解明されなければなりません。これによって、身体性の理解にとって決定的な感覚や欲望、さらに構成論にとって根底的な意味をもつ時間論の解釈の問題との密接な関係が、明確にされうるのです。

そこで、この問題に関して最も重要と思えるレヴィナスのテキストを引用すると、それは、「持続する感覚はこの〔内的時間の〕流れの中で広げられるが、相互に排除し合う諸瞬間のこの多様体における同一化可能な統一性としての感覚が感覚されるのは、各瞬間から出発して――内在的で特有な志向性のおかげで――感覚の全体が縮約的に過去把持されるからである。（……）時間は感覚を感覚することである。これは感覚すると感覚されるものとの単なる一致ではなく、一つの志向性であり、したがって感覚することと感覚されるものとの間の最小の隔たりであり、まさに時間的な隔たりである。際立った、生き生きとした、絶対的に新しい一つの瞬間――原印象――は、すでに、原印象が絶対的に現在的なものとして熟する先端から遠ざかっており、そしてこの遠ざかりを通して、一つの新しい点的現在において過去把持されて、自己を現在化するのである[65]」という言明です。

① ここで重要なのは、時間的隔たりをもつ志向性とそれをもたない、フッサールの主張する原意識、ないし内的意識との区別です。後者の場合、つまり、フッサールがいう、意識の作用が生じているときにそのことそのものが、作用に即して原意識されている場合には、時間のズレをともなっていないということです。すべての意識作用は、それが働くとき、内的意識に実有的（reell）に与えられ、それが、それとして、端的に原意識されています。このような意識作用ではない原意識として与えられているのが過去把持であり、決して、レヴィナスがいうように、「遠ざかり」を前提にして過去把持が働いているのではありません。また、フッサールが述べる感覚は、感覚することと感覚されるものとの区別を知らない、まさに、時間の隔たりをもつという意味では、「志向的性格はもたない」、非志向的体験として『論理学研究』で性格づけられたものでした。

② 絶対的に新しい一つの瞬間としての原印象と、それからの時間の隔たりを前提にした、その時間の隔たりを「縮約的に」統一化する、特有な志向性としての過去把持の区別は、最終的には、レヴィナスの場合、過去把

持の特有な志向性の特有性を解明するにいたらず、徹底して非志向的なものとしての原印象と、過去把持の志向性によって感覚されたものとを、峻別することになります。これによって、他者の他者性の根拠としての原印象が呈示されることになります。他者の他者性は、私に向かって責任を要請する顔という痕跡の彼方の、徹底的に非志向的な原印象という他在性格をもつものとされます。このことをレヴィナスは、原印象は、「全き受動性、つまり〈同〉なるものの中に浸透してくる一つの〈他〉なるものの受容性であり、生であって、〈思惟〉ではない[66]」、と表現します。

③ すでに第四章で汝との出会いを問題にした際、受動的相互主観性と能動的相互主観性の区別が論述されていました。レヴィナスの汝についての解釈を問題にして、内容を欠く、形式性においてのみ与えられる汝という誤解が生じるのは、レヴィナスの志向性概念の把握が自我の活動を前提にする能動的志向性からみた把握であることに起因しています。対象把握による意識内容としてのノエマ以前の感覚内容を通じての他者とのコミュニケーションの可能性は、受動的志向性の働く、受動的綜合による受動的相互主観性の領域で生き生きとその生をまっとうしています。つまり、他者は、「顔」という痕跡を通して責任を問う他者として立ち現れる以前に、ブーバーの語る生得的汝として、間身体性という自己との根源的絆を生きていることを告げているのです。

c　マイスター・エックハルトの無と仏教哲学

エックハルトと禅仏教について上田閑照は、重要な共通点の一つとして、個々人に「根源的な出来事」が生じるということをあげています。「絶対的な聖の生起は、その最も根源的なあり方で、直接個々人に関わるのであり、何らかの媒介者を通してなのではない。根源的出来事がそのようであるのなら、エックハルトは、大乗仏教、すなわち、禅仏教の哲学的で宗教的な根底に大変近い位置にある。禅仏教は、同一の真理への同一の悟りが各人を同一の仏陀、すなわち、歴史的な仏陀であるゴータマブッダに成さしめると教える[67]」。

重要な二つ目の共通点は、「無」という否定的な概念によって性格づけられている、根源に接近する方法です。この否定は、一方では、われわれの認識のなす対象化の否定を意味します。他方では、「脱主観化」、エックハルトの言葉では、魂の「離脱（Abgeschiedenheit）」を意味しています。「神性の無というのは、エックハルトによると、魂にとって、非─対象的なあり方で、その固有の根底であることなのだ。しかして、魂は、その固有な原初的な根底に立ち戻るために、神を突破しながら、神性の無へと突破しなければならない。そのためには、魂は〈神のなすに任せ〉、〈神に対して空しくある〉のでなければならない。このことが実現するのは、魂は神と一つになっているように自分自身をなさしめていることを通してのみである。このことこそ、エックハルトのいう最高の〈離脱〉や〈根底の死〉ということで思念しているものなのだ[68]」。

このようなエックハルトの「無」について、他の解釈、すなわち、「無」とは「存在の高み」を意味するのだというハルダーの解釈が対置されます。ハルダーは、無と直接結びついている沈黙が、存在の思惟に対して位置づけられるのが適切である、とします。「しかし、問いとして残るのは、この真に神的な純粋さと清澄さ（浄福さ）には、より高められた浄化された存在についての言葉や思惟のほうが、〈無〉という言葉と思惟がよく聞こえるようになる、つまり、沈黙しているよりも、言いたいことによりふさわしいのではないか。いいかえると、次のことがよりよく聞こえるようになるのではないのか。すなわち、ここですべての言葉や思惟は、それらが憶測するということ〔本性〕からして、まさに不可避的に、不適切にとどまるということが、より適切に聞こえるようになるのではないか、という問いである」[69]。このような無に対する存在の優位の主張の背景となっていることとして、ここで興味深いのは、存在の思惟の西洋哲学の歴史を振り返りながら、次のように、その根拠づけを行っていることです。「というのも、存在は、思惟と言語の伝承からして、まさに生、つまり、生きる生であり、自己自身行使する行使としての活動である。存在は、活動である。（……）しかし、受苦ということもまた、行われることなのであり、行いの一つのあり方である。これは、より包括的な行いである。包括的であるものとして、存在するものがカテゴリー的―実体的に〝存在〟する、単純にいえば、あるということをする、のである。（……）というのも、思惟する認識は、遅くともプラトン以来、感覚上の視覚に対応して考えれば、感覚以上の視覚として存在し、語ることも同様に、感覚以上の見えにもたらすこと、形態を与えることなのだ。（……）そこで神は当然、特に、自己自身を直接認識するものと呼ばれ、考えられたのだ」[70]。

ハルダーは、このように、エックハルトにおける徹底した否定性を西洋の思惟の伝統に対比させようとしますが、他方、デリダの場合にみられる〈語りえないもの〉への「関係」や「呼びかけ」と考えられる、神の名を語ることにさえ、一定の距離を保とうとします[71]。「しかしエックハルトは、聖グレゴーとともに、むしろ控えめであって、もし神にあって、何らかの物が別のものより、より高貴であるというようなことがあれば、もしそれが言えるのであれば、それは認識というものである。しかし、このような像を欠く神の直接性そのものの中での流れるような〈認識〉でさえ、それは、なお名前であり、すべての名前と同様、像から自由にならないのであり、したがって、名前は、神と名づけ（あるいは他の名を与え）、神について考え、自分にとって現在していると思うものに対して、常にその自己〔存在〕に隠れたままなのであり、その自己〔存在〕においては、名づけることもそもそも、自分自身なしにはありえない、したがって名づけることは止み、沈黙する。（……）名の形成が失われるとき、このような離脱において沈黙が支配する。沈黙は単に言葉が欠けることなのではない。沈黙が支配するのは、語るという現在化する能力が、――これはいつも同時に隠す能力でもあるのだが――その沈黙へと退去するときにだけなのであり、根拠の無いところに、自制する無底の無能力へと解消してしまうときにだけなのだ」[72]。もちろん、ここで注意しなければならないのは、エックハルトと仏教における逆説的な沈黙の意味における無と、「すべてを一般的な消滅としての無に解消してしまう」といった立場とは、無関係であることです。また、「何かとしての無」[73]といった意味での無の概念も、逆説的沈黙と一致するのではないと思います。

この生き生きした沈黙は、単純に言語ないし、語ることに対置され、対立させられるのではありません。沈黙と言語の連関は、現実に生きられた沈黙と言語の逆説から語られねばなりません。上田は、言語と語りえないものとの関係に関して、「エックハルトにおいて、〈神は語られている、そして語られていない〉という言表そのものが問題なのではない、そうではなく、エックハルト自身がこの文を体現していることが肝要なのだ。とりわけ、このように逆説を語らしめている何かが問題になる。この逆説的言表に自己を現わすが、それに尽きることのない何かである。エックハルトは、沈黙という語を用いるのではない。彼は沈黙そのものを表現するのである」[74]。上田のこの見解を共有するとするハースは、「神と一になる人間の可能性をエックハルトは、逆説の挑発においてのみ伝えることができる。神（むしろ神性がふさわしい）と一なることは、はっきり認識できることであっても、またそれに抗しながら、次第に非-認識の形式を獲得する、いやせねばならないのである。神秘的な逆説は、かれにとって死ぬ生（toetlichez leben）なのである」[75]、と述べます。

このようにして仏教哲学の問題領域が次第にその輪郭を明瞭にするとき、根本において、ドイツ神秘主義と共有する語りえないものの直接体験の逆説が問題になっていることがはっきりしてきます。この問題の全体的繋がりを次のようにまとめることができるでしょう。

四章で扱われた我汝関係の逆説は、この現実の具体的世界のかなたで生じるのではなく、この世界の只中で生じるものです。このことは、エックハルトと仏教で無の沈黙において体験される逆説と内容上、一致しているといえます。問題は、どのようなあり方でこの逆説の哲学が仏教の歴史の中で語られているのか、ということです。

もし、この逆説がこの具体的世界性のなかで呈示されるのであれば、現象学からみれば、その世界性の時間化と空間化の構造が示されねばなりません。そこにこそ、根源的な現在と対象化の潜在性、さらに語りえないものとが、同時に生起しうるはずなのです。また、もし、この現在の構造が禅仏教の座禅の実践を分析することによって具体的に呈示しうる、つまり、このような構造が座禅の修行のプロセスにおいて覚醒され、実現されるのであれば、心身一如という逆説的な統一は、その哲学的な基礎と根拠を獲得することになります。というのもこの心身一如は、伝統的な武道や芸能文化、そして日常の行為の中にも体験されうるのであり、この体験の構造が座禅の修行のプロセスを分析することによって、同質の構造をもつことが、現象学的に確証されうるからです。

Ⅳ　仏教哲学の法の概念

a　法の概念

原始仏教のパーリ語経典には、仏陀が臨終にあたって、「わたしの死後、わたしが立てた法（dharma）と僧団の律（vinaya）があなた方の師である」[76]と語ったと記されています。他の経典では、仏陀が「法を見ないものは、わたしを見ない。（……）法を見るものはわたしを見る」[77]と述べたと書かれています。法（dharma）とは何なのでしょうか。法を見るとはどのようなことなのでしょうか。すでに、この問題について哲学上の考察を加えた私の論文[78]を基礎にして、その内容をまとめながら、簡潔にわれわれの主要なテーマにとって重要な論点を補足してみたいと思います。

法は、ドイツ語では、「普遍的な規則（Universalnorm）」とか、「存在のカテゴリー（Seinskategorie）」というように訳されています。法という言葉は多くの意味があり、様々に使用されています。仏教の根本的教えとしてよく知られているのが「無常・苦・無我」の教えです。ここで法に関連づけながら、無我と法の関係に言及すれば、仏教では自我は、五蘊といわれる五つの種類の法が集合、離散して生じているのであり、その当時主張されていた形而上学的自我の概念である、恒存する、永遠とされるアートマンに執着してはならないと主張されていることをあげねばなりません。五蘊とは、色（rūpa）・受（vedanā）・想（saṃjna）・行（saṃskāra）・識（vijñāna）を指します。

この無我の教えは、直接体験され、ないし観取されたものですが、仏教の無の概念との関連で考察することもできます。よく知られているのは、小乗（部派）仏教と、紀元前一世紀に生じたとされる大乗仏教とでは、法と無についての見解が異なっていることです。この違いは、「我空法有」と「我空法空」の立場の違い、つまり、「自我は空であるが法は有である」に対する「我も空であり、法も空である」という違いとして性格づけられます。

b　小乗仏教における法

ローゼンベルグという仏教学者は、小乗仏教の「刹那滅」の説に依拠しながら、一九世紀末に日本でひろまっていた「仏教の実在論的把握」を批判しました。そもそも、刹那滅の説とは、法は、瞬時に生じて瞬時に滅し、また、滅しては生じるという説です。ローゼンベルグは、この法の刹那滅を踏まえ、そのような生滅を超えて、法は超時間的であり、超越論的実体であると考えます。つまり、彼は、西洋哲学の実体概念で、仏教の法の概念を理解しようとするのです。その見解は、当時の日本の経験論的実在論的な法の理解、つまり、法を現実の心理的で経験論的な現われとしか理解しないとする批判として表現されました。となると、この実体概念の主張は、三つの根本原理の一つであり、永続するものはないという無常の原理、つまり、実体概念の否定と真っ向から矛盾するようにみえますが、ローゼンベルグは、「仏教のすべての学派は、認識論に関しては、心理学的観念論か現象主義であるが、存在論からみれば、すべての仏教徒は、瞬間、瞬間の連鎖の背後に真に実在する本質を認めるという意味での実在論者である」[79]と、認識論と存在論という区別のもとで、法の実体性をなおも主張するのです。

彼は、ヨーロッパや日本の諸仏教学者が法の概念を矛盾のままに解釈するのは、結局、認識論と存在論の区別をしないことから生じる、仏陀は、その沈黙にもかかわらず、形而上学の問いに解答をあたえている、というように理解します。「仏教徒は、法、ないし実体、つまり、形而上学的基体について語っている。かれらが、真の存在の特質について論難するがゆえに、ヨーロッパの仏教学者は、仏教が、形而上学に関心を持たないと思って、伝統的な〔表現〕形式に、論難のもつ形而上学的性格を見出すことができないのである」[80]、と理解しようとするのです。

c　大乗仏教における法

和辻は、このローゼンベルグの見解に大乗仏教の立場から徹底した批判を行いました。ローゼンベルグは、大乗仏教の法の把握が、原始仏教の法の理解の徹底であり、そこに源泉をもっていることに理解が及んでいない、という批判です。大乗仏教では、法は、諸契機の実体的基体としてではなく、非実体的で、刹那刹那の相互連関においてのみ生起する、いかなる即自的存在ももたない、その意味で「空」[81]であると理解されています。

縁起における空としての法は、単に主観の側に属するのでも客観の側に属するのでもありません。和辻は、この点を明瞭にしています。仏教哲学の展開をみると、小乗仏教において、仏教の瞑想を通して直接体験される自我は、法の連関として理解され、いわゆる刹那滅の説でいわれるように、縁起を通して瞬時に現れては消え、消えては現れていくと考えられます。しかし、この縁起は小乗仏教では、線を辿るように対象化された時間理解を背景にして、一方向に、つまり、「無知」からはじまり、生死でおわる輪廻の円環（いわゆる「十二支縁起」）として解釈されています。[82]

竜樹は、法を空として理解するという前提のもとで縁起を解釈し、十二因縁も一方の法が他方の法の原因になるという一方的な関係ではなく、二つの法の相互の関係（相依）として理解しました。この相依の概念によって縁起の空性が明確に把握されることになります。例えば薪が燃えている場合、薪なしに燃える炎はなく、また、炎なしに燃える薪はないという炎と薪の関係が相依の関係として説明されます。この関係は、フッサールが『論理学研究』で解明している「相互基づけ」（例えば色と形の関係、形なしに色はありえず、色なしに形はありえない）に類似しているといえるでしょう。しかし、この類似関係は、興味深い認識論的な見解の一致とはいえても、仏教哲学の縁起の本質的な中核の次元で、両者の一致がみられると、主張することはできません。[83] この本質的なことを解明するためには、大乗仏教の基礎原理を改めて明確にし、大乗仏教の哲学上の立場を問題にしなければなりません。

d　法を観るという逆説的事態

仏教において法は、決して純粋に認識論的関心の対象であったのではなく、瞑想を通して直接的に体験され、観取されるべきであり、また、それが可能であると見なされてきました。では、法を見る（観るという語を使用し、「法観」といわれます）とはいかなることなのでしょうか。このことに関して、多くの大乗仏教の経典では、常に同一の事柄が主張されています。しかも、常に逆説を内に含む記述が繰り返されています。ある仏典では、「〈真を観るものは、いったい何を見るのか。〉答えに曰く、〈観られるというようなものはどこにもない。なぜか。観られるものはすべて偽である。観られるものがなにもないとき、真理を観るということを語るのである。〉更に問うに、

〈観取を学ぶ努力はどのようにすべきか。〉答えて曰く、〈いかなるものも存在しないと知り、そう考え、熟慮するとき、観取を学ぶ努力をするのだ。〉更に問うて曰く〈観取が実現するのは、いかなる時か。〉答えて曰く、〈すべての存在が同じと観取したときである。〉更に問う。〈すべての存在が同じであることを観るものがいるのか。〉答えて曰く、〈この同一性を観るいかなるものもいない。観られる何かがあるとは、その同一性をみるのではないこととなる〉[84]」と述べられています。

ここで語られているのは、法を観るということにあって、法を観る主観や自我を述べることは正しくない、観られる法は、客観や世界と言われてはならない、ということです。このいかなる規定をも持たないという、法を観るということの特質は、大乗仏教では、常に、法は主観にも客観にも属さない、表象され、実体化され、対象化されえない、と表現されています[85]。そして、この見解は、決して大乗仏教に独自な見解なのではなく、原始仏教で体験されていたことが、より徹底した反省を重ねることによって、表現にもたらされたものとされます。

この法空と法観という逆説的原理は、対象的に規定された世界という現実の把握と我空法空の説は、全くことなった次元にあることを示唆すると同時に、「色即是空」という、正にこのような世界の現実把握が空に他ならないという説を並び立たせます。「色即是空、空即是色[86]」なのです。この対立的で矛盾する命題は、実は、同一のこと、つまり、法観で述べられたことを指し示しているのです。このような見解を前提にしてはじめて、竜樹の法の縁起のもつ逆説的な関係に近づくことができます。

e　実存的カテゴリーとしての法

武内義範は、法を「存在のカテゴリー」と理解する和辻の説を批判して、この理解は新カント派の認識論の影響によるところが強いと論定します。武内は、この批判の上に、実存的回心の論理によって法を理解し、法を「実存のカテゴリー」(87)と名づけます。武内の分析に即せば、法観の逆説性は、原始仏教の瞑想論(88)との関連において明確になるといわれます。その際、武内は、仏教の瞑想に特徴的なこととして、瞑想を通して知覚の仕方が直接変化することを示唆しています。十八界は、六根である「眼・耳・鼻・舌・身・意」と六境である「色・声・香・味・触・法」と六識「眼・耳・鼻・舌・身・意」とを合わせて、十八に区分した法の体系を意味しますが、武内は、とくに六境と六識の間に六根を位置づけ、六根が六境と六識を媒介していることを強調します。ここで問題とされているのは、この六根の制御ということであり、「感官の防御という立場で、対象と認識との中間で感覚器官を統制して、対象を〈見て見ない〉、〈聞いて聞かない〉という状態に訓練することにある(89)」とされます。武内は、この「見て見ない」ことを画家の筆使いに比較して、「見ることを共に見る眼は、ちょうど画家の眼がカンバスに描く手と一体になって独自の働きをするときの、あの画家の目付きに似ている。描かれる対象や描く画家の意識とは、彼の目付きは独立の第三の原理として、絵画の制作に介入してくる。感官の防御は練達の画家の目付きの場合と同様な働きをする(90)」、と述べています。原始仏教の知覚の理解は、このように、感官を防御し、制御するという、インドのヨガの実践と密接に結びついているのです。

武内は、このように、主観と客観の間に媒介する六根、すなわち広義の意味での身体の器官、身体性を指摘し、この身体性を修練することによって、例えば見るということが、如何なる物事にも執われることなく、現実のありのままに、如実に見るということに至りえることを強調します。その際、その修練あるいは、沈潜といった修行において最も重要なのは、身体性そのものに深く根ざした「自己中心性」に気づき、それから自由になるということなのです。この点は、大乗仏教の多くの宗派の違いにもかかわらず、座禅の修行であれ、浄土宗の弥陀の念仏であれ、どの宗派にも共通である最も根本的な見解です。問題は、この自己中心性から自由になるという具体的な経過(プロセス)そのものであり、実際にどんなふうにして、進展するものなのでしょうか。次章で、大乗仏教の中核をなす流派である「唯識派」の意識の変転に関する大変詳細な分析を通して、この経過を、人間全体の実存的生に関わる変転として記述することが可能になります。

第六章　唯識哲学と身体性

大乗仏教の唯識派は、中観派と並ぶ大乗仏教の二大潮流であり、インドで五世紀から六世紀にかけて最盛期を迎えたとされています。日本では法相宗の名で知られ、奈良の興福寺や薬師寺を大本山としています。唯識派は別名、瑜伽（ゆが）行派とも称し、当時、修行の瞑想一般をさすヨガ（瑜伽）の実践を強調するのでこう呼ばれています。この流派の祖師はマイトレーヤ（弥勒菩薩）とされますが、史的実在の人物かどうかは、決着がつけられていません。アサンガ（無著、三〇〇―三九〇）とヴァスバンドゥー（世親、三二〇―八〇）[1]の二人がこの唯識派の理論上の大成者とされています。

この章では、唯識の「識の転変」、および「三性論」とがいかに現象学の意識分析と対応しているかを明確にし、心身関係論の哲学的考察にその対応づけの成果を積極的に取り込んでいきたいと思います。なぜ、両者の対照であるのかは、この章の展開につれて次第に明確になっていきます。現代哲学の展開にとって、いかに重要で興味深い考察であるかも、同様、はっきりするはずです。

唯識の哲学を西洋の哲学と対照させる試みは、これまで、単発的に行われてきました。最近の試みとして、司馬春英の『現象学と比較哲学』がみられ、フッサール現象学との大変興味深い対照の試みがなされています。それだけでなく、自我の実体概念批判を通して、ヒュームの哲学への対応づけや、カントのDing an sich（物自体）との対比も試みられています。しかし、ヒュームやカントではなくて、まさに、フッサールの後期思想との対応づけが、もっとも生産的な対照の試みになることがこの章で示されます。しかも、フッサール現象学が、唯識の「識の転変」と「三性説」をめぐる解釈上の論争に、問題そのものを鮮明化しうる解明の光を投ずることができること、また、それによって、唯識が内在的観念論ではないことの徹底した論証が可能になること、唯識で語られる身体性と現象学の身体性との異同を明確にすること、これらが、この章の課題と目的です。

I　法としての識（vijñāna）

唯識派の意識と身体性を考える上で最も重要なことは、ここで唯識の場合に「識」と訳されているVijñāna[(2)]という言葉が、前の章で詳しく述べた、「法」の一つとして理解されねばならないということです。このことだけからしても、唯識でいう識について次の三つの根本的に重要な論点が導きだされます。

（1）法としての識は、実体として自存し、恒存するものとして考えられてはならないこと。いわゆる仏教での「実体」概念の否定とされるもので、法としての識も、デカルトでいわれる実体としての「心」と考えられてはなりません。

（2）法としての識は、主観に属するのでも客観に属するものでもありません。またものがある、ない、というように、法の有無、識の有無をいうことも、元来主張できることではないのです。従って、唯識の「識のみ」とはいっても、単に識だけが「ある」という意味ではないということです。

（3）　法としての識が、いかに働いているのか、その働きを知るということがあるとすれば、それは、識によって作り出されている、構成されているとされる自我や世界という対象、主観と客観という対象としてではなく、縁起の生起において直接体験されるということを意味しています。対象化をへない、言語化をへない実践的認識の可能性が問題になっているのです。

この三つの項目で述べられていることには、述べられるだけでなく、当然十分な説明と根拠づけが必要となります。普通、意識をもつのは主観だから、識が属するのは主観であると思うかもしれませんが、識は、そのような意味で、主観に属するのではありません。それは、これまで、法に法を観る主観はなく、法として観られる客観もないといわれているように、主観にも客観にも属さないと述べたのと同様です。したがって、唯識というのは、普通いわれる主観の働きにすべてをみる観念論の立場をとるのではないのです。この点は、意識の構成という論点に関して、これから詳論されねばならない大きな課題です。もちろん、とはいっても、主観に対立する客観に属するとする実在論の立場をとるのでもありません。唯識というのは、この世のすべての現象（現れ）は、識が作り上げたものに他ならないのだが、（それを現象学の「構成」の概念に対応できます）、この識は、いわゆる本質や理念的実体として理解されてはならず、また、事実や質料的実体として理解されるのでもありません。そうではなく、この識は「法」であるというのです。法であるから、（1）でいわれているように、それ自身変化することのない実体ではなく、実体性を欠く「空」として、他の法との縁起において働いているのであり、その働いている「そのまま」が修行を通して、次第にはっきりと直接、体験されるのでなければなりません。(3)

もし、唯識の識がこのような法として理解されねばならないとすると、フッサールの現象学との対照は、一見したところ大変困難なように見えます。というのも、現象学において意識とは、現象学的還元を通して意識対象（ノエマ）と意識作用（ノエシス）の相互連関においてその働きが分析され、反省され、解明しうるものであるのに対して、唯識で言われる法としての識は、もちろん、様々な言語表現にもたらされ、分析されてはいても、最終的には思い描くことのできない、反省を通して対象化されえないものとされているからです。それでもなお、この両者を対照させることは、実はそれが単にできるだけでなく、もし、その対照の困難さをそれとして正しく考察できればできるほど、興味深い企てとなります。

その理由は、色々ありますが、まず第一に、唯識で、法としての識は、究極的に対象化できないにもかかわらず、識の縁起のあり方が、先に述べられた五蘊という法の五つの類別や、十八界（六根、六境、六識）という法の類別などの考察を通して、大変詳細に分析されていることです。唯識は大乗以前の「法の分析（アビダルマ）」の伝統を受け継いでいます。

第二に、フッサール自身、意識分析を深めていって、いわゆる通常の自己意識をともなう意識の仕方による意味の構成より以前に働いている、先対象的で、先反省的な意味の生成の領域を見出していることです。発生的現象学で次第に解明されてきた受動的綜合の働く先構成の、その構成に対応している先自我の働く領域です。つまり、この領域を同じく対象化できない、言語以前に働く法の縁起が体験される領域と対照させてみるという、大変興味深い試みが可能になってくることです。フッサールのいう受動的志向性や受動的綜合が仏教哲学の中核である「法観」の分析にどのような寄与をなすことができるのか、という問題設定が十分可能なのです。

そして第三に、二でいわれていた、法としての識とフッサールの先構成的領域の対照を通して、つまり、この先反省的領域からどのようにして反省の領域が生成してくるのかの細かな分析を、すなわち、法の縁起の世界と日常世界との関係を、フッサールの超越論的主観性の世界と日常の世界での意識活動との関係と対照させることによって明らかにできるでしょう。もちろん、これらの対照や対比に際して、それぞれの伝統の違いから生じる側面と、同じように見えて全体との繋がりから見ると異なった意味を持つ点などを、十分に顧慮した考察にならなければなりません。

II　唯識の三性論とフッサールの「態度」という概念

唯識の識論で最も重要な二つのテーマは、識の転変（vijñāna-pariṇāma）と三性論（さんしょうろん）（tri-svabhāva）とされます。竜樹において二つの真理、真諦（真実の見方）と俗諦（世俗一般の見方）が交わることがない、つまり、真諦は言葉にならないということがまずあって、それでいて、両者が「縁起」において一致しているという、いわば、非同一性と同一性の逆説が主張されました。三性論というのは、このことが、唯識において識の分析を通してさらに深められているのだといえます。この非同一性の同一という逆説は、般若経では、先に述べたように、「色即是空、空即是色」と表現されているもので、すべての物質的なものが大乗仏教の真理である空であり、同時に、空なるものがそのままに、物質的なものだ、という意味を持ちます。実は、このこと自体、仏教における悟りの内容であるわけです。唯識の分析は根本的にこの大乗哲学の根本原理に対応しているのでなければなりません。したがって、逆説的表現にならざるをえないことは、初めから想定できるものであり、仮に、それが合理的に述べ尽くされているとするのであれば、そのような記述は、逆説的中核に届かないゆえの合理的一貫性にすぎない、といえます。このことを前もって確認した上で、これからの考察に向かいましょう。

このような逆説を内に含む三性論の「三」というのは、遍計所執性（妄想されたあり方）、依他起性（他に依るあり方）、円成実性（完成されたあり方）の三つを意味します。この三つのあり方の相違は、中観の真諦（真なる世界）と俗諦（俗なる世界）の場合のように、三つの世界の相違と考えてもよいのですが、注意しなければならないのは、それぞれに独立した三つの世界があるのではなく、むしろ、同一の世界が人間の取る態度の違いによって、三つの異なったあり方として現れるということです。そして、それだからこそ、なお一層、フッサールの現象学の根本概念である「態度」との対比が興味深いものとなるわけです。

a　遍計所執性と自然的態度

ヴァスバンドゥーは、遍計所執性を「どんな事物が、どんな妄分別によって妄分別されても、それはすべて分別性である。それは有ではない(4)」と表現しています。実はこの分別妄想されている世界こそ、通常私達の経験している日常生活、一定の時間と空間の中で、事物や人をめぐる、言語を通しての関わりの中で、経験されている世界です。その世界で、妄想が妄想として現れるのは、それらの事物を真実のものとして執着する、つまり、とらわれることによります。ここで経験するもの（主観）と経験されるもの（客観）という対立が生じているのですが、実は、この対立関係は、あると考えられた、作り上げられた妄想にすぎないというのです。

他方、フッサールは、現象学で「自然的態度」、「自然主義的態度」、「現象学的超越論的態度」という三つの異なった態度を区別しています。自然的態度とは、言葉を仲介にしながら、様々な実践的関心に即して、日常生活を、日常生活そのものについての哲学的反省なしに過ごしている態度で、唯識の遍計所執性に相応するといえるでしょう。自然主義的態度というのは、西洋の近世以後、自然科学の発展により、世界を自然科学の対象とみなし、自然科学的世界観によって、すべてを考え、自分の生活もそれを基準にして生きる態度を意味しています。この態度にぴったり相応するあり方を唯識に見出すことは難しいのですが、一つの、遍計所執性の変化した生き方であるといえるでしょう。この変化そのもの（つまり、自然科学的世界観）はそれとして、きちんと考察されなければなりません。

現象学的超越論的態度というのは、大まかに言って、自然的態度と自然主義的態度とを哲学的反省にもたらそうとする態度のことです。人間はその両者の態度で生きているときには、生きるままであって、実はそこに、普通は反省にもたらされることなく、自覚されずに生きられている規則性が隠れて働いていることに気づきませんし、そのようなものに関心が向かっていません。そのような気づかれずに生きられている規則性である「超越論的規則性」を解明しようとするのが、哲学的に生きる態度、すなわち現象学的態度といえます。唯識でいう依他起性の縁起の解明と密接なつながりがありますが、この相応関係はやはりそれとして詳細に対照する必要があります。

遍計所執性と自然的態度の相応関係では、遍計所執性の場合、言語の仲介という点が強調されていることに注目しなければならないでしょう。ということは、反面、依他起性に働く縁起が言語による表現の限界を超えていること、このことがはっきり自覚されていることを示していることに他なりません。自然的態度の場合も言語を介して日常生活が成立していることを自覚してはいます。とりわけ、外国語を使用せねばならないとき、その自由にならないことのうちに、母国語でのコミュニケーションの意味がはっきりと自覚されるものです。しかし、哲学的反省においてわれわれの認識活動における言語の役割を明確に規定することは、反省が深化して、言語的コミュニケーションの基盤に働く身体知の機能や、言語的コミュニケーションの限界などが明瞭に意識されてくる現場において明確になるものです。

自然的態度と遍計所執性に共通なことは、様々な経験の対象の世界が自分たちの意識に映るままにそのままあり、言葉を通してそれに関わり、そのような世界があること、存在することになんらの疑いもはさまず、それぞれの実践的関心に即して生きていることです。自然的態度においては、この日常的な経験の世界の成り立ちを、いわば、その成り立ちの条件である「超越論的領域」に向けて問うということはありません。もし、遍計所執性が変転し、超越論的問いをもち、その妄想を形成する意識活動が反省にもたらされ、客観的対象が形成される能動的志向性と、そのような高次の構成に前もっての構成的統一体を作り上げている受動的志向性が分析されると、そのとき、現象学的、超越論的態度がとられることになります。そしてそれを通して、現代の生活上常識になっているともいえる自然主義的態度の根底、自然科学的態度の成り立ちそのものを解明できることにつながっていくのです。

しかし、この受動的志向性が成立している「生活世界」の解明は、ヨーロッパ近代文明の合理化のプロセスに対する徹底的な批判として展開しているとはいえても、もちろん、このような形での、自然主義的態度に対する批判を、唯識哲学にそのまま見出すことはできません。とはいっても、現象学において、生活世界が意味形成の土壌として、自然主義的な世界観に対して、復権されてくることと、唯識において、遍計所執性が、そのとらわれの構造に関して、修行を通して透視され、依他起性がとらわれなしに観得され、復権されるのとは、実は、同様な哲学的営みに即しているということができるでしょう。そのとき、大変大雑把にいえば、「色即是空が空即是色」として立ち戻ってくるともいえるのです。

その意味で、自然的態度と遍計所執性は、決してそのまま完全に否定され消し去られるのではなく、その成り立ちが解明されることによって、その真の姿が明らかになるという点は、両者に共通していることです。これまで述べてきたように、自然主義的、自然科学的態度は、そのままの形では、東洋で発達してはきませんでした。しかし、現代では、洋の東西を問うことなく、自然科学的世界観が人間の生全体の中でもつ位置づけを問うということは、現代文明に共通して大きな課題、ないし、問題として理解されていることは疑いありません。

また、もし、この自然主義的態度をあえて、唯識の三性論と対応づけようとすれば、この態度が、客観的対象とそれに対する主観という主客関係をもち、それと同時に複数の主観〔人々〕が客観的時間と空間を共同に持ち合わせていることをその態度の基盤としていることからして、また、その基盤そのものを問うことはないことからして、遍計所執性に属すると考えるのが妥当でしょう。ただし、自然主義的態度の場合、この基盤の上に、実在主義の立場を貫き、客観的観察の純度を高め、数学を活用した法則を導き、その法則に照らして、実証していくといった学的体系を形成していることが強調されなければなりません。

自然主義的態度は、西田が先に述べたように、東洋の伝統の中では展開してきませんでした。いわゆる西洋的近代化を受容し、展開する中で固有の伝統の中に引きこんできたものです。自然主義的態度の特質は、客観的時間と空間を前提にする因果性と対象化ということができます。[5] したがってこの態度は、枠組みとして遍計所執性に属することは明白であり、自然主意的態度で構成される世界の詳細な分析が、遍計所執性の分析では十分に分析されていなかった客観的時間や空間の構成の豊かな分析によって、より明瞭になっているといえます。[6]

したがってまた、仏教哲学の無神論的特性を強調して、安易に自然科学のとる観察の態度との類似性を強調するのは、妥当性をもたないばかりか、根底から批判されなければなりません。

b　依他起性と超越論的態度

この依他起性は、縁起の思想のさらなる進展を意味しています。世親の『唯識三十頌』第二十一頌、「然るに妄分別は依他性であって、縁から生ずる」[7]、服部の訳では、「他に依存する存在形態は、縁によって生ずる構想作用である」[8]となっています。この頌への注釈で、安慧は、「〈妄分別〉というのは、ここでその本質が他に依拠しているからである。〈縁から生ずる〉とはそれによって依他性という名称が与えられる根拠となるからである。……他の原因によって律せられる、これが依他性である。その意味は産出されるということである。現われ出ることが他の原因によるのであって、それ自身によるのではないことである」[9]と解釈しています。

ここで述べられた縁起に関して、すでに竜樹の言説がありますが、ここで語られている唯識の縁起や縁は、後に詳論される「識の転変」の概念とともに問題にされています。このことは、決定的に重要なことです。識の転変では、アラヤ識と現勢的な識とが更互の原因―結果の関係にあることが分析され、それによって、竜樹では問題にされなかった時間の構成の問題領域で、識の転変が述べられ、その問題領域のなかで縁起が語られているのです[10]。また、ここで見落とされてならないのは、縁起の真理を真理として認識できるということが、実は、第三の円成実性が実現するということに他ならないということです。『三十頌』の第二十二頌では、このことが、「これ〔依他〕が見られないときは、それ〔円成〕は見られない」[11]と述べられています。相依の関係にある法が遍計所執性で働く主観―客観の関係から解放された段階で、その働きのままに観取されるとき、これが円成実性と呼ばれるわけです。「依他起性の主客からたえずまったく自由であること、これこそ絶対的な特質である」[12]といわれる所以です。

和辻哲郎は仏教哲学の研究で、縁起における法観とフッサールの本質直観を同一の事態とみようと試みました[13]。ただ、その理由づけは不十分であり、この同一視の可能性如何を考察する必要があります。その際、まず指摘しなければならないのは、法観が実現するプロセスと本質直観のプロセスは、容易に類似点を見出すことはできないことです。というのも、その方法論が異なった哲学的思惟の伝統を背景にしているからです。ここで明確なのは、フッサールが現象学的還元を通して意識の意識作用（ノエシス）と意識内容（ノエマ）の相関関係を分析し、さらに形相的還元を通して、本質的規則性を明瞭にしようとする努力は、当然ながら、ギリシャからはじまり、デカルトやカントの近世哲学との討論を重ねる西洋哲学の伝統に繋がるものです。他方、唯識の場合、解脱をもとめる仏教の修行全体を背景にした、他の仏教の諸派や他の諸宗教との対論を通しての理論的立場の立論が明確にされています。重要な論点の一つが、実在論の立場に立つ小乗仏教部派（有部）の原子論批判であり、世親の『唯識二十論』によって、徹底した論議が展開されています。さらにわたし達の日常生活のあり方を明示する遍計所執性を法の縁起により、とりわけ識の転変の理論で解明しようとします。そしてその際、重要なのは、これらの理論が実践としての瞑想に基づいていることであり、この瞑想が意識野全体の変転を通して三性論という根本的見解そのものを可能にしているのです。

もちろん、方法論を度外視して、思想内容そのものの異同を考えることもできます。それは、仏教でいう法とフッサールの本質規則性の異同の問題です。これについては、後ほど詳細に述べるつもりです。

『唯識二十頌』で述べられているアトム論批判は、今日の知覚論の問題領域に十分に対応しうる議論の水準となっています。今日、形態心理学は、古典的心理学における感覚データ還元論、とりわけ、恒常性仮定を根底から批判するものとなっていますが、同様の批判を『二十論』のアトム論批判にみることができます[14]。しかし、この点については、これ以上ここで詳細には述べません。また、ここでもう一度強調しなければならないのは、このような批判は、決して純粋に認識論的関心のもとに、つまり、認識の可能性を問うことで展開されているのではないということです。瞑想の修行を行うものが、外界の実在性に執われることなく、修行に専念できるための補助手段、すなわち、修行という実践のための手段といった性格を持つのです。こうして、法の縁起に直接関わる意識の問題領域をそれとして、外界にとらわれずに、獲得することによって、法の「空」であることが、唯識においては、さらに時間の次元においても解明でき、法観の修行のプロセスが明瞭になりうるという意味をもっているのです。このようにして、実在論の立場を批判し、その根底を示しうる唯識の理論は、法観が実現される実践的な瞑想の修行への準備段階と言えます。

また、法観にいたるプロセスにおいて、ある意味で、フッサールのいう「判断停止（エポヘー）」を行使するといえるのですが、フッサールの言うそれとは少し異なった意味での判断停止です。法観とは、先に述べたように、何らかの対象についての、また、対象間相互の関係等についての対象知なのではありません。先に述べたように、何らかのものが観られるとき、それは、法観ではないからです。むしろ、法を観るに至るための人間存在の全体の変転、つまり自己中心化から完全に自由になる意識の世界こそ問題だからです。この世界でこそ、現実の世界のありのままが、縁起の生起のそのままが観取されるからです。

この変転が生じるためには、まずもって対象知そのものが判断停止されねばなりません。判断停止というより、対象知に無関心になるといった方が適切でしょう。というのも、瞑想の実践にとって、対象についての意識は、主観と客観という妄想に執着した意識にとどまるからです。対象知に無関心であるというのは、対象を巡る意識を無視することです。その無関心を通して始めて、主観と客観が分岐派生しているそのありのままを観取し、それと同時にその主観と客観に分岐するあり方から解放されることによって法を観るということが成り立っているのです。

また、この意識の変化の分析的考察やその言語による表現は、いわば事後的な反省によるものであり、それに先行するのは、絶えず生起しつづける意識の変転そのものです。そして、当然、変転そのものがどのように意識されるのかという原理的に究明されなければならない認識論的根本問題もあります。その際重要なことは、瞑想の実践の只中では、瞑想そのものについての反省が行われてはならないことです。瞑想することそのものと、瞑想することについて反省することは、全く別事です。

それに対して、フッサールの場合、唯識でいわれる、日常の対象知をめぐる意識活動そのものとそれらについての反省の両者がなされてはならない、という意味で、つまり、その種の意識活動そのものの停止という意味での、判断停止が行われるのではありません。むしろ、それらの意識活動は、当の意識作用とそれにより構成される意識内容との相関関係として内在的に獲得され、周到に分析されます。

この意味で、超越論的傍観者という「予見をもたない」、「あらゆる関心から自由な」、構成そのものを眺める主観（超越論的主観）は、唯識の依他起性そのものを観取する円成実性にあっては、介在していないといわねばなりません。自分の瞑想を外から眺める主観が残っていては、真の瞑想は実現せず、円成実性の成立はありえません。この事態はしかし、意識の変転そのものが意識されるそのされ方を中心に克明に考察されねばならないひとつの重要な中心課題です。三性論の根本見解が成立する次元には、いかなる理論的な傍観者も存在しないという命題の解明については、先に述べたように、何らかのものを観るものが留まる限り、先の般若経典にもあるように、そのような次元は唯識にとっても最終的な次元ではない、ということの確認の段階に留めておきます。

c　円成実性と超越論的態度

円成実性という人間の存在の仕方は、そのあり方において、「かくの如くある」という言葉で、事物と世界がその真理の相のもとにあるといわれています。『唯識三十頌』では、「完成されたものとは、〈他に依存する存在形態〉が〈仮構された存在形態〉をつねに離れていることである(15)」、さらに、それに続く第二十二頌では、「この故に、それは依他と異なるのでもなく、異ならないのでもない(16)」、と記されています。この世親の文に対する解釈として安慧が述べるのは、「円成実性は、遍計所執性からつねに解放されていることである。円成実性とは、依他起性であり、そのことから判明するのは、円成実性は、依他起性と〈異なるのでもなく、異ならなくもない〉ということである。仮に、円成実性が依他起性と異なるのであれば、依他起性は、完全に遍計所執性から自由であるのではなく、また、異ならなくもないのは、その仮定によって、円成実性は、純粋でなくなってしまう。なぜなら、それは依他起性と同様に苦によって汚されたものとなってしまうからである。依他起性が苦から汚されえないのは、依他起性は、円成実性そのものに他ならないからである(17)」という内容です。

ここで、円成実性は、依他起性と遍計所執性との関連のなかで述べられています。とくに興味深いのは円成実性と依他起性との間の同一性と異他性が述べられていることです。論理学では、「SはAであって、同時にAでない」というのは矛盾律に反し、非論理的といわざるをえません。しかし、「Aであって、同時にAではない」ということを、通常の論理学上の命題として主張しているのではなく、「汚れる」とか「離れる」ということが、決して一義的に表現できない逆説的事態であることの別の表現に他ならないのです。要は、依他起性が完全に遍計所執性、つまり、言語の媒介によって表現される主観客観の緊張関係という穢れの世界から浄化されるとき、そうなった依他起性が円性実性に他ならないというのです。

この円成実性の見解には、大乗仏教哲学の根本原理が生きています。つまり、純粋な穢れない輝く精神の経験は、他の大乗仏教の経典に解脱の内容として絶えず主張されていることに他なりません。すでに原始仏教のパーリ経典では、「精神は、僧よ、光り輝く。精神は外からの穢れによって穢れる。（……）精神そのものの本質は、それそのものからして純粋である。しかし外からの穢れによって穢れるとき、人はそれを不純になるという[18]」とされ、同一の事態が否定的に表現されると、「識が最も純粋な認識に留まることがない限り、識は幻想に留まる[19]」といわれます。幻想とはここで、先に述べられたように、妄分別された主客の分離とそれに基づく言語と思惟による構築物と理解されています。だからこそ、この主客分離は、「主観の幻想と客観の幻想[20]」といわれるのです。ここで問題なのは、そのような幻想をまったく欠いた純粋な意識についての知や理解なのではありません。そのような特別な対象知を瞑想によって獲得するというのではないのです。世親はそうではないことを、「この（三界の一切）は唯識のみと言っても、前に何ものかを立てており、得があるから、それだけという所に立っていない[21]」といい、他の言い方をすれば、「客観があれば、主観もある。両方ともないときは、そうではない。それゆえその者は、客観がないとき、主観もないと認めるだけでなく、そのとき、いかなる（識）の把握もないことをも認める[22]」といえるわけです。この意味で、修行のプロセスで、いまだ、何らかの認識対象が客観として表象される限り、つまり、何らかの像を観るといったことがある限り、最終的な認識には至っていないことを意味しています。

さて、ここでフッサールのいう超越論的態度と先に述べた円成実性を対比して考察すると、次のようにいうことができるでしょう。現象学の明証性の概念は、「それは事象や事態や普遍や価値などが、〈それ自身そこに〉〈直接に直観的に〉〈原本として〉与えられているという究極的様態において、それ自身が現象し、それ自身を呈示し、それ自身を与えるという、まったく優れた意識の仕方のことである[23]」というように述べられています。明証性の概念が、字義通りであれば、当然、仏教哲学の真理の概念に対応するはずです。ただし、この概念が「エゴコギト」の明証性に制限され、超越論的主観ないし、超越論的自我が同一性を担う自我極として立論されるとすれば、この点に関して、仏教哲学の無我の原理に真っ向から対立することになります。ここでは、この問題点を突き詰めることは控えて、まずは、再確認しておくにとどめましょう。

ここで、まとめとして、唯識の三性論とフッサールの自然的態度、自然主義的態度、超越論的態度を、相違点を強調しながら、対照させてみます。その際、重要なのは、三性論は、三つの異なった並存分離した世界を主張しているのではないこと、言語や主客の分離が介在することによる妄分別から離れるということが問題なのであり、それが実現するとき、三性の類別はあっても、実は、「三性は常に同時に生起している[24]」ことが直接体験されうるということです。

(1)　この態度の問題は、フッサールにとって、単に方法論の問題だけでなく、現象学全体の哲学としての成立如何に関わる最重要問題です。フッサールはこのことを絶えず、そしてますます強く意識するようになり、この問題そのものへの様々な取り組みや導入の試み、さらには様々な描写の試みを重ねることになりました。最も難しい問題は、一つには、態度の変更がどのようにしてすべての人間にとって必然的動機となるのか、という問題、他方、超越論的態度の重要度と強調の必然性の問題です。また、生活世界を土台とする自然的態度の中には、超越論的反省に先行する先反省的で先述定的な意味の形成がすでに生じてしまっており、超越論的態度とその反省によっては決して反省し尽くせない、あるいは、反省によってその創造性が逆に制限されてしまうのではないかという批判が可能です。いわば生命と哲学的反省との緊張関係の問題が存在するといえます。[25]

(2)　ここで述べられた三性論は、三つの根本的態度といえ、その態度を通して世界と自我が人間に三様に現れているということがいえます。そして、三性論の場合、単にその認識論的関心にとどまることなく、その立論の当初から、三番目の円成実性、ないし真実性への明確な方向づけがなされていることです。その際、真理は、理論的にのみではなく、実践的に徹底して探求され、生活世界の特定の関心から自由な理論的、認識論的反省視（超越論的傍観者）でさえ、いまだなお、まさにある種の「理論的関心」として、また、解脱に関わる「宗教的・実践的関心」でさえ、やはり、ある種の「関心」とみなされ、この二つの関心ともども、修行の過程を通して、無関心に変転し、両関心からの解放が実現されていくわけです。

III　唯識の識の構造

直接、「識の転変」の議論に入る前に、まずもって、全体としての識の構造を明らかにしておきましょう。まず、大きくみて三種の識に分類され、この三種の識が働く事によって、識の転変が生じているとされます。その三種とは、アラヤ識とマナ識と六識です。この三種の識の名称は、いずれも、法観をめぐる修行の分析を通して、とくに識の変転に関連づけられて、小乗仏教の法の分析の伝統との密接な繋がりのなかで獲得されてきました。

a 六識

六識は、六根である（眼・耳・鼻・舌・身・意）をよりどころにして、つまり、知覚器官と認識器官としての眼・耳・鼻・舌・身（触覚器官）・意（思考器官）を通して六つの対象領域（六境）、すなわち、色・声・香・味・触・法（狭義の法は、直観や概念の対象を意味する）を識別する六つの識（眼識・耳識・鼻識・舌識・身識・意識）を意味します。注意しなければならないのは、六番目の識である意識を現象学や西洋哲学で考えられる意識と注意深く区別する必要があるということです。

この第六識という意識は、現象学でいわれるBewußtseinと完全に同義ではありません。現象学では、無意識まで意識の問題枠のなかでとらえている点は、いわば、無意識にも対応しうるアラヤ識まで識ととらえることからして、一つの共通点とはいえます。また、唯識では、自我も広い意味での意識として考える点、また、前五識が現在の感覚を対象とするのに対して、この第六の意識が記憶や予想など、時間をまたぐ意味や概念などをもその対象とする（一切の法を対象とする）など、現象学における意識の類別の仕方と重なる部分も多大です。唯識で第六識の意識といわれるのは、このように、一切の法をその対象とし、たとえば、様々な感覚対象を様々な対象として判断する判断認識であり、一般的に「思惟」、「認識」、「意識」と理解されます。言辞化作用、判断、類推、認識などいわゆる精神的活動を主に意味していますが、前五識にあたる感覚認識は除かれます。

したがって、この前五識は、いわば、フッサールのいう感覚であり、言語的意味を与えて、「暑い、寒い、青い等々」の認識が成り立つ以前の、純粋な感覚を意味しているといえます。フッサールの場合、知覚は、それに対して明確な対象認識（「何である」）を含んでいます。唯識では、このフッサールのいう知覚が成立するには、前五識に第六識としての意識が加わって始めて可能になるといえます。フッサールの場合、この純粋な感覚も意識という大枠の内部で理解しますので、この点、両者の違いに注意しなければなりません。

また、唯識では、前五識のいずれかが働くときには、かならず、この第六識としての意識が働くとみなされています。このフッサールのあらゆる意識作用にともなう随伴意識、ないし、ノエシスそのものを内的体験する内的意識と第六識の働きとの異同もまた、明確にしなければならない一課題といえます。

このそれぞれの認識対象に区別される六識の働きの分析は、もともと、小乗仏教の「法の分析」と密接な関係があり、次のようにその概要を述べることができます。(26)

（1）六識のみでなく、すべての識のいずれかが働くときには、多少なりとも、必ずそれに伴って働く五つの心の作用、つまり、触（そく）（接触）・作意（さい）（注意）・受（じゅ）（感情）・想（そう）（認知作用）・思（し）（意志）があります。共に働くことを「相応する」といい、このような識を遍行識と呼びます。

（2）また、六識には、それぞれの特定の識の対象（別境）に向けられた心の働き、すなわち、欲（善への欲）・勝解（明確な了解）・念（記憶）・定（精神統一）・慧（分析的知性）をともなうとされます。いわゆる知的な意識活動の様々な働きが総合的にまとめられているといえます。

（3）また、心王（八識のこと）に相応する善といわれる、十一の楽を招く作用があげられます。信、慚（自己に対する羞恥心）、愧（き）（他人に対する羞恥心）、無貪（とん）（生存に執着しないこと）、無瞋（じん）（怒らないこと）、無痴（事理に明るいこと）、勤（ごん）（努力精進）、軽安（きょうあん）（身心がのびやかなこと）、不放逸（欲望のままにふるまわないこと）、行捨（ぎょうしゃ）（常に心の平静なこと）不害（相手を傷つける気持ちを持たないこと）を意味します。それに対して、苦をまねく根本的な心作用である煩悩は、貪（生存への執着）、瞋（怒り）、痴（事理に暗いこと）、慢（人に対する優越心）、疑（仏道への猶予）、悪見（誤った見解）さらに、苦を招く派生的な心作用である随煩悩として、不信、無慚など、二十の心の働きが述べられています。

（4）五識（眼識・耳識・鼻識・舌識・身識）は、同時に働くことが可能だとされます。例えば、踊りを見ながら、音楽を聴き、食事をするというとき、六識のすべてが働いているといえます。フッサールの場合も感覚野における無数の感覚素材の共在や知覚ならび判断など意識作用が共に働くことを認めますが、それは、前景と背景の区別を通して、主要な意識作用は一つであって、それ以外は、背景に退いて働いていると見なします。こまかな違いが、後に、意識の流れの考察の際、意味をもってきます。

（5）前五識にはつねに第六識である意識がともなっていますが、ともなわない場合もあります。それは、瞑想の深まりにつれ、阿羅漢（小乗仏教の修行の最高位）の境位において、もはや生じることはなく、前五識が働くそのままが直接認識される場合だったり、睡眠や病気で気を失うといったときであるとされています。

このような前五識と第六識とを概観して特徴的なことの一つに、知覚や判断といった意識活動に、感情や善悪などの倫理的実践などが、純粋な認識機能のみを独立に考えることを不可能にさせるように、密接に結びついていることとです。仏教哲学が根本のところで、超越論的傍観者といった認識主観を認めないことが、この点に現れているということもできましょう。

また、重要なこととして、前五識は、それらが働くそのままを取り上げると、それは、純粋な感覚であり、明証性に関して、フッサールのいう、決して疑うことのできない原意識（「内的意識」ないし「内在的知覚」とも呼ばれる）に対応するといえます。フッサールは、この内在的知覚の領域を確定し、この領域を中心に受動的綜合を連合と触発の概念の分析を通して記述していきました。その際、唯識でいわれる第六識の意識は、内在的知覚に加わる高次の意識としての統握という意識作用であり、それによって知覚が成立するのだ、といえます。唯識で、第六識が機能しない、前五識のみが働く場合が認められていることは、このフッサールの内在的知覚としての感覚に対応しうるといえるわけです。そして両者の場合、この直接的認識の絶対的明証性が主張されていることもまた、重要なことです。フッサールにとって、この領域は、第四章で述べたように[27]、原印象と過去把持の空虚表象との相互覚起の働きとして細かに分析されていきます。

b　マナ識（自我の意識）

マナ識は、manas（「思惟」という意味）の働きにつけられた名称に由来します。その「思惟」が「自我の意識」を意味するのは、後に詳論される「アラヤ識の流れそのものを自我とみなしてしまう働き」だからです。この自我の意識は、多くの場合「汚れたマナス」と呼ばれますが、それは、それ自身で存立しうる実体という特性をもたない自我を、常に存在するものとみなし、それに執着し、愛着し、慢心をもつからとされます。

仏教哲学では、すでに言及しているように、自我は自立自存する実体とは考えられません。原始仏教では、自我は、五蘊と呼ばれる五つに分類された法が組み合わさって、瞬間瞬間、構成されては、消滅し、再び構成されると理解されています。五蘊とは、色・受・想・行・識のことです。この五蘊の内の識を中心にして法の体系を構築したのが唯識ですが、唯識では、自我意識はアラヤ識をマナ識が恒常的に存続すると見なすとき生じるとされるわけです。

（1）『唯識三十頌』では、マナ識について、アラヤ識に第五頌、六頌、七頌、八頌に渡り言及され、「依拠して、それを所縁（対象）とする、意という名の識が起きる。〔我の〕思量を自性とするものである。六常に、有覆無記の四つの煩悩、我見・我癡・我慢・我貪といわれるものと一緒にある。七〔それも〕生まれた所〔の界・地〕に属する〔四つの煩悩〕と、である。および他の触等〔の心所〕とも〔一緒にある〕。それは阿羅漢にはない。滅尽定においてもなく、出世間道においてもない。八これが、第二の転変である[28]」、と述べられています。

（2）マナ識の存在がどのように確定されてきたかについての歴史をたどると、マナ識の特性を明らかにすることができます。その一つの経過として、前五識の場合に感覚器官として眼根・耳根・鼻根・舌根・身根があてがわれているのに対して、第六識である意識の意根とはいったい何であるのか、という問いから、マナ識の必然性が導かれたという説です[29]。つまり意（マナス）が働くとき、その働きの依拠するところを考察し、依拠する仕方を二様に考えることに発するとされます。この事態を記述するチベット僧ツォンカパは、次のように書いています。「意は二種である。〔即ち〕直前の〔の識〕は、〔それが滅して〕縁となることによって、〔直後の識の〕所依となる。従って、〔第一の意は〕直前に滅した識が意と呼ばれているのであった、〔直後の識の〕所依となるものである。第二〔の意〕は汚染された意であり、有身見、我慢、我愛、無明という四煩悩を常に伴うそれは識が汚染される所依である[30]。」

　ここで、所依とは、根拠ないし原因、依拠するところという意味を持ちますが、意（マナス）が働くその所依には、二種があり、一方で、第六識である意識が生じるための所依として、直前に滅した識が、「等無間縁[31]」という所依という側面と、意識が煩悩を帯びる根拠ないし原因（所依）という汚染としての意の所依が考えられるとするのです。そして、とりわけこの第二の側面である、汚染の意が強調され、汚染意としてのマナ識が意根の内実として主張されることになります。

また、この自我意識を意味するマナ識は特有な意識の層として、唯識ではじめて明確な表現をもつようになりました。瑜伽行の実践を通して、いかに自我への執着が強いかが強烈に自覚されるという経過がその背景と考えられています。しかも、その執着の強さが、自我意識を相分としてもつ（構成する）アラヤ識にあると解明されることによって、強さの根源が指摘されることになったからです[32]。

（3）　このマナ識（自我意識）は、絶えず生じていて、六識である意識は、眠って居るときは、生じませんが、マナ識は眠っていても働いていているとされます――この点、フッサールとカントにおいて超越論的自我がどのように考えられているか、対比させる必要があります。――また、マナ識は、修行をつんだ阿羅漢では、深い瞑想状態にあるときには、もはや生じることはない、とされます。また、円成実性が成立しているとき、自我への執着は断たれ、自他の平等性が覚知されるとされています。

（4）　自我意識は、そもそもアラヤ識の働きがたとえば器世間（無機的世界）を所縁とし、そこの眼根を通した眼識が眼境（例えば「海の色」）を持つとき、アラヤ識が働くときその働きを所縁（拠り所）として自我という意識を持ちます。ということは、フッサールに即せば、受動的志向性としての衝動志向性が働き、ヒュレー的先構成がされ、先構成された自然（器世間）が成立するとき、その先構成そのもの、衝動的志向性による綜合そのものは直接意識されることはありませんが、その先構成されたもの（器世間としての自然）に自我の対向が生じるとき、つまり、自我の関心に即した構成が成立するとき、「私（自我）が青い海を見る」とみなしてしまう、というようにみることができます。すなわち、衝動的志向性の働きによる先構成を自我の働きによる構成と見なしてしまうこと、衝動的志向性による身体性の働きを自我の働きと見なす誤解が自我意識である、ということになるでしょう。

c　アラヤ識

これまで述べられてきたように、唯識の意識分析は、ヨガ（瞑想）の実践体験とそれに直接する反省に由来しており、この体験は、主観と客観の対立が消滅する境位にまで至ります。その際、無論、最終的な体験にまで至る経過、すなわち、絶えず深まる瞑想による識そのものの変転こそまさに、仏教の修行そのものの一大事です。人間にとって、この修行の道は容易には貫徹できず、生涯の課題であるだけでなく、仏教の輪廻の思想に即せば、輪廻を通して遂行されるべき課題であるからこそ、この識の変転が決定的な事態とみなされるのです。

仏教徒は、実体としての自我を否定しますが、この見解は、法が瞬時に消滅を繰り返すという刹那滅の説と密接な関係にあります。刹那滅にあって、ある法が生じて消えるとき、それに続く刹那に同じ法がまた生じたり、別の法が生じたりしますが、いったいどのようにして、その刹那の連鎖が形成されるのかが、決定的で重要な問いとなります。何かへの執着が修行を妨げるのである以上、修行の貫徹のためにも、この執着がそもそもどのようにして起こるのか、その「いかに」が、真剣に問われることになります。

この問いに対して、唯識は「識の転変（てんぺん）（pariṇāma）(33)」という教説をもって答え、識の刹那、刹那の変化をアラヤ識の種子（しゅうじ）（bīja）(34)の潜勢力（vāsanā）によって答えます。

識の転変は、三種類の識が機能することによって成立するとされます。三種類とは、六識とマナ識とこれから主題にされるアラヤ識の三つの種類のことを指します。『唯識三十頌』の冒頭の第一頌と第二頌には、「1、どんな種々なる我法の仮説が行われるにしても、実に、それは識転変に於いてである。そして、その転変は三種である。2、異熟と末那と称せられるものと、境の了別（識）とである。その中で、異熟は阿頼耶と称せられる識で、一切の種子を有するものである[35]」と記されています。末那とは、マナ識のことで、「境の了別（識）」とは、対象を識別し認識する、これまで述べられた六識を意味し、異熟がこれから問題にする阿頼耶識を指しています。

まずここで、アラヤ識が有するとされる種子がいかなるものであるか、明確にしてみましょう。この解明は種子によって成り立っているアラヤ識そのものの解明でもあります。

（1）種子とは潜勢力を意味し、この潜勢力が他の条件と結びついて刹那刹那に現れる意識現象（その刹那に実際に生じる識を現行識と呼ぶ）を生むとされます。アラヤ識が異熟であるというのは、もともと、業の思想に即して、善業、悪業の結果（熟した結果）が異なった種類の生命に異なった時に現れることを意味して、輪廻説の根拠づけの役割を果たしていますが、一般的にその善業と悪業の結果が時間を隔てて現勢的になることをも意味しています。ここに、無我論と輪廻説との関係が問われるなかで、アラヤ識の説が生じてきたというアラヤ識の生成説が指摘されねばなりません。つまり、仏教の無我の教えと輪廻の教えがどのように両立するのかという問いに、種子という潜勢力が業の思想を裏づけ、業の因果が、不連続的に連続していくという逆説的論理で解答しているのです。そして、問題は、当然この逆説の中身になります。

（2）唯識において識は、識の働きと働きによって把捉される内容とに、いわば形式と内容の二面において、——現象学の意識作用と意識内容の相関との相違がいずれ明確にされねばならないが——考察されます。しかし、アラヤ識の種子はいかなる形態ももたず、アラヤ識の所縁（フッサールに即せば、構成されたもの）そのものはあまりに微細で不可知（認識できない）とされます。また、アラヤ識の能縁（構成する働き）も同様、不可知であるとされます。安慧は、このことを、アラヤ識は、「はっきりと個々別々のものとして判断されない（不可知）ような対象のすがたをもって顕現しているのである」[36]と述べています。ですから、アラヤ識が今日の心理学で、無意識と呼ばれうるのは、このようにそのままでは、意識にもたらされえないからなのです。もちろん、フロイトの主張する「無意識」の概念とは、詳細に対比、対照してこそ、その異同が明確になるものであることは、明らかです。

（3）ある刹那に識が働くと、たとえば「海が見える」と、それに関わる様々な法、視覚対象である「海」が形態（色境）として、名辞「海」（色法が実質を担うのに対して、数や言語など、直接実質にかかわらずに、秩序、まとまりとして現れる法を「心不相応行法」と呼びます）[37]として、また、あらゆる六識に必ず、多少なりともともなう、触（接触）・作意（注意）・受（感情）・想（認知作用）・思（意志）という遍行識が現行識として生じ、その生じた同じその刹那に、その種子（潜勢力）が残されていきます。しかも、ここで重要なのは、そのアラヤ識がその所縁として「器世間と有根身と種子」をもつ、ということです。器世間と有根身は、物理的周囲世界を意味し、フッサールの総体としてのヒュレーの世界と対応しうると思いますが、どこまで、どう対応するかは、これからの考察で明確にしなければなりません。有根身とは、身体のことです。しかし、目に見える身体を意味するのではなく、むしろ、眼根など五根（器官）の働きをそれとして保っているのが、アラヤ識の所縁としての身体（有根身）とされます。ですから何かの色が見えるとき、目に見える眼識の色境は、目に見えないアラヤ識の所縁としての器世間と有根身及び、マナ識、意識、遍行識をともないながら色境が成立していることになります。

（4）アラヤ識は、それそのものの働きとその所縁である器世間（自然）、有根身（身体）、種子（潜勢力）に関して、倫理的な善悪から離れており、無記であるとされます。遍行識はアラヤ識にもともないますが、遍行識そのものが無記ですので、遍行識をともなうアラヤ識も無記です。善悪の行為は必ず、種子を残しますが、異熟習気といって、因としての善悪は、性質を異にして、果としての楽苦は、善悪の性質をもたない無記としての楽苦となり、その性質を異にして果になるので異熟といわれるともされています[38]。また、アラヤ識の熏習する働きを通して、善や悪が習慣化されていきますが、習慣化そのものは、善でも悪でもない中性的な働きなのです。したがって、アラヤ識の主張そのものが、当然、人間の本性を悪ないし善とみるいわゆる性悪説でも、性善説でもないことは、明記されるべきです。

（5）アラヤ識は、暴流に喩えられます。「そうして、その（アラヤ識）は、生々流転しつつ存在する。あたかも河川（暴流）のごとくである。（四cd）[39]」この頌について安慧は、次のような注釈をつけています。「〈生々流転しつつ〉とは、因（の瞬間の存在が滅する）と（同時に、）果（の瞬間の存在）が相続して断絶することなく生起していくことである。〈河川〉と一般的にいわれるものは、ある大きさの水量の水が流れていく流水を意味するが、そこにおいて、（一瞬）前にあった（流水）と（一瞬）あとにある（流水）とが、まったく区別がつかないのである。そもそも河川なるものは、藁草や棒きれや牛糞などを漂流させつつ流れていくのであるが、まさしくそのように、アラヤ識も、（不定数の未来生の迷いの存在に）福果をもたらす行為（福業）と、（……）禍果をもたらす行為（非福業）と、（どの迷いの存在における果であるかが）定まった果をもたらす行為（不動業）とにもとづく諸潜勢力によって様々に濁ったまま、様相把握や思惟など（の心理的存在）を漂流させつつ、生々流転しつづけて中断することもなく、迷いの存在が生々流転して存在するかぎり、存在しつづけるのである」[40]。

（6）　この絶えず識の転変を繰り返すアラヤ識は、修行を深めて、阿羅漢という最高位に達したとき、止滅します。阿羅漢というのは、修行を通して、迷いの生成が止んだ最高の聖者を意味し、そのような阿羅漢にあって、アラヤ識は止滅するというのです。このアラヤ識が止滅するということは、先に三性論で述べた円成実性の実現を意味しており、唯識は、無意識の欲望が人生を支配しているといった宿命的な世界観の主張ではないことを明確に自覚しておくことが必要であるだけでなく、先に述べたように、三性が同時に生じているのであり、そのことが体験されるのが、円成実性の実現されるときであり、アラヤ識が止滅するときなのです。

さて、このアラヤ識の記述をフッサール現象学の絶対的意識流と対比させると、大変興味深い共通性と相違が明らかになります[41]。まず、潜勢力を意味する種子をフッサールのいう習慣性（Habitualität）を宿す含蓄的志向性（implizite Intentionalität）の対応関係があげられますが、詳細は後述することにします。

また、暴流としてのアラヤ識の流れは、刹那滅する法の絶えざる生起ですが、フッサールは現象学的哲学を基礎づける際、「ヘラクレイトス的流れ」としての意識の流れという事態に直面します[42]。この意識の流れとは、いったい何を意味するのか、第四章で述べた後期フッサールの時間論と関連づけながら、唯識のいうアラヤ識の流れと対応づけてみましょう。

フッサールは、デカルトに習った徹底した懐疑を経て、哲学の基盤を意識の明証性に置こうとしますが、その意識の明証性は、まずもって、それぞれの今の瞬間瞬間の疑いなさを主張できても、時間を経過した記憶の場合には、意識に与えられている通りで疑いきれないという保証はないことになります。瞬時に限定された意識の明証性の上において、客観的学問を形成することは、まったく不可能にみえます。したがって、瞬時と瞬時の繋がりが明証的に明らかにされねばなりません。フッサールは、この瞬時にしか与えられていないようにみえる明証概念を、さらに「志向と充実」という直観の問題として分析をすすめ、[43]『受動的綜合の分析』という講義録の中で、過去地平に属する過去意識の「即自存在」（過去においてそのものに即して存在する存在）の明証性を明示することができました。「体験のなかに構成されたものに即して、習性として獲得されたものがあり、それはいつでも改めて現勢的な連合的覚起にもたらされうるのである[44]」と主張できたのです。その際、過去把持が必当然的に明証的であることの確証が、瞬時を越えた必当然的明証性の拡大にとって、決定的なことでした。

このように、フッサールにおいて意識の流れは、時間意識の流れと理解され、受動的綜合の分析をへた、後期時間論では、この時間の流れは、無意識において働いている衝動志向性にそのもっとも根源的な構成の根拠をもつことが明確にされました。そして、実は、この衝動的志向性による時間の流れの形成[45]は、すでに『内的時間意識の現象学』において「絶対的時間流の自己構成[46]」という逆説的事態として、まえもって指摘されていた事態の、実際の働きの内実を開示したものに他ならないのです。

したがって、アラヤ識の流れとフッサールの時間流の対比は、アラヤ識の流れ方そのものが定題化される「識の転変」の議論を通して、初めて明確にその内実の照らし合わせが可能となります。

d　マナ識と超越論的エゴ

自我意識の把握に関して、唯識とフッサール現象学の相違を見極めなければなりません。フッサールは超越論的エゴを「単に流れる生としてではなく、自我として、つまり、あれこれを体験し、あれこれのコギトを同一の自我のコギトとして生きぬく」[47]と理解します。特定の対象が対象極として極化するに相応して、第二の極化である「同一の自我の極化」[48]が生じます。もちろん、この自我極は、「空虚な同一性の極」ではなく、「自我の作用の極であり、習慣の基体」[49]としての自我極です。さらに一九二〇年代以降の発生的現象学では、作用の極は習慣の基体に留まらない豊かな歴史性と具体性を備えたモナドとしての自我が解明され、モナドの共同体という観点から他者の主観をめぐる相互主観性の分析が展開されていきます。その際、フッサールは、一方で、最終的な根源的構成としての超越論的エゴの時間化の次元を、改めての還元を通しての「作動する自我極」[50]の時間化と理解しようとする方向を合わせもっていました。つまり、フッサールは、自我極形成以前という発生的現象学の視点と、自我(エゴ)論的な、自我極を前提して分析している、両側面をもっていたといえます。ただし、この両側面は、究極的には、後期のモナドロギーの枠組みの中で統一的に、自我極の生成を解明する発生的現象学において統合されていると理解すべきでしょう[51]。

この究極的に作動する自我に対して、唯識は、自我はマナ識として、あくまでアラヤ識の対象化を通して自我として意識されていると見なします。作動する超越論的エゴが時間化を生起させるのではなく、識の転変(意識の変化の流れ)は、アラヤ識によって規定されるのであり、自我は、その流れを対象化することを通してはじめて生起するとするのです。自我は、時間化を一貫して同一でありつづけるような極として考えられてはならず、あくまでも構成されたものであるというのです。この点、カントの主張する、すべての対象構成の根源である超越論的統覚の自我の働きは、実は、アラヤ識の対象化に他ならないといわねばならず、根本的原理の把握の次元での、カントとの決定的差異を、ここで再確認する必要があります。また、唯識のみならず、大乗仏教の根底的見解として、自我は、五蘊の縁起による現象に固執することから生じているに他ならず、実体として捉えられてはならないという見解を一貫して保持しています。

他方、フッサールにあっては、極としての超越論的エゴそのものは、時間化の次元で時間化はしても、極はいかなる意味でも時間的広がりを持ちませんので、時間的な持続のなかで現出するわけではありません。時間化そのものを構成するようにみえる超越論的エゴそのものは、現出はしません。では、唯識においてアラヤ識の流れが止滅するとき、絶対智、ないし汚れない心が実現しますが、このような純粋な心、ないし無我といわれてきた働きを超越論的エゴと対照させることは可能でしょうか。両者を対照するには、時間化そのもの、唯識の場合の「識の転変」を中心課題として定題化しなければなりません。

詳細は、次節の課題としますが、まずいえることは、フッサールの場合、時間化は、『危機書』での自我論的記述にもかかわらず、究極的に、その最も根底的な構成の次元においては、先自我的で間身体的であり、間モナド的、つまり根底からして間身体的で、相互主観的とみなさなければならないことです。時間論の非自我論的見解では、自我の活動や参与を含まない受動的綜合として働く、先自我的な意識の流れ（時間流）が解明されています。しかし、この解明以前の『イデーン』期では、「純粋自我」がはっきりと主張され、（もっとも、フッサールは同時に、この純粋自我という超越論的に絶対であるものは、究極的絶対的ではなく、そのような究極的絶対性として、時間化という絶対性を示唆してはいるのですが）その自我の活動の有無が、能動性と受動性という区別の最も重要な基準とされます。そして、一九二〇年代、この自我の活動を含まない受動的綜合が露呈されます。その受動的綜合は、連合と触発という規則性をもち、その規則性に即して、受動的に先構成されたものが、自我に働きかけ、自我がそれに向かうこと（対向）について分析されます。こうして、発生的現象学では、受動性が能動性を基づけるという原理のもとに、「受動性に基づけられた」自我の活動が「生き生きした現在」の分析に組み込まれてくることになるのです。[52]

自我に関する両者の決定的な相違は、フッサールのいう超越論的エゴが、仮に「超越論的傍観者」として反省する機能として残存する限り、[53]仏教哲学にとって、いまだなお、思惟され、反省された自我であるにすぎず、直接、体験された自我ではないということになるでしょう。この体験された自我は、超越論的なエゴ、ないし先自我として考察されうるとはしても、集中した瞑想を通して超越論的傍観者としてのエゴが解消した次元に実際に働いているといわれるわけです。

さて、唯識は、この非自我論的見解にあって必然的に問われることになる、倫理的行為の責任の所在が正されるとき、アラヤ識論を土台にして、次のように解答します。倫理的に善悪の意識をともなう行為の結果、つまりノエシスの側面（行為の作用面）とノエマ的側面（行為の内容）の両面が種子としてアラヤ識に含有されていく、しかも、種子の潜勢力は後の現行識の現出の主要な原因となっていく、とするのです。となると、問題になるのは、この刹那刹那の縁起によって生じる識の生じ方そのものです。唯識は、この問題を「識の転変」となづけて、その逆説的事態を分析していますが、この分析にフッサールの時間化の分析を対応づけることによって、その事態をより鮮明にすることができます。

e　カント、ヒューム、フッサールと唯識

ここで、「識の転変」の議論に移る前に、識の基本構造および三性論の大枠が示された段階で、唯識の哲学とフッサールの現象学との対照が持つ意味を、カントとヒュームの哲学と唯識との関係を考察することによって、より

明確にしてみたいと思います。

（1）カントの場合、その対比すべき論点は、Ding an sich（物自体）と自我の超越論的統覚です。まず、後者からいえば、仏教の無我の思想と根本的に対立していますので、異なった立場であることは、明白だと思います。ただし、その明白さは、カント哲学にとって、自我の超越論的統覚が認識論の基礎になっていることを十分に踏まえての確認でなければなりません。カントの場合、多様な現象を統一する、最終的原理として自我の統覚が主張されます。直観のアプリオリな形式としての時間と空間も、自我の統覚の統一のもとに始めて形式としての統一性を持ちえます。

しかし、これから述べる唯識の「識の転変」に見られるように、唯識において、時間は「識の転変」の基礎原理である「種子生現行」、「現行熏種子」という縁起の規則性を通してそのつど、刹那滅として生成しているのであり、自我の超越論的統覚は、この縁起の結果を捉え、アラヤ識の働きを自我の統覚の働きとみなして固執しているに他なりません。フッサールがカントの自我の統覚を突破しているのは、まさに、この時間論の領域に他なりません。フッサールは、『イデーンI』で「純粋自我」を導入しますが、同時に、「諸還元を通して顕示した超越論的に〈絶対的なもの〉は、真実には究極的なものではなく、それ自身ある深い、独自な意味で構成されているものなのであり、その源泉を究極的で真の絶対的なるものにもつものなのだ[54]」と述べています。そして、この究極的な源泉こそ、まさに絶対的時間流としての時間意識に他ならないのです。このフッサールの絶対的時間流の自己構成という逆説が、唯識の「識の転変」としての縁起の生起と、いかに驚くべき理論的一致をみているか、次の節で明確になります。

さて、カントのDing an sich（物自体）は、認識論においては、不可知と性格づけられますが、実践哲学では、自我に語りかける「良心の声」という道徳律として、決定的に重要な役割を果たします。そこでは、人間の欲望という悪への傾向性と良心の声との峻厳な抗争が展開することになります。しかし、唯識のいうアラヤ識の本質は、人間の表象にもたらされる善でも悪でもなく、中性的な無記とされるものです。無意識的な暗い欲望に拘束されたアラヤ識の流れといったイメージは、アラヤ識の本質を語るものではありません。本来無記であるアラヤ識の種子が熟して、現行識が生じるその刹那に、円成実性が実現していない遍計所執性を生きる人間にとって、自我意識であるマナ識と、種々の煩悩を帯びてその現行識が生じざるをえないことから、無記のアラヤ識が善悪の性格を帯びざるをえないようになっているのです。

これに対して、フッサールの場合、現象学の根本的立場から、形而上学的構築物としてのDing an sich（物自体）を拒否し、人間の欲望は、それそのものとして善悪の基準で測られることはありません。フッサールにおいて衝動は、絶対的な時間の流れを規制する超越論的規則性として理解されています。衝動志向性の果たす役割は、倫理の基礎である、他者論における間身体性論、相互主観性論でも根本的なものであり、精神病理学との学際的研究にとって大きな意味をもちます。この点からしても、フッサールの衝動志向性と唯識のアラヤ識を基本原理として「識の転変」との対応関係は、大変生産的な対照考察の視点を形成しているといえるのです。

（2）ヒュームは、人格の同一性の原則を批判し、自我とは、諸知覚の束にすぎない、と主張したとされます。この主張と仏教の無我の説との内容上の類比が頻繁に行われています。ただし、仏教の場合に自我とは刹那滅に継起する五蘊の集まりだ、というのと、様々な知覚の束ないし集まりだというときの、五蘊と知覚を単純に同じものとみることはできません。様々な法を印象と同一のこととみなすことはできません。ヒュームの心的原子論で語られる印象は、その背景に外的世界の存在を信じる「ヒュームの自然主義[55]」が認められます。

この自然主義は、ヒュームの観念連合が述べられるとき、明確にその特性を発揮することになります。観念連合とは、印象の像である観念の間の連合を意味し、「類似性」、「隣接」、「原因と結果」と言う三つ関係によって形成されるとされます。この単純観念の統合の三種の関係は、「一種の〈引力〉(attraction)であり、精神界において、自然界におけると同様に、驚くべき結果を生み出し、多くの様々な形をとって現れることが、見られるであろう[56]」、と述べています。ロックとニュートンをその思想的背景とするヒュームは、ニュートン物理学の「引力」に対応づけて観念連合を語っているのです。フッサールが、ヒュームの連合を「自然主義的に歪曲したもの[57]」とみなすのは、まさに、このヒュームの自然主義によるのです。また、ヒュームの観念連合は、あくまでも心的原子論において把握される、特定の「認識内容をもつ心的要素[58]」を出発点に取るのに対して、唯識の法は、あくまでも縁起における法であって、法の関係性においてこそ、法の特定の意味内容がそのつど生起するのである以上、ヒュームのような要素主義ではなく、関係主義においてこそ、法を理解すべきである、という批判がたてられねばなりません。

それに対して、フッサールは、志向性という徹底した関係性に立脚しています。フッサールの受動的綜合としての連合と触発は、感覚がある特定の感覚になる以前に（つまり、要素の意味内容がそれとして形成されるプロセスにおいて）、先触発性の次元で、気づく以前に生成している、生命体と周囲世界の間の身体的意味の形成において働く超越論的規則性です。つまり、ヒュームにみられる精神界と自然界とが区分される以前に、つまり、「心的」と規定される以前に働く非二元論的な規則性が働いています。それが、これから詳細に説明することになる、受動的先構成の次元における、ヒュレー的感覚素材と過去地平の空虚な形態との間の相互覚起という超越論的規則性です。

ヒュームの知覚概念を、仮に「主－客二元以前の、物でも心でもない〈事〉」と対応づけようとしても[59]、「識の転変」にみられる、アラヤ識から知覚が生じるというように、無意識の衝動の流れから最も原初的な知覚である印象が生じる、ということは、どうしてもヒュームの場合には当てはまりえないでしょう。ヒュームのいう「想像力」を種子の「潜勢力」と対応づけることはできません。前者は、あくまでも経験的心理学的領域に属するのに対して、後者の場合、その縁起の働きそのものを意識化することはできないからです。また、アラヤ識は無意識として働くだけでなく、マナ識がアラヤ識の流れを自我とみなすことにより、自我意識が成立するという自我意識の根拠の意味ももっています。

しかも、ヒュームの場合、カントと同様、最終的に独我論に陥らざるをえないという、フッサールにも唯識にも対立する点が見落とされてはなりません。ヒュームの場合、各自の印象と観念から出発する以上、他者の印象そのものに到達する可能性は、完全に排除されています。ヒュームは、「内観の立場から〈唯我論〉solipcism に通ずる構想を展開[60]」することになります。この点は、唯識と内在主義的観念論、ないしそれを基盤にした唯心論と理解してはならないことと対置して考察せねばなりません。フッサールの場合、それに対して、明確に、絶対的時間化が等根源的間身体性として働き、それが、受動的相互主観性を基づけていることが強調されねばならず、独我論は克服されているのです。唯識においても、識の独我論的解釈は、下記に示されるように、退けられなければならない解釈なのです。

Ⅳ　識の転変

a　アラヤ識と現行識との逆説的交互関係

そもそもある特定の意識が生じることそのものが、唯識では、「識の転変」と呼ばれ、その仕組みが種子からなるアラヤ識と、ある特定の現在に生じている意識である現行識との間の逆説的交互関係として分析されます。

（1）まず、「識の転変」の転変そのものが、どう考えられているのか、明確にしなければなりません。識の転変とは、『唯識三十頌』の注釈における安慧の表現によれば、「原因の刹那が消滅すると同時に、原因の刹那とは特質を異にする結果が発生することが変化である[61]」と述べられ、刹那滅説における「因果異時」の説となっています。さらに安慧は、「識の転変」における因（原因）と果（結果）について、詳細な注釈をつけ、「原因としての変化とは、アラヤ識のなかに、異熟の潜勢力と等流の潜勢力とが成長することである。結果としての変化とは、（1）異熟の潜勢力が現勢化することによって、過去の行為（業）の牽引が尽きて現在の生存を終わったときに、アラヤ識が現在とは異なる境遇において生ずること、ならびに、（2）等流の潜勢力が現勢化することによって、現勢的な六識および汚れたマナスがアラヤ識から生ずることである[62]」、と述べています。

ここで述べられている「異熟」と「等流」の違いは、まず「等流」の場合、ある刹那に、眼根を経て眼識が色境として「青い」という現行識が成立するとき、その現行識は、その同一の刹那に種子として、当の同一の法である眼根、眼識、色境を熏習します。そして、もし、次の刹那に、この同類の法である種子という潜勢力としての眼根、眼識、色境が熟して、まさにその同類の眼根、眼識、色境が現行識として成立する場合、この同類の法が成立する関係を「同類因－等流果」[63]の関係と呼びます。

それに対して異熟の潜勢力の場合、善悪の法は、種子としては善でも悪でもない無記の法となります。したがって、因の法と果の法が異なっており、このことを異熟といい、また、業の説において、異なった世、ないし時に、時間を隔てて、善悪の果を生じることを異熟ともいう、輪廻の説の理論的支柱となっています。

また、安慧の次の説明も異熟と等流の違いを理解する上で重要な指摘です。「善・悪の現勢的な六識は、アラヤ識の中に異熟の潜勢力と等流の潜勢力とを置く。無記の六識および汚れたマナス（自我意識）は、等流の潜勢力のみを置く[64]。」

ということは、識の転変とは、安慧の見解によると、因の刹那と果の刹那の違いとして、次のように簡潔にまとめることができます。「眼等の識が働いている刹那が現在であり、このとき眼等の識がアラヤ識に熏習することによって、アラヤ識がその特定の功能を持つに至るので、アラヤ識は前刹那のアラヤ識と異なったものとなるから、アラヤ識の転変（前の位と異なっていること）が成立する。このアラヤ識の転変によって、このアラヤ識の功能から生ずる眼等の識もまた前の刹那のそれとは特質を異にしたものとなるので、アラヤ識の転変が眼等の識の転変の因となると言われるのである[65]」。この上田義文の文章には、識の転変の中核になる見解が明確に述べられています。ここには、すでに、因果同時における「種子生現行」と「現行熏種子」が語られていますので、この説明後、再びこの文章に戻ることにします。

（2）「識の転変」は、因果異時の側面と、現行識とアラヤ識との交互関係が生じている「因果同時」の説として展開しています。それは、『唯識三十頌』の第十八頌で、「識は実に一切の種子を有するものである。（その）転変は、更互の力から、此の如く此の如くに行われる。それによって彼彼の妄分別が生ずる」[66]と記されています。そしてこの頌の注解として、安慧は、「更互の力とは、例えば眼等の識が自の功能の増長したときに働きつつあって、ある特定の功能のアラヤ識の転変の因となり、そのアラヤ識の転変が、また眼等の因となり、此の如くに更互の力から、ということ」[67]と述べています。

つまり、「識の転変」の「因果同時」とは、アラヤ識の種子が熟して（因となって）現行識になる（果）と、現行識がその種子をアラヤ識に残す熏習（因）と熏習されたアラヤ識（果）という二つの因果関係が同時に起こることとされています。

アラヤ識と現行識との交互関係を考察するにあたって、重要なことは、大乗仏教の原則である刹那滅を前提にした、現在―過去―未来の逆説的関係を示唆している点です。刹那滅における因果同時ということは、因はアラヤ識に蔵された種子ですので、過去としてしか存在していません。識の転変とは、安慧によると、「因が滅すると同時に果が生じる」ということですが、因が滅するというときは、刹那後ということであり、過去になることを意味します。果が生じる刹那には、因はもはや存在していません。因としてのアラヤ識が働き、果を生じるとき、因としての種子は、そこには存在していないのです。現行識の生じる刹那にその刹那前の過去のアラヤ識が働きかけるという逆説が明確になります。また、果として生じた現行識は、生じると同時に、アラヤ識にその同類の法を熏習するのですから、現在の現行識が過去のアラヤ識に働きかけるという逆説をも意味しています。そのことを上田は、「因と果が現在の一刹那に同時的であるということは、過去と現在とが現在に同時的であり、また現在と未来とが現在に同時的であることを意味するであろう。因とは現在の諸法に対する因という意味で、それは過去の諸法であって、現在には既に滅しており、現在ではただ習気としてアラヤ識の中に摂取されて存在しているのみである。（……）アラヤ識が因で諸法が果となる関係は、過去から現在への因果の関係であり、諸法が因でアラヤ識が果となる関係は、現在から未来への因果の関係である[68]」と簡潔に述べています。つまり過去の無と現在の有が直接交互に関係しあうという逆説的事態を、いわば、「不連続の連続」として表現しているのです。

この識の転変の交互関係の理解から帰結する重要な論点をここで確認しておくと、アラヤ識と現行識との関係は、過去の法と現在の法、さらに未来の法との関係として理解されていること。そしてそれだけでなく、このアラヤ識としての識と現行識としての境の関係も、ここで述べられている過去と未来を内に含む現在の法の縁起に対応しているということです。また、過去と現在と未来が同一刹那の現在の中に同時に含まれているということは、存在と無が対立したまま同時にそこに与えられているということをも意味します。しかも、先に引用した上田の文章にあるように、前後の異なった刹那において、アラヤ識が異なったものとなっており、それと同時にそのようなアラヤ識の転変が識の転変の因となっているという、刹那ごとの不連続のアラヤ識の転変という事態をそれとして明確に理解する必要があるのです。

この刹那滅に基づく、識転変におけるアラヤ識と現行識との交互関係という同時因果ということと、フッサールの「生き生きした現在」の三項構造との対照は、驚くべき一致を示すことになります。原印象の現在と過去地平に眠る空虚表象との相互覚起とは、上田のいう現在と過去の同時性に他ならず、このことが、フッサールのテキストで、確証されていることは、これまで何回となく強調されてきました[69]。また、過去把持の経過が、同時に未来予持を生じさせている、つまり、過去把持の経過と未来予持の生成の経過は、同時的である、過去把持に即して未来予持が生じる、ということを考えれば、現在と同時性にある過去が同時に未来を内に含んでいるという逆説的事態のあり方も、その働きの場を確定できるといえます。現在の有と過去と未来の無が同時性において対峙している逆説的事態がそれとして明確に確定されているのです。

b　識の転変とフッサールの時間流

さて、ここで、二つの図式

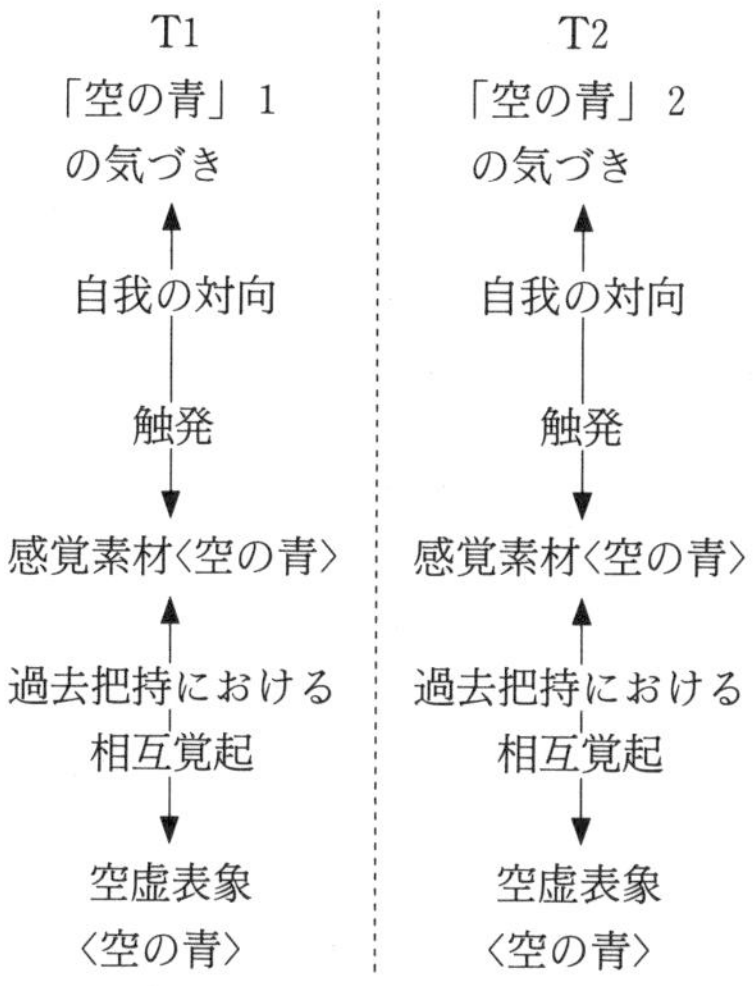

〔図１〕　フッサールの時間流

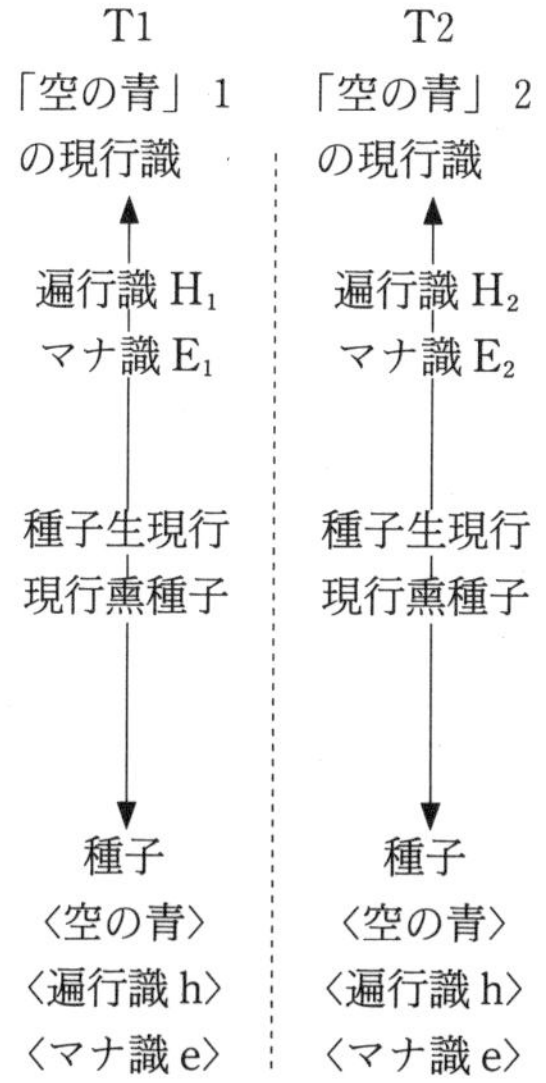

〔図２〕　唯識の識の転変

を使って識の転変とフッサールの意識流とを直接、対比してみようと思います。唯識に即して描写すれば、ある刹那（瞬間）Ｔ１に種子〈空の青〉（〈〉にいれているのは、潜勢力である種子の意味内容であり、いまだ現勢化されていないから）と〈マナ識e〉（egoの略とし、〈〉にいれてあるのは、同様に、種子としての存在を示すため）、並びに、種子としての〈遍行識h〉が熟して、現行識「空の青」という色境、マナ識Eと偏行識Hが生じる、それと同時に、この現行識が、その色境とマナ識と遍行識との種子を、それぞれ、〈空の青〉、〈e〉、〈h〉という潜勢力として熏習することになります。そして次の刹那T2において、再び同類の種子から同類の現行識が生ずる場合、同類の縁起が生じ、「空の青」が二刹那に継起し、「空の青」をみていることが生じると説明されます。

このとき、改めて、問わねばならないのは、「熟す」とはいったいいかなることなのか、また、「熏習する」ないし「習気となる」とはいかなることであるか、ということです。実は、この二つの「種子生現行」と「現行熏種子」とは、同一の事態の二側面とはいえないのか、もしそういえるとすれば、どのような意味でそう言えるのか、このような問いを設定した上で、フッサールの意識流の説明に向かうことにします。

フッサールの意識流ですが、T1という今に与えられている共在するヒュレー（感覚素材の群れ）：〈空の青〉（ヒュレーの意味内容ですので、統握され、対象化はされておらず、〈〉づけされている）には、過去地平に眠る空虚表象としての〈空の青〉が、受動的綜合である対化（Paarung）という相互覚起を通して、まずもって〈空の青〉（先構成されているものは〈〉で記す）として先構成され、その先構成された〈空の青〉が自我に触発し、その触発に自我が向かう「対向」が生じたとき、「空の青」（構成された意味内容を「」で示す）がそれとして意識され、気づかれます。しかし、何か物思いにふけって歩いているときには、眼に映っているはずの先構成された〈空の青〉には気づかないこともあります。にもかかわらず、気づくことはなくても、できあがっている先構成された〈空の青〉は、過去把持されて過去の地平に沈んでいき、気づかれずに過去の地平に影響を与えることになります（異国の風土になれるといった経過は、この気づかない感覚に慣れていくことということもできるでしょう）。そして、この〈空の青〉が、自我の関心を引くとき（動機づけが生じるとフッサールはいいます）、自我の関心という自我の活動としての志向性が働き、気づかれて構成された「空の青」が成り立ちます。また、T2において同じ感覚素材が与えられ、おなじ自我の対向が生じるとき、「空の青に見いる」という「空の青」の持続が成立します。しかし、T2の瞬間に、急に「青を縁取る夕焼けの赤」が想起される場合もあるでしょう。その場合、T1の青が過去地平に眠っていた〈青を縁取る夕焼けの赤〉つまり、〈その青に続いていた赤〉を想起させて、その想起に自我の対向が向かったからといえます。

ここで述べられているフッサールの図式について、もう少し、立ち入った言及が必要となります。ここで述べられている感覚素材の〈内容〉と過去地平に眠る空虚表象の〈内容〉が相互覚起を起こし、自我がそれに向かう対向以前に前もって、〈意味内容〉として出来あがっている、つまり、先構成されているので、自我極を経た自我の活動の関与がまったくみられないという意味で受動的に綜合されているといわれます。われわれは、いわば気づかれることなく、意識にのぼらない「無意識」のうちに、先構成される〈意味内容〉の只中を生きている、ということになります。

この過去把持の変様の過程において受動的綜合である連合がどのように働いているかに関してフッサールは、次のように語っています。「私が語るのは、新たなものとそのつどの現在の野との合致についてであり、旧いものは、ある意味で〈抑圧された〉形式にとどまる。これはつまり過去把持の抑圧である。しかしわれわれはここで、互いに合致する諸過去把持と原印象との綜合を持つ。すべての重なって起こったものが統一をもつ。われわれは原統覚について語ることができる。それができるのは、知覚からなる原統覚、しかも原印象からなる、もはやいかなる印象でもない抑圧された諸知覚の綜合による働きがともなうことを通しての原統覚であり、先行する諸予持に新たな拡張された意味での新たな知覚が形態づけられながらの原統覚である。この新たな意味での知覚では、過去把持と未来予持が知覚的機能を持っているのである。[70]」

ここで強調せねばならぬことは、①「過去把持と原印象の一致による綜合が明示されていること、②原統覚とは、当然、自我の超越論的統覚を意味するのではなく、自我が機能する以前の受動的綜合であること、③この原統覚は、未来予持をも同時に含んでいる、ということです。

したがって、先に、現在と過去の同時性について触れましたが、ここでは、そのつどの原印象が現れる現在野には、新たなものが立ち現れるそのつど、旧いものが「抑圧」された様式で存在するような過去把持が常に、新たなものを取り巻くように臨在し、場合によっては、その両者の間に合致が生じるのであり、このような原統覚において、過去把持と未来予持と原印象の間の連合が知覚的機能として働いているというのです。原印象の現在と諸過去把持の過去とが同時に働き合っているのです。

さらにフッサールは、「むしろ、すでに生き生きした現在の内部においてわれわれに立ち現れてくるものは、あるまったく固有な触発的能作である。すなわち隠れたものの覚起の能作であって、含蓄的な志向性の中で固有なものの覚起の能作である。触発的な力がそそがれることを通して、つまりその原源泉を当然、印象の領域にもつような力の輸送を通して、触発的な特定の内容に関して豊かな、あるいは貧しい過去把持が、過去把持において不明瞭になった意味内容に関して隠されているものを再び譲渡する能力をもちうるのである[71]」。この文章に明確に述べられているように、生き生きした現在には、隠れたものの覚起の能作がすでに働いているのであり、つまり含蓄的な隠れた覚起の潜在的能力が強力な力動的な磁場のように働いているのです。第四章で強調したように[72]、われわれが、気づかず、自覚していない、無意識の領域で、触発的な特定の意味内容と過去把持されている意味内容との間の相互の覚起が生じているわけです。

さて、以上、二つの立場を対比して次の諸点が明確になります。

（1）　唯識の場合、識の転変の「熟すこと」そのものについて、その経過がどのようにあるのかは、上に述べられた以上の説明はなされていません。他方、護法の『成唯識論』では、「種子生種子」という新たな原理をたて、熟す過程について新たな言及が見られますが、この原理は下に示すように、「識の転変」および「三性説」の理解に関して、上記の解釈とは大変異なった解釈の方向を示しており、この点に関して、批判的考察が付与されねばならないものです。詳しくは下記の記述を参照してください。また、これまでの描写で興味深いのは、行為の善悪をめぐる倫理的行為とそれに関わらない中性的な行為とが、その果をもたらすもたらし方に関して、異熟と等流の区別を設けていることと、善悪の行為の果が、時間を隔てて現れるということが可能であるという指摘です。この働き方は、フッサールの時間流に即せば、いわば「遠隔覚起（Fernwekkung）」[73]と「近接覚起」の相違に相当するといえるでしょう。

（2）　フッサールのヒュレー的所与と過去把持との間の相互覚起とアラヤ識が熟することとの対応づけは可能です。アラヤ識という無意識は、フッサールの衝動志向性に対応し、過去把持を通しての空虚表象を担う衝動志向性がヒュレーとの相互覚起を通して初めて、そもそも原質ともいえるヒュレーのヒュレーとしての意味内容を成立させるのですから、それは、アラヤ識が器世間という物理的自然と有根身を所縁とする（先構成する）ことと相応するといえます。衝動志向性にしろ、アラヤ識にしろ、それぞれ、前者は受動的志向性として、また後者は法として、これまで論述してきたように、観念論か実在論かという狭隘な選択に強いられない、その両者の存在を根底から下支え、基づけているより根源的領域次元を意味しているのです。このことは新たな次元の開示として決定的に重要な事柄です。

（3） この対比で気づくこととして、フッサールにおける受動的綜合である先構成と能動的綜合である構成の区別が、自我の活動の有無によって規定されているのに対して、唯識の場合、マナ識を通るか否かが対応しているということです。このことは詳細に考察されねばなりません。つまり、マナ識を通さずに、識が境に直面する場面の確定が、円成実性が実現するとき、さらには、本来的な「三性無性」の次元においてなされていることとして再確認することができます。

（4） 両者に共通することとして、唯識の場合のアラヤ識の熟すことと現行識の熏習という交互関係が、フッサールの時間論における過去地平の空虚表象と現在の原印象との相互覚起とそれに即した未来予持の生起に対応しうるという大変重要で、決定的な論点があります。「種子生現行」と「現行熏種子」とは、実は、一つの事態を二つの方向によって描写するものであり、種子生現行が起こるその逆方向が現行熏種子であり、現行熏種子が起こるその逆方向が種子生現行であるのではないのか。となれば、過去地平に眠る空虚表象に潜む触発的力の増強が原印象をそれに即して把捉すること（種子生現行に対応）が、同時に原印象が過去地平のその特定の空虚表象を覚起して習性を形成すること（現行熏種子に対応）といえ、逆に、原印象からの過去地平の空虚表象への覚起（現行熏種子に対応）が、その特定の空虚表象が触発的力を増強させ、原印象を覚起すること（種子生現行に対応）を意味しているといえるのではないか、ということです。この交互関係と相互覚起が指し示す事象とその記述の方向性の一致は、驚異に値します。

c　交互的「同時性」に働く逆説的次元

さて、これまでの考察から明らかなように、唯識のアラヤ識による「識の転変」説は、決して、観念論的、表象主義的、そして、主観主義的に理解されてはなりません。アラヤ識は法であり、仏教の法の概念は、そもそも主観にも客観にも属すのでないことは、これまで何度となく繰り返し主張されてきました。また、フッサール現象学の解釈の根底ないし、基礎として、フッサール自身が表現する「超越論的主観主義、超越論的観念論」という名称にもかかわらず、主観主義や観念論という名称は、誤解される恐れがある以上、むしろ避けるべきであると思います。なぜなら、フッサールの後期思想を理解するにあたって、助手であったE・フィンクの主張するように、フッサールは後期にあって、もはや、「事実と本質」という実在論か観念論かという原理上の選択ではなく、むしろ、その間に位置する、この選択肢そのものが由来するような次元に即して理解されねばならないからです。この次元の詳細な解明と根拠づけとされるのが、志向作用と志向内容との相関関係の指摘に始まり、受動的志向性と受動的綜合の領域、相互主観性、生活世界等をめぐる現象学的分析であるわけです。そしてこの事実でも本質でもない第三の次元という事態をさらに根本的に根拠づけているのが、上記の対比で明らかにされてきた第三の領域ないし、フッサールのいう「先構成の次元」なのです。

この次元を考察する際、基本となるのは、このような次元を導くことになった、『時間講義』で展開している「絶対的な時間を構成する意識流[74]」の自己構成という逆説です。

フッサールの場合、それは、時間化の源泉である「原印象と原過去把持の同時性」という逆説でもあり、唯識の場合のアラヤ識と現行識の「更互の熟しと熏習」という逆説的関係です。触発的連合的綜合としての過去把持は、もはや、『時間講義』の頃に考えられた過去把持、つまり、原印象のみが時間内容をもたらし、過去把持はその意味内容を単にそのまま受けとめ、過去把持の変容を通して、次第にその意味が不明瞭になっていくといった経過を意味するのではありません。過去把持は、内容上の融合という受動的綜合なのであり、「したがって、内容上の原融合は、印象と直接的な原過去把持との間の両者の同時性において生じているのであり、このことはたえず、すべての瞬間に起こっており、このすべての瞬間に直接的な内容的融合として起こっているのである[75]」といわなければなりません。

しかも、この同時性のダイナミズムは、同時性を成立させる衝動的志向性の側面に注視すれば、より明確になります。というのも、原印象と過去把持を経た過去地平に含蓄的に備わる空虚表象との間の相互覚起において、空虚表象の覚起する力（含蓄的力）の規定能作がますます増加していくからです。そもそも「覚起が可能なのは、背景意識の中にある構成された意味が無意識と呼ばれる非生動的な形式において現実に含蓄されているからである[76]」というように、連合的覚起による触発的力は、背景意識における含蓄的意味が存在して、つまり、過去地平の含蓄的意味が存在してはじめて、現在における連合的覚起となりうるわけです。ここで「背景的意識」ないし、「無意識」とは、連合的綜合がたえず力動的な運動を生じている場なのです。

フッサールは、このことを明確に、「空虚な過去把持の領域において、それらの力は貯えられたり、阻止されたりしており、それとともにそれらの予期の力も同様に、ちょうど盲目的な衝動のように変化している。またいずれにしても、予期の類型と規則性は、再生産的な連合の類型と規則性に完全に依存しており、それによって生き生きと流れる現在領域における根源的な連合の類型と規則性にも媒介されるのである[77]」と述べています。このようにして、無意識に貯えられているマグマのような予期という形式をとりうる空虚表象の力は、原印象が立ち現れるそのとき、まさにその予期の力を注ぎ込み、一方的に意味づけるほどに強力になりうるのです。(78)

d　逆説的事態の解釈

さて、ではここで、これまでの「識の転変」と「三性説」の理解と、護法の『成唯識論』で展開されている「識の転変」と「三性論」の解釈をめぐる論争を問題にして、現象学の見解から解釈の違いがどのように理解できるか述べてみたいと思います。その際、仏教哲学の専門家ではない筆者は、原文にあたって、論拠づける能力はなく、この討議で展開されている思想内容を現象学の考察と対照するという範囲での考察であることをまずは、お断りしておかねばなりません。

ここで、まず、現象学の構成論との対比が必要になります。フッサールにあって、志向性は、「いつもすでに関係性が成立してしまっている」のであって、もともと主客の対立を超えて働いており、常にすでに意識作用が働いて意識内容が構成されてしまっている事態から、その意識作用と意識内容のそれぞれに即した分析を展開します。その意味で、志向性において主客の対立が前提にされることなく、関係性そのものが生成していることこそ、フッサールの構成論の最も重要な一原理といわねばなりません。

フッサールの場合、構成の原理の最も根源的な層として、絶対的時間化の自己構成という原理が立てられています。ここでは、ヒュレー的構成が先構成、つまり、通常の対象化による意味の構成である「ノエシス―ノエマ」の相関関係による構成に、先行しています。問題は、この先構成のあり方は、『成唯識論』で展開されている「識の転変」の解釈、つまり、「識体変じて、二分（見分－相分）に似る」という解釈に対応するのか、それとも、むしろ、先に述べた上田の識の転変の解釈に対応するのか、ということです。結論から先に述べれば、この先構成の領域は、『成唯識論』の「識の転変」の解釈に含められる内在的表象主義には対応しないといわねばなりません。先構成は、内在と超越、内と外という区別が生じる以前に、内と外の区別を前提せずに生じています。ですから、もし、依他起性の相分を内在的原理としてたて、その有（存在）を主張し、アラヤ識がこの内在的原理を識のなかに自己構成し、それを外に言語を媒介にして仮設し、遍計所執性とみなすとする、つまり、すべての認識が識体の変現する内在的表象を仲介せざるをえないというのであれば、それは、観念論の立場にたってしまうことになります。

唯識の場合、アラヤ識が「器世間と有根身を有する」というのですから、解釈の仕方によっては、アラヤ識が器世間と有根身を構成し、世界は内在的表象を通してしか現れないとする観念論ないし、唯心論と誤解される危険があります。このとき、この誤解の内実を検討するのに役立つのがフッサールの現象学です。フッサールの場合、そのヒュレー的先構成で示されているように、フッサールのいうヒュレーは、意識作用という形式の働きを通して構成される素材に過ぎないような、意識に内在する素材といった内在的存在を意味しません。ここで、ヒュレーと本能志向性の相互覚起の働く先構成の次元において、一方のヒュレーが実在でないのは当然ですが、他方の本能志向性が表象作用や代表像（Repräsentation）作用であるのでもなく、そこで先構成されたものは、観念ではないことから、観念論にも実在論にも属さないのだ、ということが徹底して理解されねばなりません。

このヒュレーの先構成の次元は、最も端的には、根源的時間化、つまり、絶対的時間流の自己構成の際に働いていることが明らかにされています。ですから、この基本的見解が唯識の「識の転変」並びに「三性論」の解釈にどう対応しているのかが、問われることになります。この解釈をめぐって、『成唯識論』で護法の主張する「種子生種子」の原理及び、三性論の解釈が、唯識の内在論化、および、観念論化、さらには、唯心論（独我論）に陥る危険をもたらしているのではないか、という点を徹底的に検討してみたいと思います。

（1）『成唯識論』で述べられる「種子生種子」とはいかなることなのでしょうか。「種子が種子を生む」ということは、先にも言及しましたが、種子の潜勢力が、現行識との同時因果、識の転変の異時因果という基本関係の及ばない次元で、つまり、種子と種子のみとの関係の領域において、そのまま、相続するということを意味します。種子生種子とは、現行識として出現することのなかった残余の種子が、「そのまま同種の種子を次の刹那に生み出す[79]」ということを意味するとされます。上田は、この種子生種子という早期の唯識にはなかった原理を導入すると、刹那滅の「不連続の連続」という「識の転変」の基礎原理に真っ向から対立することになると主張します。大乗仏教哲学の根本である「不連続の連続」という逆説的事態が完全に無視されてしまうと批判します。

「種子生種子」は因果異時であるといいます。前後する刹那に、「種子が同じ種子を生じる」というのです。因果同時において現行識となった識が熏習された種子と現行識にならなかった残余の種子の種子全体が、次の刹那にそのまま移行するとされます。竹村牧男は、それを「もちろん、種子のすべてが現行を生じるとはかぎらない。そのような種子、そして新たに熏習された種子も、次の刹那の阿頼耶識に自らと同じ種子を生むのだという。いわば、そっくり情報を次刹那に伝えるのである。これを種子生種子という[80]」と表現してます。ということは、種子の全体がその同類性を保ったまま、二刹那に渡って、そのままそっくり移行することになります。「種子生現行・現行熏種子が同一刹那であるのに対し、種子生種子は二刹那にわたることとなる[81]」というのです。「同類の種子を生む」という必然的因果性を、原理に即して厳密に理解すれば、そこにいかなる偶然性も関与する可能性がないことは、明らかです。そして、その移行したその刹那でその刹那の種子生現行、現行熏種子という因果同時が生じるわけですから、いわば、種子生種子が不連続であるはずの二刹那を同類の種子の相続として橋渡しし、不連続の断絶が埋まる事になり、不連続性は完全に抹消されます。なぜなら、種子生種子は、識の転変とされる種子生現行と現行熏種子という同一の刹那で生じている働きとは別のあり方で、種子の全体を連続的に、二刹那に渡って、必然的に生じさせてしまうことによって、不連続の偶然性を否定することになるからです。

この種子生種子を時間の理解に拡大すると、「種子生種子を異時とみることは、時間の経過は阿頼耶識という、いわば深層心理の領域でのできごととみる立場である[82]」という主張につながります。時間の経過がアラヤ識の種子生種子で連続するものとなっているというのです。識の転変で生じる、種子生現行と現行熏種子の同時因果による「不連続の連続」は、完全に種子生種子という異時因果に読み替えられ、識の転変で生じている不連続の連続としての時間の生起は、現行識との交互関係とは別系統のアラヤ識内部の種子生種子という経過を通して完全に連続的な時間の流れを構築することになるのです。これに対して、先に述べた上田の「アラヤ識の転変が識の転変の因となっているという、刹那ごとの不連続におけるアラヤ識の転変という事態」が明確に対立していることは明らかです。

はたしてこの不連続の否定は、事態を事態に即して解明したことになるのでしょうか、それとも、連続の一貫性によって、事態の事態に即した理解を妨げてしまってはいないでしょうか。

上田は、識の転変の原理的把握である、「転変は、因の刹那が滅すると同時に、果が因の刹那とは特質を異にして生ずることである」という安慧の命題を解釈し、「因は直前刹那の妄分別〔識〕」であり、この識のアラヤ識には、「遠い過去からのすべての熏習がふくまれて」いて、「その中のあるものが、この刹那（直前の刹那）において生じた妄分別の熏習によって次の刹那（つまり現在刹那）の妄分別が生じたのである[83]」と説明します。このようにして生成（縁生）した妄分別は果とよばれ、直前の刹那である因と現在の刹那である果の因果関係で、刹那刹那の相続が説明されています。そして、その際、決定的に重要である刹那滅の立場について、上田はさらに次のように、明解に述べます。「刹那滅の立場においては、生死的時間の流れは、刹那毎に断絶していて、現在刹那はその直前の刹那とも、その次後の刹那とも、両方との間に断絶があって、一切のもの（識も種子も）の滅無という絶対の否定あるいは非連続が前後の刹那との間にありつつ、それぞれ因果の関係をなすことによって、現在刹那から次刹那へと相続する。刹那滅の立場における時間的相続という概念は、非連続の連続である[84]」というのです。

（2）　この見解に、先に述べた「種子生種子」を対比すれば、「種子生種子」の立場の観念論への移行の危険は明瞭です。なぜなら、種子が「熟す」、ないし「増長」するというとき、種子生種子という原理の導入によって、「種子の同一的継続的存在[85]」を前提にしてしまうことになるからです。非連続が「種子生種子」で橋渡しされてしまうとき、「滅無」を通して、種子が同類の種子を生むのであれば、滅無は絶対否定の意味を持ちえません。因が滅すると同時に果が生じるというときの、滅する無と生じる有との対立は、真の対立となりません。フッサールの構成概念に即せば、構成する絶対的時間流と構成される内在的時間意識の対立は、真の対立にならないことになります。構成する絶対的時間流は、構成するのであって、構成されるのではありません。にもかかわらず、構成されないはずの絶対的時間流が構成されているというのですから、これは、対立であり、逆説としか言いようがありません。

フッサールからみた、絶対的時間流の自己構成という逆説は、あくまでも逆説であり、通常の有無の分別によって判断しきれる性格をもちません。そこに働くヒュレー的先構成は、過去地平に眠ると表現される無数の空虚な形態（アラヤ識に熏習されている種子に相応する）は、時々刻々、刹那刹那に無数のヒュレー的要因と絶えず相互覚起を繰り返します。それが絶対的時間化の原様相です。一刹那の相互覚起と次の刹那の相互覚起には、ヒュレーの超越論的事実性の偶然性[86]という原理によって、いかなる意味での連続性も保証されていません。フッサールが絶対的意識流を川の流れに喩えても、その連続する流れは、客観的に思い描ける川の流れのような物の広がりをもっているのではありませんし、内在的時間意識の川のような連続を保証しているものでもありません。また、ここでは、カントのいう自我の超越論的統覚が前提にされているのでもないことは、何回となく強調してきたことです。この連続性を前提にしない、絶対的意識流の自己構成という逆説は、まさに、「不連続の連続」に対応するものであっても、空虚表象が生き生きした現在を一貫して存続するといった、無意識の持続とその無意識が形成する表象の持続という無意識の形而上学の立場、無意識という主体（識体）の観念論の立場をとるのではありません。持続や連続が前提にされるのではなく、そのつど（刹那刹那）の、空虚な形態と原印象との相互覚起が現在を生じ、触発されても意識にのぼることのない、同時性における受動的綜合の全体が、過去把持（熏習）され、無数の空虚表象の特定の空虚表象の触発の力を増強したり、減少させたりしていくわけです。

　特に強調しなければならないのは、フッサールは、空虚表象が空虚表象を連続的に生み出す、つまり、空虚表象が同一の空虚表象を刹那を渡って生み出していく、ないし、フッサールの言葉で先構成していく、換言すれば、例えばある特定の衝動志向性がヒュレー的要因を媒介にすることなく自己形成していくという考えは、もっていないということです。過去地平に沈殿している無数の空虚表象は、常にヒュレー的要因の只中で、それに臨在しているのであって、一刻として別様のあり方は考えられません。衝動志向性は、空虚表象とヒュレー的所与との相互覚起を通してのみ、その生成変化が生じているのであり、空虚表象がそのまま相互覚起をへずに、次の瞬間に受け継がれるとは考えられません。ある瞬間に覚起されない残余の衝動志向性は、覚起されないというだけでなく、そのことが同時に抑圧を意味するのであって、そのような意味で、抑圧され、次の瞬間の感覚素材との相互覚起に備えているだけです。その意味で、一刻一刻潜在力の全体が変化していると理解せねばなりません。また、意識生の自己構成とはいっても、生が生を触発するといった、生の外部を否定したアンリの生の自己触発という見解とは、完全に異なっています。(87)

アラヤ識が器世間や有根身を所縁とするとはいったいどういうことでしょうか。表象することのできない何かを、フッサールの言葉でいえば、先構成することです。そのとき、はじめて、周囲世界が周囲世界として先構成されています。もし、ここで種子が同類の種子を次の刹那に生む、二刹那に渡って生む、ということであるならば、そのつど先構成される器世間の偶然性は完全に奪われてしまいます。器世間と身体はそのつど、偶然に即して、つまり刹那刹那不連続に、先構成される、それが不連続を原理的に根拠づけています。しかし、もちろん、種子が熟すことそのものは、決して偶然ではありません。現行識の熏習という規則性に即しています。また、熏習された種子と現行識に至らなかった残余の種子がそれと同類の種子を生むという「種子生種子」を主張するとすれば、その主張は、同時に、その規則性からして、偶然ではありえず、偶然性は完全に抹殺されてしまいます。ヒュレーの偶然性と器世間と身体性の偶然性は、刹那滅の不連続性の別の表現なのです。この意味で、フッサールの先構成と唯識の不連続の連続という識の転変は、内容上、対応関係をみとめられるが、「種子生種子」を含む「識の転変」の解釈との対応関係は認められないことが確証されると思います。

（1）　器世間と有根身と種子はアラヤ識の所縁ですから、アラヤ識が作り上げた、構成したものです。アラヤ識が所縁をもつというのは、アラヤ識内部の自己構成を意味するのでしょうか。となれば、アラヤ識が自己を対象にしたアラヤ識の外部はありえない、内在主義とみなされる恐れがあります。それと同時に、「人々唯識」というように個別的な識内の内在的表象をみとめれば、他の識内の内在的表象には、言語を通して推定するだけであるという、独我論が帰結することになります。この問題は、フッサールでは、相互主観性の問題として把握され、独我論の完全な克服が示されています。この論点も究極的な明瞭さのもとに示されねばなりません。

このような観念論的で唯我論的解釈は、唯識のアラヤ識とフッサールの意識生の先構成という見解に妥当するものではありません。その理由は以下のようです。

①　ヒュレー的先構成は意識生の内でおこるとも外でおこるともいえない、内と外という区別がもはや妥当しえない次元で生じているからです(88)。ヒュレーが意識生を触発するというとき、外のヒュレーが内の意識生を外から触発するのではありません。外のヒュレーと内の意識生という区別が前提にされているのではなく、相互覚起という原交通がはじめにあって、そこから内と外の区別は派生してくると考えられています。したがって、フッサールのいうヒュレーの概念をヒュームの印象の概念と取り違えてはなりません。ヒュームのいう印象は、心的原子論の特定の要素として、単独でその、色、音等の「感覚的性質」をもっており、原理的に個別主観に別々に、独我論の枠内で与えられざるをえません。フッサールの場合、外的実在は、上に述べた第三の次元である先構成の領域において間身体的に先構成されているのであって、個我に別々に与えられる個別的印象とは、哲学者の考える単なる抽象的構築物にすぎません。

②　唯識の識の転変における種子と現行の交互関係は、法の縁起として成立しますが、『成唯識論』にあって、「識体変じて二分に似る」といったふうに識が識の「見分と相分」を変現し、アラヤ識がアラヤ識の相分として器世間を識に属する、識内部の内在的存在として表象し、それを依他起性の相分として措定し、さらに仮象として言語を通して、遍計所執性として実体化し、固執すると理解することになります。「一つの識の中に対象像が現れ、

それが識自身に覚知されることが転変だ」[89]という主張です。

この理解に対して、フッサールは、この種の表象主義、ないし内在主義を、それによっては、最も根源的な時間の流れが正当に理解されえないとして、完全に退けました。フッサールにあっては、ヒュレー的先構成は、表象作用ではありません。ここでいわれる「表象」の機能は、Repräsentationとされ、時間論を展開するとき（したがって、上記の相互覚起による時間化の場合も同様に）、否定的に克服された原理です。というのも、原印象が意識に内在的に与えられ、それを意識作用である表象（Repräsentation）が意識内容として構成するという、「意識作用－意識内容」の図式では、時間の構成が解明できない、つまり、内在的表象による構成理論では、時間意識の構成は解明できないとして、否定、克服されたのでした。意識作用としての表象では、絶対的時間流の自己構成の働きを解明することは、できなかったのです。

同一の原理が唯識にもあてはまります。過去把持は、唯識の場合の、現行識とアラヤ識の交互関係の中核機能に対応しており、能動的志向性を前提にする表象作用ではないからです。つまり、現行識とアラヤ識の交互関係は、原理的に、内在的な表象作用をともなわなくても、（もちろん、ともなっていても構いません）働いているものです。なぜなら、縁起の空性が実現している依他起性が、固執をともなわず、マナ識を経ずに、境に直面しているとき、現行識が生じても、内在的形象ないし表象、すなわち、「識体変じて二分に似る」といった表象作用を仲介せずに、器世間と身体性を先構成してしまっているといえます。しかも、その空性にあっては、その先構成の仕方そのものが直覚でき、法観が実現するのです。そこでは、依他起性が固執にそまらず、働いているままが体験されているのです。時間化において働くヒュレーは、内とも外ともいえないあり方で、超越的対象構成の基盤として働き、直接外に実在する世界（器世間としての境）として先構成しているのに対して、表象されたものは、内在的内容としてすでに構成されたものです。
識の転変の交互関係にヒュレー的先構成を対照させると、存在と無の対立関係に時間の逆説的事態を的確に理解することができることになります。識の転変の交互関係は、先に述べたように、種子生現行の場合、アラヤ識の種子という現在の存在をもたない、現在は過ぎ去った無である過去に由来する潜勢性という法から、それを因として、果としての現行識の法が生じることを意味しています。このことをヒュレー的先構成に対応させると、現在の法としてのヒュレーが過去の法である空虚な形態（ないし空虚表象）と相互にその意味を覚醒しあい、現行識（現在の法）になるとき、無から有への生成が告げられているのであり、同時にその生成は、同時にその触発の潜勢力（種子）の増加として、未来予持の生起なのであり、有から無という潜勢力への転化を意味している、つまり、現在の因が未来の果（潜勢力）の増強を意味しているのです。

このような事態にあって、これまで述べてきたように、仏教哲学での法をヒュームの印象と同一視することは、不適切であり、法はむしろ、色法の領域において、フッサールのヒュレー的所与に対応づけるべきであると思います。なぜなら、繰り返しになりますが、ヒュームの印象は、はじめから、すでに性質を有しており、それが薄れて観念となるのに対して、フッサールのヒュレーの性質（感覚質）は、過去の空虚な形態との相互覚起をとおしてのみ、その質を獲得するのであって、ヒュームの印象の場合、その原初の出発点において、過去の法（種子）の果たす役割は皆無です。ということは、印象はあくまでも現在であり、そこに現在と過去の対立、存在と無の対立は含まれていません。ということは、識と境の関係を考察するとき、その関係は、過去の諸法と現在の法との関係なのであり、法の縁起としての無と有の対立をそこにみることができる、つまり、過去の空虚な形態と現在のヒュレー的契機との対峙とみることができます。

③　護法の「識体変じて、二分に似る」と、初期の唯識でいわれる「識が境に似現する」という立場を対比させ、前者において識の内部に識の「見分と相分」をたて、さらに識の働きを「見分－相分－自証分－証自証分」をたてるときの自証分の理解の仕方が問題になります。証分とフッサールの述べる「原意識（内的意識とも呼ばれます）」との関係が明らかにされなければなりません。その際、フッサールの述べる原意識は、通常の意識作用ではないこと、この点が決定的に重要です。したがって、識が自分の相分を識の内部に表象としてもつ、見るというとき、そしてその相分を見る見分そのものを確証しているというとき、この自証分という確認は内省といった対象化（表象化）の働きではないはずです。自証分が見分と同じ特性をもち、構成し、対象化する働きであるのなら、内在的表象の次元で、識の内部での無限遡及が生じてしまうことになります。つまり、識が見分と相分へと変転することが、識に本質的なことであって、識内の相分（1）を所縁とする見分（1）を識する自証分が働くのであれば、自証分もそのような識の本性を持つ以上、自証分を相分とする見分が働いていることが必然的となります。そして、その自証分の見分を相分とするさらなる識が必然的に要請され、これは無限につづくことが必然的になってしまいます。識内部の無限遡及が論理的必然になってしまいます。したがって、自証分は、相分をたてる見分とは別の特性をもつものでなければなりません。この点について、竹村は、三分説を唱えた陳那は、「自証分の認識を現量としており、いわば概念的了解を離れた、自相のみを直覚するものとして無分別なものしている」[90]と指摘しています。竹村自身、この説に留まらず、『成唯識論』の立場にたちますが、もし、その「証自証分」が、先の論理的必然を回避しようとして、論理的に外から止む無く停止を要請する形式論理的役割を果たすのであれば、それは、単なる形式的解決であるにすぎません。むしろ、陳那のとる、自性分の現量・無分別の立場の方が、フッサールの原意識の立場に近接しているというべきでしょう。

この点に関して、司馬は、明確に自証分との関連で、「認識作用は、自ら自身において、自ら自身によって認識される。（……）例として挙げられるのが、Sautrāntika（経量部）とYogācāraすなわち唯識派、そしてフッサールの〈das innere Wahrnehmen〔内的知覚〕（Bewußtsein〔意識〕）〉である[91]」とみなしています。それだけでなく、司馬は、フッサールの原意識も、唯識の自証分もともに志向作用としての自我の働き、つまり「我思う」という自我の超越論的統覚を前提にすることなく識そのものの「自証」、いわば「原的な自覚[92]」として生じているとも指摘しています。

フッサールのいう原意識は、必当然的に明証であり、そこを基盤にして、受動的綜合である連合や触発が分析されているのであり、重要なことは、この原意識は、通常の意識作用ではなく、絶対的意識流の自己構成に属しているということです。ということは意識内部の表象に属するのではなく、周囲世界のヒュレー的要因との相互覚起を通して、直接外界を自己構成しているということです。絶対的意識流の自己構成とは、意識生の自己触発といいかえることもできますが、そのとき原ヒュレーと本能の覚醒との対化の現象において、内と外との区別はたてられていません。内在と言う事は不可能なのです。

（2）観念論的内在主義の批判は三性論の解釈にも関係しています。大乗仏教の基本原理である「色即是空、空即是色」において、存在（有）と無は、基本原理の逆説的表現となっており、この逆説性は、原理的事態に起因するものです。こうとしか表現できない矛盾を含んでいるのが事態そのものだからです。すでに、法の概念の解明の際、その認識論的逆説性について言及されましたが、それも、この上記の基本原理の逆説性と呼応するものです。唯識では、この法の縁起がさらに「識（能縁）－境（所縁）」の関係として、認識論的な展開をみせ、識の転変と三性論として表現されました。三性論で述べられる遍計所執性、依他起性、円成実性は、それぞれ、能縁と所縁の関係である識と境という認識論的関係として、また、存在論上では、識の有と境の無として表現されました。しかも、「色即是空」からすれば、識の有も円成実性にあっては、空（絶対無）と理解されます。遍計所執性は、フッサールの用語でいえば、構成されたものであり、畢竟、無と性格づけられうるものです。

問題は依他起性の理解ですが、縁起生である依他起性は、能縁という構成する働きとして、境を所縁とします。ですから構成する側として有であることになります。しかも、円成実性と依他起性は同一でありながら、異なっているということは、依他起性が遍計所執性から解放されると、円成実性に他ならず、無であるとされることを意味しているのです。

　このような全体の問題背景からして、次のような解釈上の種々の問題が生じてきます。

①『成唯識論』に即して、依他起性の上に言語を通して、遍計所執性を構成するというのであれば、遍計所執性が成立するのは、識の内部に表象された、形象として依他起性の相分をもち、それを言語を通じて、遍計所執性となすという、いわば、内在という段階を中間段階として立てる解釈が存在します。この立場は、このような内在という間接性を経るということ、また、すべては識の内在に位置する表象機能が言語を通した表現であるという、観念論的表象主義の立場とならざるをえません。

　唯識無境をいうとき、境が、「識体変じて、二分に似る」という意味で識の変現したものに過ぎないと理解するのであれば、境としての対象は識に内在的と考えることになり、表象主義的内在主義の唯識無境の解釈となります。これに対して、唯識無境を、境が内在的意識の介在を経ずして、そのまま識なのである、つまり、「他の一つの解釈は、境は識に他ならぬという場合の境を、前の場合のように識から変現したものと見ないで識そのものにほかならぬと解するものである(93)」という解釈があります。上田は、ここで、識が境になる、非識となること、つまり、「識が境と為ることとは、境にたいする主観として境の外にある識が、そういう外の主観であることを止めて、境と一つになり、いわば境の内から境を識るものとなることである」[94]と述べ、いかなる対象化も経ずに、識が識自身に他ならない境となる無分別知として唯識無境を語ります。それは、「色即是空、空即是色」という空性の別の表現であることになります。

② 上に述べたように、フッサールの述べる内的意識（原意識）は、意識生の絶対的時間流の自己構成が生じるときに受動的に先構成されていることに他なりません。当然ですが、それ自体、先構成ですから、自我の活動を経ておらず、いわば、純粋な感覚というあり方で、境に直接、接している原交通の次元を意味します。その先構成の次元では、すでにいかなる内在的表象も言語も介在することなく周囲世界を先構成し、意識生との原交通が直接的に生成しているのです。

原印象と過去把持の空虚な形態との相互覚起というとき、この相互覚起が生じているのは、内在的意識の領域においてなのではありません。「過去把持は、最も原初的な超越である」とあるように、相互覚起が起こるとき、すでに受動的志向性として、内在を超越しているのであり、しかもそのとき注意しなければならないのは、その超越は、外的対象を外に措定する意味で、外に超越しているのではありません。対象構成を行う以前に内と外との区別がつく以前の感覚的意味の先構成を意味しているのです。しかし、通常の日常生活の意識活動では、この自己構成の次元はそのままの形で出現する事は、ほとんどなく、発生的現象学の見解が明らかに示唆するように、その先構成されたものに、能動的志向性が絶えず、加わっており、能動的綜合によるノエマの構成を通過して、周囲世界を意味づけてしまっているのです。

③ 依他起性は分別であるというときの、この分別は、縁起生として分別であり、フッサールの言葉でいえば、構

成という語にあたり、ノエシスとみなすことが出来ます。この依他起性を識の内部の表象として捉え、それに我・法の言語が加わって遍計所執性が成立するとする、内在主義は、その中間段階の設定により、言語の間接性を設置し、主観内の表象を言語に託すという認識論上の独我論に陥ってしまうのは、間身体性を介した直接的交通がすでに、遍計所執性となる以前に働いているにもかかわらず、識内部の内在を設定することによって、言語による媒介を経なければ交通が不可能という理論的壁を自ら設けてしまうことになります。この点については、さらに、この節に続く唯識の身体論で詳細に述べるつもりです。

④　竹村は、「能縁と所縁とは、西洋哲学の主観と客観（……）に相当すると思われる認識論的概念である。そういう能縁が有で、所縁は無であるという関係は、われわれの知性にとっては理解し難い[95]」と主張するが、フッサールの構成概念からして決して理解不可能なものではない、と思います。なぜなら、構成する能作によって、構成された対象の意味が成立する場合、構成体は、構成能作という超越論的規則性に即して、現出している何かであり、実在としての有の特性は持ち合わせていません。また、フッサールにおいて実在性とは、実在措定による意味として構成されているのであって、この意味から独立した純粋な質料として、あるいは、実体とみられてはおらず、根源的には、事実でも本質でもないヒュレー的先構成が実在性の根底なのであり、その先構成を前提にして、言語化され、対象化された構成体は、構成能作なしにはいかなる存在も存在とはなりえないという意味で、存在論的に無と特性づけてなんら不都合はないのです。したがって、ここで問題にされている有と無の関係は、超越論的条件性の有とそれを通して構成された構成体（無）との関係になります。それは、超越論的制約とそれによる構成体を実在そのものとして捉える自然的態度によって成立しているということもできます。

e　相互覚起と交互性による心身問題の解明

受動的綜合の概念による、二元論的心身問題の解決は、様々な視点から展開できますが、ここで上に述べたフッサールの「現在と過去の同時性」並びに、唯識の「現行識とアラヤ識の交互性」という視点を通して心身問題がどう見えるかを、メルロ＝ポンティの心身問題についての見解を追いながら明らかにしてみましょう。

メルロ＝ポンティは、『知覚の現象学』で、心身問題が解決しようもない問題に見えるのには理由がある、なぜなら、因果的規則性の支配する即自的対象存在と意識という対自存在をそのまま結びつけようとするからであり、それが不可能なのは原理上、決まりきっている、といいます。しかし、時間の問題の解明を通して、心身関係は、次のように、現象学的解明にもたらされると主張します。「自己自身が自分に明らかになることとしての対自存在が実はある空洞であり、その中で時間が生成しているのであり、また世界そのものが実は、ただ自分の現在の地平であるのであるとすれば、身心問題というのは、未来に開けていて、過ぎ去ったものでもある存在が、いかにして現在をも持ちうるのかという問いに行き着くことになる。換言すれば問題は解消することになる。なぜなら、未来と過去と現在は、お互いに結びついて時間化の運動の中にあるのだから。身体を持つということが私に本質的に属しているのは、身体をもつことが未来に属するのと同様である[96]」、と述べています。

メルロ＝ポンティがここで何をいいたいのか、注意深く読み解いてみましょう。生き生きした現在の分析がここで決定的な論点となっていることは明らかです。いわゆる主観性は、すでに対自的に自己に向き合い、反省のなかを生きるのが通常ですが、実はそのような主観が働く以前に、時間化を通して生きてしまっていると述べられています。通常、心身関係というときの心とされる主観と身体とされる客観の対立における主観としての心は、実体として規定される以前に、その心として成立する過程を持っています。反省以前の、先反省的世界、言語以前の、先述定的世界を生きるということが、人間の意識生の土台であり、原地盤なのであり、このことこそ、フッサールが生活世界の現象学で強調したことなのです。

「対自存在がある空洞である」というのは、主観が自己を空洞でない内容のある物としてとらえる前に、すでに時間化が生じている、というのです。つまり、対自化は、いつも、受動的綜合による先構成を内実とする時間化が生じて先構成が行われた後、つまり、対象化以前に、時間化が生じてしまった、その時間化を通して対象化を受けない空洞ではあっても、先構成されているものを反省的に見やることによってのみ、その対自化の対象をもちうるということに他なりません。このことは、受動性が能動性を基づけるということの別の表現に他なりません。

唯識に照らしてみれば、このことは、実は、第六識である意識が働く以前に、すでに依他起性である縁起が無分別として生じているのであって、それにもかかわらず、そのことを、そのありのままに体験することができずに、マナ識である自我意識の働きと第六識を通して、縁起として生じているものに固執し、実体化し、対象化してしまっているということができるでしょう。

また、いわゆる客観性は、「世界そのもの」という外在する物質の意味づけがなされる以前に、時間化の現在という地平の中でのみ、そのような意味づけがそもそも可能となることを前提にしているのです。受動的綜合によるヒュレー的先構成なしに、いかなる客観的即自存在としての世界も成立しようがないのです。唯識では、アラヤ識が器世間と有根身（身体）を所縁としている縁起の働きのありのままを体験できずに、それぞれを、表象化し、対象化していることに他なりません。

このように、絶えず働いている地盤としての時間化と唯識における「識の転変」は、主観性と客観性の媒介の役割を果たしています。この時間化と「識の転変」という媒介は、生き生きした現在における過去と現在の同時性という根源的相互関係として、また、アラヤ識と現行識との交互関係として、その媒介性を明らかにしました。この同時性は、もちろん時間化であり、「識の転変」ですので、われわれの生において一刻一刻、一貫して働いており、そこにおいて身体性の力動的な全体が生きているのです。このような同時性とは、先主観的で先客観的な現在の充満であり、この現在の中に、「すべての超越の問題の解決が与えられているのであり、これらの超越の問題の中にわれわれは、われわれの身体性、社会性、そして世界の先実存性をみる、つまり、すべてのなんらかの本当の解明のもろもろの糸口をみるのである(97)」、というように、すべての超越の問題の解決を、メルロ＝ポンティは、この同時性の現在にみているのです。

メルロ＝ポンティは、身心問題がここで解消されたものとみなしています。なぜなら、われわれは、刻一刻、主観と客観が分岐して働く以前の身体性を生きているのであり、過去地平に横たわる生成し来たった無数の空虚表象という先主観性とヒュレーとして到来する先客観性が交錯し、相互覚起する生き生きした現在の同時性という身体性を生きているからです。そして唯識の「識の転変」説にあっては、アラヤ識と現行識の逆説的な交互関係において、アラヤ識に蔵された潜勢力である無尽の種子が熟し、目覚めることが、現行識の熏習と同時であるという同時性の逆説を証示しているのです。

f　根本的動機の違い

いわゆる志向分析といわれる、狭い意味の志向性（受動的志向性に対して能動的志向性と述べてきました）の意識作用−意識内容という相関関係を分析することは、意識生のより根源的働きを分析するためには、その限界を持っていました。その限界が超えられたところで、フッサールの受動的綜合の分析や唯識のアラヤ識の分析、並びに、「識の転変」の分析が展開されていました。唯識において、アラヤ識を、フッサールの「ノエシス－ノエマ」に対応づけて、ノエマなしのノエシスと解釈するのも一つの解釈かもしれませんが、意識作用としてノエシスの特性を考えると、むしろ、受動的志向性としての習性を担う衝動志向性の先構成と先構成されたものという解釈が妥当します。つまり、「熟す」というプロセスそのものが、先構成を意味し、マナ識の介在を経て、現行識となりますが、実は、そのプロセスそのものが、現行識に相応する種子が熏習されるという逆方向からみたプロセスに他ならないといえるのではないでしょうか。

ただし、このような最も根底的構成層が明らかにされるには、フッサールにおいては、志向性分析の限界が示され、受動的綜合である連合や触発の分析が展開されているのに対して、唯識では、修行論に即して「仏道修行」の分析に重点が置かれることになります。修行を通して到達する最終的段階においては、存在と無、主観と客観、自我と他我の区別は、縁起生のありのままに直接体験されるわけです。

例えば、鐘の音を聞くという状況を設定した場合、修行の只中にある修行僧にとって、場合によっては、沈潜に向かう障害として「耳にさわる」という具合に聞かれることもありましょう。なぜ、その鐘の音がうるさく聞こえるのか、そのように聞こえる理由は修行僧のアラヤ識に、自覚されない種子として横たわっていたのでした。この深く隠れた理由は、修行を通して次第にはっきり自覚されてくることもあるでしょう。かくして、修行の進展につれ、これまで描写してきた、アラヤ識と現行識の逆説的交互関係が、直接直観されるということが、生じうるのです。

これに対して、現象学の場合、「鐘の音」は、いかにしてその音の持続が持続として聞こえるのか、内在的知覚の明証性（感覚が感覚として疑い得ない明らかさで与えられていること）を基盤にして、その持続の成り立ちが現象学的に分析されていきます。現象学の出発点にたてた「非志向的なある感覚素材を統握作用が志向性として働き、統握内容が構成される」という原理をもって、時間の持続を解明しようとしても、どうしてもその原理的限界にぶつかってしまい、その困難を克服しうる過去把持という、統握作用ではない特有な志向性が露呈されました。この過去把持が働く働き方をさらに詳細に分析していくと、受動的綜合としての連合と触発の働きが解明され、原触発として働く衝動志向性が露呈されたわけです。理論的探求が、その根本的動機とは異なった修行を通す唯識の見解と類似した領域の開示に至っているのは、驚異的なことなのかもしれません。

V　唯識で理解される身体性

a　アラヤ識と間身体性

井筒俊彦は、異文化理解の問題に関連させて、唯識のアラヤ識を深層意識として理解しようとします。井筒はその際、アラヤ識は、元来、独我論的にではなく、自我の境界を越える相互主観的な働きとして理解されねばならないと主張します。[98] しかし、その相互主観性の根拠に関しては、明確な言及はみられません。確かにアラヤ識は、ライプニッツのいう窓を持たないモナドなのではないのですが、それはどのようにして、独我論的にではなく、相互主観的に働いているのかということが、はっきり示されなければなりません。

先に「三性論」の遍計所執性について述べられたとき、われわれの日常生活の意識は、修行による沈潜が成立しているときを除いて、常に、主観と客観、自我と他我の区別をしながら働いていることについて述べました。人がこの遍計所執性にとどまることなく、実は、この遍計所執性において働いている縁起（依他起性）を明らかにするということが、いわば自然的態度を生きるわれわれの日常生活に働く、超越論的規則性を超越論的態度において明らかにすることに対応しています。ただし、この哲学的考察の立場において、超越論的態度で時間化の逆説、ないし、アラヤ識と現行識の交互関係を理論的に究明することだけで、上に述べた、自我と他我の区別の克服が、単に理論的にのみ考察される場合、いまだそれは、独我論の危険はまぬがれないでしょう。というのも、この理論的知は、自分の哲学する知にとどまり、自分が超越論的傍観者であることにとどまる可能性を否定できないからです。

唯識においては、二つの領域において、独我論が明確に否定されています。第一の領域は、アラヤ識とマナ識そのものの領域であり、第二には、依他起性と円成実性の領域です。まず、第一の領域でいかなるあり方で、独我論が否定されているかをみるために、アラヤ識と身体とがどのように理解されているか、明白にしなければなりません。安慧は、『唯識三十論』で、アラヤ識について、「アラヤ識が現実に存在しているときには、二面をもっている。すなわち、（1）主体的には、統合するはたらき（執受）として現象している。（2）客体的には、はっきりと個々別々のものとしては判断されないようなすがたをもって顕現する世界（器世間）として現象している。それらのうちで、主体的な統合するはたらきとは、（人間存在についてであり、諸存在についてであれ、様々に）構想された自体に執着することをあらしめる潜勢力（を介して、それらをはからう諸構想を統合するはたらき）と（身体に）分布している認識能力（有根身）という物質存在（色）と心理的存在（名）（を統合するはたらき）とである[99]」と述べています。この文章には、アラヤ識における身体性としての「有根身」と同時に「器世間」がアラヤ識によって構成（フッサールの用語による）されている客体として記述されています。

（1）　アラヤ識において共に構成される器世間

ここで述べられている「器世間」という言葉は、bhājanaloka の中国語訳ですが、「器世界」ともいわれ、無機的な器（bhājana）としての世界という意味をもちます。[100]この生命ある衆生が生きる器のような物質的自然としての世界がアラヤ識によって構成されているというのです。まずいわねばならないのは、この器世間は、アラヤ識に意識されたものとして対象知覚といったふうに明確に認識されるのではありません。例えば、深い眠りにおいてさえ、この器世間の空間性は、それとして、意識流の絶えざる流れの中で、アラヤ識には意識されているというのです。[101]

さらに重要なのは、この器世間の意識は、複数のアラヤ識によって共に構成されると考えられている点です。部派仏教の法の分析では、共相種子（ぐそう）（「自他共通に感じ、共同に受用する相」）[102]という概念が知られており、複数の人間が同時に行う行動が習慣性となり、種子が生じている場合です。この共同の行動の業についてヴァスバンドゥは、地獄の罪人を例にとって、『唯識二十論』で次のように語ります。「地獄におちた罪人たちは、特定の時と場所とにおいて、彼らに懲罰を加える獄卒や、彼らを圧しつぶそうと迫ってくる鉄の山などを見る。しかもひとりだけではなく、すべての者がみるのである。そして獄卒などは実在しないが、地獄の罪人たちは実際に苦しめられる。（……）行為の潜在余力〔種子〕は行為者の心の流れにしみこんでいるのであって、（……）その余力が現勢的になって心の流れに特殊な変化がおこり、獄卒などの表象があらわれる」[103]。ここで罪人達に共有されているのは、その地獄の空間性と時間性のみではなく、「膿に充ちた川」、「獄卒のもつ責め具」などの諸対象も同様です。

この共業による共有される相互主観的空間性の構成は、哲学として、フッサールとの共通点と相違点に関して興味深い論点を提供します。フッサールにあっては、この相互主観性によって構成される世界は、客観的学問の基礎的前提として働く客観的空間性の根拠づけの意味をもっています。それに対して唯識の共業による器世間は、客観的と言う意味での中性的客観性の意味をもつのではなく、共有する業が同様に熟するということによって、それぞれ、罪人には地獄として現れ、天人には、天界が現れるというように様々な世界の現出が主張されます。この点興味深いのは、フッサールが二〇年代に発生的現象学の枠組みを解明する中で、世界の存在構造を論じ、動物間の世界、動物と人間との世界、人間と人間との世界の成立を次のように記述していることです。動物への感情移入には限界があり、「新たな方法は、私達〔人間〕の地平に既存する存在論的構造を描述することなのではなく、適切な形式の構造を伴う適切な地平を新たに形成することなのだ[104]」、と述べています。

またフッサールの相互主観性の概念は、その具体性において、様々な「諸生活世界」の構成に関連して、「馴染みの世界」と「疎遠な世界」の区別の考察を通して展開されてもいます。この大変具体的で、アクチャルなテーマとされる諸生活世界間の違いは、それぞれの生活世界で体験されている習慣性や常態性の分析を通して、これまで問題にした意識に登らない匿名的身体性の働きが、まさにこのような違いが生成する基盤的構造であることが、解明されてきているのです[105]。

（2）アラヤ識における生理的身体性の綜合

唯識では、身体は「有根身」と呼ばれます。「根」は、indria の訳語ですが、もともと、この語は、「力」とか「エネルギー」を意味し、ここでは、「知覚器官」の意味を持ちます。では、アラヤ識によって身体が構成されるとは、いったいどういうことを意味しているのでしょうか。広く取ると、それは、身体の生理的機能の持続性を保持する働きと理解されます。唯識の早期の経典『解深密教』では、この働きは、ādāna「保持、維持」という概念で表現され、「広慧よ、この識を阿陀那識ともいう。なぜなら、これによって身体が保持され、維持されるからである[106]」と述べられています。このような見解は、実在する世界が識によって構成されているという唯識の根本的観点からして、眠っていて、通常の意識が働いていなくても、身体が失われたり、消えることのないのは、まさにこのアダナ識が働き、それによって身体が構成され、保持され、維持され続けるからだ、と説明することに発しているともいえます。しかし、ここで注意しなければならないのは、ここで「生理学的」というのは、今日の生理学という意味で狭く理解されてはならないことです。身体が生理学的に維持されるとは、五官が総体として維持されることを意味し、個々の器官が今日の生理学では、当然、個々の実在的対象としての器官として理解されているのに対して、器官の全体としての身体の維持という機能は、アラヤ識に意識されたものとして、決して対象的な因果連関として認識されてはいないのです。また、第二章で述べた、気一元論の場合、気から自然および身体の諸器官ができあがっていることが主張されている、このような気の概念を再確認することもできるでしょう。

b 種子と習気

アラヤ識に残される潜在性である種子は、「習気(じっけ)」(vāsanā)という働きを持ちます。習慣の「習」と、これまで問題にしてきている「気」が結び付けられています。種子がその潜在的効能という特性上、フッサールの含蓄的志向性(implizite Intentionalität)と対応づけられました。

興味深いのは、中国の仏教哲学の訳語に、大変まれにしか、この「気」の語が活用されていないことです。他方、これまでの論述で明らかなように、気の概念は、理と並んで中国哲学の最も重要な鍵概念といえます。このような重要な概念である「気」の概念が、仏教哲学の訳語に稀にしか利用されていないのは、どうしてでしょうか。そして、また、どうして、この稀にしか活用されない気の概念が、潜在的に残る力としての vāsanā の訳語である「習気」に当てられているのでしょうか。

この問いに答える事は、同時に、vāsanā と気の概念をその正確な意味規定を対照することによって、より明瞭に理解できるようになり、具体的な気の修行において、習気という習慣的で潜在的な力がどのような働きと意味をもつかが解明されるのに役立つはずです。

さて、この「習」を習慣性、含蓄性と理解し、「気」は、「力や働き」[107]、また、「エネルギー」と解釈できますが、中国語には、この「力」という意味を巡って、まさに「力」という語そのものや「勢」という語があります。[108]しかし、この両概念は、むしろ、外的－物理的に規定される力を意味し、それに対して気の概念は、「微細な質」、「空気状のもの」、「雰囲気といった精神的要素」、「注意」などのような多様な意味を内含しているということができます。一方、その当時、中国で支配的であった仏教の教説においては、道教や儒教において重要な意味をもつ気の概念は、つねに批判的に、距離をもって考察され、まさに、[109]道教や儒教での重要さの故に、気という語が、仏教の訳語としては、用いるのが避けられていたという経緯があります。[110]それにも関わらず、この気の語が vāsanā の訳語として用いられたのは、「精神的－物質的潜在性」という意味に最も適切な語として「習気」が最適であり、もはや気の概念の活用を避けられないと見なされたからに他ならないでしょう。このようにして、「習気」の概念の使用は、習慣性と含蓄性が、精神的－及び物質的契機の両側面を含む気の意味を十分に活用した用語法といえるわけです。

そして、ここで重要なことは、このようにして一度、気の概念が仏教哲学の用語に明瞭な位置づけをもつと、この事を通して、中国の道教の教えと儒教哲学の中核内容が仏教哲学に統合され、まさにそれを通して、仏教哲学の中国哲学化が生じるということです。華厳宗の宗密（七八〇〜八四一）は、『原人論』において、気の概念を巡って道教と儒教を批判し、大乗仏教内部での気の概念の位置づけを行いました。「元気」から陰と陽の気が派生しますが、宗密は、この元気は、「霊心の起動によってできたもので、六転識が変現した対象で、阿頼耶識の相分にすぎない」[111]と主張して、気の概念をアラヤ識によって解釈するわけです。

しかし、他方、アラヤ識は、蔵識とも呼ばれ、ここには、種子のすべてが蔵の中に納まるようにも考えられています。この種子の変転こそ、武道や仏教の修行において、良き習慣性の形成として重要視されていることがらなのです。

c　修行とアラヤ識

第三章において、武道の集中した稽古について述べた際、自分で感じる心理的限界と教える側が熟知しているはずの生理的限界について言及しました。その際、心理的に限界と感じられる限界が超えられます。そのとき、無意識とされるアラヤ識の次元から生じる創造的な働きかけが認められるといわれました。このような領域の開示は、繰り返しの稽古を通して、自己中心化とその根源である身体中心化が減少するにつれ、その働きかけを呈示するものです。ある特定の形の練習を繰り返し反復することによって、ちょうど、「一つ一つの水のしずくが岩を穿つ」といわれるように修行が継続されます。無意識であるアラヤ識に潜在的能力が熟成することは、このように仏教の修行の理論的背景を与えることになります。このような熟成するという表現は、他の分析的で論理的な表現より、はるかに修行の経過の的確な記述となっているのです。修行において、人為的努力に即し、即さず、自ずから生起してくる事柄への敬意と、それこそ現実なのだという確信がこの「熟す」という言葉に託されているのです。

この熟すという経過は、数十年、あるいは、一生かかる経過と見なされています。その年月の間、武道の稽古では、その日の稽古は眠っても続けられているといいます。眠りながらアラヤ識が身体を保持し、維持するなかでの稽古の継続といえるでしょう。剣道の先生は、よく、寝込む前と目覚めた直後、正しい形をしっかり、集中的に脳裏に浮かべるようにと指導します。それがアラヤ識という無意識に明瞭な痕跡を残し、眠りのなかで熟し、目覚めた日中の稽古に大きな影響を与えるからだというのです。

また、当然ですが、心と身体をめぐる心理－生理的な相互関係は、修行の過程でも重視されています。その際特に、唯識の場合の軽安（きょうあん）という概念に注意すべきでしょう。先に述べたように、軽安（きょうあん）は、心王に相応する善といわれる十一の楽の一つで、「身心がのびやかなこと」とされますが、心身の両者に直接関わっている事に注意すべきです。この軽安は、もちろん、集中した瞑想そのものの只中から生じることなのです。(112)

第七章　禅仏教における身体性

Ｉ　禅仏教とブーバーの禅の解釈

禅仏教における身体性の現象学的分析を展開するために、ここで再度ブーバーの仏教について、とりわけ禅仏教の解釈について述べてみたいと思います。というのも、ブーバーの「我汝関係」という見解が、禅における「心身一如」の記述と明瞭な内容的連関をもっていること、そして、先の四章で示されたように、我汝関係についての内容豊かな現象学的分析が、禅仏教における身体性の記述において、媒介的な役割を果たすことができるからなのです。

ブーバーの行う禅仏教の解釈は、『ハシディズム』のなかの「ハシディズムの宗教史における位置」[1]において最も明瞭に見てとることができます。ここでは、ハシディズムの特定の流派と禅仏教との共通性と相違がブーバーによって指定されているのですが、その相違に関していえば、多くの場合、ブーバーの禅仏教についての誤解に発しており、むしろ、共通点が前景にでてくることに注目するべきでしょう。

a　全体性を目指す禅の道

ブーバーは、禅仏教について、はじめに、一般的な紹介をします。その内容は、おおむね禅のなんであるかを適切に描写している、といえます。それによると、禅は概念による真理の把握は、不可能であるとし、心から心への直接的な真理体験の伝承こそ問題なのです。しかし、ブーバーが誤解しているところは、禅の実践そのものの意味です。ブーバーは、「瞑想というすべての固定した方法は、多かれ少なかれ問題を含む補助手段にすぎず、真理に到達するための道とは見えない。それどころか、ある人々は、すべての瞑想を病と名づけてもいるのだ」[2]と述べています。しかし、禅の実践を欠く禅仏教は、禅仏教ではなく、修行という道を主張しない仏教と同じです。もちろん伝承されてきている禅の語録には、実際に禅という形をとった瞑想を経ずに、禅の最も高次の集一性が実現される出来事が語られてはいますが、それらはすべて、この高次の集一性そのものの核心を強調し、直接、直示することを意図しているからに他なりません。座禅の実践そのものが、この集一性の実現にあたって、最も直接的で最も真っ当な、長い伝統を経て伝えられている、実践されてきた道であることに寸毫の疑いの余地もありません。[3]ブーバーがここで語る、いわゆる「禅病」は、いわば、禅の側での、自戒といえ、正当な伝統と正しい指導によらない「野狐禅」同様、禅の修行での副次的産物といえ、禅そのものの性格づけには、なんら本質的なものではありえません。

以上のブーバーの禅の瞑想をめぐる誤解は、二つの要因に帰結できます。一つは、ブーバーのいわゆる技術として理解する瞑想の側面であり、先に述べたように、ブーバーは、汝の現前をかえって阻害してしまう、まさに「われ－それ－関係」に属する手段としての瞑想を拒絶します。この事については、すでに批判的考察を加えました。(4) 二つ目の要因は、やはりブーバーの禅仏教に関する見解には、禅仏教そのものについての見識の制約がみられることです。その当時、ブーバーは、鈴木大拙による禅の本質をめぐる的確な見識に接する機会はありましたが、禅の修行の実際についての鈴木の言及が寡少であったため、現実の禅の修行のあり方には、暗かったといわねばなりません。(5) この意味で、ブーバーが日常生活の中での集中した行動そのもの、禅でいえば、僧院での作務を含む労働を強調するのは、それとして的を射たものですが、この労働そのものが、座禅に積極的な役割を果たし、(6) 労働と座禅が有機的に一つになって働き合い、禅の修行の実践が成り立っていることに注意すべきであるといえるでしょう。

b　「今、ここ」での集中した行為

ブーバーが道教の「無為」について語った最高度の集中における行為は、ハシディズムと禅の最も重要な共通点です。ブーバーは二つの伝統に生きる類似した挿話を引用し、日常の行為が重要な意味をもつことを強調しています。これらの挿話は、単に象徴的性格をもつのではなく、「そのつどするべきこと（例えばさきの食器を洗うこと）を、完全に精神を集中して、自分の全存在を込めて、別のことに気を散らせることなく、何ごとも見逃すことなくなさねばならない(7)」としています。この完全に集中した行為とは、鈴木大拙が述べる次のような挿話でも、はっきりと例示されます。「ある有名な老師が問いを受けた。〈老師にも真理の修得に努力するということがありますか？〉〈その通り〉〈それは一体どんな風に〉〈腹がへったら食う、疲れれば眠る。〉〈それなら誰もがやっていることではありませんか。では誰もが老師と同じ修行をやっているといってよいのでしょうか？〉〈それは違う。〉〈ど

うして違うのですか?〉〈彼らは食っているときに食わず、余計なことを考えて、心を煩わしておる。また眠っているときには眠らないで、あれこれ夢を見ておる。だからわしとは違うわけだ〉」[8]、という挿話です。

c　語りと沈黙の彼方の表現

ある人の集中した行為は、それだけでそこに直接居合わせる他の人に直接的影響をあたえる、しかも、言葉が仲介することなくそれが生じることがありえます。例えば、熱心に集中して仕事をしている教員のそばで、落ち着きのなかった精神障害児が、自然に落ち着きと世界への開きを獲得する例がみられたり、見知らぬ男同士が偶然ベンチに黙ってすわっているだけで生じる沈黙の伝達といった事例が挙げられると思います[9]。ハシディズムと禅において、指導する師がそばにいるということは、ただそれだけで、計り知れない深い意味をもちます。「人間の世界の真理は、認識内容とみなされうるのではなく、ただただ人間の現存としてみなされねばならない。ひとはそれを内省するのではなく、語ることはできず、聞き知ることもできず、むしろ、人はそれを生き、それを生活として受け取るのである[10]」。このような、この生を受け取る集中した行いを生きる師は、様々に表現されてはいても、ここに述べられているように、特定の日常生活の認識内容として記述し、表現することはできません。そうではなく、個々の個別的行為のなかで、そのつどの「ここと今」において、様々な文化形式において(例えば、古典的意味を持つ、鈴木大拙の『禅と日本文化』[11]で説得力をもって描かれているように)表現されたり、ハシディズムでは、踊りや歌の中で経験されたりもします[12]。ここでいわば、仏陀の沈黙が、具体化され、存在形態を獲得しているともいえましょう。「沈黙は究極のものではない。語ることがいかなるものかわかるように、沈黙することを学べ」とハシッドは、教え、「語ることは、誹謗であり、沈黙は、偽である。語りと沈黙のかなたに急な険しい道がつづいている」[13]と禅の師が示唆するのです。

d　師弟関係

ブーバーが指摘する興味深いことに、ハシディズムと禅における師弟関係があります。両者に共通の点として、師と弟子の間に電撃のように生じる精神の伝承ということがあるというのです。その際の前提になっているのが、弟子の師への全幅の信頼であり、師の弟子に対する父性愛に似た深い配慮について言及されます。しかし、この共通な側面を前提にして、その弟子を育てる際の、教育の仕方には、それらの文化的背景から発するとおもえる根本的違いがみられるというのです。「現存から現存への運動は、ハシディズムでは、譲渡であり、禅では励まし（鼓舞）である」[14]。興味深いことに、ハシディズムと禅で「盗賊の親が子にその秘伝をさずける」という共通のエピソードがみられますが、ハシディズムでは、師は弟子に高度な内的な統一の特性を語り、譲渡しようとするのに対して、禅では、師は弟子を意図的に窮地に追い込み、弟子が全力で自分でその窮地を克服することによって、弟子を励ましながら伝えようとする、というように、その違いを説明しています。「師は、弟子のもつ課題の重みを軽減しようとはしない。何かを手渡そうとはしない。弟子を自分自身でのみ獲得できるものに到達できるよう、自分自身の生を賭けるように要請する」[15]、と述べます。このブーバーの描写は、部分的には妥当しているといえても、すべてを肯定することはできないでしょう。というのも、この側面からのみ禅の修行全体をみることは、禅の実践をまったく体験してない読者には、他の側面を除外してしまう誤解の危険が生じるからです。禅の修行にあっては、弟子が全く一人に放りっぱなしにされるということはありません。師によって指導され、師は、弟子の修行の全過程に一貫して弟子に伴っています。また共に修行に励む弟子相互間に「道友」という言葉が使われます。伝統を引き継ぐ老師のもとで修行することのない、完全に一人だけの修行を「野狐禅」といって戒めています。[16]

仏教の師弟関係の根本的な原型は、仏教の「慈悲」と「菩薩行の理念」にあり、デュモリンは、「菩薩に特徴的なのは、大智と大悲との結びつきにあり、慈悲は、悟った智からこそ流れ出てくる。かくして禅において老師の指導は、慈悲を行使していることとされる[17]」と説明しています。無常の生を生きる有限な人間という意識に基づきながら、慈悲を生きようとする師は、涅槃に入ることを断念してまで、衆生を救うという菩薩行の理想を実現しようとします。かくして師は、弟子に、瞑想と言う、その理想の実現にもっとも直接的で身近な修行の道を指し示し、この道こそ、修行する者を、知に媒介された教説への執着や、あらゆる種類の自己中心的行動や考えへの執着から解放することのできる道である、と教えるのです。したがって、禅で師が弟子を励まし、鼓舞するのは、菩薩の慈悲という背景と枠組みのなかでのことなのであり、弟子は、弟子として瞑想の修行に努力し、ときとして、全力を傾ける努力にかかわらず困難にぶつかり、意気消沈するなかで、師の力づよい励ましに修行に向かう勇気を与えられるという経験を重ねていきます。[18]

ここで述べられているなかで、指摘しておかねばならない重要な論点として、「自分自身で到達する」という表現についての陥り易い誤解があります。この論点を適切に理解しないと禅についての決定的な誤解を生じてしまう危険があるのです。実はブーバーの禅に対する批判のなかには、この論点に関して、誤解の危険が潜んでいるといわなければなりません。

e　仏性、信仰、神秘

ブーバーが禅仏教を性格づける、「自分自身を通してのみ到達できる何かに自分自身で到達する」ということは、ブーバーのいう「人間の自分自身へのかかわり[19]」を意味しているのではありません。ブーバーは『我と汝』で、神秘体験における神秘的一致の「汝の欠如性」を批判し、このような「人間の自分自身を汝にしようとする」現実錯誤を糾弾しています。注意しなければならないのは、この批判がブーバーの禅批判の一部に援用されていることです。ブーバーの批判は、禅の初祖である菩提達磨の言表とされる「仏陀を求めるのであれば、自分自身の本質をみよ。なぜなら、その自分自身こそ仏陀そのものであるからである」に言及し、仏性は大乗仏教においてすべての人間の魂のみならず、すべての生命あるものに宿っており、すべての人間は、自己の内面に発見し、実現できるものであるとする見解を問題にします[20]。しかし、注意しなければならないのは、禅において、「自己の本質を見る」とは、自我が自我そのものへの関係を立てることを意味するのではない、ということです。自己自身への「我汝関係」は、ブーバーも言うように不可能なことです。

ブーバーが仏性を歴史的な仏陀に対置することによって、禅仏教を歴史的前提からの遊離とみなし、「歴史の外部の神秘」と名づけるとき、これまで暗示してきたような多くの重要な誤解が露呈してきます。

歴史的な仏陀は、大乗仏教において、したがって、大乗仏教に即する禅仏教においても当然、仏性と並んで、その意味を失うことはありえません。例えば、先に述べた仏身論の体系の中に、歴史的仏陀の身体は、明確な位置づけをもっているだけでなく、仏陀の生誕を祝う祝日には、歴史的仏陀が振り返られ、祭られます。また、禅の修行にあっても、仏陀が悟りを開いたとされる日時の直前の集中した修行が毎年、遂行されています。大乗仏教にあって、歴史的仏陀の意味が強調されることはあっても、失われることはありません。

ブーバーは、禅に対して大乗仏教の他の宗派である、「救いが実現されるために、仏陀の名を繰り返しとなえる」浄土教を対置させるとき、禅仏教と浄土教との根本的共通性を見失ってしまうことになります。浄土教での阿弥陀仏の唱名は、禅と同様の集中した、無私の祈りであって、初めて真の祈りといえ、座禅の無私性と本質的に変わるところはないのです。通常の仏陀についての表象が完全に消え去り、形態をもたない阿弥陀仏が現成するといわれるのは、武内義範がはっきり述べていることでもあります(21)。

問題であるのは、ブーバーは、そもそもどのようにして、禅における具体的で歴史的な「今ここでの集中した行い」において真理が実現することと、禅の非歴史性、ないし脱歴史性を同時に主張できるのでしょうか。内容上の矛盾なしに、二つの主張は並び立たないと思います。それについて、ブーバーは、禅とハシディズムの具体性との結びつきを強調しながらも、その具体性への根本的動因ないし、動機がことなっていると主張します。というのも、禅にあって具体性への指摘は、「超越的なるものの認識に方向づけられた精神を言語表象的思考から別の方向に向けさせ」はするが、ものそれ自体は問題ではなく、「事物の、すべての概念を乗り越える絶対的なものの象徴としての非概念性こそ問題なのだ(22)」と主張します。

この主張は、多くの点で納得できるものではありません。まず批判せねばならないのは、ここでいう、禅における事物への関係と「絶対的なるものの非概念性」との関係は、いかなるものと考えられているのか、という点です。その関係は、ブーバーのいうように、一方が他方に止揚される弁証法的関係というように解釈することが妥当するのでしょうか。ヘリゲルも主張するように、「禅仏教では、絶えずある経験が確証されており、それは、根本的な繋がり、すなわちすべての衆生（もちろん人間も含む）の間の原コミュニケーションが存在するという経験であり、まさにその直接性のゆえに、言葉による道、会話と討議の道が断念される、いや、断念せねばならないような経験[23]」なのです。この「今とここ」において遂行される集中した行いのなかでそのような原コミュニケーションが実現し、そこでは、絶対的なものの非概念性がそれ自体を表現します。ブーバーは、そのような行為を禅に認めており、認める以上、禅が事物を絶対的なものに至るための単なる手段としているといった主張が、並び立つはずはありません。[24]ブーバーにとって、個々の我汝関係は、決して、永遠の汝を指し示すための手段ではないはずです。このような禅におけるコミュニケーションは、止揚といった次元での収束を持たない性格のものです。それは、際限なく深まり行くものであり、ブーバーが禅の悟りについて述べる「十分な満足と完成[25]」は、このようなコミュニケーションの本質には適切な表現とはいえません。このような深まりこそ、禅仏教の果てしのない道といえます。

f　禅仏教における身体性の問題領域

ここで、以上の論述をまとめながら、禅仏教において身体性がどのように理解されているか、概観してみましょう。ブーバーは、ハシディズムと禅との具体的な日常生活への直接的なかかわりに共通点を見出していますが、禅の実践という修行の道について、偏った見解をもっていることが明らかになってきました。そして、まさにこの道を歩む方途にこそ、身体が禅においてどのように生きられているのかが明示されうるのです。その際、改めて問題にされなければならないのは、禅の修行を通して自己自身を観ずるとは、いかなることか、また、集中した行為における原コミュニケーションとは何を意味するのかという問いです。したがって、個別テーマとして、以下、II、禅の修行で何が求めれているのか、III、禅の実践、キネステーゼを整御し、姿勢を正し、呼吸と一つになり、いかなる表象も介在しない注意の深まり、IV、禅仏教における「心身一如」をどのように理解するべきか、等をあげることができます。

II　禅の道で求められること

「私とはいったい何か」、「わたしはいったいどこから来て、どこに行くのか」、「この世界で生きるということの意味は何か」という問いは、西洋文化の伝統では、教会とその神学体系の中での信仰の問題であったり、特定の信仰を前提にしない、宗教哲学での問いとしても立てられています。そのような問いかけは、常に、信仰と理性という緊張関係のなかで問われてきました。信仰ははじめから〝超〟理性的なものとして「啓示」において与えられる、ないし、間接的に理性を通して証明され、理論的根拠づけが試みられてきました。キリスト教の場合、意味を問う人間に対して、教義において規定されている解答が示され、それを信じるか、信じないかに答えねばならない状況が設定されています。判断力の不足とか、確信できないことからくるその問いへの沈黙、あるいは、言葉による解答を拒否する仏陀の沈黙に対しては、信仰の扉は開かれません。求めゆく、道を歩みつつ深まる問いを担う人間に、はやすぎる「あれかこれか」の問いが強制される、ということはないのでしょうか。

禅に人生の意味を問うものに対して、直接呈示されるのは、座ること、すなわち座禅です。このようにして禅を求める人には、多くの場合、すでに禅とは座禅であることは知られています。このとき、ここで問われている「意味」に向けての問いは、ある特有な性格をもっていることに気づきます。「わたしはいったい誰なのだ」という問いを井筒俊彦は、「人間とは何か」という問いと区別します。井筒は、後者の問いは、アリストテレスに特有なギリシア哲学の問いであると性格づけます。[26] 客観化し、対象化する後者の問いの特性に対して、前者の問いを、問う人の全体的な具体性にかかわる実存的な問いと性格づけることができます。

実際、仏教的思惟と実存主義への近さが主張され、特にハイデッガーの哲学との近似性が述べられています。しかし、実存の問いの現象学的分析は、ハイデッガーの立てた「事実性」[27] の概念の分析では、それに特有な限界があるように、私には思えます。むしろ、実存の問いは、原初的時間化といった発生的現象学の問題領域でこそ、さらなる現象学的分析の可能性に開かれているのではないか、と考えます。これまで展開してきている身体性の現象学的分析は、このような研究方向の一課題として、展開してきたつもりです。これまで、超越論的事実性と哲学的反省の限界の問題は、常に中心的な原理的事態として中心的テーマの一つでしたし、これからもそうあり続けます。そしてまた、禅仏教にとってこのような事態は、決して探求の最終地点なのではなく、むしろその出発点といえます。なぜなら、反省的思惟の限界は、禅の経験において原理的にそれとして理解されており、超越論的事実性の本来の意味が、身体を通しての修行によって、すなわち座禅を通して学ぶ、学道が示されているからです。

III　座禅の実際

そもそも、沈黙した座禅で、どのようにして人間の生の意味を問い求めることができるのでしょうか。座禅とは、狭い意味での瞑想、つまり、宗教上のテキストについて思い巡らす瞑想ではなく、また、特定の曼荼羅といった図章や仏画、聖画をつかった瞑想なのでもありません。[28] 言葉やいかなる特定の表象もともなわない、完全な、しかも集中しきった沈黙のなかで、禅の修行は展開します。沈黙する座禅は、このような心の只中での真の沈黙を要求し、それを育むのです。

a 「動かない」ということ、脱構築の実践

ここでは、そもそも動かずに座るということの意味について、座禅の際の正しい姿勢に関連づけて問題にしたいのですが、正しい姿勢の詳細について述べるのが目的ではありません。[29] 重要なポイントだけ押さえておきますと、(1) 腰と背骨と頭は、竹刀に三点が触れるようにまっすぐ直立していて、ひざは、両足を片足の股にのせる結跏趺座か、難しい場合は片足を股にのせる半跏趺座ですわり、両膝と腰との三点に体重が平均してかかるように座し、(2) 座った身体はどこも緊張することのない、どっしりして、しかもゆったりした座りであり、(3) あごを引き、眼差しは閉ざすことなく、一メートルほど前方に落ち、右手の手のひらの指の部分に、左手の指をおき、両親指を軽く触れます。その両手は下腹の辺りに置きます。(4) 座禅の間は、そのままの姿勢で身体を動かしません。

このような姿勢は、慣れるまで時間をとりますが、決して苦行の一種と誤解してはなりません。問題は、外と内の静かさと集中であり、そのためにこそこの姿勢が最適なのであり、もし、初心者が様々な身体的理由でこの姿勢をとることが困難な場合、この目的に適した他の座り方も、導入として活用されること(例えば、上体を上記のようにしたまま、椅子に座る)があります。しかし、はじめは難しくても、身体は次第に慣れていくものです。日本

語で「座るのになれてくる」といったり、「身につく」とか、「姿勢がきちんとしている」とかいうときには、主人公であるのは、身体の方であり、自分の意志以上の、身体の側の秩序の形成が問題であることを語っており、道元のいう「身学道」とは、単なる象徴的な表現ではないことが分かってきます。

ここで、「身体を動かさない」、「身体が動かない」ということのもつ意味を、心の活動である志向性の働きをめぐる現象学の分析と照らしあわせてみると、大変興味深い論点が露呈してきます。なぜ、そもそも、座禅をするとき、座って身体を動かしていけないのでしょうか。どうして、すわって、呼吸に集中するだけで、「自己への執着」から次第に開放され、「自己中心性」と「身体中心性」が克服されていくようになりうるのでしょうか。座禅の場合、西洋の瞑想の場合のように、特定の「聖典」のテキストの内容について考えることはしません。言葉で考えることを禁じます。自己の日々の行動を、理性を通して反省することも禁じます。にもかかわらず、自我中心性が、座禅を通して崩壊していく可能性があるのは、どうしてなのでしょうか。

フッサールは、身体の動きを「運動感覚（キネステーゼ）」（Kinästhese）という志向性として理解します。そして、その運動感覚という志向性には、これまで述べてきた能動的志向性と受動的志向性の区別が妥当します。つまり、運動感覚の志向性は、自我の活動をともなわない、したがって「私が身体を動かす」という意識をともなわない受動的キネステーゼと、自我の活動をもともなった能動的キネステーゼの違いがあるのです。とりわけ、後期のフッサールにおいて、キネステーゼは、発生的現象学の枠組みのなかで、乳幼児の身体の動きを巡る「本能的キネステーゼ」や「野生のキネステーゼ[30]」として露呈されてきます。

このような受動的キネステーゼは、幼児期の時間化を通して働いています。例えば、授乳の際、本能的志向性（授乳そのもの）が、それに相応するヒュレー的要因（内部／外部知覚の未分化な〈原共感覚的〉感覚野）の触発によって、相互覚起を通して覚醒され、それが繰り返されるなかで、習慣化した衝動志向性の形成とともに受動的キネステーゼ（全身的授乳運動）が働いています。そのような匿名的間身体性において働いている受動的キネステーゼには、身体中心化が形成されるにつれて、自他の身体の区別が付加するようになり、それを土台にして、自我と他我の区別が形成されていくという、間身体性に根ざした間主観性の形成が成立してきます。[31] それが形成されはじめて、「私が自分の身体を動かす」という能動的キネステーゼが成立するのです。[32]

さて、もし、ここで、座ることを通して、能動的キネステーゼを働かせないようにしてみます。発生的現象学では、思考実験として理論的に「働いていない」と脱構築するのですが、座禅では、現実に自分の身体を動かさないという実践的脱構築を行使するのです。そのとき、いままで、それがそもそも働いていることそのものを自覚することのなかった、受動的キネステーゼの層の働きが、次第に露呈されてきます。それだけでなく、その能動的キネステーゼの脱構築とともに、能動的キネステーゼの働きを前提にしていた、自分にとっての客観的な空間構成の層も脱構築されていくことに気づきます。

「手を動かして箸を取る」といった単純な行為の中に、「私が自分の手を、箸をとるために動かす」という能動的キネステーゼが働いており、自分が意図的に身体を動かすことができて以来の、自我の働きの習慣性が、身体の動きに染み付いているわけです。ですから、ふと身体が動けば、仮に意図的な動きでなくても、「身体を動かす自我」がそのつど、否応無しに目覚めることになります。だからこそ、身体を動かさない、そして、身体が動かないということそのものが、自我の活動が目覚める機会を与えないということに繋がり、それが繰り返されればされるほど、自我がその活動の場を失い、自我の低層に隠れて働いていた受動的キネステーゼの働きだけが露呈してくることになるのです。つまり、自然な呼吸のキネステーゼ、自然に座っているときの身体感というキネステーゼ（キネステーゼは動きだけでなく、静止であるゼロのキネステーゼも内に含んだ概念です）のみ働く事態が現出してくるのです。そして、最終的には、ときとして、座って身体を支えている本能的キネステーゼさえ、失われて、呼吸に一つになり、ふと身体が傾いて倒れたりすることさえ起こります。

客観的空間は、フッサールの現象学的分析に即せば、自我の活動をともなう能動的キネステーゼの働きなしには、構成されえないものです。だからこそ、座ることを通して、自我の働きが薄れてきて、それが脱構築されれば、次第にその人にとっての客観的空間は崩れていきます。フッサールは、空間構成について、「外にある事物のすべての存在意味が、存在のあらゆる所与のされ方、方向づけられた所与のされ方に関して、触れられたり、摑めたりする近さや、押したりぶつけたりする直接的な実践的能力性の近さに引き戻されるとき、すべての外にある事物は、──常に第一次領域、自分の固有な原初的経験の枠組において──それ自身、自分の触る身体に引き戻されているのである。この身体は、考えることのできるすべての事物の知覚と世界の知覚に準現前化されている」[33]と述べています。したがって、能動的キネステーゼの脱構築を通して、その客観的空間性だけでなく、それと密接に結びついて、その中に位置づけられている外的事物の構成さえ、同時に崩壊していきます。

このように、フッサールのいう空間構成の構成のされ方が、座禅という能動的キネステーゼの脱構築を通して、現実のものとして体験され、確証されていくことは、注目に値することです。理論的脱構築によって再構成された構成の発生的秩序が、実践的な脱構築を通して、その理論的妥当性が確証されていくのです。しかし、注意しなければならないのは、理論的脱構築という再構成的分析にとって、座禅で生じる、能動的キネステーゼを停止することによって生じる、つまり、実践的脱構築を通して生起してくる、実際的な意識の変様は、そのごく一部しか明らかにならないということです。というのも、実践的な変様の及ぶ範囲は、意識化できない無意識の深みにまで直接、及んでいるからです。

なぜなら、これまで、フッサールと唯識における意識の変様の分析で明らかになったように、この変様は、大変複雑に、意識の習慣性や無意識とされるアラヤ識と現勢的な意識（現行識）との間の交互関係によって規則づけられているからです。普通、しばらくの間、能動的キネステーゼを停止するぐらいで、上に述べた通常の外的事物の意味構成層がその働きを弱化するわけではありません。また、座る人の個人の歴史性の違いによって、その変様の度合いは、実に様々であり、意味構成層の透明化が一気に起こる場合もあります。通常は、そのような意味構成の習慣性は、いまだ強く働き続け、無意識の潜在的な能力としてその力を絶やすことはなく、再び身体が動くことによって、その力を再発、増強させ、いつでも現行識として立ち現れてくるからです[34]。また、この構成層は、他の連合の諸連関、例えば、視覚的また聴覚的知覚によって絶えず覚起され、増強されており、ある特定の知覚（例えば飛ぶ鳥に目が向く）が生じるとき、それと同時に、その知覚と結びついたキネステーゼが生じてしまいます。そして、このキネステーゼは、実際に身体を動かすのではないにもかかわらず、自分の身体の動きのように再度、覚起されます。さらに、この覚起は当然、能動的キネステーゼと深く結びついている身体の「自己中心化」と「自我中心化」を覚起することになるのです。実際にどの程度座って、次第に外的事物の構成が働かなくなってくるかは、個々人のそれまでの個人の歴史と習慣性によって、それぞれ異なっているのは、当然のことです。そしてまた、この外的事物の構成が働かなくなる事そのものが禅の修行の目的なのではないことにも、注意すべきです。このこと自体、禅の全体としての修行のなかの一こまに過ぎないのです。

いずれにしても、重要なのは、能動的キネステーゼの停止によって、それと密接につながっている自我の活動、すなわち自我性の働きが徹底して抑制されるということです。ときとして、この自我性の抑制が、接心などの集中した座禅の後、反動として逆襲をかけ、強く息を吹き返すといったことさえあります。だからこそ、指導する師は、接心後の精神的態度について注意をする（例えば、車を運転するとき、普段は前の車を追い越そうとはしないのに、接心後、自我性の抑制が取れたとたん、「追い越してやる！」といった我欲が暴発する）場合があるのです。

このような意味で、自我の働きを目の当たりに直観するのに、座禅という実践的脱構築の果たす役割は多大といわねばならないでしょう。自己中心性、身体的自己中心性の根の深さに、座禅を通して痛感することになってゆきます。この根の深さを、意識分析を通して、自覚にもたらしてくれるのが、衝動志向性をその根源にみる時間化の分析を展開するフッサール後期現象学であり、アラヤ識による識の転変を説く唯識なのです。

b　禅での呼吸

正しい呼吸の仕方である、よく腹式呼吸といわれる呼吸の仕方は、座禅において決定的に重要なことがらです。しかし、この呼吸の仕方は、一つの技術、ないし方法、手段として見られてはなりません。この腹式呼吸は、先に述べられた正しい姿勢と密接に繋がっています。正しく、腰を伸ばして座らないと、正しい呼吸はできません。この正しい呼吸が正しい姿勢をとるように仕向けるということもあります。

座禅を始める前に勧められるのは、深呼吸をすることで、はじめは意図的に大きく息を吐き出し、そのとき横隔膜を弛緩させ、息が腹におさまる、この深呼吸を数回おこない、後は、その意図を取り去り、自然な腹式呼吸にまかせ、その呼吸に注意を向けることによって、自然に長く、深い呼吸が生じるようになる、という経過を経ます。(35)日本語の呼吸と言う文字は、呼の字がはじめになり、正しく息を吐き出すことがはじめにあり、次にそれに即した吸の字、つまり、吸う事が続きます。その逆ではありません。このように始まる呼吸は、意識でたえず、呼吸の長さを調整するいわゆる意図的な呼吸法とは異なり、自然な腹式呼吸に任せ、それに意を注ぐというあり方に展開します。このような自然に行われる長く深い呼吸は、心身ともに、唯識で「軽安」と呼ばれる静かで穏やかな「楽」をもたらします。

このとき、第三章で描かれたように、意図的に呼吸をコントロールしながら呼吸することから始まって、その集中が高まり、最高度の集中の際、ヘリゲルが語ったように、「自分で呼吸しているのか、呼吸されているのかわからなくなる」ということが生じます。ブーバーのいう「最高度の能動性が受動性に似てくる」という事態、すなわち、我汝関係の出現に近接してくるわけです。

c 心の態度

すでに述べられたように、座禅は、普通の「瞑想」、つまり、テキストや、考えについて思い巡らすような瞑想ではありません。正しい姿勢で正しい呼吸が生じ、それに集中します。意識は大変明瞭であり、しかも思慮する何ごとも生じないほどに、呼吸にのみ集中したはっきりした意識が保たれています。このように座っているとき、意識に絶えず、様々な感覚や考えが浮かんできます。そのとき、座るものの心得として、これら浮かんでくるすべての考えに捕われることなく、浮かぶがままに浮かばさせ、それにとりあわないこと、そうすれば、その思いは自然に消えて行く、ちょうど、高い山にかかる雲のように、かかっては消えて行くことの繰り返しだ、といわれます。しかし、多くの場合、様々な思いは、特にそれに心をとめなくても、自然に思いに思いがつらなり、それにつれて思いにからまった感情に巻きこまれるようなことにもなりかねません。そのようなことが起こるまさにそのときにこそ、絶えずあらためて、呼吸への集中に立ち戻り、――それができるのは、まさに明らかな覚めた意識が修行の間中、張りつめて働いているからですが、――正しい姿勢と正しい呼吸への集中を繰り返さなければなりません。そのとき注意しなければならないのは、そのようなことが起こって、集中が途切れても、そのような自分を責めたり、叱責したりしてはならないということです。ここで、問題になっているのは、様々な思いや表象が浮かぶのを意図的に抑圧することなのではありません。「抑えようとする」抑圧こそ、自我の活動をともなった意識作用なのであり、このような意識作用そのものが、他のそれに類似した意識作用を誘発し、連合を土台にして、ますます多くの意識作用を力強く呼び起こすことになってしまいます。水の濁りは、水を動かしている間、澄んでくることはなく、また、「血で血は洗えない」ともいいます。練習に励むものは、自分を責めることなく、ただただ、もともとの座禅にもどればいいだけなのです。

禅の修行にある人は、この無限に近いと思える呼吸への集中ということの繰り返しに、ときとして、継続して練習する勇気を失いがちになるものです。そんなとき、ときとして、思いがけず、すばらしく美しい形象（例えば仏陀の像）が目の前に現れたり、美しい音や身体のなかを熱流が上昇したりする体験をしますが、このような現れに捕われてしまうと、禅でいう「魔境」に陥ってしまうことになります。それらに捕われることなく、さらに修行を積んでいかなければなりません。このような状態は、意識の表層が透明になり始め、無意識の層の活動が直接的になる場合である、というように解釈されるものです。このような状態になるのは、ときとして、四日から六日の集中した接心で生ずることもあります。日常での自己中心化に変動が起こってくるのです。

d　座禅の心理――生理学的研究

禅が行われているときどのような、生理学上の変化がみられ、それが心理的な変化の知覚とどのような連関があるのか、という心理－生理的研究は、禅に限られず、ヨガや気功などの場合にも繰り返されてきました。それらの研究成果の哲学上の意味についての考察の前に、それらの研究の方法とその測定の結果について、まず考えてみましょう。

①　呼吸の生理学的研究

座禅のときの呼吸は、鼻を通して静かに静かに長く息を出し、短かく吸います。吐く息は長く、吐き出したときの横隔膜の緊張が解けると同時に短く息がはいってきます。この呼吸の仕方は、座禅の他に他のほとんどの瞑想の場合も同様です。呼吸の生理学上の実験では、座禅の経験が長い被験者が、マスクをつけ、その呼気の成分が分析されます。分析の結果、

（a）　酸素の消費と炭酸ガスの排出がいずれも減少するが、一回一回の呼気の中に含まれる炭酸ガスの量は、平均値よりはるかに高い。

（b）　呼吸の際の酸素に対する炭酸ガスの割合は、平均値より、低い。

というものとなりました。

それによって、血液内の炭酸ガスの量が低下します。毛細血管についての最近の研究では、ストレスによって、血圧が上昇し、脳内の血管が拡張し、それによって、細胞内外の圧力のバランスが崩れることが知られています。

これに対処するには、血液内の炭酸ガスの圧力を逓減させることが知られているだけです。この実験結果は、ストレスによって、崩れた酸素と塩基のバランス（アルカローゼ）が、禅による呼吸を通して回復され、それによって、精神的な静けさと安定感が戻ってくるという主張を裏づけることになります。[36]

② ＥＥＧによる研究

これまでのＥＥＧ（脳波臨床検査）による研究を通して、ベータ波は覚醒した意識活動が生じている場合に生じ、アルファー波が弛緩した静かな場合、θ波が睡眠直前の大変静かな場合、δ波が深い睡眠の場合と言うように、様々な脳波が、様々な状況に相応しながら出ていることが知られています。[37]

禅をしている状態の被験者の脳波を調べると、次のような結果が報告されています。

（ａ）禅の経験が長い被験者をＥＥＧで測定すると、禅がはじまって、すぐアルファー波の状態が生じ、禅の深まりにつれ、例えば、三〇分ぐらいするとθ波が生じてきます。

（ｂ）禅の最中に音などの外的刺激を加える場合、禅の経験の浅い人は、アルファー波に揺らぎが生じ、すぐにベータ波が生じ、その状態がかなり長く続きます。それに対して禅の経験が長い人の場合、ベータ波がその瞬間生じても、すぐにもとのアルファー波に戻ります。[38]

このような実験による研究の成果は、いかなる意味があるか、つまり、哲学の問題として心身関係論にとっていかなる意味があるのかは、これまであまり考察されてきませんでした。われわれは、これまで、気の問題を取り扱ってきましたが、その際明らかになったのは、生理学的研究は、自然科学の研究として、研究上の様々な操作概念を前提にしていることです。[39]自然科学的裏づけがなければいかなる行動もしないという人には、確かに、このような客観的データには意味があることでしょう。しかし、もし、それが役にたつとしても、それは、禅を実際に行い始めて、ごくはじめの段階にすぎないでしょう。

というのも、ＥＥＧのような検査をして、一体何の意味があるのか、という問いは、禅の全体としての経験のなかでこそ答えられるような問いだからです。すでに述べたように、禅の修行の目的は、解脱という世界が開かれることにあるといえます。禅の修行にあっては、指導する経験を積んだ師を通して様々な具体的な指示（例えば、これまで述べた、正しい座り方、呼吸の仕方、内面の持ち方など）が与えられます。この具体的指示は、座禅をするときだけでなく、日常生活の過ごし方にまで及ぶものです。学ぶものは、この具体的指示の意味と意義を実体験しつつ、一歩一歩、座禅を学んでいきます。その途上で、これらの具体的指示に込められた、心と身体の相互関係、つまり、心の集中と座ることとの密接な繋がりが、自分の経験となっていきます。この経験は、多くの場合、フッサールのいう自然的態度を生きる、日常生活を過ごす人々の心身関係と内容上、ほぼ、同一の内容といっていいでしょうが、ただ明白に異なるのは、この関係が意識される鮮明度です。日常生活での気づきに比べて、澄みきった、明瞭な意識のなかで、姿勢の崩れと心の持ち方の繋がりが、直接、疑いきれないほどはっきりと自覚されます。ちょうど、ヘリゲルの場合に、呼吸への集中の途切れが、姿勢の崩れに直接現れたように、この関係の体験は、絶対的に明証的であり、疑おうという気さえ起こらないほどはっきりしています。

しかし注意しなければならないのは、もし、この心身関係の経験そのものが、修行のための手段と見なされるのであれば、つまり、姿勢とか呼吸の仕方が、心の静けさを獲得するための技術や手段と見なされるのであれば、いかなる表象も介在させない集中性の遂行である修行そのものの進展が、阻害されることになります。練習に励む者は、そのときどきの課題に完全に集中することこそ最も大切なことです。かつて集中できたときのことを思い起こし、そのときどんな諸条件のもとでそれが起こったか、できればその諸条件をすべて明らかにし、一つ一つ満たしていけば、そのような集中が実現するはずである、といったように、手段としての条件性を考えてはならないのであり、余計な考えは、集中そのものを妨げるものでしかありません。このようは諸条件（例えば、適度な食事、新鮮な空気、適度な睡眠等々）を絶えず配慮するのは、練習にあたって指導的立場にある者であって、その人自身、条件を考えずに修行に集中できたのであり、それが実現したのは、その人の集中を可能にした、その人にとっての指導者のもとでであることを熟知しており、その自分にとっての指導者を通じて、事後的に最適の諸条件に熟知するようになり、自分が指導者として、修行する者の最適な環境づくりの実現を計ろうとするのです。

e　意識の変転

このような修行のプロセスは、六章で展開した唯識と現象学での意識の変転という見地から、次のように分析することができるでしょう。その際特に興味深いのは、まずもって、いかなる表象にもこだわらなくなるプロセスそのものです。もちろん、ここで表象といわれるものが、正確にいかなるものであり、どのように表象されるのかが、的確に理解されねばなりません。

座禅をして、正しく座り、呼吸に集中しているとき、例えば寺の鐘が鳴るとします。集中の違いによって、その鐘は様々に聞こえます。

集中が浅いとき、その鐘は、「時をつげる鐘」として聞こえ、あと何分ぐらいでその座が終了し、そのあと食事になるとかいった考えが浮かんでくるでしょう。鐘の音は、ある対象的意味をもった意識内容（時を告げる鐘）として、現象学でいうノエマとして意識されます。その際触発された自我は、その自我の関心を通して、過去把持に与えられている空虚表象に触発してくる、感覚素材との相互覚起を通して生成された、先構成されたままの非対象的な意味の統一に対向し、それを「時を告げる鐘の音」として対象認知し、知覚します。それに留まらず、その対象的意味に密接に、そして多様に連結している他の対象的意味を担う特定の表象が結び付き、様々な対象の意味の連鎖が生じます。唯識でいえば、こうして、遍計所執性の世界を生きていることになります。

集中が深まるとき、その鐘の音は、「時を告げる鐘の音」としてではなく、「聞こえるままの音」として、ただただ聞こえるその音として、しかも、初めてその音に直面するかのように、はっきりと新鮮に、まごうことなくありありと聞こえます。「時を告げる鐘の音」いや、「鐘の音」といった表象をまったく介することなく、ただただその音として聞こえます。特定の感覚素材から過去地平の無限の空虚表象に向かって発する覚起が生じても、また、その響きに的確に相応する、感覚内容の空虚表象が覚起され、両者の相互覚起を通して、その特定の感覚内容としての「響き」が聞こえても、「時を告げる鐘の音」という特定のノエマの空虚表象との相互覚起は生じません。なぜでしょうか。唯識ですと、「時を告げる鐘の音」という空虚表象に相応する潜勢的力としての種子が熟していないからであり、現象学ですと、生き生きした現在の深い動機（衝動的志向性、感情、感性）が覚醒はしても、自我の活動をともなう実践生活に結びついた動機（時刻を知る、次の行動を予知する等々）が覚起されないからです。

どうしてそうなのでしょうか。唯識ですと、音がなる直前の刹那の、いかなる表象も交えず、ひたすら呼吸にのみ集中するという現行識の熏習が、その集中の潜在力を高めていて、音が聞こえた刹那にも、響きとしては聞こえても、実践的関心（時刻を知る）という潜在力（種子）が熟してその現行識になることがないからだ、といえましょう。現象学では、同様に、呼吸に集中している現在、例えば、仮に、長く座しているために足の〈痛み〉という感覚素材のまとまりが触発していて、それが意識に上ることなく自我の対向が生じていない状況に、新たな音の感覚素材が与えられる瞬間、集中が浅ければ、対向を受けていなかったその〈痛み〉が自我にとって最も深い動機でもある本能的志向性（怪我をするかもしれないという恐れ）が覚起され、それと同時に「あと何分座らなければならないのか」という思いが連合しつつ立ち現れる事になるでしょうし、集中が深ければ、〈痛み〉への対向は生じることなく、つまり、「痛く」感じることなく、聞こえた音をただ〈響き〉としてのみ、他の実践的関心がともなわれることなく、聞かれるということも生じるでしょう。一方に、この対象の意味をともなう意識内容とその構成に関わる自我の活動というあり方があり、他方、音の感覚素材のまとまりが響きの感覚として気づかれることはあっても、その気づきに、対象構成の前提である自我の能動性による再想起という意識作用が生じて、対象的意味という意識内容を形成しない場合があります。この両者は、それらがそう起こったままに、熏習し、潜在力であるその特定の空虚表象の触発力を一刻一刻増加させたり、減少させたりしていきます。

集中が深まりの極みに達してくるにつれ、当然、集中そのものが目的にされていることさえ意識されることなく、集中としてさえ感じられることがなくなる、ブーバーが、能動性の極みが完全な受動性に似てくるという状態に近似する、といえるでしょう。本当の座禅が実現するとき、音の響きが宇宙全体に充満し、もちろん、〈私〉が〈音の響き〉を聞くのではありません。このような境位を上田義文は、唯識の立場から次のように述べています。「識は境と為って境を識る。識は境となっても識るものとしての働きを失うのではない。否、むしろ境となることによって初めて境を如実に識ることができるものとなる。境となるところに識が非識を自性としていることが現れており、境となって識るところにそれが識であることが示されている。識が境と為ることは、境に対する主観として境の外にある識が、そういう外の主観であることを止めて、境と一つになり、いわば境の内から境を識るものとなることである」[40]。つまり、「識が境になる」ということが生じるのであり、主観と客観の対立は解消するなかで、非識としての識が実現し、境は対象化されることなく、ありのままに識られるのです。対象化することのない識が成立します。したがって、「いかなる対象化することなしにものを識る識は、識る識自身のほかにいかなる意味の境ももたない識である。すなわち、唯識無境の識である[41]」ことになるのです。その際、第七識である、マナ識は生じていません。依他起性が依他起性のままに、縁起が縁起のままに識られる、円成実性が生じているわけです。

IV　禅仏教での心身の統一

高度の集中が実現する状態で生じる智の内実は、仏教の伝統では、様々に名づけられています。中観派では、「空」と呼ばれ、唯識派で、「真如」とも呼ばれたりします。禅仏教では、それが「無心」と名づけられますが、われわれのこれまでの中心テーマである心身関係論の文脈で重要なのは、このような最高度の集中において発現している「心身一如」という事態です。この事態を色々な角度から考察してみなければなりません。

a　最も高度な創造的活動性としての「心身一如」

興味深いのは、鈴木大拙が『禅と日本文化』で、心身一如を無心という概念や「宇宙的無意識」という言葉で表現にもたらそうとしていることです。そこでは、この事態の発現が、様々な具体的で歴史的な個々の日本文化の諸形態に、生き生きと働きでている様が活写されています。しかも、狭く日本文化のみに限定することなく、他の西欧の文化形態のなかにさえ生きている様子が、いわば、人間に普遍的に実現可能なあり方として描写されているのです。例えば、鈴木は、その本の中で、"The Atlantic Monthly, 1937"に掲載された、闘牛士、ジャン・ベルモントの手記を紹介しています。闘牛士は、闘牛の最中での自分の心理状態を「最後の闘牛をやったときにも、私は観衆のあるなしには意識を持たずに、ただ闘うということの純粋な喜びに自分の身も魂も任せ切ることに、初めて成功したのだ[42]」、と述べています。しかし、鈴木は、闘牛士がこのような状態に達したことだけでなく、それと同時に、そこに至るまでに、それ以前の心理的危機を乗り越えねばならなかったことに注目しています。闘牛士は、自分が最後の瞬間に牛に突き刺されるという悪夢と長い間、戦わねばなりませんでした。鈴木は、このことを記述して、「彼はこの絶望感から覚醒した。彼はいま、荒れ狂う牛の面前に立っている。彼は忽然として、これまで全く気もつかなかったものが、その心の奥底からでてくるのに目ざめた。このあるものはしばしば彼の夢にでてきた。すなわち、それは彼の無意識のなかに深く眠っていて、白昼はけっしてでてこなかったものである。いまや絶望感に押し詰められて心理的絶壁の頂きに突立った彼は、心身を捨ててそこから飛び下りた。その結果、〈私は陶酔状態でなにがなにやら夢中だった〉。〈それ〉に気づかずにいた[43]」。鈴木はこのことを短くまとめて、「禅宗と同様に、芸術のすべての部門において、この危機の通過ということは、あらゆる創造的作品の根源に到達するためにきわめて肝要だと考えられている[44]」、と述べています。

しかし、ここに述べられている危機を乗り越えるという事態は、いわゆる敬虔主義の一形態を示すものでないことは、明白であると思います。また、いかなるあり方での純粋なエクスターゼ（法悦）でもないことに注意しなければなりません。なぜなら、「精神は、最高度に張り詰めており、最高度の明断さと最高度の集中が実現している。禅でよくいわれるように、意識は、自分の光のまったき輝きの中で、自己自身を照らし輝かせている[45]」からなのです。また、禅仏教では、「真の創造的行為」は、もちろん、芸術活動に限られることなく、日常生活のあらゆる行動の一つ一つに表現されるものでもあります。ここで問題なのは、「何」なのではなく、「如何に」、つまり、どのように各自の存在全体が集中した状態に至っているかいないか、なのです。

大森曹玄は、このような事態が日常生活の行動のなかで生じる様子を、鈴木正三（一五七九－一六五五）の場合にいわれる、座禅そのものを通してではない、日常生活が座禅になる場合を引き合いに出します。謡の師匠が正三を訪ねて、仏道の指導を仰いだとき、正三は、謡を謡って聞かせるように促します。その謡いが終わったとき、正三は、「気をキッと引き立てて、胴から声をつき出して謡うとき雑念妄想は起こるまいが。それとも起こったかな」とたずね、それにその人は、「いいえ、少しも起こりませんでした」、と答えました。それに応じて、正三は、「そうだろう。坐禅というのもほかのことではない。今の気合でおればそれでいい。そうすれば熟してくればおのずから無念無想になってくる。そのときは謡のほうも自然に名人になるだろう。世法仏法同時に成就するのだ。だから貴方はいまのように、ただ謡で坐禅するがいい[46]」、と語ったとされます。また、他の例では、阿弥陀仏を信ずる農夫が訪ねてきて仏道修行を問うたとき、「いったい、農業というものは仏行である。したがって日々仏行を行じている君たちは、農業の外に別しての修行はいらないはずだ。君たちの肉体はそのままが仏体だし、君たちの心はそのままが仏心である。（……）それにはまず農業をもって、生まれぬ以前からの業障をつくすのだという大願心を立てて、一鍬一鍬に力一ぱいナムアミダブツ、ナムアミダブツと唱えながら耕作すれば、必ず立派な悟りの世界に至るであろう[47]」、といったといわれます。また、剣道の修行をめぐる議論のなかでも、鈴木正三の気と修行に関係づけて、「気が全身に満ちるから、活力に満ち、心が生き生きすると、気も生き生きする。昼に活動的であって、適切な態度をとれば、気もいきいきとし、全身に満ち渡る。正三の仁王禅のように、座禅をして、気を集中せよ[48]」、と述べられているのも興味深い点です。

このような事例に言及しながら、山本七平は、日本人の「労働のエトス」を、鈴木正三の禅の精神と深く結びついているとみなします。この見解は、マックス・ウエーバーの宗教社会学の見解に即したものです[49]。ここで強調されているのは、日常生活で、その様々な仕事に一心に打ち込むということであり、その際、身体に直接関連して、正しい姿勢と正しい呼吸の仕方、つまり気を充満させることが、同時に仏道の実現に繋がるということです。

b　集中の実現と倫理の問い

ブーバーの場合、具体的に禅の修行がどのように行われているのか、知ることなく、無為という集一的な行為が強調され、それと同時にあらゆる瞑想の手段が拒否されます。つまり、我汝関係は、突然、恩寵のように、生きた現在として受けとめられるだけだ、というのです。具体的な禅の修行の過程に含まれている内容が顧みられることなく、我汝関係の集一性のみ語られるのであれば、「如何に」だけが強調され、いったい何をなすかという視点がまったく欠けることになるのではないか、という疑問が生じてきます。つまり、もし、その人間の全体が一つになるような集中においてことがなされるとき、本当に何がなされてもよいのか、倫理上の行為の善悪の問題と我汝関係、並びに禅の精神に基づく「心身一如」が実現する行為とは、いかなる関係にあるのか、という疑問が火急の問題として浮上してきます。

ブーバーは、この問いに答えて、我汝関係を生きるなかで人間は悪をなすことは不可能だと主張します。そして、その根拠は、個々人が我汝関係と我―それ―関係の違いを直接体験することそのものに置かれている、とされます。

ブーバーは、このことを、「人というものは、いつも言うように、全魂〔精神〕をもって悪をなすことはできない。つまり、悪をなしうるのは、自分のうちに抗う諸力を暴力的に抑圧したときにのみである。しかしこの諸力は、窒息してしまうことはないのだ。このことは、私のこれまでの人生で、身近な人々、それも、〈悪いことをしてしまった〉と私に語りえるほど近しい人々から、幾度となく、聞き、確証されたことなのである[50]」と述べています。

この主張に対比する意味で、禅の立場からの、倫理の問いに対する可能な解答を次のようにあげることができるでしょう。

無心の行為、ないし、我執から離れた行為は、実際のところ、容易に実現されることではありません。我執といわれる自己中心化は、フッサールによれば、その根源を身体の自己中心化に依拠するのであり、唯識によれば、アラヤ識の構成になる有根身（身体）を対象化することによって絶えずマナ識が、刹那、刹那を通じて、継起し続けているのでした。自我の意識は、日常生活の様々な意識活動に絶えずともなっています。もし、ある特定の目的（例えば他人に勝ちたいとか、他人よりより優秀でありたいとか）に結び付けられた、それを実現するためのテクニックに関する考えがほんの僅かでも、浮かぶようでは、無心という事態の実現の時は満ちていません。悟りとか無心とかいった思い（表象）が浮かぶことさえ、自己中心化の現れにしかすぎません。この点は、修行において大変厳格に考えられており、無門のいう「仏（ぶつ）に逢うては仏を殺し、祖に逢うては祖を殺し[51]」というのは、表象として現れるものすべての完全な否定を意味するものなのです。

これまでの唯識の考察で、善悪の行為（業）は、必ず、その潜勢力（種子）をアラヤ識に残すということがいわれています。この善と悪の行為には、常に自我意識であるマナ識がともなっています。また、明らかにいえるのは、意識及び、無意識の中に悪の行為や疑いや、抑圧された欲動などが隠れて働いている限り、一つのことに完全に集中する（例えば呼吸と全く一つになる）ということは成立しえない、ということです。この全体の集一性が成立してくる長期に渡るプロセスを詳細に考察すると、——もちろんそのとき、突然、恩寵のようにそのような現在の訪れが生じる可能性も残っているが、——様々なあり方での倫理的選択、つまり日常生活での行為の善悪がこのプロセスに直接的、間接的影響を与えることも、また、同様に明白なことなのです。

仏教の修行を通しての意識の変様は、八正道という修行全体を通しての変様です。したがって、八正道の実現は、各自の人生全体を通じての課題となるのも当然といえます。「生き物を殺してはならない」、「嘘を言ってはならない」、等々の八正道に含まれている倫理的課題の成就如何が、全体的集一性の実現如何に直接関わっている、といわねばなりません。

この八正道の全体をみていえることは、八正道に表現されている倫理項目の実現が、八正道の最後に位置する正定（正しい瞑想）に向けられて順序づけられていることです。それ以前に位置する倫理的基準や規則が遵守されねばならないのは、それを遵守することが最終目的である正定を実現するのに最も直接的であり、有効だからでもあります。この正定での全体的集一性の中で、善悪の対立、自利と他利の対立といった倫理上の中心問題が、言語を超えた解決の源泉を見出すのです。徳の実現は、禅の場合、討議や思考を通してより、むしろ、人間存在の全体が関わる沈潜を通してこそ、直接、達成されうるのです。(52)

はじめに掲げられた問いの一つであった「そのような全体的集一性の実現は、いかなる行為であれ、〈無心〉の行為といえるのか」という問いには、すでにこれまでの記述が、十分な答えになっているといえるでしょう。日常生活の具体的行動の只中で、完全に無心になっての行動というのは、大変まれなことだといえます。先に述べた沢庵和尚が柳生十兵衛に「心が身体全体に滞りなく充満していること」という事例で、日常生活の中で無心になることのほとんど不可能に近い困難さが浮き彫りになります。というのも、その当時の剣をもっての闘いは、今日のスポーツの剣道とは異なり、現実の人間の生死をめぐる戦いでした。「勝ちたい、生き延びたい」、「殺されたくない」という思いから自由に、無心に戦える人間などいるでしょうか。この思いは、意識に上るだけでなく、無意識の内に抑圧された形でその人の行動を根本から規定するように働いているはずです。「無心になれれば勝てる」といった思いさえ、もちろん無心ではなく、思いに気づくとき、また、無心になろうといくらがんばっても、意志を強くしても、それだけではどうにもならないことを骨身に染みて体験し尽くすとき、鈴木大拙のいう「精神的危機」に正面から遭遇し、それが突破されうるという現実が実現するわけです。正当な修行の道は、このような疑い（禅では「疑団」ともいわれます）を通って続く道です。武道の修行の際、稽古が道場のなかだけで行われるのではなく、道場の外の日常生活でも続いているのでなければならないと指導されるのも、日常生活の只中で無心が実現されるのでなければならないことの別の表現ですし、真の「無我や無心」に至るという意識の変遷の可能性と困難さを、良く示すものです。

c　心身一如の現象学的考察

① 三段階からなる沈潜の過程

井筒俊彦は、禅の経験を三段階に分けて考察しますが、まずここで、その三段階に言及し、それぞれの段階に現象学的考察を加えてみたいと思います。

まず第一の段階を井筒は、「伝統的なアリストテレスの論理で出発点として与えられている同一律、〈AはAである〉であり、形而上学的な本質哲学の論理的基底をなすものである[53]」とし、この段階が禅では、「山は山」、「川は川」に相当するといわれます。唯識では、遍計所執性の段階であり、ここでは対象構成による意味付与が言語を通して作り上げられ、それに固執する段階ということができます。「禅にとって〈AはAである〉という命題は、現実の構造を根拠づけられた観察によって描写することなのではなく、現実についての幻想の帳を通した、幻惑に似た見解の論理的描写なのであり、人間が世界のすべての事物を区別立てによる知の狭隘な基準で測定する、という事実のごく自然な帰結なのだ[54]」と井筒はさらに説明しています。フッサールの場合、通常の対象構成の領域としてのノエシス―ノエマの相関関係が働いている領域といえます。

第二の段階は、「AはAではない」という定式で表現されます。一見すると、矛盾律の否定であるようにみえます。現にブーバーは、宗教的真理に接した場合、矛盾律が通用しなくなることについて次のように述べています。「全ての哲学的―学問的言表は、矛盾律に従う。（……）〔しかし、宗教的真理は、矛盾律に即さない。〕このことは、カール・バルトの否定神学にも妥当する。神は、まったくの異他なるものであるということを、神はまた同時に最も親しく、最も慣れ親しんだものであると認めることなしに語ることは許されない[55]」とブーバーは言いきります。井筒によると、この事態は、禅では「山は山ではない」と表現されますが、このとき、決定的に重要なのは、「禅がそのようなことを主張するとき、〈AはAである〉という認識論的次元で主張されているのではない。〈AはAである〉という段階、つまり、そのような認識論的経験の次元に留まる限り、「AはAではない」ということを同時にいうことはできない。気が違っているのなら別だが[56]」、ということです。

したがって、このような次元についての禅や宗教哲学の主張に対して、禅の経験やいわゆる神秘主義の体験は、本質的に非論理的なのだ、ということはできません。このような次元についての言表は、まず、「完全な意識の変様」を前提にしています。「Aがそのような完全なあり方［非Aというあり方］でAになるのであって、そのときその固有なA－性を通して、Aが突破され、形式をもたず、本質をもたいない、アスペクトを欠いたアスペクトが露呈する」[57]とされます。Aになりきる、なり尽くすことを通して、AがAでなくなるというのです。このことは、上田義文のいう「境となるところに識が非識を自性としていることが現われており、境となって識るところにそれが識であることが示されている」[58]ということとぴったり対応していることは明らかです。また、この意識の変様のプロセスは、自己中心化が減少していくプロセスということができます。呼吸への集中を通して、感覚を通して過去把持に与えられているものに様々に異なった対象的意味を与え、対象として構成する意識層の働きが、次第にその活動性を弱めていきます。同時に先反省的に過去把持された感性に与えられた統一が、その統一のありのままのあり方で、意識に、より鮮明に映るようになってきます。

第三の段階は、第二の段階の後に続くというよりも、「AはAではない」という第二段階が成立すると同時に、再び、「AはAである」ということが改めて成立するといった方が適切であるとされます。しかし、第一段階の「AはAである」という命題と第三段階の「AはAである」という命題とは、形式的な同一性にもかかわらず、両者は、「まったく異なったものだ。なぜなら、後者の段階において〈AはAである〉は、〈AはAではない〉という表現の短縮形、つまり、〈AはAではない、それゆえに（むしろ、それをもっての方が適切だろう）Aである〉という表現の短縮形に他ならない」[59]といわれるからです。個々の具体的事物をめぐる「AはAではない」という否定を通して、意識は、再び、具体的で個別的な事物が「AはAである」という世界に立ち戻ってきます。このようにして成立する知は、仏教では、“prajñā”（「般若」と訳される）という概念によっても知られています。この同時に究極的現実性でもある次元は、まさに「最も具体的で、経験の極地といえるものの内実であり」、この経験は、日常の生活の次元において実現されうるものです。[60] 井筒はさらにこの次元について、他の論文で、表層意識と深層意識の区別として説明しています。「簡単に経験論的世界に戻り、第一の段階と名づけられる表層意識によって、その経験論的世界を知覚するかわりに、経験論的世界は第二の段階の見地からは、全ての事物が完全に否定されて尽くされているようにみえる。（……）深層意識は、このように、二重の視点からなる眼をもつといえる。この眼は、一方で、全ての事物を非—本質性の存在論的状態へと還元し、〈無〉としてみる。他方で、経験的世界を個別的な現実性として現勢的に実存しているとみる」[61] というのです。

② 自己存在の光の中の具体的事物

事物がその個別的現実性のすべてを保ちながら、無の光の中で、非—本質性の状態にあって一つの現在のなかにおいて現勢的に実現する、まさにそのときこそ、ブーバーが、「それ」の特性を持つ事物が「汝の光の中にある」、という言表と呼応していると思います。生き生きした現在のなかである特定の対象の意味は、他の多くの先反省的で先対象的意味連関とともに共存在しています。しかし、それだけではありません。自己存在は、そのとき、「それ」ではなく、対象的特性をもたず、その意味で「非—存在」とも名づけられますが、この自己存在が、我汝関係の全体となった集一的でひた向きな関係性の中で、立ち現れるとき、汝（自然、人間、精神）の、特性を持たない自己存在という特性を持たない〈光〉のもとに、具体的な事物は、個別的な境界をもつ意味連関をともないつつ実現するのです。このような自己存在は、そのような特性をもたない光としてのみありうるのであり、まさにそれゆえに、境界をもつ意味連関を、共存在させうるのです。

さて、ここで改めて、ブーバーの次のような禅に対する批判に向き直ってみましょう。ブーバーは、禅仏教が具体的な事物を、最終的な超越論的認識を獲得するための、弁証法的な中間段階に位置づけ、そのような意味しか認めていないと批判します。これまでの考察で、禅の修行が実際にどのように行われ、意識の変様のプロセスがどのようにあるのか、ということが、明瞭になってきたと思います。この考察を通して、ブーバーの批判に対して次のように明確に答えることができるでしょう。

（a）第二の段階では、沈潜の度合いが高まるにつれ、事物の対象的意味は、その際立ちを次第に失っていきますが、このことは、ブーバーの言うような、具体的事物の「止揚」を意味するのではありません。失われ、止揚されていくのは、ブーバーの言葉でいえば、事物への、対象化と性格づけられる「我－それ－関係」に他なりません。この対象化の「否定化」のプロセスは、同時に、事物が「それ」として感じられ、考えられるのではなく、真に具体的で有体的な、現にそうあるがままに実現するプロセスです。換言すれば、それは、事物への我汝関係の実現のプロセスなのです。オイゲン・ヘリゲルは、事物や他の人々との具体的な結びつきとしての禅について、人間は、「悟りを通して、世界のあらゆる人間と、いやそればかりでなく、全ての生き物と根源的に、しかもそのままで、そして不可思議なあり方で結びついていることに気づき、しかして、すべての求められる関係や、あるいは耐えながらの関係は、実はただそのような原関係にすぎないことに気づく[62]」と述べています。

ブーバーは、一方で、特定の瞑想の方法を通さない現在の純粋な受けとめを主張しますが、他方では、人間の側でできることとして、我汝関係にはいるための「私の存在が集一し溶解してひとつの全的存在になること[63]」が前提になるともいいます。ブーバーの瞑想についてのこのような態度について、批判的に述べれば、ブーバーにあっては、この二つの見方は、有機的な繋がりにはない、といわねばならず、それがそうあるのは、ブーバーが瞑想なり沈潜がいったい何であるのか、「禁欲」、「世界からの脱離」とりわけ、「神秘的一致のための人間がとる技術としての方法」といった沈潜についての狭い見方に拘束されていること、また、まさにそのことからして、沈潜の実践そのものの経過には、「技術」や「手段」といった考え方から完全に自由になる経過が、必然的に含まれていることに、考えが及ばないところにある、といえます。

（b）第二段階を通して実現される、人間の事物への、「自我から自由な」全体としての向き合いは、人間のもつ最も創造的な活動のなかで実現されますが、日々の生活の中で、一途にそれを生きぬくなかで、そのことに気づくこともありえます。日常生活を生きるとき、「いかに」と「何を」を常に意識しつつ、内省しつつ生きるとき、自ずから気づくことが多々あるといえます。このような意味で、禅と日常生活の具体性、並びに歴史性とは、実に切っても切れない密接な関係にあり、我汝関係が日常生活で実現されるのであり、世界からの逃避とか歴史からの隔絶においては実現することがありえないように、禅の場合も日常との分離を主張することは不可能なのです。

③　メルロ＝ポンティの「先客観的見え」

井筒は、禅における意識の変化を論じるにあたって、表層意識と深層意識の区別を考察する際、メルロ＝ポンティの「先客観的見え」という見解を議論に引きこんできます。井筒は、外的事物の存在の世界をわれわれの志向性の構成によるものとして客観的世界と名づけます。この客観的世界が脱客観化して初めて深層意識が生じ、それがメルロ＝ポンティのいう先客観的見えの中での事物を可視的にします。このような大乗仏教の立場がメルロ＝ポンティの先客観的見えに近いことが主張される一方、次のように両者の違いを指摘しています。「メルロ＝ポンティが〈事物への初めの開き〉と名づけるものは、〈完成〔構成〕された事物間を動く客観的思惟〉のもとで、また、それ以前に人が出合うとされるものだが、結局のところ客観化する意識そのものの出発点を意味するにすぎない。そのような〈先客観的見え〉を通して把捉される事物は、認識主観の志向性のための潜在的客体以上のものでも以下のものでもない。（……）事物の脱客観化は、（……）脱客観化を一方的にすすめて、主観性における主観そのものを放ったままにしておくのでは、達成されえない。むしろ、主観の脱主観化も同時に遂行されるのでなければならない。（……）諸客観の無化は、エゴ〔自我〕の無化を伴うものでなければならない[64]」と述べています。

この井筒の主張する相違点は、部分的にのみ妥当している、と思います。現象学におけるノエシス―ノエマの意識の相関関係に照らして、脱客観化は、むしろ先反省的で先述定的な意味連関における脱ノエマ的分析といわれるべきですが、そのような脱ノエマ的意味内容には、それに相関した脱ノエシスの層による構成、即ち、先反省的構成が相関しており、いわば脱主観化が相応しているはずです。この脱主観化といわれてもよい意識構成のあり方は、これまで何回も述べられてきたように、受動的志向性による受動的綜合の先構成（その最も深層の衝動志向性の働き）として露呈されたものです。メルロ＝ポンティは、「世界への開き」という概念について、「思惟のその対象への関係、コギトのコギタートゥムへの関係は、われわれの世界との交換の全体を含有するものでもなければ、その本質的なものを含有するのでもない。また、われわれはこのような関係を世界への沈黙の関係、すなわち世界への開通の儀式へと戻してみなければならない。そこにこそこの〔思惟の〕関係が基づき、反省的振り向きが生じるときには、いつもすでに沈黙の関係は、存続しているのである。このような関係は――以前それを世界への開きと呼んだが――反省的な努力がそれを把握しようとするその瞬間に、われわれはそれを捉えそこなう。そしてそれと同時に、どのような根拠が、その把握を阻み、いかなる道が正しく捉えることへと通じているかをも、認識するようになるだろう[65]」と述べています。

ここで明確なように、世界への開きの次元は、フッサールのいう受動的綜合の領域に対応するものであり、受動性が能動性に先行して、いつもすでに先構成するというあり方で、受動性が能動性を基づけていることとぴったり相応しているのです。また、すでに「同時性」の概念を問題にしたとき、メルロ＝ポンティがその後期思想で主観と客観のかなたの「間の領域」を探求しており、そこは、井筒のいう主観―客観の両極化の図式では捉えられない領域であることが示されました。

メルロ=ポンティと禅仏教の見解との相違は、むしろ、禅仏教でいわれている最も高度な創造的意識状態の際、自我中心化から解放された、「無心」、「宇宙的無意識」といった事態が実現していることが、フッサールとメルロ=ポンティにおいて、禅仏教の場合のように、中心的テーマとして提題化されていないことにあるように思えます。もちろん、メルロ=ポンティの場合、芸術の領域で、また、フッサールの場合、相互主観性論での我―汝―連関や人格的態度の分析などで、その対応する領域についての現象学的分析が展開されてはいますが、中心に置かれているわけではありません。このことに関連づけながら、最終章では、主観―客観の分岐以前と以後の心身の統一という二つの異なった事態を分析しながら、この違いをより明瞭にしてみたいと思います。

第八章　主観－客観の分岐以前と以後の心身の統一

主観と客観の二項対立は、その近世哲学上の起源を、デカルトの二元論にもっています。この主－客の分離と対立は、仏教哲学では、常に批判的に考察されてきました。この基本的方向性と傾向は、西洋哲学との接触を通して益々助長されました。明治期に受容されてきた一九世紀後半から二〇世紀の西洋哲学の内部で、様々な形での二元論の克服が主張されてきたことも重要な意味をもっています。しかし、仏教哲学が、主－客分離の世界を考察する仕方は、それに特有な背景や基盤と伝統をもち、例えば、中観での二諦説や唯識での三性論などにおいて考察されてきたわけです。これまで、武芸、医術、精神病理学、現象学、唯識、禅仏教などの領域で身体がどのように把握されてきたか、考察してきましたが、まとめにあたり、心身二元論という原理的問題との関係を改めて問題としてみたいと思います。

I　主－客分離以前の心身の一体性

a　生得的な汝

ブーバーの展開する我汝関係は、様々な様態をもち、注意深く理解されねばなりません。そこでまず第一に重要なのは、「生得的な汝」と成人において生じる我汝関係の汝との相違です。生得的な汝は、主－客関係が成立する以前に、幼児の生での、「万象に向かう関係への努力の根源性」として述べられており、この根源性は、出会いの出来事に頻繁に接している原始人の生活に言及するなかで、原初の人間性の覚醒期に根源的に作動している「自然に即した結合性」を表現するものでもあります。このことに基づいて、「はじめには関係があるのだ、存在のカテゴリーとして、準備として、把握の形式として、魂の鋳型として。はじめには関係のアプリオリが、生得の汝があるのだ」(1)とされます。

では、この関係のアプリオリをどう理解することができるでしょうか。トイニッセンは、生得的汝が地平的に前もって与えられているとすると、その枠組みによって、我汝関係からその直接性が奪われてしまう、と批判しますが(2)、この見解に与することはできません。地平の地平といわれる、世界地平、つまり、地平志向性は、原理的にいかなる直接性も許容しないといわなければならないのでしょうか。ブーバーは、我汝関係において、そのような意味での、如何なる世界の地平性格をも排除した直接性を、我汝関係の直接性と考えていたのではありません。トイニッセンは、我汝関係の基本的モデルとして、先に論述したように(3)、「語りかけ」を取り上げますが、実はこの「語りかけ」には、すでに背景として働いている様々な地平志向性が作動しているとみなさなければなりません。もちろん、この背景に働く地平志向性には、いかなる「志向的作用の相関者としての存在者に固有なノエマ的対象性」(4)も属していない場合があります。生得的汝との我汝関係は、明確なノエマ的対象性が形成される以前に形成される世界の地平において働いています。トイニッセンが、このような周囲世界と意識生の原交通の領域に至りえないのは、彼の志向性の理解が、狭隘であり、ノエマ的対象性以前に働いている、受動的綜合の分析で最も明瞭に記述されている空虚な形態を通しての志向の充実、また空虚表象そのものの形成という視点が、完全に欠落しているからなのです。

　ヴァルデンフェルスは、生得的汝を「生の特有な次元であり、世界に属する次元に対して、それに固有な方向性の意味をもち、この方向の意味は、個々の我汝関係の中で枯渇することはない(5)」と主張しています。ヴァルデンフェルスは、この特有な次元を我汝関係の「そのつど性」と「唯一性」と関係づけて、次のように考察しています。

「われわれは、世界信憑の中で、いつもすでに、現実の世界を現在としてもっているのと同様に、それに相応する他者存在の信憑性の中で、現実の汝をもっている。それは単なる予感においてであれ、また、確信をもった言明を通してであれ、また、近くにあれ、遠くにあれ、現実の汝である。しかし、そこにあって、自我が、そのアプリオリな企投をもちながら、前もって働き、その企投の中に共にいる人々を取り込むというのではない。アプリオリというのは、ブーバーもいうように、関係そのものなのであり、そこに向かっているのが、〈関係への努力〉でもあるのだ。単なるコギトがそうであるように、コギトとコギトされたものの具体的な統一も同様に、事実的なアプリオリなのだ。それは根本生起の枠組みの中にあり、その生起から一般的なものと個別的なものが由来するのである」[6]。したがって、まさに、世界信憑と他者存在信憑の事実的アプリオリとして、生得的汝が働いているという主張を、ここに明確にみることができます。実際、アプリオリとは、ブーバーにとって我汝関係そのものであり、このことは、当然、幼児期の我汝関係にも妥当します。そのつど初めて起こる我汝関係からこそ、主観と客観の分離が生じるのであり、それは、自他と世界の対立の場合も同様であり、この対立の形成そのものが心身二元論の基盤となっているのです。まさに、この意味においてこそ、生得的汝に注目しなければならないのです。

　この事実的アプリオリとしての生得的汝との我汝関係は、フッサールのいう「超越論的事実性」の必当然的明証性との明確な連関を確証することができます。後期フッサール現象学の現象学的考察がその基盤とする必当然的明証性は、次の文章に表現されています。「充溢した存在論とは目的論であり、それはしかし、事実を前提にする。私は必当然的に存在する、そして、世界信憑性の中で必当然的である。私にとって事実の中に現実性、すなわち目的論が露呈可能なのである、〔しかも〕超越論的に[7]」。ヴァルデンフェルスが、「事実的アプリオリ」といっているのは、まさに「世界信憑」という事実性の必当然的明証性において確証されているものです。私が存在するというエゴコギトの必当然的明証性は、私が世界信憑のなかに存在するという必当然的明証性と不可分なのであり、世界信憑という事実的アプリオリから離脱した「われ有り」の必当然的明証性は存在しえないというのが、後期フッサールの根本的立場であり、これが、従来の「本質／事実」、「妥当性／事実性」、「主観／客観」、「心／物」といった二元性の根源に位置する第三の次元から、すなわち、「ヒュレーの原事実（Urfakta der Hyle）、原事実性（Urfaktizität）、究極的必然性（letzte Notwendigkeit）、原必然性（Urnotwendigkeit）[8]」から出発する思惟である、ということを意味しているのです。

「私が世界信憑の中で必当然的に存在する」ということは、単に、世界信憑を原理として立てるということを意味しているのではありません。そうではなく、世界信憑そのものの問い、信憑の仕方、世界地平の成り立ちそのものを問い、すなわち発生的現象学の枠組みのなかで、世界信憑の生成そのものを探求するということなのです。だからこそ、ランドグレーベは、世界の事実性と現実性を現象学的に探求するにあたって、「世界内存在」という規定に対して、「生活世界」を定題化したフッサールの現象学的分析にはるかに深く広大な分析が展開されているのを見出すのです。[9] そのとき、自我概念への捕われを振り切れない現存在分析より、はるかに根源的な絶対的時間化の次元で、フッサールが、自我極の生成以前の、徹底して先自我的な、衝動志向性の働く意識生から、世界地平の生成が探求されている場面に到達することができるのです。ここでは、近世哲学の自我意識の明証性のさらなる根拠が、世界信憑という事実的アプリオリの必当然的明証性に照らして自我極の生成として考察されているのです。

b　雰囲気の中の我汝関係

ブーバーは、幼児の体験する生得的汝との我汝関係を描写して、「対象物の経験というようなことではなく、ひとつの――むろんただ〈夢想〉のうちにおいてだが――生きて働きかけてくる相手との触れあいなのである。（ここで〈夢想〉というのはしかし、決して〈万象霊有化〉ではなく、万象を自己の汝としようとする衝動、万象との関係をもとめる衝動であり、この衝動は、実際にいきてはたらきかけてくる相手が面前にはなく、ただその模写や象徴物しかない場合には、みずからの充溢によって、その生きたはたらかけの欠如を補ってしまうのだ）[10]」、と述べています。

ここで特徴的なのは、意識生の自己遡及性や自己関係性ではなく、周囲世界という生得的汝への、外部への関係性であるということです。自我の関与のない、自我の活動でない、受動的志向性としての衝動志向性が、生得的汝への関係性を表現する上でも、志向性という名称を保持するべき理由がここにあります。アンリのように、生の自己触発として感情を性格づけるより、衝動的志向性を通しての周囲世界への関係性こそ、幼児期の意識生の解明にとって事態に即した接近法といえるでしょう。

この関係への努力にあっては、自我の意識がいまだ形成されておらず、自我極形成以前において、関係への努力が働いています。身体と心が別々に意識されていることも、当然ありません。また、「純心な子供」という表現は、仏教の無心に通じるものでもあり、良寛は日長、子供と遊び過ごしていたと言われます。鈴木大拙は、良寛を評して、「良寛は、気ままに遊び戯れる精神そのものであり、魂の独立と直観性に生き、断崖に見える一本の松や、床を突き破る竹への気持ちとなってそれが表現されている」[11]、といいます。

この幼児期の全体的な原関係に属するのが、第二章で取り上げた、患者と医師との間の沈黙の対話であり、この対話は両者の間を流れる雰囲気のなかで生じています[12]。では、なぜ沈黙がこの関係を可能にするのでしょうか。それは言葉の使用には、その最も根底的な構成層に、身体中心化が働き、その層を基盤にして自我と他我を区別し、自我極、他我極と対象極を形成しつつ対象の意味を構成する層が、必ず働いています。沈黙を通して、これらの構成層の働きを一時的に停止することができます。幼児の場合、自我極や対象の意味の形成は、いまだ途上にあり、成人の場合のように、既に形成済みの自我極と対象の意味の構成を経ないで、受動的綜合そのものが、衝動志向性として働き、周囲世界との交通がそのまま生じているわけです。沈黙の場合、この受動的綜合が働いても、自我の活動を前提にする能動的志向性が働かないということも可能になります[13]。しかし、能動的志向性が働かずに言葉を使うということは不可能なことです。雰囲気は、気の概念を導入したときに述べたように、先言語的な交通の基盤として働いており、基本的に、主観－客観の分離以前の間身体性の次元で働いているといえるのです。

II　主客分離の形成と心身の相互関係

これまで繰り返し述べてきたことは、フッサール後期現象学の中心テーマである発生的現象学、受動的綜合、生活世界、並びにメルロ＝ポンティの間身体性と「肉」という概念が、従来の主観－客観の分離と心身二元論をその根底から解明し、それに代わる新たな次元を開拓しえた、ということです。この次元は、フッサールでは、衝動志向性を根底に据える理性の目的論、メルロ＝ポンティの場合、「間の存在論」ということもできるでしょう。両者にとっての出発点は、――メルロ＝ポンティの『行動の構造』における、構造主義的－形態論的立場との相違を考慮しつつ――意識の現象学でした。そしてその後の展開にとって両者に共通しているのは、発生的視点が次第に中心的役割を果たすことです。このような経過を考慮にいれて、二元論が解明され、第三の次元が開示されることを、次のように記述することができるでしょう。

（1）　出発点となった意識の志向性は、ノエシス－ノエマという相関関係の分析として展開されるが、初めから主観と客観の分離を形而上学的に前提にしているのではありません。それにもかかわらず、この相関関係の分析は、自我極と対象極を主観－客観両極の形而上学的分立とする誤解にさらされてきました。このような誤解ないし曲解は、フッサール研究者によってさえ、絶えず「隠された形而上学的前提」の主張として行われていますが、完全に無根拠なものとして退けられるべきものです。自我極と対象極は、形而上学的前提として導入されたのではなく、現象学的還元と分析を通して、それぞれの極の形成が、発生的現象学の枠組みのなかで露呈されてきたものなのです。

（2） この誤解が完全に払拭されたのは、受動的志向性の露呈によります。受動的志向性は自我極を通らない、自我の活動ではない志向性です。ですから、この領域だけ純粋に取り上げると、自我極が形成される以前の幼児期に衝動志向性による受動的綜合がそのままのあり方で働いていますので、当然自我極と対象極を前提にする主客の分離は生じていません。この領域の独自性がそれとして、確定され、確証されなければならず、単なる能動的志向性が働くための準備段階、ないし、顕在性に対する潜在性の意味しかもたない、幼児は成人になる前段階でしかないのではない、ということです。

（3） その受動的綜合の層に、自我の活動をともなう能動的志向性の層が加わるとき、通常、主客分離、主観と客観の対立という構造が確立してきます。そのとき、主客の二元性は、受動的層と能動的層の相互の働きかけあいという基づけ関係をもちます。受動的層による先構成された意味内容は、もちろん、能動的志向性による対象構成の材料を提供する、形式化のための裸の質料を意味しません。能動的志向性は、受動的に先構成された意味内容の触発に自我が対向することによって、気づくときに働くのであり、そのとき、気づくのは、先構成されたものに気づくのであり、気づいたとき、先構成が構成と呼ばれるのであり、先構成の働きなしに、そもそも構成は働きえないのです。その意味で受動性が能動性を基づけるといいます。つまり、すでに先構成の段階で構成された意味内容は、気づかれないだけで、すでにできあがっているのです。能動性はそれに気づくという役割を果たし、気づいたものを「比較、類推、判断」の対象とします。ですから、意識の意味構成の基盤が受動性にあることは明白なのです。他方、自我極と対象極の形成以前の幼児期は別にして、その形成後の場合（成人の場合、当然それがあてはまります）、受動的綜合が成立するのは、過去地平の空虚表象と感覚素材（ヒュレー）との間の相互覚起によりますが、この相互覚起される過去地平の空虚表象そのものが、能動的志向性が働いて構成された対象の意味の空虚表象となっていることです。

そして重要なことは、対象的意味の空虚表象の成立以前に、非対象的な感覚内容の空虚表象が成立していて、さらにこのような空虚表象そのものの空虚な形態からの発生が問われるということです。つまり、これらの感覚内容の空虚表象の発生に直接関わる衝動志向性の形成は、本能志向性の覚醒を前提とし、本能志向性は、それに相応した環境世界からの触発の出来事であることです。本能志向性の覚醒を通して触発してくるのは、内部知覚と外部知覚が融合している〈原共感覚的な〉身体性の世界ですが、次第に各感覚野の分岐生成につれ、母親の声であったり、肌の温かみであったり、また授乳の際の触覚、聴覚、視覚、味覚の連合という綜合によってまとまりを見せる母親像であったりします。

そこに明確になってくるのが、自他の身体の「異（こと）なり」です。それが体験されることを通して、自分の身体の中心化が成立し、他の人の身体との区別が生成します。その区別が前提となり、この身体が持続的にこの身体であり続けるなかで、身体を動かすことを通して、自分の身体を意図的にコントロールする当事者の意識が、すでに受動的綜合を通して成立していた間身体性に、自他の身体の区別を通して当事者を意識できる身体と、その当事者を意識できない身体と非当事者の意識とが、自我と他我の意識の原型なのです。

（4）　また、能動性の次元は、創造的な人間の行為にまで至ります。唯識でいわれる能動的次元は、修行という人間の活動の能動性にみられます。しかし、フッサールにしろ、唯識にしろ、この通常の主－客の相関関係の次元では、特定の志向性による構成とその構成されたものの相関関係は、そのつど完成されたものであり、完結しています。ですから、能動的な創造性に至るまでの過程の分析として、まずは、このノエシス－ノエマの相関関係の分析と受動性と能動性の関係という二つの関係の関わりが、明確に理解されねばなりません。

① そのとき、感覚の層では、まず受動的綜合が働き、その一部が、自我の対向を受け、色、形、音等の感覚が成立するか、統覚による対象把握が働いて特定の対象として知覚が成立するか、ということになります。自我の対向を受ける以前の受動的に先構成されたものは、自我の対向という能動性に先行し、自我の対向が自我の反省による眼差しで、すでに先構成されたものを捉えるのであり、この先行する先構成なしに、それを前提にすることなしに、能動性が存立しえないことからして、受動性が能動性を基づけるということがいえます。

② 他方、本能の覚醒は、触発を通しての偶有的な働きかけであるヒュレー的所与なしには不可能であるだけでなく、語りかける養育者の言語を介した共同体なしには、生じえません。しかし、この指摘は、単なる外からの観察による事実連関の指摘なのではありません。超越論的事実性に照らして、思惟する自我は超時間的ではありえず、現象学的探求をすすめる現象学者も時間化の逆説を生きています。この時間化そのものは、単に本質に即して把握される事実と言う通常の「本質と事実」の理論的枠組みではとらえられません。時間化の発生的にみた根源で生じているのは、本質と事実と言う、理念的なものと実在的なものの両者の区別そのものが、本能の覚醒の次元で初めて生成していることに他なりません。というのも、本能そのものが、ヒュレーとの遭遇を通して成立する、すなわち、その本能の意味の地平とヒュレーの内実が同時に相互覚起を通して成立しているからであり、この原事実の発生的分析に即して初めて、ヒュレー的所与の現実について語ることができるのであり、ヒュレー的所与は、単なる「裸の事実」なのではありえないのです。

また、養育者は、乳幼児にとっての養育者であり、単なる外的実在の事実としての養育者なのではありません。

乳幼児にとって、能動性を能動性が働くままに原意識できるのは、当然ですが、自我極形成により能動的キネステーゼが働きだして、はじめて、原意識できるようになります。このとき原意識は、能動的志向性である意識作用にともなう随伴意識となります。そして、このときはじめて、他我による他我の能動的キネステーゼの働きをそれとして間接的に意識することができるようになります。このように、能動性が受動性にどう働きかけるのか、能動性が過去地平に沈澱して、能動性の働いた対象構成の意味内容が空虚表象の内実となり、受動的連合の際の相互覚起の項になることが生じるのも、当然のことですが、自我極と対象極の形成後のことです。このような発生の秩序を無視して、養育者の主体の能動性を観察による外在的事実として議論に持ちこみ、他者の能動的働きかけなしには、自我極の形成はありえないとし、他者を超越論的主観の外部に他者性として想定するのは、少なくともフッサールの発生的現象学の立場からする立論とは、異なっていると言わねばなりません。

③　能動性の受動性への働きかけとして、言語使用の能動性を考察してみますと、感覚が対象構成を通して、知覚になりはじめるとき、言語使用とともに、名辞機能を持つ言語をともなった知覚機能が働きだします。一度言語を通しての対象認識が確定し出すと、感覚内容は知覚に即して統握され、それと同時に錯誤の現象が生じてきます。フッサールが『経験と判断』で展開している「顕示、比較、類推、判断」などの能動的な構成が形成されるにつれ、学知が形成され、学知全体を考察する哲学知の領域も展開し、最終的には超越論的現象学の主張する超越論的態度に導かれることも可能になります。このときこそ、能動的－哲学的反省がますます深化していき、哲学的反省以前に先行する受動的綜合、つまり、自分の能作そのものであるにもかかわらず、自分の意識に直接現われることのない先反省的綜合すら、現象学的分析にもたらしうるのです。受動的綜合は、その働きのままでは、反省にもたらされることはなく、現象学の反省を通して初めて、その働きが働きとして明らかにされえたのです。

④　受動性と能動性の働きかけ合いに関して、さらに、言語を媒介にした認識の形成が、触発の次元を、そのような認識関心によって、規制するという側面が重要です。特定の受動的綜合を経た触発的諸力の自我への働きかけは、自我の関心に即して、つまり、多くの場合、事物の認識関心に即して選択されます。他方、自我の関心という概念を深く解明すると、そのもっとも深い、もはや自我の概念では包摂できない意識生の動機として、衝動志向性が、時間化を根底から制約していることは、再三再四述べられ、解明されてきたことです。

⑤　唯識の修行の過程において、「解脱する」という自我の最も深くて強い、能動的意志が修行を導いていきます。この目的もとづいて、受動的綜合による先構成の世界は、制御、統合されていきます。この修行を通して、逆説的といえますが、まさに自我の能動的志向性の徹底した脱構築を通して、衝動志向性の身体中心化の働きそのものが自覚されうるのです。このような意識の変遷の可能性は、自我の能動性をともなう現行識と潜勢力を担うアラヤ識の熟しとの間の交互の働き合いとして解明されました。

⑥　武芸の修行の際、方向づけられ、予感されるのが、「心身一如」という事態です。予感ということには、二つの意味が含まれています。一つは、すでに幼児期に体験されていた心身一如の痕跡という意味です。あの弓道の阿波範士が、ヘリゲルに対して、「頑是無い幼児の手のように」というときの、大人としての、今は失われてしまっている手の動きに相当します。二つ目の予感の意味は、師の指導のもとに自分が修行していくなかで、予感されてくる、いまだ数少ない瞬間ではあっても、直接体験される予感の実感への変様が、つまり、予感がはっきりした予感として実感されてくることが自分の修行を支えて行くと言う意味です。その際、「気」が問題になるのは、気が心身関係の相互関係をはっきりと反映させ、相互関係の鍵概念の役割を果たしているからです。気が集中したり、拡散したりすることは、座禅の修行の最も重要な要項なのです。

III　主客の分離以後に実現する心身の統一

この段階は、主客分離以前の幼児期に生起している心身の融合とは区別されなければなりません。また、IIで述べられた受動性と能動性との相互の関わりが主客分離した段階で生じているその関わりの仕方とも、当然異なっています。この第二の段階では、第三の段階で実現される最も高度な活動性における脱自我性と、その脱自我性のなかで現実化している心身統一が直接、実体験されていないのです。

この第三の領域を描写する上で、まずブーバーの我汝関係と禅仏教でいわれる心身一如が正確にどの程度相応しているのか、明らかにしてみましょう。その際、メルロ＝ポンティの芸術論を考察に組みこみたいと思います。

a　ブーバーの我汝関係と禅仏教の無

ブーバーの我汝関係では、汝を人間とした場合、二人の人間がお互いに真に向き合うことによって、各自の自己存在が肯定されます。この自己存在というのは、この生と世界の意味が直接、体験され、満たされることと理解されます。我汝関係は、この具体的世界の只中で身をもって生じてくるのです。その際、この関係に直接関与している人は、自己の全体が一つになっているように感じています。しかし、この完全に一つになるという性格づけは、ブーバーにとって、決して我と汝が完全に一つになって融合してしまうことを意味するのではありません。ブーバーはこれまで述べたように、我汝関係を考察するにあたって、神と人とが完全に一致するとする、いわゆる神秘主義に対して批判的な距離を堅持しています。

カトリック神父であり同時に禅を指導する愛宮ラサール神父は、ドイツ神秘主義の研究者でもあります。氏は、この一致、ないし統一の体験について語り、その体験がいわゆる「人格的か非人格的か」という性格づけの違い、つまり、体験が生じるとき、人格との一致という体験内容か、それとも非人格的な何か、例えば自然との一致なのかという違いについて、微妙な発言をしています。「まずよくいわれるのが、東洋での存在経験とキリスト教の神の現前の経験は、二つの対立する立場だということがある。私はこの意見に賛成できない。二つの経験は、対立してあるのではない。むしろ、お互いに一方の立場に他方の立場が含まれているという関係である。同一の体験が、それぞれの異なった前提のもとで違った風に感じられているのだ[14]」、と述べます。彼の言にしたがえば、ブーバーのいう統一体験に対する批判、すなわち、このような体験が「汝を欠く」、「世界から脱離する」という批判は、注意深く考察する必要があるということです。ラサールのいうように、禅の体験で人格に対する対峙というあり方[15]が、決してはじめから締め出されているわけではなく、また、ブーバーの「世界からの離脱」という非難はこれまでの論述で明らかなように、全くあたらない、といわねばなりません。

これらの点に関して、禅仏教の側からのブーバーへの次のような反批判を向けねばならないでしょう。

（1）ブーバーにあっては、人は、どのように我汝関係へと準備をなすことができるのでしょうか。人間存在の全体が一つになるという出来事が生じるための心構えについて何を語ることができるのでしょうか。ブーバーの場合、この点に関して積極的な言明をみることができません。人間が共に歩むことのできる我汝関係への道について の細かな配慮に欠けるところがあるといわねばならないのではないでしょうか。大乗仏教にあっては、先に述べられたように、自己中心化（我執）が、実践の上で、また、理論の上でも的確に定題化されています。そこでは、身体と心の間の相互関係が、詳細に考察され、例えば、禅の修行に、実践面と理論面で、大変完成度の高いあり方で組みこまれています。心身関係の積極的な、効果のある相互の働きかけが具体的生活との深い繋がりのなかで、修行の達成に向けて、大変注意深く、配置されているのです。このような修行の道の伝統のないところで、我汝関係が純粋な精神的態度と誤解されたり、当然のごとく、その関係は「人格的である」――人格の概念は、西洋思想の伝統では、あまりに自明的なものとみなされています――と理解して疑われないとか、あるいは、また、禅の体験が「世界から離脱したもの」と誤解されたりもするのです。

（2）　上田閑照は、我汝関係に対置させて、より根源的と見なしうる次元を指摘しようとします。すなわち、それは、「無における我でも汝でもない次元」です。氏は、禅の問答を全体として把握しつつ、次のような段階づけを行います。「(A) 我でも汝でもないこと、(B)〈我と汝〉の段階、ここには（a）我と汝が対峙すること、(b) 我と汝であるが、我と汝は絶対的に汝のことに他ならないこと、このとき、汝は完全に自立自存し、我は汝に完全に依存する。(c) 我と汝であるが我と汝は我のことに他ならないこと。このとき我は完全に自立自存し、汝は我に完全に依存する。ここで問題になっていること、つまり生起していることは、実は、(A) と (B) が直接関連していること（共属性）に他ならない。この共属性の土台の上に、パートナーの間での一方が主の役割を果たす、交互が主となる交換が生じている」[16]。禅仏教にとって、Aの段階は自明なこととみなされています。問題は、この (A) と (B) の共属性における汝の逆説的事態、つまり汝にいかなる特徴や特性も見出されないという無の性格と、汝はかけがえのない個別者としての個であるということが、いかなる表現にもたらされることになるのか、という点です。

この問題に関して上田が、ブーバーの「永遠の汝」に関連づけていることは、重要なことです。彼は、「間の根底としての無底の無に関して、M・ブーバーのいう〈永遠の汝〉への対比が指摘されるべきである。人と人との間に生じる我汝関係は、ブーバーでは、それ自体決して〈それ〉になることのできない永遠の汝への直接的関わりによって担われている。この永遠の汝への関わりなしには、――人と人との間の汝は永遠の汝へと向けられた眼差しといえるのだが、――我汝の汝はそれへと変転してしまうからだ。ブーバーがこのように我汝関係を担う根底に永遠の汝に収斂していることを認める一方、禅仏教は、我と汝を担う根底を〈間〉ないし〈間の無底性〉、つまり、我と汝が脱自化して無になるその無の根底にみる。そしてこの無の根底から自立自存的な主観として、また相互の依存しあいにおいて、そのつど新たに我と汝が生誕してくるのである[17]」と述べています。問題になるのは、上田の主張する禅の「間の無底性」と「永遠の汝」との関係、さらに、そのつどの我汝関係と永遠の汝との関係です。もし、我と汝の逆説性が永遠の汝という根源に発するというのであれば、我と汝の「間」の根底として無という逆説的事態の対比が、大変重要な、共通の事態を示唆しうる対比であることになります。

（3）我汝関係がそのつど唯一の汝との関係に立つのにもかかわらず、その唯一性における汝が、そのつどの汝という複数性でもありうるという逆説は、禅仏教においてそれに対応するものを求めると、「見性が深まりゆく」という逆説を見出しうるでしょう。無我性、脱自己中心化は、日常、具体的な事物との対応の只中で、そのつど実現可能ですが、それは、その歴史と発展をもち、たえず深化されてゆくものです。この脱自己性という出来事の特質は、その全体性と集一性にあり、東洋の伝統のなかでは心身一如とも表現されます。ここで問題になっている逆説とは、したがって、そのつどの集一性の出来事は、まさにこの集一性の故に、唯一と感じられるが、実際、この出来事は、唯一なのではなく、脱自己性の深まりにその限界はないのです。

ブーバーは、この逆説を人格の概念によって、その概念の内で解明しようと試みます。つまり、神の属性としてあげられる「精神性」、「自然性」、「人格性」という三つの属性による解明です。「一つの人格に属することとして、その自己存立性の存続があげられるが、その総体性においては、他の自己存立性の複数性によって相対化される。（……）この矛盾に向かい合っているのは、絶対的な、すなわち、相対化されえない人格としての神の逆説的名称である。直接的なわれわれへの関係へと立ち入ってくるのが、絶対的人格としての神である。この矛盾は、より高次の統一に向けて和らぐのでなければならない(18)」と述べています。ただし、ここで疑問に思えるのは、人格の自己存立性を強調することは、その自己存立性が「あまりに人間的で個別的な人間であること」に由来している、ということからして、そもそもすべてを包摂する汝の逆説を解明するのに役立ちうるだろうか、という疑問です。むしろ、すべてを包摂する完全な脱自己性こそ、そのつどの脱自己性を無条件に受け入れることができるのではないでしょうか。

つまり、ブーバーの説明は、はたして、汝の逆説の、その事態にふさわしい表現になっているのかどうかについて、個別性と普遍性といった概念に即した解明にとどまる傾向が顕著であり、そのつどの汝の自己存在がそのつどの脱自己性において実現するという事態、すなわち、自己存在とは、それが無になればなるほど、本質的なものによってより豊かに満たされる、そしてこの進展は、完全な脱自己性にまで深まり行くという事態の適切な表現といえるかどうか、という疑問です。そのつどの脱自己性、我汝関係そのものが、その意味で逆説であること、この逆説性は、無による表現を通して、より明瞭な表現になっているとはいえないでしょうか。

b　存在の中での呼吸（respiration）と心身一如

禅の哲学における心身一如という、ここでいわれている第三段階を明らかにするために、これまで述べられてきた事例である、メルロ＝ポンティが記述する画家と森との関係と、ヘリゲルの弓を引く経験とを、もう一度とり上げてみたいと思います。この事例においてこの第三段階の本質的事態が明解に記述されているからです。この二つの事例では、それらが生起するとき、一つのことへの人間の全体性の集中が前提になっていて、この集中は、日常での修練を通して初めて実現するものであることも明瞭な事柄となっています。

「画家は、幻惑のなかで生きている。画家のもっとも独自な行為、（……）これらは画家にとっては星座の図取りと同様、物そのものから発出してくるかに思えるのである。〈画家〉と〈見えるもの〉とのあいだで、不可避的に役割が顛倒する。その故にこそ、多くの画家は物が彼らを見守っているのだと言ったのだし、クレーに次いでアンドレ・マルシャンも次のように言うのだ。「森のなかで、私は幾度も私が森を見ているのではないと感じた。樹が私を見つめ、私に語りかけているように感じた日もある。（……）私はそこにいた、耳を傾けながら（……）。画家は世界によって貫かれるべきなので、世界を貫こうなどと望むべきではないと思う（……）。私は内から浸され、すっぽり埋没されるのを待つのだ。おそらく私は、浮かび上がろうとして描くわけなのだろう」。（……）本当に存在の吸気（インスピレーション）とか呼気（エクスピレーション）というものが、つまり存在そのものにおける呼吸（レスピレーション）があるのだ。もはや何が見、何が見られているのか、何が描き、何が描かれているのかわからなくなるほど見分けにくい能動と受動とが存在のうちにあるのである。母の胎内にあって潜在的に見えるにすぎなかったものが、われわれにとってと同時にそれ自身にとっても見えるものとなる瞬間、一人の人間が誕生したと言われるが、〔その意味では〕画家の視覚は絶えざる誕生なのだ[19]」。

「弓を引くのは私か。それとも高度な緊張で引いているのは、私を引く弓であるのか。的に当てるのは私か。あるいは的が私を当てるのか。その〈それ〉は身体の目において精神的であるのか、精神の目において身体的であるのか。二つがそれなのか。両者ともそれではないのか。弓、矢、的、そして私は、それらを分離することはできないほどに一つに絡み合う。分離しようとする欲求さえ消えさっていた[20]」。

この二つのテキストから次のことを読み取ることができます。

（1）　二つの状況において共通であるのは、主観と客観の違いが明確に意識されない状態ではあっても、決して意識が失われた陶酔の状態ではなく、この世界内で生じる具体的な行為の只中で、最も高度に澄み切った意識性が支配している状況であることです。しかも、ここでは、傍観者が出来事の外で、出来事を外から眺めているのではないことも重要です。

（2）　禅仏教の見解とメルロ＝ポンティの現象学が指し示すものとの根本的相違は、次の論点にあります。

メルロ＝ポンティは、「陶酔」、「吸気（インスピレーション）」、「存在における呼吸」ないし「集中」といった現象に言及してはいても[21]、この現象そのものを定題化することはなく、それらを彼の後期の「肉の存在論」の枠組みの内部で特筆すべき現象として考察するにとどまります。集一性そのものの生起は、定題化されることなく、ここで描かれている「画家の眼差し」の根本構造は、それがそのまま、日常生活でのわれわれの通常の知覚、すなわちわれわれの身体を通して可視的であるものにも妥当するものとされています。つまり、「私の身体は、ある種の裂け目を通して、二つに分割されたものに開かれている。すなわち、見られた身体と見る身体とに開かれ、触れられる身体と触れる身体とに開かれ、〔それらの間に〕ある重なり、ないし相克が生じ、その結果われわれは、物がわれわれに入り込んだり、われわれが物に入り込むといった表現をすることになる」[22]。また、「同じ根拠から画家は、彼の実践である見ることに耐えているのであり、物についていえば、――画家がよくいうように――物から見られているように感じられ、自分の能動性が受動性に似ている、というのである」[23]とも表現されています。改めて指摘する必要はないかもしれませんが、「能動が受動に似てくる」という、ブーバーが我汝関係について語る逆説的事態が、メルロ＝ポンティによる、画家の最も創造的活動の只中の事態とぴったり対応しているのです。この対応関係の呈示は、「汝の現象学」の解明の成果といえます。

メルロ＝ポンティは、ベルグソンがわれわれの媒体である身体を飛び越して、「事物との直接的融合」を主張するとき、それを批判して、「それは存在の秘密がわれわれの背後にすまわるある種の純粋さにおいて潜んでいる、といった意味での、ある種の堕罪前予定説的（supralapsares）先入見なのである」[24]と論難します。禅仏教は、確かに、ベルグソンのいう融合する直観という見解を持つのではありませんが、それでも、ある種の「事物との直接的融合」について語ります。しかしそれは、身体性の媒介なしにとは決していえないばかりか、逆に、身体という媒介を通してのみ、しかも、身体という存在ないし、真実の身体性が最高度に実現することを通してのみ、成立するものなのです。

（3）メルロ＝ポンティにとって、「現在と過去の同時性」は、現在と過去の同一性、ないし一性を意味するのではありません。だからこそ、彼はベルグソンの合致性（Koinzidenz）を否定するのです。今まで述べてきたように、現行識とアラヤ識は、交互関係において対峙し合い、無数の種子の潜勢力が常に力動的に増減し合う只中で、現在と過去の同時性における識の生成が継起します。そして仏教は、あるときが訪れ、「宇宙的無意識」が身体を通して躍動し始める「ここと今」が生起する、と主張します。そのとき、そこでは、自我意識と自我の活動との結びつきが脆弱であるような種子が、その現在において、唯一力強い活力をともなって生起する、すなわち、自分自身に振り返る（ブーバーの語る「翻転する」）ことなく、「ものごと」への完全な集中において「存在の中で呼吸する」ということが起きます。そのときわれわれと世界との間に、われわれにのみ属するのではなく、世界にのみ属するのでもないなにかが新しく生じるのです。自己中心化と身体中心化が崩壊し始め、なにかが世界で呼吸し始めるとき、Aはもはや Aであることがなくなり始めます。はたして、そのとき、いまだ現在と過去との違い、内と外、自我と他我、能動性と受動性等の違いについて、そもそも語ることができるでしょうか。ここで、改めて、「語りと沈黙の彼方[25]」が指摘されなければなりません。このような世界の経験を主張し、それを指摘するだけでなく、そのような経験のなかから語り、それについて考察しようとするとき、それをある種の実証主義とか、非合理主義とか、非哲学と命名しなければならないのでしょうか。現象学が経験の現象学でありうるとき、そしてその「経験の射映が無底へと滑り落ちている[26]」場合、また、哲学が人間の独自な存在との関わりを、東洋の歴史的、社会的文脈における「はすかいの普遍性[27]」として解明されるとき、このような「経験の世界」が現象学的哲学の枠組みのなかに位置づけられる妥当性をもつ、といえるのではないでしょうか。この経験の世界は、決して特別な経験とか、例外的な現象とか、特別な宗教的体験とかなのではなく、――これまで様々に描かれてきたように――東洋の伝統である諸々の文化領域や社会制度の中で「修行」といった形で、ある種の「根源的な身体の組織化の方法」として実現されてきたし、今後実現しうるものなのです。

注

序論　間文化哲学の問い

（1）この問題を、拙書『現象学ことはじめ』第四章において、幼児が母国語を話せるようになる経過と関連づけて記述してありますので、参照してください。同著、一〇三頁以降を参照。

（2）拙著『現象学ことはじめ』二五頁、四〇頁他を参照。

（3）フッサールの含蓄的志向性の決定的意義について、レヴィナスは、次のように語っています。「必然的な含蓄は、客体に方向づけられている主体によっては、決して知覚されえない、つまり、この含蓄は事後的にのみ初めて反省において発露されうるのである。この含蓄の概念は、観念論に終末をつげるものである。なぜなら、観念論では、自己の中に密かに忍び入るようないかなるものも認められないからである。」E. Levinas, Der Spur des Anderen, S. 131.

（4）発生的現象学について、導入として、『現象学ことはじめ』の第六章を参照。

（5）フッサールの時間意識の分析と衝動志向性の関係については、拙論、Bewußtseinsfluß bei Husserl und in der Yogācāra-Schule, in: Japanische Beiträge zur Phänomenologie, hrsg. von Y. Nitta, Freiburg/München 1984, ならびに「改めて時間の逆説を問う」、『現象学会年報』一五号、一四三頁から一六一頁を参照。

（6）この点について、ヴァルデンフェルスは、「自分の固有性の内部の異他性」を主張しています。B. Waldenfels, Der Stachel des Fremden, Frankfurt. a. M. 1990, S. 53ff. を参照。

（7）ただし、この偶然性は、通常考えられる「本質と事実」の対立という枠組内で考えられる事実のもつ偶然性ではありません。超越論的事実性の意味については、拙論「存在から生成へ、発生的現象学の可能性」、新田義弘他著『媒体性の現象学』所収、三七八頁及び次頁を参照。

（8）「生活世界の構造化」というときの構造化の概念は、静態的な視点と発生的な視点を内に含んでいます。この構造化がどのようにして生じるかという問いは、「文化上の差異は、他の文化にもみられる文化的特徴が様々に異なった階層化の違い〔どの層がどの層の上か、下かという階層の秩序〕である」（E. Holenstein, Menschliches Selbstverständnis, Frankfurt a. M. 1985, S. 137f.）という見解に留まることはできないでしょう。さらに問題になるのは、どうして、どのような条件のもとでそのような特定の階層化がある特定の文化に生じて、別の文化には別様の階層化が起こるのか、という問いの探求であると思います。

（9）カトリックの基礎神学者、カール・ラーナーによって著名になった言葉です。K. Rahner, Schriften zur Theologie, Bd. IX, Zürich/Köln 1970, S. 498- 515. また、H. Waldenfels: Der Gekreutzte und die Weltreligionen, 1983, S. 81をも参照。

（10）M. Merleau-Ponty, Das Sichtbare und das Unsichtbare, dt., S. 60.

（11）B. Waldenfels, Ordnung im Potentialis, Zur Krisis der europäischen Moderne, in: Der Stachel des Fremden, S. 26.

第一章　現代日本の哲学で理解される身体

（1）日本での現象学の展開について、その大まかな歩みは、Japanese Phenomenology, Y. Nitta und H. Tatematsu（編）Dordrecht/Boston/London, 1979, K. Washida, Phänomenologie und Sozialwissenschaften in Japan, Sozialität und Intersubjektivität, 所収、hrsg. von R. Grathoff und B. Waldenfels, S. 381-394を参照。

（2）この独我論をめぐる市川の立論について、市川浩他『身体の現象学』一九七七年、二四頁から二六頁を参照。

（3）市川浩『精神としての身体』二三頁。この言い方は、メルロ＝ポンティの「ある種の反省」という『知覚の現象学』の表現によっています。そして、この「ある種の反省」は、フッサールの『デカルト的省察』での同一の言葉によるものです。メルロ＝ポンティ『知覚の現象学』、dt. S. 118.

（4）市川浩、同上、二四頁以降参照。

（5）K・ヘルト『生き生きした現在』、新田義弘他訳、参照。また、新田義弘『現象学』一八五頁から一九六頁までを参照。

（6）市川浩、同上、五三頁。市川は、ヴァレリーの『身体に関する素朴な考察』、ヴァレリー全集九巻を引用し、第一の身体を主観的身体、第二の身体を客体対象として与えられた身体、第三の身体を自然科学的分析の対象としての身体としています。

（7）発生的現象学における無意識の現象学の可能性について、拙論「受動的発生からの再出発」、『現代思想』二九巻一七号を参照。

（8）例えば、Phänomenologische Forschungen, Bd. 9: Neue Entwicklungen des Phänomenbegriffs, hrsg. v. E. W. Orth, 1980. が参考になります。また最近では、新田義弘他著『媒体性の現象学』、二〇〇二年、特に、「Ⅰ・現れと隠れ」の章を参照。

（9）市川浩、同上、五六頁以降参照。

（10）同上、一二八頁以降参照。

（11）同上、一三四頁以降参照。

（12）B. Waldenfels, Phänomen und Struktur bei Merleau-Ponty, In den Netzen der Lebenswelt, 所収、1985, S. 60, ヴァルデンフェルスは、早期のメルロ＝ポンティに、ベルグソンに共通した客観主義への偏りを見ています。

（13）自己作用的構造が意味するのは、たとえば、キャロンによるホメオスタシス（生体防御反応）とか、自律神経系や内分泌系の機能であり、外部作用的構造は、環境に向かい、脳神経や脊髄神経系によって支配されている構造をさします。市川浩、同上、五五頁以降を参照。

（14）市川浩、同上、六二頁参照。また、「身体技術」については、M. Mauss, Soziologie und Anthropologie, dt. Frankfurt a. M. 1978, Bd. 2, S. 206 邦訳を参照。

（15）同上、六三頁及び次頁参照。

（16）同上、九二頁から一一三頁を参照。

（17）同上、七五頁。

（18）同上、一三〇頁以降を参照。全体としていえることは、彼の理論全体は、メルロ＝ポンティが『行動の構造』で展開している癒着的形態、可動的形態、シンボル的形態という三分類に即してまとめられていることです。

（19）同上、七三頁及び次頁参照。

（20）湯浅の主な著作として、『身体―東洋的身体論の試み―』一九七七年、英語版、The Body－Towards a Eastern Theory of Mind-Body, New York State University Press、『気　修行　身体』一九八六年が挙げられます。

（21）湯浅泰雄『身体』一二頁及び次頁を参照。

(22) 同上、二五二頁。
(23) 同上、二八九及び次頁を参照。
(24) 同上、三〇〇頁以降を参照。
(25) 同上、二九五頁以降を参照。
(26) 例えば、ドイツでは、D. T. Suzuki, Zen und die Kultur Japans, Hamburg 1958. を参照。
(27) T. Izutsu, Philosophie des Zenbuddhismus, Hamburg 1979.
(28) この点に関して、第二章の第二節を参照。
(29) 詳細については、第二章第一節を参照。
(30) ドイツの専門誌に気と精神病理との関係が紹介されました。Bin Kimura, Zur Wesensfrage der Schizophrenie im Lichte der japanischen Sprache, in: Jahrbuch für Psychotherapie und medizinische Anthropologie 17, 1969.
(31) 湯浅泰雄『気　修行　身体』一五七頁及び次頁を参照。
(32) 同上、一六三頁から一六七頁を参照。
(33) 確かに湯浅は、身体を考察する東洋と西洋の方法論について、ごく一般的な考察は行っています。それは、彼によると、東洋の場合、経験論的な科学的データに関して大変肯定的な態度を持つのに対して西洋の場合、形而上学的考察態度が顕著である、といった一般的傾向にすぎず、哲学的方法論の意義は考察外となっています。湯浅泰雄、『身体』二九九頁から三〇三頁を参照。
(34) 湯浅泰雄『気　修行　身体』一六八頁及び次頁、また、一九〇頁を参照。
(35) 主著は、『世界の共同主観的存在構造』一九七二年、『存在と意味』一九八二年、『「心身」の問題』一九八八年といえましょう。
(36) 広松渉『存在と意味』序文、VI頁以降を参照。
(37) 広松は、マッハの『感覚の分析』、『認識の分析』の共訳者です。メルロ＝ポンティの相互主観性論に対する批判は、『メルロ＝ポンティ』一九八三年を参照。
(38) 広松渉『「心身」の問題』六二頁以降を参照。

(39) 同上、七五頁及び、次頁、二七八頁及び次頁を参照。

(40) 広松渉『メルロ＝ポンティ』二四七頁から二六二頁を参照。

(41) 同上、二四八頁。

(42) 広松渉『「心身」の問題』二六二頁及び次頁参照。

(43) 超越論的相対性については、拙書『他者経験の現象学』一二一頁を参照。

(44) 広松によって主張される現象学の特質であり、前提とされる「意識の透過性」（広松渉『メルロ＝ポンティ』二五三頁）は、メルロ＝ポンティ、後期フッサールにおいて決して自明な事柄ではなく、発生的現象学において、空虚な非直観性と直観性との関係において、論究されています。このことについては、拙論「非直観的なものの直観化」、『白山哲学』第三七号、二〇〇三年、所収を参照。

(45) 広松渉『「心身」の問題』二六八頁以降を参照。

(46) 広松渉『メルロ＝ポンティ』二五六頁。

(47) メルロ＝ポンティ、Le visible et l'invisible, p. 258. dt. S. 262f.

(48) ヴァルデンフェルスは、フッサールの立場からする「開かれた弁証法」を三つの観点から性格づけています。完全な規定に対する運動する地平としての全体性、一義的な方向性に対する多義的な出来事としての総体的出来事、そして、最終的な和解に対する、絶えざる対論によって性格づけられる主観と客観の相互関係、この三つの観点です。B・ヴァルデンフェルス「開かれた弁証法の可能性」、『現象学とマルクス主義II』所収、鷲田清一訳、四一頁を参照。

(49) メルロ＝ポンティ、同上、dt. S. 61.

(50) 広松渉『メルロ＝ポンティ』二五五頁参照。

(51) 同上、二四〇頁。

(52) 同上、二五七頁。

（1）気のヨーロッパ語の訳語について、福井文雅「西洋文献における「気」の訳語」、小野沢精一（他編）『気の思想』所収、五五七頁以降を参照。

（2）J. Needham, Wissenschaftlicher Universalismus, S. 113. を参照。

（3）J. Needham, 同上、S. 96f. を参照。

（4）ニーダムは、ギリシャの四つの元素、土、空、火、水、の説に言及し、このような複数の元素によって自然の生成を考察する自然哲学が、紀元前のこの時期にその当時の世界に広まっていたとみています。本章注（2）を参照。

（5）Fan Li, in: Chi Ni Tzu, nach E. Chavannes, Les mêmoires historiques de Sema Ts'ien, Paris 1895-1905, S. 4, Needham, ebd., S. 279. で引用されています。

（6）Needham, ebd. S. 187f.

（7）『老子』第四十二章、小川環樹訳注、中公文庫、八七頁。

（8）福永光司「儒道仏三教交渉における気の概念」『気の思想』所収、二三八頁及び次頁を参照。

（9）詳細については、『気の思想』第三部二章と三章を参照。

（10）K. K. Cho, Das Absolute in der taoistischen Philosophie, in: Transzendenz und Immanenz. S. 248.

（11）K. K. Cho, 同上、二五〇頁を参照。原因と結果の逆説的な相関関係は、とりわけ大乗仏教哲学では、竜樹において最も明確に表現されています。このことについては、第五章を参照。

（12）M. Porkert, Die chinesische Medizin, Düsseldorf 1982, S. 72.

（13）ここでは、島田虔次の見解に即して描写してみます。島田虔次『朱子学と陽明学』、K. Shimada, Die neokonfuzianische Philosophie, Berlin 1987, S. 59-100. を参照。また、『易経』の概説書として金谷治『易の話』を参照。

（14）I. Ching, S. 367, H. Wilhelm による翻訳。島田虔次、同上、S. 59.

（15）島田虔次、同上。

（16）同上、S. 64.

（17）華厳宗の四法界のうちの第二段階とされます。

(18) 福永光司「儒道仏三教交渉における気の概念」、『気の思想』二三七頁及び次頁を参照。なお、気の思想と朱子学の関係について、三浦國雄『朱子と気と身体』を参照。

(19) K. K. Cho, Life-World of Monads and Philosophy of Organism, Japanese/American Phenomenology Conference 1996を参照。

(20) 詳細については、Karin Yamaguchi, Die Aktualität der Leibnizischen Interpretation des Neokonfuzianismus, in: Wenchao Li/Hans Poser (Hrsg.), Das Neueste über China, Studia Leibnitiana Supplementa 33, 2000, S. 232ff. を参照。

(21) 石田秀実は、中国医学で解剖学がさらに発展しなかった理由は、気の流れと気から形成される身体という見解が、経験に裏打ちされるなかで、主要な位置をしめていたからだ、と述べています。石田秀実『気流れる身体』二-二〇頁参照。

(22) この中国医学についての一般的な性格づけについて、長浜善夫『東洋医学概論』一八-二四頁を参照。

(23) 石田秀実、同上、二九頁参照。また、Porkert、同上、S. 77ff. も参照。

(24) 意識の志向性については、拙書『現象学ことはじめ』の第二章を参照。

(25) 知覚と感覚の違いについて、同様に、同著、同章を参照。

(26) E. Husserl, Logische Untersuchungen, Bd. V., S. 392f.（『論理学研究』）

(27) 「受動的志向性」並びに「受動的綜合」については、拙書『現象学ことはじめ』第五章、第六章を参照。感覚は現象学研究者によって様々に解釈されています。アセミッセンは、この受動的志向性の側面に注視しないため、感覚に特有な「広がり」の現象を感覚概念から締め出してしまいます。感覚位相の広がりという現象は、『時間講義』では、感覚内容を原印象として受け取り、それが過去把持的変様をへるときに「擬似的時間」として感覚内容の持続が意識される現象を意味しています。感覚内容としての時間内容が、過去把持の縦の志向性において、合致を通して原統握されると、フッサールは見なします。この感覚内容の過去把持的変様の分析は、さらに、『受動的綜合の分析』で詳細に展開されました。この現象を初めから除外してしまうと、感覚は、対象の構成に比重を置いた「ノエマ的現象学」のなかでの位置づけしかもちえず、受動的志向性としての感覚は背景にしりぞいてしまいます。この点に関連して、H. -U. Hoche, Handlung, Bewußtsein und Leib, S. 22-27, 245ff. を参照。

(28) この展開の詳細については、拙論「改めて時間の逆説を問う」を参照。

(29) M. Scheler, Der Formalismus in der Ethik und die materiale Wertethik, Ges. Werke, Bd. 2., 1966, S. 262.

(30) E. Straus, Vom Sinn der Sinne, S. 123ff.

(31) 同上、S. 128.

(32) メルロ＝ポンティ『知覚の現象学1』、邦訳、二二一頁以降を参照。

(33) E. Husserl, Hua. Bd. IV., S. 86ff. を参照。相互主観性の生成の問題は、拙書『現象学ことはじめ』、第八章とその準備考察としての第七章を参照。なお、B. Rang は、「相互主観性が心理－生理的条件性の経験のための必然的条件であるという命題は、独我論的主観が客観的身体を対自的にもつか否かという問いに依存するわけではない。この命題の根拠づけには、独我論的主観が他の主題との相互了解の可能性を欠くという規定だけで十分なのだ」とこの関連について適切に述べています。B. Rang, Husserls Phänomenologie der materiellen Natur, Frankfurt a. M. 1990, S. 367ff.

(34) 「ルネサンス以前」、「近代的学問ではない」といった中国医学に対する性格づけは、西洋の学問を学問の普遍史とみる偏った見方によってのみ規定されるものです。これについて、J. Needham, Medizin und chinesische Kultur, in: Wissenschaftlicher Universalismus, S. 301f., 329.

(35) 相見三郎『漢方の心身医学』三五頁及び次頁を参照。

(36) 同上、三四頁を参照。

(37) B. Waldenfels, Spielraum des Verhaltens, S. 118.

(38) E. Husserl, Ideen II, S. 275.

(39) 中国医学全体についての性格づけでニーダムは、「有機的思考」という性格づけを用います。これによって、「事物と出来事の宇宙をあるモデル構造によって組織化しようとし、この構造は、様々な諸部分のあらゆる相互の働きかけを条件づけている」と述べています。J. Needham, Die grundlegenden Ideen der chinesischen Wissenschaft, Wissenschaft und Zivilisation in China, Bd. 1, S. 216.

(40) 木村敏、Zur Wesensfrage der Schizophrenie im Lichte der japanischen Sprache（『日本語による分裂病の本質への問いについて』）, in: Jahrbuch für Psychologie, Psychotherapie und medizinische Anthropologie 17-28, 1969, S. 29. を参照のこと。

（41） B. Kimura, Mitmenschlichkeit in der Psychiatrie, Ein transkultureller Beitrag aus asiatischer Sicht, in: Z. f. Psych. U. Psychother. 19, 1971, S. 8ff.

（42） B. Kimura: Zur Wesensfrage der Schizophrenie im Lichte der jajpansichen Sprache, in: Jahrbuch für Psychologie, Psychiatrie, medizinische Anthropologie 17, 28, 1969, S. 31.

（43） B. Kimura、同上、S. 32.

（44） W・ブランケンブルク『自明性の喪失』、木村敏他訳、一一六頁。強調は筆者による。

（45） 同上、一二六頁。

（46） 同上、一九三頁。

（47） 同上、一三七頁。

（48） E. Husserl、Erfahrung und Urteil, S. 442. 心理－生理学的条件性が相互主観性を前提にするということについては、『イデーンII』の一八節を参照。またメルロ＝ポンティは、「人の雰囲気」について、「人の周りには、人の雰囲気がただよっており、砂地に残った足跡のようなさだかでない雰囲気だったり、住んでいた人が数時間前に後にした住居を見つめるときに感じるはっきりした雰囲気だったりする」と述べています。M. Merleau-Ponty, Phänomenologie der Wahrnehmung, dt., S. 399.

（49） 間主観性、ないし、相互主観性の問題は、この本でも、様々に言及されることになりますが、その概略は、『現象学ことはじめ』の第八章を参照してください。

（50） 本書第八章における上田閑照の「我汝関係」と西田の「私と汝」との対照的考察を参照。上田も「私と汝」を能動性が最高度に発揮され、人間の全体性と一性が実現する高次の次元とみなしています。

（51） H. Tellenbach, Geschmack und Atmosphäre, Salzburg 1968, S. 56.

（52） 同上、S. 116.

（53） テレンバッハは、Die Begründung psychiatrischer Erfahrung und psychiatrischer Methoden in philosophischen Konzeptionen vom Wesen des Menschen, in: Neue Anthropologie Bd. 6. Hrsg. von H. -G. Gadamer, P. Vogler, Stuttgart 1975, S. 138-81で、「雰囲気という存在のあり方における人間、（領層的人間学）」を規定し、その際、明確に木村の気の把握と結び付けています。同上、一七五頁以降を参照。

(54) ブーバー著作集第一巻、一八頁。
(55) E. Husserl, Erfahrung und Urteil, S. 85.
(56) メルロ＝ポンティ『知覚の現象学1』邦訳、六七頁。
(57) 同上、S. 51、邦訳、七〇頁。
(58) 同上、S. 52、邦訳、同頁。
(59) 同上、S. 53、邦訳、七二頁。
(60) フッサールは、事物の知覚を現象学的に遡り、その受動的発生にまでたどる課題を「能動的な発生と受動的な発生」と題し、『デカルト的省察』第三八節（邦訳、一四一頁以降）で明示しています。
(61) 松尾正『沈黙と自閉－分裂病者の現象学的治療論－』、以下第一章からT氏の症例についての記述をまとめながら引用します。
(62) 同上、一〇頁。
(63) 同上、一三頁。
(64) ここで松尾が指摘する文献の主だったものは、以下の文献です。G. Schwing, Ein Weg zur Seele des Geisteskranken, Zürich 1940, G. Benedetti, Klinische Psychotherapie, Bern 1964, セシュエー『分裂病の精神療法－象徴的実現への道－』。
(65) 松尾が援用する現象学研究の文献は、主に、フッサール『ヨーロッパ諸学の危機と超越論的現象学』、メルロ＝ポンティ『知覚の現象学』、A・シュッツ『現象学的社会学』、新田義弘『現象学とは何か』、山口一郎『他者経験の現象学』です。
(66) 松尾正、同上、二一七頁。
(67) 間身体性において生命体同士の間に共有されている時間については、この後の記述一九六頁以降を参照。

第三章　武道の修行と身体性

(1) E. Herrigel, Zen in der Kunst des Bogenschießens, München 1955.
(2) 同上、S. 30.
(3) 同上、S. 39.

（4） 同上、S. 32. 強調は筆者によります。
（5） R. Schinzinger, Einleitung zu „Nishida Kitaro", Die intelligible Welt, S. 19を参照。
（6） この点について、ご教示くださった安藤宏三先生に御礼申し上げます。
（7） 大森曹玄『剣と禅』二四五頁及び次頁を参照。内容上、同一の事態の別の表現として、「心気力一致」とも言われます。
（8） 鈴木大拙『禅と日本文化』八五頁及び次頁参照。
（9） 池上貴美子「模倣することの意味」、正高信男（編）『赤ちゃんの認識世界』所収、七六頁以降を参照。
（10） 大森曹玄『剣と禅』二三五頁を参照。
（11） 佚斎樗山『天狗芸術論』（Shissai Chozan, Die Kunst der Bergdämonen）、また、気の修練については、源了円『型』二一九頁から二三七頁を参照。
（12） Shissai Chozan, Die Kunst der Bergdämonen, S. 123以降を参照。
（13） 大森曹玄『剣と禅』一五一頁及び次頁を参照。
（14） 大森曹玄『禅の発想』一二七頁を参照。
（15） 大森曹玄『参禅入門』七一頁及び次頁を参照。
（16） 鈴木大拙『禅と日本文化』七八頁及び次頁。
（17） E. Herrigel, Zen in der Kunst des Bogenschießens, S. 48.
（18） 同上、S. 41. これに対する阿波範士の次の答えを参照。「もしあなたが、自分自身から解放されれば、あなたは自分自身とあなたに属する事柄を背後にする決断がなされ、あなたに残されるのは、ただ、意図を持たない張られてあることだけなのです」。同上、S. 42.
（19） M・チクセントミハイ『フロー体験　喜びの現象学』今村浩明訳を参照。
（20） 同上、九一頁以降を参照。
（21） E. Herrigel, Zen in der Kunst des Bogenschießens, S. 66.
（22） B. Lewin, Abriß der japanischen Grammatik, S. 152.
（23） P. Hartmann, Einige Grundzüge des japanischen Sprachbaues, S. 115.

(24) この点について、K. Sano, Die Höflichkeitsformen des Japanischen, Monumenta Nipponica IV, 1941, S. 335、また、荒木博之『敬語のヤパノロジー』一四〇頁を参照。

第四章 「我－汝－関係」と身体性

(1) ブーバー著作集第一巻、一〇〇頁及び次頁。
(2) ブーバー著作集第八巻、一一〇頁参照。
(3) ブーバー著作集第四巻、二五五頁参照。
(4) ブーバー著作集第八巻、一一九頁。
(5) ブーバー著作集第一巻、一〇一頁参照。
(6) ブーバー著作集第八巻、一一四頁参照。
(7) ブーバー著作集第一巻、一四頁参照。
(8) 同上、四七頁参照。
(9) ブーバー著作集第八巻、一一五頁参照。
(10) ブーバー著作集第一巻、一三頁及び次頁。
(11) 同上、一〇二頁。
(12) 同上、一一三頁及び次頁参照。
(13) ブーバー著作集第四巻、二五八頁及び次頁。
(14) ブーバー著作集第一巻、二五頁及び次頁参照。
(15) 同上、一一八頁。
(16) 同上、一二四頁。
(17) M. Theunissen, Der Andere, S. 310. 参照。
(18) 同上、S. 319.
(19) ブーバー著作集第一巻、一三三頁及び次頁。

（20）同上、一四七頁及び次頁。ブーバーにとって決定的に重要な意味を持つ「生と世界の現実性」に関して、ニーチェの影響を示唆するのが、H・コーンです。H. Kohn, Martin Buber, Sein Werk und Seine Zeit, S. 26, 36. また、この点に関しても、ハシディズムの根本的見解に発していることは当然のことです。H・ベルグマンは、ブーバーの概念である「統一(Einung)」にユダヤ神秘主義の根本概念を見出しています。それはしかし、「神との魂の統一なのではなく、世界と神との統一を意味し、カバラの言葉では、神とシェキナ、すなわち、世界に住まう神の〈栄光〉と神との統一」であるとし、ブーバーの "Des Baal Schemtow Unterweisung im Umgang mit Gott" での前書きの次の箇所を引用しています。「その神秘主義にとって世界は、真の存在に達するために、人間が厭世すべき幻影なのではなく、神とその形態との現実性であり、その現実性において対応関係が告示されている」。H. Bergman, Martin Buber und die Mystik, Martin Buber, von Schilpp u. Friedman（編）所収、S. 271. 参照。

（21）M. Theunissen, Der Andere, S. 319.

（22）同上、S. 320.

（23）同上、S. 321.

（24）同上、S. 323.

（25）E・フッサール『デカルト的省察』、浜渦辰二訳、八七頁及び次頁。また、志向性の空虚と充実の関係について、より詳細な分析として、『受動的綜合の分析』の第一部を参照。

（26）ブーバー著作集第一巻、二二七頁及び次頁。

（27）同上、二二九頁。

（28）M. Theunissen, Der Andere, S. 323.

（29）同上。

（30）B. Waldenfels, Das Zwischenreich des Dialogs, S. 263.

（31）同上、参照。

（32）E. Levinas, Martin Buber und die Erkenntnistheorie, Maritn Buber, Von Schilpp/Friedman（編）所収, S. 128ff.

（33）M. Buber, Antwort, Maritn Buber 所収, Von Schilpp/Friedman（編）, S. 619f.

(34) B. Waldenfels, Das Zwischenreich des Dialogs, S. 263.

(35) 同上、二六七頁。

(36) 同上、三〇四頁。

(37) ブーバー著作集第一巻、一〇〇頁。

(38) 同上、一〇〇頁及び次頁。

(39) 同上、一四五頁及び次頁。

(40) J・ブロッホは、ブーバーは、「決して、能動と受動の一致について」語っているのではない、と指摘しています。しかし、ブロッホは、では何が問題になっているかについては、それ以上、解明してはいません。J. Bloch, Die Aporie des Du, Problem der Dialogik M. Bubers, S. 225. 注の27を参照。

(41) B. Waldenfels, Das Zwischenreich des Dialogs, S. 305.

(42) ブーバー著作集第一巻、一五頁。

(43) E. Levinas, Martin Buber und die Erkenntnistheorie, Maritn Buber, Von Schilpp/Friedman（編）所収, S. 131.

(44) M. Buber, Antwort, Maritn Buber, von Schilpp/Friedman（編）所収, S. 596. 強調は筆者による。

(45) レヴィナスは、「ブーバーの試みは、我汝関係において、汝の徹底した他者性を、まさにその我と汝の結合においてこそ、堅持するところにあり、我は、汝を一つの対象のように吸収するのではなく、また、汝によって恍惚の内に吸収されるというのでもない」と述べています。E. Levinas, 同上、S. 125f.

(46) E. Levinas, Martin Buber und die Erkenntnistheorie, Maritn Buber, von Schilpp/Friedman（編）所収, S. 131.

(47) 同上、S. 127. S・シュトラッサーは、このレヴィナスの形式主義を批判し、「この概念をブーバーに適用することは難しい」と述べています。E. Strasser, Jenseits von Sein und Zeit, S. 48.

(48) ブーバー著作集第一巻、二二七頁。

(49) 同上、二二八頁。

(50) 同上、三七頁。

(51) 同上、三八頁。

(52) 同上、三九頁。
(53) 同上、三八頁参照。
(54) 同上、三九頁。
(55) 同上、一三頁及び次頁。強調は筆者による。
(56) フッサールの相互主観性を受動的綜合を通して根拠づけたものとして、拙書『他者経験の現象学』を参照。また、自・他の身体の区別について、『他者の現象学Ⅲ』（河本他編）所収、拙論「汝の現象学にむけて」三四八頁以降を参照。
(57) W. Blankenburg, Phänomenologie der Lebenswelt-Bezogenheit des Menschen und Psychopathologie, Sozialität und Intersubjektivität, R. Grathoff/B. Waldenfels（編）所収、S. 201.
(58) E. Husserl, Hua. Bd. XIV, S. 119. 強調は筆者によります。
(59) 発生的現象学の方法については、拙書『現象学ことはじめ』第六章、拙論「存在から生成へ－発生的現象学の可能性－」、新田義弘他著『媒体性の現象学』所収、三九〇頁以降を参照。
(60) 竹内敏晴『ことばが劈かれるとき』一三七頁から一四二頁を参照。
(61) ブーバー著作集第一巻、二八頁。強調は筆者によります。
(62) デイヴィド・ヒューム『人間本性論』、第一部第一節を参照。
(63) B. Waldenfels, Das leibliche Selbst, S. 89ff を参照。
(64) 竹内敏晴、同上、一三八頁以降を参照。
(65) ロベルト・シンチンガーという日本の哲学を紹介するドイツの哲学者は、日本の戦前の哲学でどのような伝統的な人間像が形成されているかを、例えば姿勢などの身体性との関連で描写しています。R. Schinzinger, Das Bild des Menschen in der japanischen Tradition und Vorkriegsphilosophie, in: Neue Anthropologie Bd. 6., hrsg. v. H. G. Gadamer u. P. Vogler, S. 195 を参照。
(66) 竹内敏晴『ことばが劈かれるとき』一一七頁から一二二頁を参照。また、弓道の際の姿勢の重要さについてヘリゲルも描写していますが、その描写との共通点は、大変興味深いものです。オイゲン・ヘリゲル、Zen in der Kunst des Bogenschießens, S. 39 を参照。

(67) ヘリゲル、同上、S. 73ff を参照。

(68) 竹内敏晴『ことばが劈かれるとき』一二二頁。

(69) 治療としてのレッスンという章で竹内は、自然な、他者に向かうことができるような身体に変化する経過を詳細に記述しています。竹内敏晴、同著、一五一頁から二一八頁を参照。

(70) 竹内敏晴、同上、二二七頁。

(71) 竹内敏晴、同上、二〇〇頁以降を参照。

(72) 「常軌を逸すること」という概念で、ヴァルデンフェルスは、「それは、だいたいこんなものだといった漠としたものではなく、また、なんでもいい、なにか訪れるものに開かれていようといった態度の表現でもなく、そのつど身体的に規定された、ある〈超えられること〉なのであり、秩序の境界が破られ、様々な秩序の間の限界領域に、つまり、それぞれの秩序の偏在領域やいまだ満たされていない領域に、その〈超えられること〉が立ち現れる」と述べています。B. Waldenfels, Ordnung im Zwiericht, S. 190.

(73) このテーマについて、J. Cremerius, Zur Theorie und Praxis der psychosomatischen Medizin, ならびに、H. Petzold,（編）, Leiblichkeit. Philosophische, gesellschaftliche und therapeutische Perspektiven を参照。さらに、発達心理学者ワロンは、身体論を展開する中で、自己受容と自己作用の系列において、姿勢と情動の相互作用について言及しています。「自己作用系がはたらけば、その事自身が再び直ちに自己受容系を刺激し、そこにはねかえっていく、つまり作用系における緊張の高まりはただちにその高まりとして受容され、そのことによって、作用系の緊張をさらに高める」、浜田須美男『ピアジェとワロン』一八六頁。

(74) 竹内敏晴『身体との出会い』、市川浩、山口昌男（共編）『身体論とパフォーマンス』二〇七頁を参照。

(75) 竹内は、著書のいろいろな箇所でメルロ＝ポンティの身体性についての基本的見解に言及し、彼の身体と言語に関する哲学上の論拠にしています。彼は、メルロ＝ポンティの見解を「身体についてのまったく新たな見解」と見なしています。竹内敏晴、同著、九六頁及び次頁参照。なお、メルロ＝ポンティの『幼児の対人関係』で述べられている相互主観性については、一一三頁、一四六頁、また、メルロ＝ポンティの空間性について言及している箇所は、一一七頁です。

(76) 竹内敏晴、同著、一四四頁から一四七頁を参照。

(77) G. Marcel, Ich und Du, Martin Buber und die Erkenntnistheorie, Martin Buber, von Schilpp/Friedman（編）所収, S. 38.

(78) M. Buber, Antwort, Maritn Buber, von Schilpp/Friedman（編）所収, S. 603.

(79) 竹内敏晴『ことばが劈かれるとき』一四六頁。強調は筆者による。

(80) この点については、E. Holenstein, Phänomenologie der Assoziation（『連合の現象学』）一二〇頁以降、並びに、M. Herzog, Phänomenologische Psychologie（『現象学的心理学』）八五頁以降を参照。

(81) そのことについて、拙著『他者経験の現象学』、特に、一六三頁より一七三頁までを参照。

(82) 竹内敏晴、同著、一四七頁を参照。

(83) ここで言及されているのは、M. Boss, Psychosomatische Medizin（『心身医療的医学』）一九五四年です。

(84) ブーバー著作集第四巻、二四頁。強調は筆者による。

(85) ブーバー著作集第八巻、一九八頁。

(86) 同上、一九九頁を参照。

(87) 同上、一九九頁及び次頁。

(88) 同上、二〇〇頁。

(89) 同上、二〇〇頁及び次頁。

(90) 同上、二〇一頁。

(91) メルロ＝ポンティ『見えるものと見えないもの』dt. S. 171.

(92) 同上、S. 168.

(93) 同上、S. 164.

(94) 同上、S. 169.

(95) メルロ＝ポンティ、同上、S. 162f. 参照。また、フッサール『内的時間意識の現象学』、Hua. Bd. X., S. 355-58 を参照。「過去把持的明証性」について、ゾンマーは、「原印象は明証であるためには、意識されなければならず、それそのものであるためには、意識されてはならない。それは体験されねばならないが、体験されることなく、体験されねばならないのだ。この不可能なこととして必然的であること、このためにフッサールが取った道は、原印象は過去把持なしにはありえない、ということである。この〈過去把持的明証性〉は、フッサール哲学の最も重要な語句である。」(M. Sommer, Evidenz im Augenblick, Eine Phänomenologie der reinen Empfindung, S. 382. その際ゾンマーは、ブルーメンベルクの同様な見解も示唆しています。H. Blumenberg, Lebenswelt und Weltzeit, S. 303.

(96) メルロ＝ポンティ、同上、S. 224.

(97) ブーバーは、「我-それの世界」への転化を「翻転」と名づけ、論述しています。本書、一四二頁を参照。

(98) ブーバー著作集第一巻、一四六頁。

(99) 同上、一四七頁。

(100) 同上、一四八頁。

(101) メルロ＝ポンティ『眼と精神』滝浦静雄・木田元訳、二六六頁。

(102) 広松渉は、このメルロ＝ポンティの描写を神秘主義でいわれる、「〈深奥〉な形而上学的境地から降った次元」(広松渉・港道隆『メルロ＝ポンティ』二四六頁)、と批判しますが、それがまったく的を外れた批判であることは、下記(三六七頁以降)に十分反批判されていますので、参照ください。

(103) メルロ＝ポンティ『知覚の現象学』dt. S. 148.

(104) メルロ＝ポンティ『見えるものと見えないもの』dt. S. 247.

(105) メルロ＝ポンティ『知覚の現象学』dt. S. 476.

(106) 同上、dt. S. 380.

(107) メルロ＝ポンティ『見えるものと見えないもの』dt. S. 279.

(108) 同上、dt. S. 307.

(109) 同上、dt. S. 250. また、フッサールの時間論で、ここで言われている「同時性」が、メルロ＝ポンティの描写より、より明晰な分析を通して論述されていることについて、第六章で唯識の時間論と対照しながら考察します。

(110) 同上、S. 225.

(111) 同上、S. 250.

(112) 同上、S. 293.

(113) E. Husserl, Hua., Bd. X, S. 74.

(114) メルロ＝ポンティ『見えるものと見えないもの』dt. S. 238

(115) 同上、dt. S. 247f.

(116) フッサール『受動的綜合の分析』二六八頁。

(117) このことについて、拙書『現象学ことはじめ』第六章を参照。

(118) フッサール、同上、特に第三部の連合の箇所を参照。

(119) メルロ＝ポンティ、同上、S. 304.

(120) この点について、拙著『他者経験の現象学』一六七頁以降を参照。

(121) メルロ＝ポンティ、同上、S. 304.

(122) 同上、S. 303f.

(123) 同上、S. 308.

(124) 同上、S. 303.

(125) 同上、S. 308. 受動的綜合としての志向性は、しかし、働きつつある身体についての狭い意味でのノエマ的意識として理解することはできません。H. -U. Hoche, Handlung, Bewnßtsein und Leib,（『行為、意識そして身体』）S. 240f. 参照。

(126) B. Waldenfels, Phänomen und Struktur bei Merleau-Ponty, In den Netzen der Lebenswelt（「メルロ＝ポンティにおける現象と構造」、『生活世界の網の中で』所収）、S. 64

(127) 同上、S. 68、「主観と客観の間の第三のターム」同上、S. 71.

(128) B. Waldenfels, Das Zerspringen des Seins, Leibhaftige Vernunft, B. Waldenfels u. a. (Hrsg.)（「存在の炸裂」、『身体的な理性』）（ヴァルデンフェルス他編）、S. 157f

(129) E. Fink, Husserls Spätphilosophie, Edmund Husserl 1859-1959（「フッサールの後期の哲学」、『エドムント・フッサール一八五九年から一九五九年』）S. 113.

(130) メルロ＝ポンティ、同上、dt. S. 153

(131) 同上。
(132) 同上、dt. S. 322.
(133) 後期のメルロ＝ポンティの思想とハイデッガーの思惟との関係について、リシールは、ハイデッガーの思惟の形而上学とメルロ＝ポンティの肉の構造の形而上学的構造との違いを明らかにしようとしています。M. Richir, Der Sinn der Phänomenologie in "Das Sichtbare und das Unsichtbare"(『見えるものと見えないものにおける現象学の意味』)、Leibhaftige Vernunft, B. Waldenfels u. a. (Hersg.)(『身体的理性』)(ヴァルデンフェルス他編) 所収、S. 103-109.
(134) E. Husserl, Hua. Bd. X., S. 83. 強調は、筆者による。
(135) 同上、S. 81.
(136) 同上、S. 119.
(137) 『ベルナウ時間草稿』で注目すべき点の一つは、『時間講義』のB論稿で展開されている重要な論議、つまり、時間意識の構成は、感覚素材の統握という、「統握と統握内容」という図式では、理解できないという論議が再度徹底的に考察しつくされていることです。内在的時間意識の構成が感覚素材の統握によって成り立つとすれば、その統握のプロセスそのものも意識されており、プロセスの意識が意識内容である以上、その意識内容もまた、それを内容として構成するさらなる統握が原理的に要請されるという無限遡及におちいるという問題です。このような、意識に直接与えられていない無限遡及を退けるには、「新たなプロセスを要請することなしに、そのものにおいて、そのものを意識し、そのもの自身に関して構成しているようなプロセスがなければならないのであり、したがって、最終的な原プロセスがあり、その存在は意識であり、自己自身の意識でありその時間性の意識であることになる。」(Hua. Bd. XXXIII, 191 強調は筆者による) 原意識というあり方が、ここで、改めて明確に確定されているのです。
(138) 同様な時間図式の変更を呈示するのが、F・ヴァレラです。彼は、現象学的還元を共に遂行するなかで、オートポイエーシス論と現象学との生産的で相互に補足的考察を志し、「神経現象学」を提唱するなかで、現在の時間意識について、垂直的な時間図式を内に含んだ新たな時間図式を呈示しています。F・ヴァレラ、「現在‐時間意識」、『現代思想』二九巻一二号所収、を参照。なお、ヴァレラは、メルロ＝ポンティの影響が強く、それだけ後期フッサール現象学に近い位置にありますが、河本の試みる「経験の拡大」は、後期フッサール現象学の創造的土壌に距離を保ったままです。河本英夫『メタモルフォーゼ』を参照。

(139) E. Husserl, Hua. Bd. XV, S. 598.

(140) この点の批判に関して、拙論「存在から生成へ」（新田義弘他著『媒体性の現象学』所収）三八〇頁参照。

第五章　仏教哲学と身体性

(1) この点について、周到な記述を、中村元『比較思想論』一六三－二一四頁にみることができます。

(2) G・シュールハンマー、フランツ・クサーバー、第二巻の3、『日本と中国』、G. Schurhammer SJ., Franz Xaver, Bd. II/3, Japan und China. を参照。

(3) 同上、S. 299f.

(4) 四大とは、「地水火風」のことであり、仏教哲学では、法と名づけられている。『日英仏教辞典』の四大の項を参照。

(5) 同上、S. 299.

(6) 同上、S. 303.

(7) R・シンチンガー、西田幾多郎『叡智的世界』の序文、S. 7-20. を参照。

(8) 加藤周一「日本文化の基本形態」、『古典的日本』加藤、ジルベスター編、S. 8.

(9) 同上、S. 25.

(10) 神仏習合について、ドイツでは、『日本事典』(Japanhandbuch) のなかで習合主義として紹介されています。S. 1652-656. を参照。

(11) 日本の家制度の成立について、村上泰亮他著『文明としてのイエ社会』を参照。

(12) R・N・ベラー『徳川時代の宗教』を参照。また、社会科学の方法論として経営学の「知識創造論」に現象学を活用する試みとして、野中郁次郎／紺野登『知識創造の方法論』を参照。

(13) 西田は、いわゆる「京都学派」の創始者とされます。この展開については、『京都学派の哲学』大橋良介（編）を参照。

(14) R・シンチンガー、同上、S. 30f.

(15) 同上、S. 31.

(16) 同上、S. 16.

(17) 西田幾多郎全集、第一二巻、二八七頁を参照。

(18) 新田義弘「文化論の根底にあるもの」、桶谷秀昭（編）、『近代日本文化の歴史と論理』所収、四四六頁参照。

(19) R・シンチンガー、同上、S. 32.

(20) 西田全集、同上、三六二頁、引用は、新田義弘、同上、四四七頁によります。

(21) 二二八頁以降を参照。

(22) 新田義弘、同上、四四七頁を参照。

(23) T. Izutsu, Philosophie des Zenbuddhismus（『禅仏教の哲学』）、S. 11.

(24) R・シンチンガー、同上、S. 32.

(25) 新田義弘、同上、四六三頁。

(26) R・シンチンガー、同上、S. 32.

(27) この点について、R. A. Mall, Buddhismus-Religion der Postmoderne ?（『仏教　ポストモダンの宗教？』）S. 13-20 を参照。

(28) この点について、和辻哲郎『原始仏教の実践哲学』一〇六頁以降を参照。

(29) ブーバー著作集第一巻、一二〇頁。また、「仏教では、金剛経がこの逆説を、即非の論理で表現し、〈色即是空、空即是色〉といわれる。永久に分離されているものが、片時として離れているときもない。一日中、対立していて、一瞬として対立していることもない」というように、表現されています。西谷啓治『自己存在の根底にあるもの』、八木（他編）、Gott in Japan（『日本の神』）、S. 99. を参照。

(30) ブーバー著作集第一巻、同上。

(31) M・ブーバー、同上、一二〇頁及び次頁。

(32) H・デュモリン、Begegnung mit dem Buddhismus,（『仏教との出会い』）、S. 59.

(33) H・E・ラサール、Zenbuddhismus（『禅仏教』）、S. 151-64、H・ツィンマー、Yoga und Buddhismus（『ヨガと仏教』）、などが参考になります。

(34) J・デリダ、Comment ne pas parler. Dénégation, dt. Wie nicht sprechen. Verneinung,（『いかにして語らないか。否定』）、独訳、S. 37f.
(35) デリダ、同上、S. 40.
(36) 同上、S. 48.
(37) 同上。
(38) 同上、S. 53.
(39) 同上、S. 54.
(40) 同上、S. 23.
(41) 同上、S. 57.
(42) 同上、S. 55f.
(43) 同上、S. 56.
(44) B. Waldenfels, Phänomenologie in Frankreich, S. 545f.
(45) P. Ricoer, Jenseits von Husserl und Heidegger,（『フッサールとハイデッガーのかなた』）in: Leibhaftige Vernunft, S. 61.
(46) 同上、S. 60f.
(47) このことに関して、上で述べた、一八八頁、並びにフッサールの時間分析と唯識の時間論と「同時性」という概念については、第六章のⅣを参照。
(48) J. Derrida, La voix et le phénoméne（『声と現象』）, dt. S. 122f. このことに関して、B. Waldenfels, Phänomenologie in Frankreich, S. 540-45を参照。
(49) デリダの理念的な純粋な現在（現前）という大変狭隘な理解は、彼のフッサールの時間論の、同様に一面的な理解に端を発するものです。過去把持なしの原印象は、もちろん、思考の構築物にほかなりませんが、しかし、原印象に発しない過去把持も完全なる抽象物に他なりません。元来、過去把持、原印象、未来予持という時間化の全体的な構造は、先－対象的な意味形成において根源的に働いており、あらゆる能動的で理念化する再生産や再想起が働く以前の意味形成を可能にしているものです。しかもそれだけでなく、「事後的に」この意味形成が発生的現象学の枠組みにおいて反省可能となっているのです。J. Derrida, La voix et le phenomene, dt. S. 122f.

（50）デリダ『声と現象』一二二頁及び次頁参照。この基本的要旨の解釈として、ヴァルデンフェルス、同上、五四〇－四五頁を参照。

（51）デリダ、同上、S. 162f.

（52）このことについては、第七章三四〇頁以降を参照。

（53）デリダ、同上、S. 142.

（54）H・ブルーム『カバラ』、S. 49. E・ジェイン、R・マーグライター（編）『哲学的神秘主義の諸問題』所収の、M・バーグナー＝エーゲルハーフ「差異についての講読、神秘と脱構築」、S. 338 を参照。

（55）M・バーグナー＝エーゲルハーフ、同上、S. 338f.

（56）E・レヴィナス、Die Spur des Anderen, S228. 邦訳『実存の発見』二八九頁を参照。

（57）同上、S. 232、邦訳、同上、二九二頁参照。

（58）同上、邦訳、同上、二九三頁参照。

（59）デリダ、Comment ne pas parler, 独訳、S. 23.

（60）E・レヴィナス、同上、S. 233. 邦訳、同上、二九三頁以降を参照。

（61）S・シュトラッサー、Emanuel Levinas, Ethik als Erste Philosophie, in: B. Waldenfels, Phänomenologie in Frankreich, S. 247.

（62）同上、S. 248. このことについて、「この根源的痕跡、すなわち、この根本的に見捨てられていることとは、いったい、何のことなのだろうか。私に向かい来る顔が剝き出しであることが表現するのは、それが秩序を中断させるということだ」。E・レヴィナス、同上、S. 244、邦訳、三〇三頁を参照。また、「痕跡が秩序連関の外部を特徴づけているように、痕跡は超越の経験を意味しており、この経験は、事物が意識の世界の性格を持つ所持であることがなりたつような時間から遊離している」。H. -J. Gawoll, Spur: Gedächtnis und Andersheit, Teil II, in: Archiv für Begriffsgeschichte, Bd. XXXII 1989, S. 281. をも参照。

(63) 同上、S. 249.

(64) ここでは、「我汝関係」の「現在」における永遠の汝と「他者において痕跡として可視的にとどまる彼性の絶対的過去」(H-J. Gawoll、同上、S. 283) との関係が大変重要な問題になります。

(65) E・レヴィナス、同上、dt. S. 167f. 邦訳、二四〇頁及び次頁。

(66) 同上、S. 173、邦訳、二四五頁。

(67) 上田閑照、Das Nichts bei Meister Eckhart und im Zen-Buddhismus unter besonderer Berücksichtigung des Grenzbereiches von Theologie und Philosophie, in: Transzendenz und Immanenz, S. 257.

(68) 同上、S. 258.

(69) A. Halder, Das Viel, das Eine und das „Selbst" bei Meister Eckhart, in: All-Einheit, Wege eines Gedankens in Ost und West, hrsg. von D. Heinrich, S. 129f.

(70) A. Halder、同上。

(71) A. Halder、同上、S. 151.

(72) A. Halder、同上、S. 126f.

(73) このような立場を取る次ぎの論文を参照。B. Mojsisch, Meister Eckhart. Analogie, Univozität und Einheit, S. 107.

(74) Sh. Ueda, Das Problem der Sprache in Mesiter Eckharts Predigten, in: Probleme philosophischer Mystik, St. Augustin 1991, S. 101f.

(75) A. M. Haas, Überlegungen zum mystischen Paradox, in: Probleme philosophischer Mystik, S. 116.

(76) Mahāparinibbāna-suttanta 6. 1. DN, vol. II, 154, nach Nakamura, in: Buddhismus der Gegenwart, hrsg. von. H. Dumoulin, S. 13.

(77) Itivuttaka 92 同上。

(78) I. Yamaguchi, Die Lehre des Leidens im Buddhismus, in: Neue Zeitschrift für systematische Theologie und Religionsphilosophie, Bd. 24, 1982, S. 216-232.

(79) O. Rosenberg, Probleme der buddhistischen Philosophie, russ. 1918, dt. 1924, S. 67f.

(80) 同上、S. 111.

(81) 空（śūnya）という言葉は、注意して理解されねばなりません。空で考えられているのは、「真空」とか、「空っぽ」というのではなく、むしろ相互に依存し合う生起を意味します。この生起は、いかなる実体的なものとしても規定することのできない縁起によって生起しています。したがって、空は、脱実体性の観点から考察されねばなりません。日英仏教辞典では、空について次のように述べられています。「空は、よく〝むなしいこと（void）〟とか〝何もないこと（nothingness）〟と訳されるが、シュチェルバスキーの訳す〝相対性（relativity）〟が適切である。空は、実在の概念そのものの否定なのではなく、すべての存在する実在と構成的要因は、因果に依存しているということを意味している。因果の要因はたえず変転しており、固定した存在はどこにもありえない」。Japanese-English Buddhist dictionary, Ku の項目。

(82) 十二因縁として、中村元『仏教語大辞典』では次のように記されています。「（1）無明（無知）－（2）行（潜在的形成力）－（3）識（識別作用）－（4）名色（名称と形態、または精神と物質、心身）－（5）六処（心作用の成立する六つの場、眼・耳・鼻・舌・身・意）－（6）触（感官と対象との接触）－（7）受（感受作用）－（8）愛（盲目的衝動、妄執、渇きにたとえられるもの）－（9）取（執着）－（10）有（生存）－（11）生（生まれること）－（12）老死（無常なすがた）」。

(83) この点について、上田義文『大乗仏教の思想』一九七七年、九六頁及び次頁を参照。

(84) Tschangtchen, Bhāvaviveka, in: Frauwallner, Philosophie des Buddhismus, S. 238f.

(85) 和辻は、縁起は、存在のカテゴリーとして理解されるべきであり、この存在のカテゴリーからはじめて主観と客観が分岐派生すると主張しています。拙論、Die Lehre des Leidens im Buddhismus, S. 233 を参照。

(86) フラウヴァルナーは、この原理に対して、「事物はそれ自身、ある意味で、最高のものとして現出する」という積極的な表現をしています。E. Frauwallner, Die Philosophie des Buddhismus（『仏教の哲学』）、S. 149.

(87) Y. Takeuchi, The Heart of Buddhism,（『仏教の心』）、p. 154.

(88) Y. Takeuchi, Das Problem der Versenkung im Ur-Buddhismus（『原始仏教の瞑想の問題』）, Leiden 1972.

(89) 武内義範「縁起思想」、『講座仏教思想』第五巻、一二一頁。

(90) 同上、一二二頁。

第六章　唯識哲学と身体性

（1）実際の生死の年月日は議論が定まらず、フラウバルナーとシュミットハウゼンは、二人の異なったヴァスバンドゥーを主張しています。L. Schmithausen, Sautrāntika-Voraussetzungen in Vimasatika und Trimsikā, in: Wiener Zeitschrift für die Kunde Süd-und Ostasiens X, 1967, S. 109-136.

（2）Vijñāna という言葉は、vija という「知る、判断する」という言葉に発っしています。M. Hattori, The Trasformation of the Basis (asraya-paravrtti) in the Yogacara System of Philosophie, in: All-Einheit, S. 104 を参照。英語では consciousness（服部）ドイツ語では、Bewußtsein（ヤコビー）、Erkenntnis（フラウバルナー）と訳されています。

（3）このことについて、「唯識哲学は、観念論として性格づけられるかもしれません。しかし、この性格づけは、きちんと限定された意味で使われるのでなければなりません。なぜなら、唯識において、客観的世界という意味での意識は構成されたものであり、最終的に現実的なものではないからです。」という服部正明氏の論文、The Transformation of the Basis (asraya-paravrtti) in the Yogacara System of Philosophy, in: All-Einheit, S. 108 からの引用です。

（4）上田義文『梵文唯識三十頌の解明』二一頁。

（5）フッサールは、『危機書』で、自然主義的態度について次のように述べています。「分散したあるという形式のなかにある実在するもののすべてとしての世界。純粋な延長物体の圏域としての自然。…すべての物体は一般的な因果性という規則の基で規定可能であり、即自的真理において特定の因果的法則において構築可能であり、この因果的規則は帰納を通して見出しうるのである」。Hua. Bd. VI, S. 294.

（6）仏教と自然科学の関係について、デュモリンの『近代日本における仏教』Buddhismus der Gegenwart, hrsg. von H. Dumoulin, Freiburg 1970, 所収 S. 139f. を参照。この関係についての議論においては、多くの場合、十分に哲学的な原理を巡る考察に欠けています。たとえば、現在物理学と東洋哲学の関係を論じるカプラの The Tao of Physics, 1975 でも、方法論的考察がほとんどなされていません。

（7）世親の『唯識三十頌』の和訳は、上田義文『梵文唯識三十頌の解明』一九八七年、によります。他の訳の場合、そのつどそれを指摘します。

（8）服部正明『認識と超越』、上山春平との共著、一七八頁。竹村牧男は、「依他起性は分別であり、〔それは〕縁によって生じる〔から依他起性な〕のである」と訳しています。竹村牧男『唯識の探求』四五頁。

(9) Vasubandhu, Triṃśikā（以下 Tri と略す）Jacobi の訳によります。21ab, Jacobi, S. 54f.

(10) 拙論『仏教の苦の概念』及び、上田義文、『仏教における業の思想』、四八－六七頁を参照。

(11) 『唯識三十頌』二二頌、上田訳、二二頁。

(12) Tri, 22. Jacobi, S. 55.

(13) 和辻哲郎『原始仏教の実践哲学』一九二七年、二五四頁

(14) E. Frauwallner, Die Philosophie des Buddhismus, Kapitel III, S. 373ff.、また、明服部正明／上山春平『認識と超越』七六頁以降を参照。

(15) 『唯識三十頌』二一、服部正明訳『認識と超越』一五一頁。

(16) 同上。

(17) Tri. Jacobi, S. 55.

(18) E. Frauwallner, Kleine Schriften, S. 641f.

(19) Tri. Jacobi, S. 58

(20) 同上、五九頁。先に述べたように、原始仏教の認識の機構は、「認識客観、認識器官、認識主観」というように構造的に十八界として解明されていました。唯識では、無着によって、「見と相との間に、主観と客観に対応する」配分がなされ、フラウバルナーは、このことについて、「感官の像を示す認識は、それに際してある種の根底を形成し、客観の像を示す認識は、像の一部とそれによって認識行程の客観を呈示している。また、相応する認識の像を示す認識は像の一部とそれによって主観を呈示する」と述べています。E. Frauwallner, a. a. O., S. 330.

(21) 『唯識三十頌』二二頌、上田訳、二三頁。

(22) Tri. Jacobi, S. 60.

(23) E・フッサール『デカルト的省察』浜渦訳、一九七頁。

(24) 上田義文『梵文唯識三十頌の解明』七六頁。

(25) このことに関しては、B. Waldenfels, Das Zwischenreich des Dialogs, Kap. II, 3, 4. を参照。

(26) 下記の説明として、竹村牧男『知の体系　迷いを超える唯識のメカニズム』が入門書として適切なので、それを参照しました。同著「第六章　法相門の唯識」の記述を参照。
(27) 本書、一九三頁以降を参照。
(28) 竹村牧男『唯識三十頌』一〇八頁。
(29) この点について、横山紘一『唯識の哲学』二〇四頁以降を参照。
(30) ツォンカパ『アラヤ識とマナ識の研究』、ツルティム・ケサン・小谷信千代共訳、八二頁を参照。同旨の内容を横山紘一は、『摂大乗論』から引用しています。横山紘一、同上、二〇六頁参照。
(31) 等無間縁とは、「すでに生じた心・心作用がしりぞいて、直後の心・心作用を生じさせる際、前の心と後の心との間に隔てるものがなく、すでに生じたダルマが直ちに次に続くダルマの生ずる縁となること」（中村元『仏教語大辞典』一〇〇四頁及び次頁）とされます。
(32) マナ識の仏教史上の発展について、横山紘一『唯識の哲学』二一〇頁から二二〇頁を参照。
(33) Parināma は変化の意味をもち、訳語として転変（てんぺん）があてられています。中村元著『仏教語大辞典』転変の項を参照。
(34) 種子の読みの相違については、同じく、『仏教語大辞典』六三三頁参照。
(35) 世親『唯識三十頌』、上田訳、同上、一七頁。
(36) 安慧「唯識三十論」、大乗仏典一五、所収、荒牧典俊訳、五四頁。
(37) 竹村牧男『知の体系』一六〇頁以降を参照。
(38) 竹村牧男、同上、一〇八頁以降を参照。
(39) 安慧「唯識三十論」、『大乗仏典』一五、所収、荒牧典俊訳、六九頁。
(40) 同上、六九頁及び七〇頁。ここで様相把握と訳されているのは、偏行識に他なりません。
(41) この対比について、拙論、I. Yamaguchi: Der Bewußtseinsfluß bei Husserl und in der Yogācāra-Schule, in: Japanische Beiträge zur Phänomenologie, hrsg. von Y. Nitta, S. 41-68 を参照。
(42) このような定題化に関して、E. Husserl: Zur Phänomenologie der Intersubjektivität Bd. 1, Hua. Bd. XIII, S. 111-194 を参照。

(43) フッサール『受動的綜合の分析』第二部　明証性、九九頁―一七〇頁を参照。

(44) E. Husserl, Erfahrung und Urteil, S. 137.

(45) 衝動志向性については、E・フィンクの『危機書』の補稿XXI、四七三頁以降、また、I. Yamaguchi, Der Bewußtseinsfluß bei Husserl und in der Yogācāra-Schule, in: Japanische Beiträge zur Phänomenologie, hrsg. von Y. Nitta, S. 45f; Triebintentionalität als uraffektive passive Synthesis in der genetischen Phänomenologie, in: ALTER, Nr 9. 2001, S, 219-240を参照のこと。フッサールは現象学の分析を通して、原触発という受動的綜合の原理として無意識に働く衝動志向性を露呈することができました。日常の意識の流れ（様々に変転する意識活動）がどのように無意識的な衝動や本能の覚醒と促進や抑圧によって条件づけられているかを、現象学的反省にもたらしえたのです。詳しくは、二七三頁以降に記述されています。

(46) 本書、第四章一九三頁以降を参照。

(47) フッサール『デカルト的省察』、邦訳一二二頁。

(48) 同上、邦訳、一二一頁及び次頁を参照。

(49) 同上、一二二頁及び次頁を参照。

(50) フッサールの『危機書』では、「具体的にいえば、すべての自我は単に自我極であるだけでなく、存在し、またかくかくの姿で存在するとみなされている世界をも含めて、それを能作しつつあり、また能作によってそれを獲得しつつある自我なのである。しかし、判断停止において、作動する自我極へ目を向け、さらにそこから生とその志向的中間形象と究極形象の全体へ向かって純粋に目を向けるさいには、人間的なものは当然何も示されていないし、心も心的生活も、また実在的で精神物理的な人間も示されていない。これらすべては、「現象」に帰属し、構成された極としての世界に帰属している」。邦訳、五六一頁を参照。

(51) この点について、『国際フッサール研究』における発表論文である拙論『発生的現象学における時間と他者』二〇〇三年を参照。

(52) この点について、拙論「改めて時間の逆説を問う」一九九九年、一五三頁以降を参照。また、一般的に非自我論的現象学については、グルビッチの意識野の現象学が興味深いが、この点については、B. Walednfels, Das umstrittene Ich. Ichloses

und ichhaftes Bewußtsein bei A. Gurwitsch und A. Schütz, in: Sozialität und Intersubjektivität, hrsg. von R. Grathoff/B. Waldenfels, München 1983, S. 15-30. を参照。

(53) 超越論的傍観者について、フッサールとフィンクとの間の理解の相違が知られています。フッサールは、最終的に絶対的なものとして超越論的主観性の絶対的時間化を主張するのに対して、フィンクは、ドイツ観念論の絶対者に依拠する超越論的傍観者をたてます。この点について、E. Fink, VI. Cartesianische Meditation Teil 1, S. 187, 192, を参照。

(54) E. Husserl, Hua. Bd. III, S. 198.

(55) 木曽好能『ヒューム「人間本性論」の理論哲学』所収、デイヴィット・ヒューム『人間本性論』木曾好能訳、五四八頁。また、大槻春彦「ヒューム思想の性格」、斎藤繁雄（他編）『デイヴィット・ヒューム研究』所収、二二頁及び次頁を参照。

(56) デイヴィット・ヒューム『人間本性論』木曾好能訳、二四頁。

(57) フッサール『デカルト的省察』浜渦辰二訳、一四六頁。なお、同趣の批判として、E. Husserl, Hua. Bd. VI, S. 92 をも参照。

(58) 竹村牧男『唯識の探求』二〇頁。

(59) 竹村牧男『唯識の探求』一〇頁参照。

(60) 大槻春彦「ヒューム思想の性格」斎藤繁雄（他編）『デイヴィット・ヒューム研究』所収、一八頁。

(61) 服部正明・上山春平『認識と超越』一三六頁。ツォンカパというチベットの僧は、安慧の命題を、「因の瞬間（の存在）が滅すると同時に、因の瞬間（の存在）とは異なった相をもって、果（の瞬間の存在）が果（の瞬間の存在）として生成することである」（同上、三六頁）というように説明しています。

(62) 服部正明・上山春平『認識と超越』一五二頁。

(63) 竹村牧男『知の体系』一〇六頁。

(64) 服部正明・上山春平『認識と超越』一五二頁および次頁。

(65) 上田義文『梵文唯識三十頌の解明』五八頁。

(66) 同上、二一頁。

(67) 同上、五七頁。

(68) 上田義文『大乗仏教の思想』一三三頁。

(69) 本書、第四章、一九六頁参照。

(70) E. Husserl, Manuskript D 9, Bl. 4.

(71) E. Husserl, Husserliana, Bd. XI S. 173.

(72) 本書、第四章、Vを参照。

(73) E. Husserl, 同上、S. 179.

(74) E. Husserl, Hua. Bd. X, S. 73.

(75) E. Husserl, Manuskript C3, VI, Bl. 10, 1931, 強調は筆者によります。

(76) E. Husserl, Hua. Bd. XI S. 179.

(77) フッサール、『受動的綜合の分析』、邦訳、二六八頁。

(78) ここで述べられていることは、実は、メルロ＝ポンティの時間についての見解にも共通しています。メルロ＝ポンティは、「現在と過去の同時性」（メルロ＝ポンティ『見えるものと見えないもの』、独訳、三〇七頁）について述べます。「現実の現在は次元的な現在、ないし、世界や存在を指示しており、そこでは、過去は狭義の意味で現在と同時である。この志向的な交互の関係は、志向分析の限界を記すのである。（……）〈垂直的な〉過去は知覚されてあるということを要求するのであって、知覚したという意識が過去の意識をもつというのではない。過ぎ去ったものは何かについての意識の〈変様〉、ないし様態なのではない。（……）逆に、知覚したということが量のある存在としての過ぎ去ったものによって担われているのである」。確かにメルロ＝ポンティは、フッサールのいう同時性と同じ事態を示唆しています。ただ、ここで言われる「要求の仕方」の現象学的分析、すなわち、フッサールによる受動的綜合である触発や連合の分析として展開しうることには、その考察が及んでいない、といわねばならないでしょう。

(79) 竹村牧男『唯識の探求』七三頁参照。

(80) 同上、七二頁及び次頁。

(81) 同上、七三頁。

(82) 横山紘一「世親の識転変」、平川彰（他編）『講座大乗仏教 八 唯識思想』一三六頁。

(83) 上田義文『梵文唯識三十頌の解明』五〇頁。

(84) 同上、五〇頁及び、次頁。

(85) 同上、五二頁。

(86) ヒュレー的契機の偶然性については、Hua. Bd. XIV, S. 14. を参照。

(87) この点に関する、アンリの見解に対する批判は、拙論 Triebintentionalität als uraffektive passive Synthesis, in: ALTER, Nr. 9, P. 232 を参照。なお、アンリ、及びレヴィナス解釈に関して、山形頼洋『感情の自然』を参照。

(88) 後期フッサールにおいて、従来の内／外、主観／客観、心／物、本質／事実といった二元論的原則がもはや妥当しない、第三の次元から語られていることについては、先の論述、二七九頁を参照。なお、外境の有・無に関する中観と唯識の対立について山口益『仏教における無と有の對論』を参照。

(89) 竹村牧男『唯識の探求』六四頁。

(90) 竹村牧男『唯識三性説の研究』一六〇頁。

(91) 司馬春英『唯識と比較哲学』八五頁。

(92) 同上、八六頁。

(93) 上田義文『大乗仏教の思想』一二四頁。

(94) 同上、一五八頁。

(95) 同一の趣旨で、竹村は、「それに、相分も見分も同じ一つの識の一部である。元来、何ものかとして顕現する一つの事態の上に分析したのみである。その一方が遍計所執性（それは存在論的には全く無なるものである）で、一方が依他起性（それは何らかの有なるものである）というのは、私にはどうしても理解できない」（竹村牧男『唯識の探求』一六七頁）と述べています。また同様の見解として長尾雅人『中観と唯識』四五五―五〇一頁を参照。

(96) メルロ＝ポンティ『知覚の現象学』独訳、四九〇頁。

(97) 同上、独訳、四九二頁。

(98) 井筒は、アラヤ識を相関的意識であると主張しますが、その理由は、明確に記述されてはいません。井筒敏彦『意味の深みへ』七八頁および、次頁を参照。

(99) 安慧「唯識三十論」、『大乗仏典』一五、所収、荒牧典俊訳、五四頁。
(100) 荒牧は、この語を「地平」と訳しますが、現象学でいわれる「地平」の概念とはその意味を異にしますので、器世間の原意を見失わないように理解せねばなりません。安慧、「唯識三十論」、『大乗仏典一五』所収、荒牧典俊訳、五五頁を参照。
(101) 横山紘一『唯識の哲学』一六八頁以降を参照。
(102) 竹村牧男『唯識の構造』一四二頁。
(103) 服部正明『認識と超越〈唯識〉』六四頁及び次頁。
(104) E. Husserl, Hua. Bd. XIV. S. 119.
(105) E. Husserl, Hua. XV, S. 214-241.
(106) Saṃdhinirmocana Sūtra, É. Lamotte, (編)、横山紘一『唯識の哲学』所収、一二三頁。
(107) 福永光司は、気の概念を「力」と「勢い」に対して、「〈内側から働きかけ、自分から動きつつある潜在的余力〉そのものを表出するのには、「気」の語を当てたのだろう」と解釈し、vāsanā の訳語に「気」の語が当てられていることの理由を説明しています。福永光司「儒道仏三教における気」、小野沢（他編）『気の思想』三二七頁以降を参照。
(108) 同上、三二九頁を参照。
(109) 鎌田茂雄「儒・道の気と仏教―宗密における気―」、小野沢（他編）『気の思想』所収、三四三頁以降を参照。
(110) 唯識の修行における心身関係について、横山紘一『唯識の哲学』一三四頁以降、また、座る姿勢と内的態度の関係についての詳細は、次章を参照。
(111) 鎌田茂雄、同上、三五〇頁。
(112) 横山鉱一、同上、一三五頁以降を参照。

第七章　禅仏教における身体性

(1) M. Buber, Werke Bd. III, S. 881-97, 邦訳、ブーバー著作集第三巻、二一四頁以降を参照。
(2) 同上、S. 884、邦訳、同上、二二〇頁参照。
(3) ヘリゲルは、「神秘的実存の方法論的根拠づけだけに限っても、仏教の神秘は他の世界と際立って異なっている。仏教の神秘は、瞑想を芸術にまで高めた。（……）道である瞑想の方法がこのような根本的意義を獲得したことは、他のいかなる神秘的実存にも見られないことである」と述べています。E. Herrigel, Zen-Weg, 1958, S. 17.

（4）本書一三三頁を参照。

（5）鈴木大拙による禅の理解の促進と、実践面があまり紹介されていなかったことについて、大森曹玄『禅の発想』六頁から一三頁を参照。

（6）ブーバー著作集第三巻、二二一頁以降を参照。

（7）同上、二二二頁参照。

（8）D. T Suzuki, Mushin－Zen-Lehre vom Nicht-Bewußtsein, S. 127. 鈴木大拙『禅仏教入門』鈴木大拙禅選集七、七七頁。全体的人間や、「今、ここでの経験」といった点についての禅とキリスト教の類似性について述べるE・ラサールは、同一の挿話を引用している。Zen－Erleuchtungsweg und christliche Mystik, in: Natur und Geist, H.-R Dürr/W. Ch. Zimmerli, S. 288.

（9）前者の例は、佐々木正人『からだ－認識の原点－』二〇六頁を、また、後者の例は、ブーバー著作集第一巻、一八八頁及び次頁を参照。

（10）ブーバー著作集第三巻、二二四頁参照。

（11）鈴木大拙『禅と日本文化』岩波書店、一九六四年（改版）、Zen und Kultur Japans, Hamburg 1958.

（12）ブーバー著作集第三巻、二二五頁参照。

（13）同上、同頁参照。

（14）同上、二二九頁参照。

（15）同上、二二八頁参照。

（16）I. Fischer-Schreiber（他編）, Lexikon der östlichen Weisheitslehren, S. 450 を参照。

（17）H. Dumoulin, Begegnung mit dem Buddhismus,（『仏教との出会い』）S. 85.

（18）同上、S. 86. を参照。

（19）ブーバー著作集第三巻、二三〇頁。

（20）同上、二二九頁参照。

（21）武内義範『親鸞と現在』一六二頁を参照。さらに同氏の論文、Die Bedeutung der „anderen Kraft“ im buddhistischen Heilspfad, in: Erlösung in Christentum und Buddhismus, hrsg. von A. Bsteh, Mödling 1982, をも参照。

（22）ブーバー著作集第三巻、二三三頁参照。

（23）E. Herrigel, Der Zen-Weg, S. 121.

（24）M・フリードマンも、ブーバーの禅に対する解釈には批判的です。「私は、ブーバーが禅を自分自身のなかに仏性を求めることとみなすのには、同意できない。仏性は、自分自身のなかにあるのではない。仏性はすべての中にあり、非二元論的二元性であり、一なるものと万象の同時的存在である。この意味でブーバーが思う以上に、ハシディズムは禅に近いといえる」。M. Friedman, M. Buber and Asia, in: Philosophie East and West 26, No. 4, 1976, S. 422.

（25）ブーバー著作集第三巻、二三一頁参照。

（26）T. Izutsu, Philosophie des Zenbuddhismus, S. 11.

（27）事実性と偶然性、そして宗教性の問いに関して、O. Pöggeler, Kontingenz und Rationalität in der phänomenologischen Wisssenschaftstheorie, in: Phänomenologische Forschungen, Bd. 19, hrsg. von E. W. Orth, 1986, S. 28-33. を参照。

（28）禅とキリスト教の瞑想の区別について、H. Enomiza-Lassalle, Zen-Meditation, Eine Einfühlung, S. 74-88 を参照。

（29）多くの入門書がありますが、大森曹玄『禅の発想』の簡潔な説明が参考になると思います。ドイツ語の著作としては、Ph. Kapleau, Die drei Pfeiler des Zen, Zürich/Stutgart 1969, S. 421-25 を参照。

（30）E. Husserl, Hua. Bd. XV, S660.

（31）このような間身体性の成り立ちと相互主観性の成り立ちについて、拙書『他者経験の現象学』及び、『現象学ことはじめ』の第八章を参照。

（32）E. Husserl, Hua. Bd. XV, S. 295-313.

（33）同上、S. 309.

（34）禅の修行は、座わることだけに限られるわけではありません。ほぼ四〇分ぐらいの座のあと、五分ぐらい、禅堂内を歩きます（経行（きんひん））。また、作務といって、沈黙して掃除など必要な身の回りの仕事をして、それらが、禅の修行の全体に有機的に組みこまれています。

(35) 大森曹玄『参禅入門』六三頁以降を参照。

(36) 秋重義治「禅の心理学」、『思想』一九七五年、三八頁参照。

(37) 池見酉次郎・弟子丸泰仙『セルフコントロールと禅』二二八頁参照。

(38) 同上、二二八頁から二三五頁を参照。

(39) 第二章、七二頁以降を参照。

(40) 上田義文『大乗仏教の思想』一五八頁。

(41) 同上。

(42) 鈴木大拙『禅と日本文化』八九頁。

(43) 同上、九〇頁及び次頁。

(44) 同上、九一頁。

(45) T. Izutsu, Die Philosophie des Zenbuddhismus, S. 21f. 井筒は、このことに関連して、事例をあげ、「演奏に打ちこんでいる琴の奏者」が禅仏教でいう無心という事態を実現しているとしています。

(46) 大森曹玄『参禅入門』一四一頁及び次頁を参照。

(47) 同上、一四三頁を参照。

(48) Shissai Choyan, Die Kunst der Bergdämonen（佚斎樗山『天狗芸術論』）S. 129.「仁王禅」とは、力づよい、集中した、仁王の精神を体現したような禅を表現するものです。

(49) Sh. Yamamoto, Ursprünge der japansichen Arbeitsethik, in: Japan und der Westen, Bd. 1, (hrsg) C. von Barloewen/K. Werhahn-Mees, 1988, S. 95-129., 並びに、H. Nakamura: Der religionsgeschichtliche Hintergrund der Entwicklung Japans in der Neuzeit, 同上、S. 80-92. を参照。

(50) M. Buber, Antowort, in: Martin Buber, (hrsg.) Schilpp/Friedman, S. 617.

(51) 無門『無門関』、第一則を参照。

(52) このことについて愛宮ラサールは、「大変興味深いのは、倫理上の変化がキリスト教の場合の禁欲とは異なったあり方で生じることだ。キリスト教の場合、自分の過ちや弱さを認め、それを改善しようとする。(……)禅の瞑想では、自分の過ちや努力すべき点についていろいろ熟慮することはない。それにもかかわらず、それらの過ちは、次第に無くなっていき、徳が漸次備わってくる。(……)それに悟りが加わると、その二つはますます発展し、最終的には、仏教でいうところの自然との一致や宇宙との一致が実現し、自然や宇宙との完全な調和の中で考えたり、計画を立てたり、行為したりすることになる」と述べています。H. E. Lassalle, Zen und christliche Sprituälitat(『禅とキリスト教の霊性』)1987, S. 79.

(53) T. Izutsu, Die Philosophie des Zenbuddhismus, S. 32.

(54) 同上。

(55) M. Buber, Nachlese(『補遺集』)、S. 131.

(56) T. Izutsu, Die Philosophie des Zenbuddhismus, S. 33.

(57) 同上。

(58) 本書、二九四頁参照。

(59) T. Izutsu, Die Philosophie des Zenbuddhismus、S. 33.

(60) 同上、S. 34を参照。

(61) T. Izutsu: Die Entdinglichung und Wiederverdinglichung der „Dinge“ im Zen-Buddhismus, in: Japanische Beiträge zur Phänomenologie, Y. Nitta (hrsg.), S. 35.

(62) E. Herrigel, Der Zen.-Weg, S. 123f. 強調は筆者による。

(63) ブーバー著作集第一巻、一八頁。

(64) T. Izutsu、同上、S. 22f.

(65) M. Merleau-Ponty: Das Sichtbare und das Unsichtbare, S. 57また、「見ることの脱主観化」については、B. Waldenfels: Das Zerspringen des Seins, in: Leibhaftige Vernunft, hrsg. v. A. Metraux/B. Waldenfels, 1986, S. 154を参照。また、この「世界への開き」を生態的現象学のアプローチを通して解明しようとする試みとして、村田純一『色彩の哲学』を参照。

第八章　主観－客観の分岐以前と以後の心身の統一

（1）ブーバー著作集第一巻、三九頁。

（2）M. Theunissen, Der Andere, S. 280. を参照。

（3）第四章、一四三頁以降を参照。

（4）M. Theunissen, S. 280.

（5）B. Waldenfels, Das Zwischenreich des Dialogs, S. 290f.

（6）同上、S. 291.

（7）E. Husserl, Hua. Bd. XV, S. 385.

（8）同上。

（9）とくにランドグレーベの「生活世界と人間的現存在の歴史性」『現象学とマルクス主義I』一二〇頁以降参照。

（10）ブーバー著作集第一巻、三八頁。ブーバーは、このような衝動について、哲学的人間学の領域で、「現実幻想（Realphantasie）」として述べています。このことについては、本書、一七四頁を参照。

（11）D. T. Suyuki: Zen und die Kultur Japans, S. 102-106.

（12）第二章、八九頁以降を参照。

（13）能動的志向性がいまだなお働く沈黙と、受動的志向性が働いているだけの沈黙の違いについては、上記、九一頁以降を参照。

（14）H. M. Enomiya-Lassalle: Zen und christliche Spritualität, S. 91f.

（15）武内義範は、『親鸞と現在』のなかで、阿弥陀仏との対面に関して、対面であって、無相の仏である相い矛盾した側面を呈示しています。Y. Takeuchi, The Heart of Buddhism, P. 56. 参照。

（16）Sh. Ueda: Vorüberlegungen zum Problem der All-Einheit im Zen-Buddhismus, in: All-Einheit, Wege eines Gedankens in Ost und West, S. 141.

（17）Sh. Ueda, 同上、S. 141f.

（18）M. Buber, Werke I., Nachwort, S. 169f.

(19) メルロ＝ポンティ『眼と精神』滝浦静雄・木田元訳、二六六頁。強調は筆者によります。
(20) E. Herrigel, Zen in der Kunst des Bogenschießens, S. 77. 強調は筆者によります。
(21) メルロ＝ポンティは、同じく、『眼と精神』で、「見えるものの集中化（焦点化）」について、以下のように言明しています。「世界は、もはや画家の前に表象されているのではない。言わば〈見えるもの〉が焦点を得、自己に到来することによって、むしろ画家の方が物のあいだから生まれてくるのだ。そして最後に、画像が経験的事物のなかの何ものかにかかわるとすれば、それは画像そのものがまず「自己形象化的」だからにほかならない。画像は、「何ものの光景でもない」ことによってのみ、つまり、いかにして物が物となり、世界が世界となるかを示すため〈「物の皮」を引き裂く〉ことによってのみ、或る物の光景なのである」。（メルロ＝ポンティ『眼と精神』滝浦静雄・木田元訳、二八八頁。）また、画家の創造の過程に関する、メルロ＝ポンティに即した優れた現象学的分析として、G・シュテンガー「可視的なものの生成性」、新田義弘他著『媒体性の現象学』所収、七五頁以降を参照。
(22) M. Merleau-Ponty, Das Sichtbare und das Unsichtbare, S. 164.
(23) 同上、S. 183.
(24) 同上、S. 164. 邦訳『見えるものと見えざるもの』中島盛夫訳、二〇一頁を参照。なお「堕罪前予定説的」という語の「堕罪に先立つ」という意味について、邦訳の注一六、五二頁を参照。
(25) 本書、三一二頁を参照。
(26) B. Waldenfels, Das Zerspringen des Seins, in: Leibhaftige Vernunft, S. 152.
(27) メルロ＝ポンティ「どこにもありどこにもない」滝浦静雄訳、『シーニュ 1』所収、二二九頁。

あとがき

この本は、「はじめに」で述べたように、一九九四年、ボッフム大学に受理された教授資格論文が土台になっています。この論文を指導していただいたのは、ミュンヘン大学での博士論文と同様、元ボッフム大学教授、ベルンハルト・ヴァルデンフェルス先生でした。心身関係の間文化現象学という論文のテーマは、博士論文の後、次第に明確になりましたが、本格的に執筆できるようになったのは、一九九〇年十月に、ヴィッテン・ヘルデッケ大学経済・経営学部で、比較思想と日本語の専任講師として働き始めてからでした。その意味で、同大学同学部に創設された国際経営論に関する竹田研究所の当時の主任教授、エッケハルト・カプラー先生（現在、インスブルック大学経済学部教授）のもとでの研究と教育の生活が、論文作成の不可欠の要因となりました。

カプラー先生の率いる竹田研究所で、比較思想と日本語の授業の他に、国際経営学に関する、「ドイツにおける日本企業の経営法」、「多国籍企業の経営」といったテーマで学会や研究会を企画、開催しました。これらの学会は、教授資格論文の中心テーマである「文化を生きる身体」に関し、海外に派遣された日本企業の成員の生活という、異文化理解の様々な具体的問題を抱える現状に直面する絶好の機会となりました。文化的背景の異なる日本人とドイツ人がどのように、共通の課題を抱えて、生産的に共に働くことができるのか、人間関係に関する誤解の生じる原因はどのようなところにあるのか、相互の身体性の了解が、人間関係上、いかに重要な決定的要因になっているのか、このような現実が、次第に明確になっていきました。

文化の理解に関して、言語の果たす役割も決定的です。ヴィッテン・ヘルデッケ大学に勤める以前に、ボッフムのアジア語学研修所、日本語科（ヤポニクム）での日本語講師としての仕事は、「身体と言語」の関係を考える上で、大変有益な経験の基盤を築くこととなりました。当時のヤポニクムの主任であったルドルフ・シュルテペルクム先生は、ＴＰＲやサジェストペディーといった、身体性を縦横に活用する新教授法を導入し、指導してくださいました。言語と身体に関する豊かな経験を与えてくださった先生に心より御礼申し上げたいと思います。

この論文は、一九九三年秋までにほぼ完成していましたが、その作成の際、ドイツ語原稿に細かく目を通し、修正してくれたのは、妻のカリンでした。カリン自身、育児の中で、「ライプニッツと中国哲学」に関する修士論文を執筆中であり、修正のために貴重な時間を割いてくれたことは、思い起こすたびに、感謝の気持ちでいっぱいになります。

一九九六年に帰国して以来、この論文を土台にした邦語版の作成にかかりました。特に第六章の唯識と現象学の対照考察では、原理的な理解に関する変更はありませんでしたが、大幅な補足的考察を付け加えました。また、他の章でも、要所要所で、帰国後のフッサール研究の進展に即した多くの補足を試みました（なお、このフッサール研究をまとめた『存在から生成へ――フッサール発生的現象学研究』を近刊予定です）。この邦語版では、教授資格論文の中で、ドイツ人読者を考えた東洋哲学に関する入門的記述は、その多くを削除しました。また、邦語版作成にあたって、昨年来、同僚の河本英夫教授と継続している共同ゼミ「身体の哲学」は、本書の仕上げの段階で、大変、有益な刺激となりました。河本さんの鋭い問いかけに深く感謝する次第です。なお、「職場における創造的身体」についての研究を進めていらっしゃる、産業技術総合研究所特別研究員、露木恵美子さんとのお話は、労働と「生きた身体」を考察するよい機会となりました。御礼申し上げます。

さらに、この邦語版の作成にあたって、東洋大学井上円了記念研究助成金の援助をいただいたことにも深謝致します。
最後に改めて、深く感謝申し上げたいのは、教授資格論文をご指導くださったヴァルデンフェルス先生です。先生の「異他的なるもの」への根本的な開きと深いご関心こそ、私の研究が書物という形をとれた最大の要因です。「聞く耳を持つ」ことこそ、対話の相手に自省を促し、対話の間から新たな創造を生み出すのであり、先生は、「対話の現象学」を生きる中で、「間の領域」を開拓し続けていらっしゃいます。これからも、私の研究の土壌であり続ける先生との対論が継続されることを、強く希望致しております。

間文化哲学とは、実は哲学の営みそのものが、国際的広がりを持ち始めていることの別の表現に他なりません。国際的広がりとは、国の異なる人々の間の行き来や、外国での定住が稀なことではなくなり、このような生活世界の拡大に即して、哲学の営みそのものの深化と拡張が、当然のこと、自然なこととなっていくことを意味します。こうして、間文化哲学は増々力強く展開していくことでしょう。

本書の出版にあたり、知泉書館の小山光夫氏には、幅広いご理解と励ましをいただきました。文末にあたり深く感謝もうしあげます。

なお、本書は独立行政法人日本学術振興会の平成一六年度科学研究費補助金（研究成果公開促進費）を受けて出版されました。

二〇〇四年、紫陽花の咲く頃

山口一郎

〔文化を生きる身体〕 ISBN4-901654-39-X

2004年9月25日 第1刷印刷
2004年9月30日 第1刷発行

著者 山口一郎
発行者 小山光夫
印刷者 藤原良成

発行所 〒113-0033 東京都文京区本郷1-13-2
電話(3814)6161 振替 00120-6-117170
http://www.chisen.co.jp
株式会社 知泉書館

Printed in Japan 印刷・製本／藤原印刷

人名索引

人 名 索 引

事 項 索 引

ア　行

カ　行

サ　行

タ　行

ナ　行

ハ　行

マ　行

ヤーワ　行

参 考 文 献

相見三郎『漢方の心身医学』，創元社，1976.

赤塚行雄『気の構造』，中央公論社，1974.

秋重義治「禅の心理学」，『思想』501号，1975.

荒木博之『敬語のヤパノロジー』，創拓社，1990.

安慧「唯識三十論」，荒牧典俊訳，『大乗仏典15』所収，中央公論社，1975.

Bartholomai, R.: Eine andere Art von Lernen - philosophische Erkenntnis bei Platon und im Taoismus, in: Probleme philosophischer Mystik, hrsg. von E. Jain/R. Magreiter, St. Augstin, 1991.

Bauer, W.: China und die Hoffnung auf Glück, München 1974.

Benedetti, G.: Klinische Psychotherapie, Bern 1964.

ベラー，R.N.『徳川時代の宗教』，岩波書店，1996.

Bergman, H.: Martin Buber und die Mystik, in: Martin Buber, hrsg. von Schilpp u. Friedman, Stuttgart 1979.

ブランケンブルク，W.『自明性の喪失』，木村敏他訳，みすず書房，1978.

Blankenburg, W.: Phänomenologische Epoche und Psychopathologie, in: Alfred Schütz und die Idee des Alltags in den Sozialwissenschaften, hrsg. von. W. M. Sprondel/R. Grathoff, Stuttgart 1979.

———, Phänomenologie der Lebenswelt-Bezogenheit des Menschen und Psychopathologie, in: Sozialität und Intersubjektivität, hrsg. von R. Grathoff/B. Waldenfels, München 1983.

Bloch, J.: Die Aporie des Du, Problem der Dialogik Martin Bubers, Heidelberg 1977.

Bloom, H.: Kabbala. Poesie und Kritik (『カバラ，詩と批判』), Frankfurt a. M. 1989.

Blumenberg, H.: Lebenswelt und Weltzeit, Frankfurt a. M. 2001.

Boss, M.: Psychosomatische Medizin, Bern/Stuttgart 1954.

ブーバー，M.『ブーバー著作集』，全10巻，みすず書房，1970.

Buber, M.: Antwort, in: Maritn Buber, hrsg.von Schilpp/Friedman, Stuttgart 1979.

———, Werke I, München 1962.

———, Nachlese, Heidelberg 1966.

Capra, F.: Das Tao der Physik, Bern/München/Wien 1984.

Cho, K. K.: Das Absolute in der taoistischen Philosophie, in: Transzendenz und Immanenz, hrsg. von D. Papenfuss/J. Söring, Stuttgart/Berlin/Köln 1977.
———, Life-World of Monads and Philosophy of Organism, Japanese/American Phenomenology Conference 1996.
佚斎樗山『天狗芸術論』, Shissai Chosan: Die Kunst der Bergdämonen, Weilheim/Obb. 1969.
Cremerius, I.: Zur Theorie und Praxis der psychosomatischen Medizin, Frankfurt a. M. 1978.
Csikszentmihalyi, M.: Beyond Boredom and Anxiety - The Experience of Play in Work and Games, San Francisco/Washington/London 1975. (『フロー体験　喜びの現象学』, 今村浩明訳, 世界思想社, 1996).
Derrida, J.: Comment ne pas parler. Dénégation, dt. Wie nicht sprechen. Verneinung, (『いかにして語らないか。否定』) Wien 1989.
———, La voix et le phénomène (『声と現象』) Paris 1967, dt. Die Stimme und das Phänomen, Franfurt a. M. 1979.
土居健郎『甘えの構造』, (Amae - Freiheit in Geborgenheit, Frankfurt a. M. 1982).
Dschuang Dsi: Das wahre Buch vom südlichen Blütenland, übersetzt von H. Wilhelm, Düsseldorf/Köln 1969.
Dumoulin, H.: . Begegnung mit dem Buddhismus, (『仏教との出会い』), Freiburg/Basel/Wien 1978.
———, Buddhismus der Gegenwart, hrsg. von H. Dumoulin, Freiburg 1970.
Enomiya-Lassalle, H.: Zen-Buddhismus (『禅仏教』), Köln 1966.
———, Zen-Meditation. Eine Einfühlung, Zürich/Eisiedeln/Köln 1974.
———, Zen-Erleuchtungsweg und christliche Mystik, in: Natur und Geist, hrsg. von H.-P. Dürr/W. Ch. Zimmerli, Bern/München/Wien 1989.
———, Zen und christliche Spritualität, München 1987.
Fink, E.: Husserls Spätphilosophie, in: Edmund Husserl 1859-1959, den Haag 1959.
———, VI. Cartesianische Meditationen Teil 1u.2 Dordrecht/Boston/London, 1988. (『超越論的方法論の理念－第六デカルト的省察』新田義弘・千田義光訳, 岩波書店, 1995).
Fischer-Schreiber (他編), Lexikon der östlichen Weisheitslehren, Bern/München/Wien, 1986.
Franke, O.: Studien zur Geschichte des Konfuzianischen Dogmas und der chinesischen Staatsreligion, Hamburg 1920.

参 考 文 献

Frauwallner, E.: Die Philosophie des Buddhismus, Berlin 1956.

———, Kleine Schriften, Stuttgart, 1982.

Friedman, M.: Martin Buber and Asia, in: Philosophy East and West 26, 1976.

福井文雅「西洋文献における「気」の訳語」，小野沢精一（他編）『気の思想』所収，東京大学出版会，1978.

福永光司「儒道仏三教交渉における気の概念」，小野沢精一（他編）『気の思想』所収，東京大学出版会，1978.

Gawoll. H. -J: Spur: Gedächtnis und Andersheit, Teil II, in: Archiv für Begriffsgeschichte, Bd. XXXII 1989.

Gehlen, A.: Anthropologische Forschung, Hamburg 1961.

Graham, A. G.: Two Chinese Philosphers, London 1967.

Granet, M.: Études sociologiques sur la Chine, Paris 1953.

———, La pensée chinoise. Paris 1934. dt. Das chinesische Denken, Frankfurt a. M., 1989.

Grube, W./Eichhorn, W.: T'ung-su des Ceu-tsi, Leipzig 1932.

Haas A. M.: Überlegungen zum mystischen Paradox, in: Probleme philosophischer Mystik, hrsg. von E. Jain/R. Magreiter, St. Augstin, 1991.

Halder, A.: Das Viel, das Eine und das „Selbst" bei Meister Eckhart, in: All-Einheit, Wege eines Gedankens in Ost und West, hrsg. von D. Heinrich, Stuttgart 1985.

Hall E. T./Hall M. R.: Verborgene Signal, Studien zur internationalen Kommunikation, Hamburg 1985.

浜田須美男『ピアジェとワロン』，ミネルヴァ書房，1994.

Hartmann, P.: Einige Grundzüge des japansichen Sprachbaues, Heidelberg 1952.

Hattori, M. : The Trasformation of the Basis (āśraya-parāvṛtti) in the Yogācāra System of Philosophie, in: All-Einheit, Stuttgart 1985.

服部正明・上山春平『認識と超越〈唯識〉』，角川書店，1970.

Held, K.: Lebendige Gegenwart, Den Haag 1966,（『生き生きした現在』，新田義弘他訳，北斗出版，1997）.

Herrigel, E.: Zen in der Kunst des Bogenschießens, München 1955.

———, Zen-Weg, München, 1958.

Herzog, M.: Phänomenologische Psychologie, Heidelberg 1992.

Hiraishi, Z.: Buber und das japanische Denken, in: Maritn Buber, hrsg. von Schilpp/Friedman, Stuttgart 1979.

広松渉『世界の共同主観的存在構造』，勁草書房，1972.

———,『存在と意味』，岩波書店，1982.
———,『「心身」の問題』，産業図書，1988.
———, 港道隆『メルロ＝ポンティ』岩波書店，1983.
Hoche, H. -U.: Handlung, Bewußtsein und Leib, Freiburg/München 1973.
Holenstein, E.: Phänomenologie der Assoziation, Den Haag 1972.
———, Roman Jacobsons phänomenologischer Strukturalismus, Frankfurt a. M. 1975.
———, Menschliches Selbstverständnis, Frankfurt a. M. 1985.
Hume, D.:『人間本性論』木曾好能訳，法政大学出版局，1995.
Husserl, E.: Husserliana (Hua.) Bd. 1- Bd. 35., Den Haag, Martinus Nijhoff, Dordrecht/Boston/London, Kluwer Academic Publischers.
———, Erfahrung und Urteil, Hamburg 1985.
———, Manuskripte, C3, VI, D9.
———,『論理学研究』，全4巻，立松弘孝訳，みすず書房，1976.
———,『イデーンI』，渡辺二郎訳，みすず書房，1979.
———,『ヨーロッパ諸学の危機と超越論的現象学』，細谷・木田訳，中央公論社，1995.
———,『受動的綜合の分析』，山口一郎・田村京子訳，国文社，1997.
———,『内的時間意識の現象学』，立松弘孝訳，みすず書房，1967.
———,『イデーンII-1』，立松・別所訳，みすず書房，2001.
———,『デカルト的省察』，浜渦辰二訳，岩波書店，2001.
池見酉次郎・弟子丸泰仙『セルフコントロールと禅』，日本放送出版協会，1981.
市川浩『精神としての身体』，勁草書房，1983.
市川浩他『身体の現象学』，河出書房新社，1977.
———（編）『身体とパーフォーマンス』，1985.
池上貴美子「模倣することの意味」，正高信男（編）『赤ちゃんの認識世界』，ミネルヴァ書房，1999.
石田秀実『気流れる身体』，平河出版社，1987.
Izutsu, T. : Philosophie des Zenbuddhismus, Hamburg 1979.
———, Die Entdinglichung und Wiederverdinglichung der „Dinge“ im Zen-Buddhismus, in: Japanische Beiträge zur Phänomenologie, Y. Nitta (hrsg.), Freiburg/München 1984.
井筒俊彦『意味の深みへ』，岩波書店，1985.
鎌田茂雄「儒・道の気と仏教－宗密における気－」，小野沢（他編）『気の思想』所収，東京大学出版会，1978.
金谷治『易の話』，講談社，2003.

参 考 文 献

Kapleau, Ph: Die drei Pfeiler des Zen, Zürich/Stuttgart 1969.

Katō Sh.: Die Grundzüge der japanischen Kultur, in: Das klassische Japan, hrsg. von Katō. Sh/H. W. Silvester, Hamburg 1988.

Kaufman, W.: Bubers religiöse Bedeutung, in: Martin Buber, hrsg. von A. P. Schilpp/ M. Friedman, Stuttgart 1963.

河本英夫『メタモルフォーゼ』，青土社，2002.

———,（他編）『他者の現象学III』，北斗出版，2004.

Kimura B. : Zur Wesensfrage der Schizophrenie im Lichte der japanischen Sprache, in: Jahrbuch für Psychotherapie und medizinische Anthropologie 17, 1969.

———, Mimenschlichkeit in der Psychiatrie, Ein transkultureller Beitrag aus asiatischer Sicht, in: Z. f. Psych. U. Psychother. 19, 1971.

木村敏『人と人の間』，弘文堂，1975.

Kohn, H.: Martin Buber, sein Werk und seine Zeit, Köln 1961.

Landgrebe, L.: Lebenswelt und Geschichtlichkeit des menschlichen Dasein（「生活世界と人間的現存在の歴史性」小川侃訳，『現象学とマルクス主義』I.新田義弘他訳，所収，白水社，1982），in: Phänumenologie und Mavxismus 2, B. Waldenfelsu. a. (hrsg.), Frankfurt a. M. 1977.

Levinas, E.: Martin Buber und die Erkenntnistheorie, in: Maritn Buber, hrsg. von Schilpp/Friedman, Stuttgart 1963.

———, Martin Buber, Gabreil Marcel und die Philosophie, in: Martin Buber, Bilanz seines Denkens, hrsg. von. J. Bloch u. a. Freiburg/München 1980.

———, Der Spur des Anderen, Freiburg/München 1983.

Lewin, B.: Abriß der japanischen Grammatik, Wiesbaden 1975.

Mach, E.: Die Analyse der Empfindungen und das Verhältnis des Physischen zum Psychischen, Jena 1922.

Mall, R. A: Buddhismus - Religion der Postmoderne? Hildesheim 1990.

Marcel, G.: Ich und Du, Martin Buber und die Erkenntnistheorie, in: Maritn Buber, hrsg. Von Schilpp/Friedman, Stuttgart 1963.

丸山真男『日本の思想』，岩波書店，(Denken in Japan, Frankfurt a. M. 1988)，1961.

Maspero, H.: Les procedes de 'Nourrir le principe vital'dans la religion taoiste ancienne, Jounal Asiatique, 1937.

松尾正『沈黙と自閉－分裂病者の現象学的治療論-』，海鳴社，1987.

———,『存在と他者』，金剛出版，1997.

Mauss, M. : Soziologie und Anthropologie, dt. Frankfurt a. M. 1978, Bd. 2.

Merleau-Ponty, M.: Phenomenologie de la Perception, Paris 1945, dt. Phänomenologie der Wahrnehmung, Berlin 1966, (『知覚の現象学』竹内芳郎他訳，みすず書房，1967).
———, Signes, Paris 1960, (『シーニュ 1』，滝浦静雄訳，みすず書房，1969).
———, Les relations avec autrui chey l'enfant, Paris 1953,「幼児の対人関係」(『眼と精神』，滝浦静雄・木田元訳，みすず書房，1966).
———, L'oeil et l'esprit, Paris 1964, dt. Auge und Geist, Hamburg 1984, (『眼と精神』，滝浦静雄・木田元訳，みすず書房，1966).
———, Le visible et l'invisible, dt. Das Sichtbare und das Unsichtbare, München 1986, (『見えるものと見えざるもの』，中島盛夫監訳，法政大学出版局，1994.
Meyer-Drawe, K.: Leiblichkeit und Sozialität, München 1984.
三浦國雄『朱子と気と身体』，平凡社，1997.
源了円『型』，創文社，1989.
Mojsisch, B.: Meister Eckhart. Analogie, Univozität und Einheit, Hamburg 1983.
村田純一『色彩の哲学』，岩波書店，2002.
森三樹三郎『無の思想』，講談社，1969.
無門『無門関』，西村恵信訳，岩波書店，1994.
村上泰亮他著『文明としてのイエ社会』，中央公論社，1979.
長浜善夫『東洋医学概説』，創元社，1961.
中村元『比較思想論』，岩波書店，1960.
———,『仏教語大辞典』，東京書籍，1981.
Nakamura, H.: Die Grundlehren des Buddhismus. Ihre Wurzeln in Geschichte und Tradition, in: Buddhismus der Gegenwart, hrsg. von. H. Dumoulin, Freiburg 1970.
———, Der religionsgeschichtliche Hintergrund der Entwicklung Japans in der Neuzeit: (hrsg) C. von Barloewen/K. Werhahn-Mees, Frankfurt. a. M. 1988.
中根千枝『タテ社会の人間関係－単一社会の理論－』，講談社，1967.
長尾雅人『中観と唯識』，岩波書店，1978.
Needham, J.: Wissenschaftlicher Universalismus, Frankfurt a. M. 1979.
———, Die grundlegenden Ideen der chinesischen Wissenschaft, Wissenschaft und Zivilisation in China, Bd. 1, Frankfurt a. M. 1989.
西田幾多郎『西田幾多郎全集』，第12巻，岩波書店，1965.
———, Die intelligible Welt, Berlin 1943.
———, Über das Gute, Frankfurt a. M. 1989.
———, Was liegt dem Selbstsein zugrunde? in: Gott in Japan, hrsg. von. S. Yagi/U.

Luz, Munchen 1973.
新田義弘『現象学とは何か』，紀伊国屋書店，1968．
———,『現象学』，岩波書店，1978．
———,「文化論の根底にあるもの」，『近代日本文化の歴史と論理』桶谷秀昭（編）東洋大学創立100周年記念論文集 II，1987．
———,（他著）『媒体性の現象学』，青土社，2002．
Nitta, Y. (Hrsg.) Japanische Beitrage zur Phanomenologie, Freiburg/München 1984.
———, u. Tatematsu, H. (Hrsg.) Japanese Phenomenology, Dordrecht/Boston/London 1979.
野中郁次郎/紺野登『知識創造の方法論』，東洋経済新報社，2003．
Ohhashi, R. : Die Philosophie der Kyoto-Schule（『京都学派の哲学』）, Freiburg 1990.
大森曹玄『剣と禅』，春秋社，1983．
———,『禅の発想』，講談社，1983．
———,『参禅入門』，講談社，1986．
大槻春彦「ヒューム思想の性格」，『デイヴィット・ヒューム研究』，斉藤繁雄（他編）所収，御茶の水書房，1987．
小野沢精一・福永光司・山井湧（編）『気の思想』，東京大学出版会，1978．
Orth. E. W. (Hrsg.): Phänomenologische Forschungen, Bd. 9: Neue Entwicklung des Phänomenbegriffs, 1980.
Otto, R.: Das Gefühl des Überweltlichen, München 1941.
Petzold, H. G.: Die modernen Verfahren der Bewegungs- und Leibtherapie und die „integrative Bewegungstherapie“ in: Leiblichkeit, hrsg. von. H. G. Petzold, Paderborn 1986.
———, (Hrsg.) Leiblichkeit. Philosophische, gesellschaftliche und therapeutische Perspektiven, Paderborn 1986.
Piiper, J./Koepchen, M. P.: Atmung. Physiologie des Menschen. Bd. 6, München/Berlin 1975.
Pöggeler, O.: Kontingenz und Rationalität in der phänomenologischen Wisssenschaftstheorie, in: Phänomenologische Forschungen, Bd. 19, hrsg. von E. W. Orth, 1986.
Porkert, M.: Die chinesische Medizin, Düsseldorf 1982.
Rahner, K.: Schriften zur Theologie, Bd. IX, Zürich/Köln 1970.
Rang, B.: Husserls Phänomenologie der materiellen Natur, Frankfurt a. M. 1990.
Richir, M.: Der Sinn der Phänomenologie in „Das Sichtbare und das Unsichtbare“, in: Leibhaftige Vernunft, B. Waldenfels u. a. (Hersg.), München 1986.

Ricœur P.: Jenseits von Husserl und Heidegger, in: Leibhaftige Vernunft, hrsg. von B. Waldenfels u. a., München 1986.

Rosenberg, M. : Probleme der buddhistischen Philosophie, russ. 1918, dt. Heidelberg 1924.

Sano, K.: Die Höflickeitsformen des Japanischen, in: Monumenta Nipponica IV, 1941.

佐々木正人『からだ－認識の原点－』，東京大学出版会，1987.

Scheler, M.: Der Formalismus in der Ethik und die materiale Wertethik, Ges. Werke, Bd. 2., Bern/München 1966.

Schilpp. P. A./Friedman, M.: (Hrsg.): Martin Buber, Philosophen des 20. Jahrhunderts, Stuttgart 1963.

Schinzinger, R.: Einleitung zu „Nishida Kitaro“, Die intelligible Welt, Berlin 1943.

———, Das Bild des Menschen in der japanaischen Tradition und Vorkriegsphilosophie, in: Neue Anthropologie Bd. 6, hrsg. v. H. G. Gadamer u. P. Vogler.

Schmithausen, L.: Sautrāntika-Voraussetzungen in Vimasatika und Trimsikā, in: Wiener Zeitschrift für die Kunde Süd- und Ostasiens X 1967.

Scholz. G.: Die Philosophie Schleiermachers, Darmstadt 1984.

Schurhammer, G. SJ.: Franz Xaver, Bd. II/3, Japan und China. Freiburg/Basel/Wien 1973.

Schwing, G.: Ein Weg zur Seele des Geisteskranken, Zürich 1940.

Sechehaye, M. A.: Introduktion à une psychothérapy des schizophrénes, Paris 1954.

司馬春英『現象学と比較哲学』，北樹出版，1998.

重岡昇『全解日本剣道形』，剣道日本，1982.

島田虔次『朱子学と陽明学』，岩波書店，1967，(Die Neokonfuzianische Philosophie, Berlin 1987).

Sommer, M.: Evidenz im Augenblick, Eine Phänomenologie der reinen Empfindung, Frankfurt. a. M. 1987.

シュテンガー，G.「可視的なものの生成性」，新田義弘他著『媒体性の現象学』所収，青土社，2002.

Stranislavskij, K. S.: Theater, Reie und Schauspieler, Hamburg 1958.

Strasser, E.: Jenseits von Sein und Zeit, Den Haag 1978.

———, Emanuel Levinas: Ethik als Erste Philosophie, in: B. Waldenfels, Phänomenologie in Frankreich, Frankfurt. a. M. 1983.

Straus, E.: Vom Sinn der Sinne, Berlin 1956.

Ströker, E. (Hrsg.): Lebenswelt und Wissenschaft in der Philosophie E. Husserls,

Frankfurt. a. M. 1979.
杉本良夫『日本人をやめる方法』，筑摩書房，1993.
鈴木大拙『禅と日本文化』，岩波書店，1940，(dt. Zen und die Kultur Japans, Hamburg 1958).
———, Mushin－Zen-Lehre vom Nicht-Bewußtsein, Bern/München/Wien 1987.
竹村牧男『唯識の構造』，春秋社，1985.
———,『唯識三性説の研究』，春秋社，1995.
———,『知の体系　迷いを超える唯識のメカニズム』，佼成出版社，1996.
———,『唯識の探求』，春秋社，2001.
竹内敏晴『ことばが劈かれるとき』，思想の科学社，1975.
———,『からだが語ることば』，評論社，1982.
———,「身体との出会い」，市川浩，山口昌男(共編)『身体論とパフォーマンス』，至文堂，1985.
武内義範「縁起思想」，講座仏教思想第5巻，岩波書店，1974.
———,『親鸞と現在』，中央公論社，1974.
Takeuchi, Y.: Das Problem der Versenkung im Ur-Buddhismus, Leiden 1972.
———, Die Bedeutung der „anderen Kraft“ im buddhistischen Heilspfad, in: Erlösung in Christentum und Buddhismus, hrsg. von A. Bsteh, Mödling 1982.
———, The Heart of Buddhism, New York 1983.
Tellenbach H.: Geschmack und Atmosphäre, Salzburg 1968.
———, Die Begründung psychiatirischer Erfahrung und psychiatrischer Methoden in philosophischen Konzeptionen vom Wesen des Menschen, in: Neue Anthropologie Bd. 6. Hrsg. von H. -G. Gadamer, P. Vogler, Stuttgart 1975.
Theunissen, M.: Der Andere, Berlin 1965.
ツォンカパ『アラヤ識とマナ識の研究』，ツルティム・ケサン／小谷信千代共訳，文栄堂，1986.
上田閑照『西田哲学への導き』，岩波書店，1998.
Ueda, Sh.: Das Nichts bei Meister Eckhart und im Zen-Buddhismus unter besonderer Berücksichtigung des Grenzbereiches von Theologie und Philosophie, in: Transzendent und Immanenz, Stuttgart 1977.
———, Vorüberlegungen zum Problem der All-Einheit im Zen-Buddhismus, in: All-Einheit, Wege eines Gedankens in Ost und West, hrsg. von D. Heinrich, Stuttgart 1985.
———, Das Problem der Sprache in Mesiter Eckharts Predigten, in: Probleme philo-

sophischer Mystik, St. Augustin 1991.
上田義文『仏教における業の思想』，あそか書林，1957.
———,『大乗仏教の思想』，第三文明社，1977.
———,『梵文唯識三十頌の解明』，第三文明社，1987.
ヴァレラ，F.「現在－時間意識」『現代思想』Vol.29-12，所収，青土社，2001.
———,『身体化された心』，工作社，2001.
ヴァレリー，P.『身体に関する素朴な考察』，ヴァレリー全集9巻，筑摩書房，1973.
Vasubandhu: Triṃśikāvijñapti, Jacobi, H (独訳), Stuttgart 1932.
Wagner-Egelhaaf, M.: Lektüre(n) einer Differenz: Mystik und Dekonstruktion (「差異についての講読，神秘と脱構築」), in: Probleme philosophischer Mystik (『哲学的神秘主義の諸問題』), hrsg. von E. Jain/R. Margreiter, St. Augustin 1991.
Waldenfels, B. : Das Zwischenreich des Dialogs, Den Haag 1971.
———, Möglichkeit einer offenen Dialektik, in: Phänomenologie und Marxismus Bd. 1. Frankfurt. a. M. 1977.
———, Der Stachel der Fremden, Frankfurt. a. M. 1990.
———, Spielraum des Verhaltens, Frankfurt. a. M. 1980.
———, Phänomenologie in Frankreich, Frankfurt. a. M. 1983.
———, Das umstrittene Ich. Ichloses und ichhaftes Bewußtsein bei A. Gurwitsch und A. Schütz, in: Sozialität und Intersubjektivität, hrsg. von R. Grathoff/B. Waldenfels, München 1983.
———, In den Netzen der Lebenswelt, Frankfurt a. M. 1985.
———, Das Zerspringen des Seins, in: Leibhaftige Vernunft, hrsg. von A. Metraux/B. Waldenfels, München 1986.
———, Ordnung im Zwielicht, Frankfurt a. M. 1987.
———, Das leibliche Selbst. Vorlesungen zur Phänomenologie des Leibes, Frankfurt a. M. 2000.
Waldenfels, H.: Der Gekreutzigte und die Weltreligionen, Zürich/Köln 1983.
Washida, K. : Phänomenologie und Sozialwissenschaften in Japan, in: Sozialität und Intersubjektivität. hrsg. von R. Grathoff und B. Waldenfels, München 1983.
和辻哲郎『原始仏教の実践哲学』，岩波書店，1927.
Wood, R.: Fernöstliche Themen in Bubers Werk, in: Martin Buber, Bilanz seines Denkens, hrsg. von. J. Bloch u. a., Freiburg/München 1980.
Yagi, S./Luz, U.: (Hrsg.) Gott in Japan, München 1973.
山形頼洋『感情の自然』，法政大学出版局，1993.

参 考 文 献

山口益『仏教における無と有の對論』，山喜房佛書林，1975.
山口一郎『他者経験の現象学』，国文社，1987.
———，「改めて時間の逆説を問う」，現象学会年報15号，北斗出版，1999.
———，「受動的発生からの再出発」，現代思想，Nr29-17，青土社，2001.
———，『現象学ことはじめ』，日本評論社，2002.
———，「存在から生成へ，発生的現象学の可能性」，新田義弘他著『媒体性の現象学』，青土社，2002.
———，「非直観的なものの直観化」，『白山哲学』，第37号，2003.
———，「汝の現象学に向けて」，河本英夫（他編）『他者の現象学III』，北斗出版，2004.
Yamaguchi, I.: Passive Synthesis und Intersubjektivität bei Edmund Husserl, Den Haag 1982.
———, Die Lehre des Leidens im Buddhismus（「仏教の苦の概念」）, in: Neue Zeitschrift für systematische Theologie und Religionsphilosophie, Bd. 24, 1982.
———, Bewußtseinsfluß bei Husserl und in der Yogācāra-Schule, in: Japanische Beiträge zur Phänomenologie, hrsg. von Y. Nitta, Freiburg/München 1984.
———, Triebintentionalität als uraffektive passive Synthesis in der genetischen Phänomenologie, in: ALTER, Nr 9. 2001.
———, Die Frage nach dem Paradox der Zeit, Recherches Husserliennes, vol. 17, 2002.
Yamaguchi, K.: Die Aktualität der Leibnizischen Interpretation des Neokonfuzianismus, in: Wenchoao Li/Hans Poser (Hrsg.), Das Neueste über China, Studia Leibnitiana Supplementa 33, 2000.
Yamamoto, Sh.: Ursprünge der japansichen Arbeitsethik, in: Japan und der Westen, Bd. 1, hrsg. von C. von Barloewen/K. Werhahn-Mees, Frankfurt. a. M. 1988.
横山紘一『唯識の哲学』，平楽寺書店，1979.
———，「世親の識転変」，平川彰他編『講座大乗仏教，8 唯識思想』所収，春秋社，1982.
湯浅泰雄『身体－東洋的身体論の試み－』，創文社，1977.
———，『気，修行，身体』，平河出版社，1986.
Zimmer, H.: Yoga und Buddhismus, Frankfurt a. M. 1973.